普通高等教育酒店管理专业系列教材

酒店管理信息系统

主　编　陈文力

副主编　苏　宁

参　编　刘志华　郝光宁　唐汝文

乔华玲　吕　静　杨海峰

何　俐

机械工业出版社

本书从管理信息系统应用的角度出发，详细介绍了管理信息系统、决策支持系统、电子商务的概念以及在酒店业中的应用，对利用信息技术改进业务流程的理论和方法进行了详细的阐述，并探讨了酒店前台主要业务流程的重组。本书还介绍了大多数五星级酒店使用的酒店管理信息系统软件——Opera-PMS 软件，详细介绍了该软件的操作方法。本书也是目前第一本系统介绍该软件使用方法的教科书。

本书可作为高校旅游管理专业、酒店管理专业的本科、专科教材或教学参考用书，也可作为酒店企业的培训教材。本书还是酒店管理专业本科段自考指定用书。

为方便教学，本书配备了电子课件等教学资源。凡选用本书作为教材的教师均可登录机械工业出版社教育服务网 www.cmpedu.com 免费下载。如有问题请致电 010-88379375 联系营销人员。

图书在版编目（CIP）数据

酒店管理信息系统/陈文力主编. —北京：机械工业出版社，2012.7（2025.8 重印）
普通高等教育酒店管理专业系列教材
ISBN 978-7-111-38855-5

Ⅰ. ①酒… Ⅱ. ①陈… Ⅲ. ①饭店—商业管理—管理信息系统—高等学校—教材
Ⅳ. ①F719.2-39

中国版本图书馆 CIP 数据核字（2012）第 165726 号

机械工业出版社（北京市百万庄大街 22 号 邮政编码 100037）
策划编辑：徐春涛 责任编辑：徐春涛 孟 铮
封面设计：马精明 责任印刷：邓 博
北京中科印刷有限公司印刷

2025 年 8 月第 1 版 • 第 14 次印刷
184mm×260mm • 15.25 印张 • 373 千字
标准书号：ISBN 978-7-111-38855-5
定价：45.00 元

电话服务	网络服务
客服电话：010-88361066	机 工 官 网：www.cmpbook.com
010-88379833	机 工 官 博：weibo.com/cmp1952
010-68326294	金 书 网：www.golden-book.com
封底无防伪标均为盗版	机工教育服务网：www.cmpedu.com

前　言

旅游业是世界上最大且发展最快的产业之一，而酒店业是旅游业的三大支柱之一，其重要性是不言而喻的。传统的酒店服务业务流程主要依靠人工来完成。这种传统的服务模式已很难满足现代社会的快节奏和大量的信息需求。人们在出行前更加希望能够充分获取旅游目的地的相关信息，能提前预订酒店。这种信息需求促进了酒店管理信息系统和酒店电子商务的发展。

酒店管理信息系统是一门交叉学科，涉及信息技术、管理、酒店营销等多个学科，它的理论基础是信息论、控制论、系统论和现代管理学，以及信息、信息资源管理的基本概念。在知识经济时代，酒店越来越重视引入信息化和智能化来改变传统的运营模式，这使得酒店急需既熟悉酒店业务又掌握信息技术应用技能的复合型人才，对高校培养酒店管理人才提出了更高的要求。在多年从事酒店管理信息系统教学实践过程中，笔者深深感到文科学生在学习管理信息系统的分析与设计时会有一定的困难，尤其是在学习数据流程图、E-R 图、决策表、决策树等具有抽象性的逻辑模型时就会觉得更困难。因此，本书在编写时充分考虑了文科生的特点，在内容的编排上删去了以往管理信息系统教科书中大篇幅地介绍信息技术和管理信息系统的开发方法以及系统分析与系统设计等内容，在详细介绍管理信息系统的概念、类型、应用等基础知识的前提下，进一步介绍了当今企业比较关注的决策支持系统和电子商务，并重点介绍了管理信息系统、决策支持系统、电子商务在酒店业中的应用。同时，本书还介绍了酒店业务流程重组的概念和方法以及对酒店前台业务流程进行重组的再造流程图。业务流程重组是企业信息化建设过程中非常重要的一个步骤，逐渐受到企业的重视。本书除了系统地介绍理论知识外，还用较大篇幅介绍了美国的 Opera PMS 的操作方法。对 Opera PMS 操作技能的介绍，是笔者在对这个系统七年教学经验的总结基础上撰写的。本书是我国第一本系统介绍 Opera PMS 的教科书，为学生学习这方面的技能提供了方便，也为学生毕业后能直接在高星级酒店前台就业创造了条件。

本书由北京联合大学旅游学院陈文力担任主编，负责全书的设计和统稿工作。具体编写分工如下：第一章至第四章由陈文力编写；第五章由苏宁、郝光宁、唐汝文、乔华玲、吕静、杨海峰、何俐、陈文力共同编写；第六章由刘志华编写。李京颐老师认真审定了全书并提出了许多宝贵的修改意见。

由于作者水平有限，对酒店管理信息系统方面的知识仍在探索过程中，书中难免存在不足及错误之处，敬请各位专家、同行和读者批评指正。

编　者

目　　录

前言

第一章　基础理论与基本概念 1

第一节　信息科学理论 1

第二节　信息与信息资源 4

第三节　酒店信息需求 10

复习思考题 15

第二章　管理信息系统 17

第一节　管理信息系统的概念 17

第二节　管理信息系统的发展 22

第三节　酒店管理信息系统 25

复习思考题 43

第三章　决策支持系统 45

第一节　决策支持系统的概念 45

第二节　决策支持系统简介 47

第三节　酒店决策支持系统的应用——酒店收益管理系统 53

复习思考题 61

第四章　电子商务 64

第一节　电子商务的产生与发展 64

第二节　电子商务的基本概念 68

第三节　电子商务的主要服务功能 76

第四节　电子市场 83

第五节　电子商务在酒店业中的应用 88

复习思考题 93

第五章　酒店前台业务流程重组 95

第一节　流程再造的概念 95

第二节　酒店前台的主要工作流程 104

第三节　酒店前台业务流程再造 119

复习思考题 127

第六章　Opera PMS 130

第一节　Opera PMS 概述 130

第二节　酒店客史管理 136

第三节　酒店散客预订管理 158

第四节　酒店团队预订管理 184

第五节　客房管理 202

第六节　前厅管理 207

第七节　酒店收银管理 211

第八节　财务应收管理 220

第九节　夜审系统 226

第十节　Opera PMS 的其他功能 228

上机操作题 235

参考文献 237

第一章

基础理论与基本概念

能力目标

- 能解释信息对现代企业管理的重要性
- 能对酒店的信息需求进行分析

知识目标

- 了解信息论、控制论和系统论的理论知识
- 理解信息、信息资源的概念
- 掌握信息资源管理的思想

第一节　信息科学理论

一、信息论

信息论是研究信息的本质和运动规律的科学理论。推动信息论形成的直接原因是二战期间和战后通信事业发展的需要。美国数学家仙农（C. E. Shanon）于 1948 年和 1949 年分别发表了著名论文《通信的数学理论》和《噪声中的通信》。1948 年，维纳（N. Wiener）出版了著名的著作《控制论——动物和机器中的通信与控制问题》。这些论文和著作的相继发表，对信息论起到了决定性的作用，标志着信息论的正式诞生。

1．狭义信息论

仙农从 1940 年开始从事信息论的研究工作，为信息论的研究做了开创性的工作，但由于仙农的信息论是关于通信技术的理论，故称之为狭义信息论。仙农在全面分析通信过程的基础上，首次建立了描述通信系统的模型，如图 1-1 所示。

图 1-1　通信系统模型

通信系统模型中的信源产生信息，信息经过编码变换为适合信道传输的信号，再经信道传输后到达信宿。例如，将信息转换成光信号，再通过光缆进行传输。信宿接收信号时，要先经过解码，把信号还原成信息后，才能接收。信号在传输过程中，会遇到某些干扰，这些干扰一般称为噪声。噪声能使信号失真，即丢失部分信息。

仙农在研究这个模型的基础上又提出了著名的度量信息量公式：

$$H(x)=-\sum_{i=1}^{N}P(x_i)\log P(x_i)$$

度量信息量公式是利用概率论来描述信息的，概率是用来描述随机事件发生的可能性大小的一种数学表达方法。因此，信息也就必然与随机变化的不确定性有关。所以，仙农把信息看作是一种用以消除不确定性的东西，这不仅解决了信息的定量化问题，也是对信息本质的一种揭示。

2．广义信息论

随着科学技术的不断发展，尤其是计算机的出现，如今的信息论已大大超出了通信技术的范畴，被广泛应用于社会、经济、管理和自然等领域。因此，对信息的研究从狭义信息论发展为广义信息论。广义信息论是以各种系统的信息为研究对象，深入地研究信息的本质和特点，并广泛地研究信息的获取、存储、传输、处理、控制和利用的一般规律。广义信息论又称为信息科学理论。

二、控制论

控制论是研究各种系统控制规律的科学。对于任何管理者来说，管理和决策既需要大量的信息，又离不开控制。因此，一个管理信息系统对信息的处理能力和控制方式就显得尤为重要，也是在作出决策和实施管理之前首先要研究清楚的。所以，控制论是管理科学研究中不可缺少的理论与方法。控制论的发展大致经历了 3 个阶段：

1．经典控制理论

经典控制理论是 20 世纪 40～50 年代兴起的。直接导致经典控制理论产生的社会原因是第二次世界大战期间对火炮自动化技术的研究。控制论的创始人维纳直接参与了高射炮自动控制的研究工作。经典控制理论是利用反馈控制原理，使用自动调节装置，实现单机自动化或局部自动化的单因素控制系统理论。

2．现代控制理论

现代控制理论是 20 世纪 50～60 年代发展起来的，由于计算机的出现和空间技术的发展，使研究多因素控制的复杂系统成为可能。现代控制理论是依据系统辨识理论、随机自适应控制原理和最优控制原理，采用状态变量描述方法，利用计算机来研究控制系统在各个时期的状态及其随时间的变化过程的多因素控制理论。

3．大系统控制理论

随着社会经济的发展，交通、生态、通信、资源以及各种管理等系统不仅涉及不同人员，还涉及多个部门甚至地区。因此，控制论所面临的研究问题更加综合化、复杂化和巨型化。大系统控制理论就是在此背景下诞生的。它利用智能控制原理，采用分析与综合相结合的思维方法和计算机与模糊数学方法，研究整个系统的运动规律，是实现整个系统的最优化的多因素、多层次控制理论。

4．控制系统中的3个基本概念

在一个控制系统中，控制、反馈和信息是3个基本概念，缺一不可。

（1）控制。控制是指施控者对受控者的一种能动作用。因此，一个控制系统至少要由作用者、被作用者和作用的传递者3个基本要素构成。

（2）反馈。反馈是控制系统中建立控制机制的依据。反馈理论来源于电子学，它是指把电路中的放大器输出的部分信号回送到输入端，用以调节输入信号的大小。反馈有正反馈和负反馈之分。

（3）信息。信息是实现反馈的基本手段，控制论中所指的反馈就是信息反馈。在控制系统中，信息起着至关重要的作用。从信息的角度来研究控制系统，有利于对控制进行定量研究。

三、系统论

系统论是研究一般系统的基本概念、基本性质和基本规律的科学。早期的系统理论是在研究工厂管理过程的基础上产生的。科学管理学的创始人泰勒在1911年发表的《科学管理原理》一书中，明确提出了系统管理的思想。他认为管理人员和工人之间的合作，是现代科学管理或作业管理的基础，并认为这个管理系统是由多种因素而不是一种因素构成的综合体。这实际上承认了所谓科学管理就是系统管理。

系统论的奠基人是美籍奥地利生物学家贝塔朗菲，他抓住生物系统的整体性和开放性这两个基本特征，把生物和环境作为一个大系统来研究，正确处理了生物系统和环境的关系，并在1968年他的《一般系统论的基础、发展和应用》一书中全面系统地阐述了他的系统论思想，提出了“整体应大于部分之和”的名言。

1．系统的基本概念

（1）系统。系统是指诸要素按一定的层次结构方式相互联系所构成的具有特定功能的有机整体。系统有输入、处理、输出和反馈机制。

（2）要素。要素是构成系统不可缺少的必要成分，具有层次性。要素和系统是两个相对的概念。一方面要素相对于它所在的系统是要素，另一方面相对于组成它的要素则是系统。例如，子系统相对于系统来说就是一个要素。要素本身和它们之间的联系决定了系统是如何工作的，因此分析和把握系统的要素是研究系统的前提。

（3）联系。联系是指系统内部各要素之间的相互联系和制约以及系统与外部环境之间的相互联系和制约。因此，系统、要素和环境三者是有机统一的关系，系统中任何一个要素的变化都会影响到其他要素甚至系统的变化。

（4）功能。功能是指系统所具有的活动能力和在运动过程中对环境所产生的功效。系统的功能是通过系统与环境的相互作用而表现出来的，是系统的外在表现形式。

（5）结构。结构是系统内部各要素的组织形式。系统的不同特性，首先取决于组成系统的要素，其次取决于要素之间的联系，即系统的结构。结构与功能之间有密切的相关性，结构是行使功能的基础。

（6）环境。环境是指系统以外并与系统发生联系、存在着相互作用的客观事物或整体。环境也具有相对的概念。一方面，从客观角度来看系统必须依赖于环境而存在和发展；另一方面，从主观角度来看系统在依赖环境的同时，还要适应和改造环境。

2．系统的基本原则

（1）整体性原则。整体性是系统各要素作为一个有机统一体所表现出来的特性，也是系统的重要特性。整体性原则强调的是“整体大于部分之和”。重视整体性，在开发信息系统中具有重要意义。例如，在开发信息系统的过程中，从注重整体性的角度出发，统一数据标准、统一输入和输出界面、统一协调开发进度等工作，可有效地提高系统的优化程度，从而提高系统的质量。

（2）层次性原则。从结构上看，任何系统都具有一定的层次性。层次性指的是一个系统可以分解为若干个子系统，每个子系统又可以分解为若干个模块，每个模块又可以分解为若干个任务，以此类推，可以将一个系统逐层分解。层次性原则对系统开发具有指导意义。例如，一个酒店管理信息系统包含了许多管理功能，是一个比较复杂的系统，但通过逐步分解的方法，可以分解为前台子系统和后台子系统，前台子系统又可分解为客房预订、客房管理、收银管理、夜审等模块。利用层次性的思想可以有效地降低系统分析的复杂程度，较好地保证系统开发的质量。

（3）开放性原则。任何一个系统都不是孤立存在的，要不断地与其他系统以及环境进行物质、能量和信息的交换活动，一个系统开放才有生命力。例如，一个开放系统能够提供丰富的接口与其他系统进行互连，最大限度地获取信息资源，发挥系统整合信息资源的强大作用。根据梅特卡夫法则，网络的价值与节点数的平方成正比，也就是说能够互连的系统越多，系统的价值也就越大。

（4）动态性原则。动态性原则是指系统随时间不断发展和变化的特性。任何系统都有一个产生、形成、成熟、老化和消亡的发展进程，一般称它为系统的生命周期。动态性原则要求人们在开发系统时，一定要把握系统的稳定点。例如，开发信息系统时，常用版本管理的方式来解决不断变化的业务需求和系统在一定的时间里要保持相对稳定的矛盾。

（5）相关性原则。相关性原则是指构成系统中的要素与要素之间、要素与系统之间、系统与环境之间、结构与功能之间所存在的相互依存和相互制约关系。具体讲，系统的相关性主要体现在模块与模块之间、子系统与子系统之间、系统与环境之间的接口。例如，酒店管理信息系统与旅游目的地信息系统互联后，可以获得更多的客源。

（6）目标优化原则。目标优化的目的是使系统达到最佳功能状态，也是系统研究所要达到的最终目的。一般来说，系统实现最佳功能的关键是使系统达到高度的有序性，有序性越高，系统的功能就越完善。

第二节　信息与信息资源

一、信息

信息是管理信息系统中非常重要的一个概念，也是在管理中最为重要和最有价值的资源。例如，在 20 世纪 70 年代到 20 世纪末的 30 年内，全球财富 500 强企业的淘汰率非常之高。1970～1980 年之间，全球财富 500 强中有 32%的企业消失了；1980～1990 年之间，这个数字提高到了 47%；1990～1998 年之间，更是突破了 50%，达到了 54%。根据调查发现只有那些具有“创造在市场竞争中不可取代位置”的企业才能够生存下来。而要保持这种优势，对于企业来说很重要一点就是比别人有更快地获取和处理信息的能力。这也就是在信息社会中，企业之间的竞争不再是大鱼吃小鱼而是快鱼吃慢鱼的原因所在。

1．信息的概念

在当今社会里，“信息”一词被广泛地使用着，但确切地对它下定义还是比较困难的。专家学者对信息的定义有几十种。总结一下，不外乎从信息科学、经济学和信息管理等 3 个不同的领域来给信息下定义。在归纳这几十种信息定义的基础上，我国学者赖茂生认为，信息是反映事物运动状态和方式，以文本、数值或多媒体等形式存在的数据、事实或见解。

从客观的角度来理解，只有某则消息或知识对接收者的行为或思维活动产生影响时，才能称为信息，即信息是人们关心的事物的消息或知识。

2．数据、信息与知识

数据和信息的区别主要体现在数据是由原始事实组成，它是用来记录客观事物，是可以辨别的符号，除它本身以外没有什么价值，而世界银行的《世界发展报告》中对信息的定义是：信息是指以有意义的形式加以排列和处理的数据（有意义的数据）。根据这个定义，可以认为数据经过处理并对客观世界产生影响后可转变为信息，即经过加工后具有一定价值的数据才能称为信息。例如，酒店员工的姓名、每天出勤的小时数、每天完成的工作量是原始数据，而利用汇总的手段对酒店员工的出勤和工作量按月进行统计后得到的结果则是信息，这个信息对酒店的管理人员的管理工作具有实用价值。

知识是信息接收者通过对信息的提炼和推理而获得的正确结论。知识有两种类型：一种是事实型知识，是对客观事实的总结，如酒店收入的主要来源是客房的出租；另一种是规则型知识，是将事实型知识与某个逻辑关系关联起来，如客房出租率下降则酒店收入下降。数据、信息和知识三者之间是一种递进的关系，它们的关系如图 1-2 所示。

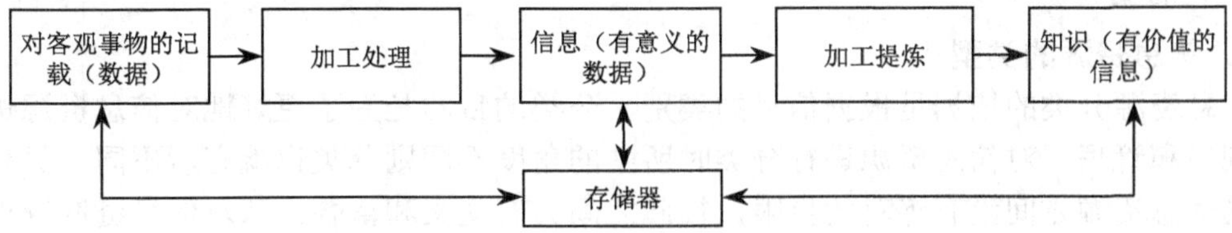

图 1-2　数据、信息和知识之间的关系

3．信息的主要特性

（1）可传输性。信息可以通过载体从信源向信宿进行传输并在传输过程中根据需要转换载体而不影响信息的内容。信息的载体有多种，如电视、互联网、报纸等。信息的可传输性造就了信息的流动，而只有流动的信息才具有较高的价值。

（2）可存储性。信息可以利用某种存储介质保存起来，如磁带、硬盘等。信息的可存储性使信息的积累、加工、传输和利用成为可能。

（3）可加工性。信息的使用价值必须通过一定的手段进行加工后才能实现。加工的方法一般根据信息接收者利用信息的特定需求来决定。加工手段有多种，如抽取、排序、汇总、压缩等。信息的可加工性能使信息产生增值，为人类利用信息改造客观世界和主观世界提供了方便。一般来说，信息的加工深度越深则信息的价值就越高。

（4）共享性。一个信息可以为多个该信息的使用者来共享。一般情况下增加信息的共享者不会使原有共享者失去部分或全部信息。也就是说信息在使用过程中具有非消耗性，信息的共享性大大提高了信息的利用程度。

（5）时效性。信息从信源发出，经过接收、加工、传递、利用等环节产生一定的时间间隔。这个时间间隔越短、使用信息的效率越高，则时效性就越强。但类型不同的信息会有不同的时效性，相同信息的时效性也可能发生变化。

二、信息资源

信息资源对于一个国家、地区、组织的经济发展和安全起到了重要的作用，是现代社会发展中不可或缺的战略资源。人们越来越重视对信息资源的开发和利用。

1．信息资源的定义

人们对信息资源的理解分为狭义和广义两种。

狭义的观点认为人类在社会经济活动中通过收集、加工和存储有用信息的集合称为信息资源，如制造业信息、政府发布的官方信息、市场信息和金融信息等。

广义的观点认为信息资源是由下述几个部分组成：①信息及其载体；②信息采集、存储、传输、加工和利用的各类硬设备和软件；③制造上述硬、软件的设施；④信息采集、存储、传输、加工和利用的各种方法、技术、标准、规范、政策和法规；⑤从事信息采集、存储、传输、加工和利用的技术与管理人员。这种观点把与信息活动有关的各要素都纳入到信息资源的范畴中，这种理解有利于更全面、更系统地把握信息资源的含义。在广义信息资源的理解基础上，我国学者马费成认为，信息资源是指人类社会信息活动中积累起来的以信息为核心的各类信息活动要素（信息技术、设备、设施和信息生产者等）的集合。

2．信息资源的类型

信息资源分类的依据是根据信息的类别，分类的目的是为了更好地对信息资源进行开发、利用和管理。对信息资源进行分类时所站的角度不同则分类也就有所不同，另外不同类别的信息资源之间没有绝对的界限，彼此之间会有交叉和重叠。从对信息资源管理的角度出发，通常将信息资源分为记录型信息资源、实物型信息资源、智力型信息资源和零次信息资源。

（1）记录型信息资源。记录型信息资源由传统介质和现代介质来记录和存储信息，这类信息资源具有固定的形式，便于保存和传播且不受时空的限制，它是信息资源的主体，也是信息资源存在的基本形式。对这类信息资源的开发与管理是信息资源管理的重点。记录型信息资源的分类如图 1-3 所示。记录型信息资源中的传统介质属于非数字化信息资源，目前这类信息资源在组织中还有一定的应用。但随着信息化的不断推进，大多数非数字化信息资源会逐步转变为数字化信息资源。而只有数字化信息资源达到一定的规模以后才能真正有效地支持组织的管理与决策。

- 记录型信息资源
  - 传统介质
    - 纸张、竹简、木简
    - 布、丝绸、石碑
  - 现代介质
    - 磁盘、磁带
    - 微缩胶片、光盘

图 1-3　记录型信息资源分类

（2）实物型信息资源。实物型信息资源是由实物本身来存储和表现的知识信息，如样品、样机、出土文物等。实物型信息资源在人类的文化传承和学习先进技术上发挥着重要作用，是逆向工程的基础。例如，通过对样机的剖析，利用逆向工程，人们可以探索出研制者的设计思想和加工制作方法，从而达到学习先进技术和仿制的目的。又如，通过对出土文物的研究，可以了解中国的历史文化，验证历史学家的某种假设或推断，是研究人类历史不可或缺的信息资源。对实物采用传统或数字化的方式进行信息采集，虽然不能完全等同于实物本身所代表的全部信息，但可有效地防止实物损毁而造成的永久消失。

（3）智力型信息资源。智力型信息资源是指人类大脑所存储的知识信息。例如，高级管理者的经验、技师的特殊技能、制作食品的秘诀、专家咨询等。这类信息的价值越来越受到人们的重视，是知识经济时代的重要资源。但由于此类信息资源未经过数字化，很难记录和表达，管理这类信息资源的难度很大。在实际操作中，可以利用人力资源管理的方法，调动人的积极性，收集这方面的信息，建立专家系统，利用知识管理系统来开发和利用智力型信息资源。

（4）零次信息资源。零次信息资源是指通过各种渠道，由人的口头传播的信息。这个概念在日本企业信息活动中被广泛使用。日本企业提倡人们的直接交流，他们认为直接交流可以有效地降低生产中对设计方案的误解。零次信息是人们通过直接交流所获得的信息，是信息客体的内容直接作用于人的感官系统的结果，如通过听觉、视觉、味觉、嗅觉和触觉等感观系统来接收的信息。

零次信息对科学技术、经济活动、企业管理、教育行业、服务业都具有非常重要的作用。

1）科学技术日新月异，新知识、新概念、新术语、新数据不断涌现，而且会通过零次信息的形式传播。这种传播可以有效地补充记录信息的不足。

2）在经济活动中，市场的供求、价格和竞争状态的信息很大一部分要通过零次信息的形式来收集，而且在商业谈判中也是通过获取零次信息来分析和了解谈判对手的真实想法和意图。

3）在企业管理中，零次信息可以弥补信息系统的不足和信息管理者水平低而造成的不能提供有价值的信息。

4）在教育教学活动中，教与学的互动都离不开零次信息。

5）在服务业中，不论是现代咨询服务为获取用户需求以及咨询人员所提供的知识经验，还是其他人工所提供的服务都需要零次信息。

6）零次信息的传播随着网络的普及已经超越了时空的限制，其传播量、传播速度和影响面越来越大。

7）现代信息技术可以将零次信息转化为记录信息，如通过数字语音输入、数字视频输入、电子鼻、电子舌等设备将零次信息转化为记录信息。

三、信息资源管理

信息资源管理是20世纪70年代末、80年代初兴起的一种管理哲学和管理方法。当代信息资源管理是在信息技术高速发展、科技和经济对信息需求不断增长的前提下，对文献、知识等信息进行统一管理的产物。信息资源管理的发展经历了传统管理、技术管理、信息资源管理和知识管理4个阶段。

1．传统管理阶段

传统管理阶段主要是针对图书、档案、文献资料和企业以及政府部门的文件进行管理。其采用的基本技术是纸张、文件柜、卡片箱、打字机、制表机、缩微设备等。管理方法有：图书馆的图书与文献资料管理；档案馆的档案管理；企事业单位的文书管理、记录和报告管理、函件管理、命令或指示管理、重要记录的保护、办公室布局与设计等。信息管理在组织结构中处于中低层，协调关系属于松散型。信息资源管理在这一阶段的主要问题是"藏"与"用"的矛盾，在各类书籍、文献资料、企事业单位的各种文件呈爆炸性增长的情况下，无论是对巨大数量的图书资料和管理活动中产生的各类文件的存放，还是在这众多的纸质媒介中查找有用的信息都是一件非常繁琐和困难的事情。

2．技术管理阶段

技术管理阶段是在信息技术不断发展和广泛应用的背景下发展起来的一种信息管理模式。它是以计算机为工具，应用数据处理技术来实现的信息资源管理。这一阶段采用的基本技术是第二代、第三代电子计算机独立应用、群集式文字处理机、增强型语音通信技术。管理方法多采用集中式数据处理中心、文字处理中心、复制中心、独立应用的工作站。信息管理在组织结构中处于中层，信息的使用者与信息的提供者常存在隔阂，协调起来比较困难。信息资源管理在这一阶段主要强调技术因素而忽略了非技术因素的作用。虽然信息技术为文献信息管理带来一场革命，使得信息的存储、加工、传输、利用变得非常方便，但在信息安全（包括计算机安全、系统安全、数据安全、国家利益、个人隐私等）和信息利益（包括知识产权、跨国数据流、信息收费、信息成本等）问题上就显得有些力不从心。

3．信息资源管理阶段

信息资源管理阶段是将信息看作战略资源，对信息实施资源性管理。它的产生一方面是由于纯粹的技术手段不能解决对信息的有效控制和利用等问题；另一方面，信息已成为企事业单位乃至于一个国家或地区的战略资源，对信息资源需要进行优化配置和统一管理。这一阶段采用的基本技术是分布式数据处理、综合业务数字网（Integrated Service Digital Network，ISDN）、多功能工作站、基于台式和便携式的个人计算机。管理方法采用信息技术的水平管理、信息资源规划、信息成本核算等。信息管理在组织结构中处于中高层，信息主管（CIO）作为企业的高管人员统一配置信息资源和协调各部门的信息需求并参与决策。信息资源管理在这一阶段强调用技术、经济、人文等方法对信息进行管理，具体来讲就是，信息资源管理不仅利用信息技术还要从经济学的资源配置和战略需求角度出发对信息活动进行资源性的管理，以及从人文角度出发制定相应的信息政策和信息法律来规范信息活动中人的行为和规定各方面的利益关系。

4. 知识管理阶段

"知识管理"是1979年霍顿（Horton）首先提出的概念。在知识管理阶段，信息资源管理开始由重视效率和信息高速且无障碍的传输转向重视学习和知识的分享与转移。这一阶段采用的基本技术是专家系统或知识库系统、决策支持系统、智能办公系统等。管理方法是将信息使用、信息价值和信息技术管理结合起来，将内、外部信息处理结合起来，将业务规划与信息规划结合起来。在组织中的地位是知识资源管理被各级管理层作为一般管理哲学的基本组成部分所采纳。知识管理阶段强调将流动性大和作用时效短的信息向较为固定的、作用时效长和价值更大的知识转移。具体来讲就是不仅关注显性知识的管理，更要注重对隐性知识的管理；不仅要对信息内容和信息载体进行管理，更要对获得、分析、利用、创造信息的过程本身即学习和创新的支持；不仅要提供高质量的信息给用户，更要对用户获取信息的根本原因即寻找解决某个问题的最佳策略进行挖掘。

四、企业信息资源管理

企业信息资源管理包括数据资源的管理和信息处理的管理。在信息时代，信息资源是企业的重要资源。它支持企业参与市场竞争，为提高企业管理绩效提供了新的手段，是知识经济时代企业文化建设的重要组成部分。

1. 企业信息资源的构成

企业所需要的信息可能来自企业内部的信息源也可能来自企业外部的信息源，信息可能是客观信息也可能是主观信息。从信息需求的角度来看，不同工作需要不同的信息。例如，企业高层管理者所需要的战略信息大部分来自于企业外部的市场信息，竞争对手的信息，所处的行业信息，国家、地区的政策、法律、经济等信息，以及科技、社会文化等信息；而企业中、低层管理者的管理信息大部分来自于企业内部的技术研发信息、计划或规划信息、原材料供应信息、生产管理信息、营销管理信息、组织管理信息以及财务管理信息等。

企业无论大小，每天都要处理各种主观和客观信息、内部和外部信息。例如，一家酒店为了确定房间的合理价格，酒店就必须考虑竞争对手的价格（外部的客观信息），预测客人能够接受的最高价格（外部的主观信息），酒店可卖房的数量（内部的客观信息）和酒店可卖房的超预订数量或百分比（内部的主观信息），以及其他与制订房间合理价格相关的信息等。

企业信息资源的构成从狭义角度来看就是企业所拥有的数据和图书资料，经过收集、加工后用于企业生产、经营和管理方面的有价值的信息，以及本企业的知识产权、管理经验和商业竞争情报等，而从广义的角度来看，则是企业中与信息相关的知识与技能的人才，信息技术的软、硬件设备，以及提供信息处理与服务的系统和部门。

2．企业信息资源管理的目标

企业信息资源管理目标最具代表性的是狄保尔德所领导的一个管理咨询研究小组从一个企业范围内所列举的信息资源管理的目标。该目标包括以下 7 个方面：①建立起一种环境，只允许相关的信息进入企业的决策活动中；②实施一系列措施，使生产、收集信息的费用能够与利用信息后应获得的效果相匹配；③改变观念和政策，使信息在企业的商业活动和管理活动中能被视为一种重要的资产；④在利用信息技术前，应首先对需求进行分析，而不是与此相反；⑤使信息管理者的地位合法化；⑥为所有的管理者及职员提供培训、教育和升职的机会，使他们能掌握有关信息资源管理的技能；⑦吸收用户参与系统的设计及有关的决策，使之能对信息生产活动及人员、设备等资源负责。

基于上述原则，我们认为信息资源管理的目标是通过宣传信息资源的重要性，使企业各级管理者对信息管理承担相应的责任；分析企业日常工作中的信息需求，收集、开发和利用信息资源，使有价值的信息进入企业的决策活动中；重视信息的一致性和标准化，在用户的积极参与下开发管理信息系统，改善员工获取和利用信息的环境，鼓励企业内部各部门之间共享信息；通过提高认识和制定政策使全体员工重视信息资源，把它视为企业的一种重要资产并加以管理；注重信息的成本核算，追求信息资源管理的 3E，即效益（Efficient）、效率（Effective）和经济（Economical）；设置信息管理的职位，加强对企业员工的信息人力资源管理和信息资源管理相关技能的培训。

3．企业信息资源管理的任务

不同时期，人们对信息资源管理的任务的认识是不同的。随着社会的发展，许多企业对信息资源管理的认识在深化，从认为信息资源管理的任务只是把各种科学技术、数据库和信息处理资源、设备集成在一起转变成如今把信息资源管理的任务看作是：注重信息审计和企业信息资源规划；建立信息资源管理的组织结构，负责企业管理信息系统的架构设计、开发、运营、维护、管理和培训，以及对信息资源、信息设备、信息管理人员统一配置和负责信息资源的安全和保密工作；建立和维护企业的数据标准和信息资源管理制度，以及不断研究信息资源管理的新技术并应用到企业的信息资源的管理中；向企业内部各部门提供信息资源的咨询、服务和维护，以及综合利用信息资源向企业高层提供决策支持。

第三节　酒店信息需求

在酒店的组织结构、管理制度和业务流程确定后，酒店信息的传递形式也就相应地固定下来。一般来说，酒店的主要信息需求分为酒店前台信息需求和酒店后台信息需求。酒店前台是面向住宿客人，所需的信息也与住宿客人紧密相关，是我们作信息需求分析的重点，酒店前台信息需求主要有客人档案信息、预订信息、客房管理信息、客人住店消费信息、客人离店结账信息和应收账款信息等。酒店后台信息需求分为财务信息、办公自动化信息、购销存管理信息、人力资源信息、设备管理信息等，其中财务信息是信息需求分析的重点。本节由于篇幅有限，仅探讨前台的信息需求。酒店前台信息流程如

图 1-4 所示。

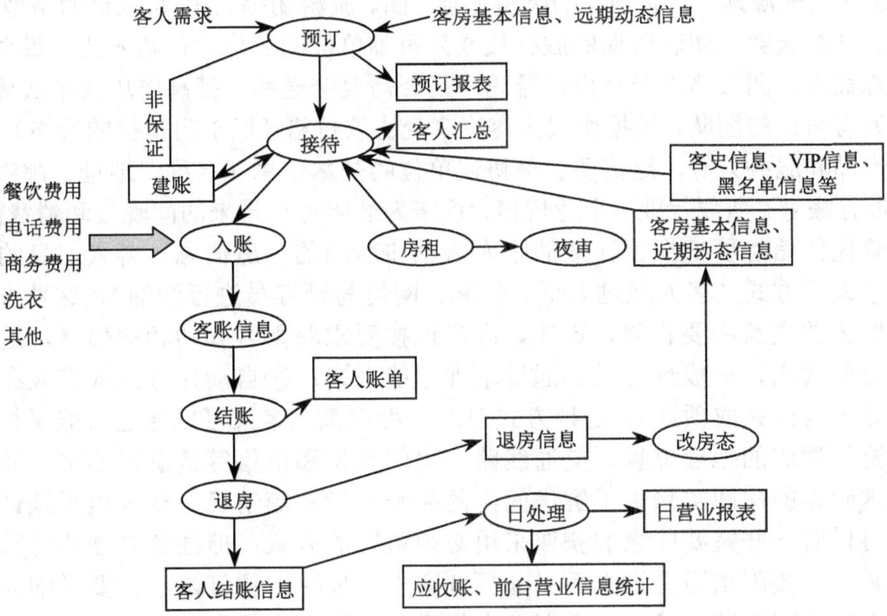

图 1-4　酒店前台信息流程

一、预订阶段的信息需求

客人通过各种方式向酒店提出预订请求，如电话、传真、预订网、电子邮件等，如果酒店可以满足客人的需求，就接受客人的预订，否则采取婉言拒绝或另外帮助介绍其他酒店。对已接受预订的客人，酒店分为保证类的预订客人（客人以指定方式预付了定金或由与酒店签约的单位担保）和非保证类的预订客人（没有预付定金和被担保的客人，需要在指定时间前确认预订）。对于保证类的预订客人，酒店需要预先建立客人账户，用来存放定金。现代酒店为了尽可能提高客房的出租率，大多实行动态分房，即在客人办理入住时才确定客人入住的房号，这种分房策略一般针对普通客人，但对 VIP 客人和团队客人还是采取预先分房的策略。酒店每天都要对所有的预订进行统计，为酒店提供当天或未来几天的客源信息。酒店预订分为散客预订和团队预订两大类。

1．散客预订的信息需求

散客预订时，酒店需要获取客人的基本信息，如客人的姓名、性别、人数、国籍、身份证号码或护照和签证号码及有效期、预订的房型、房间数、抵达时间、住宿天数、付款方式、联系方式、特殊需求等信息。酒店为了开展客户关系管理和销售管理，还须进一步获取客人信息，如客人的生日、客人的偏好、客人的信用卡信息、客人在酒店的市场分类中属于哪一种、客人是通过哪一个渠道来预订的、客人的来源地、客人的住址或通信地址及邮政编码、会员等级、是否需要接送站、抵离航班或车次等信息。

2．团队预订的信息需求

团队预订时，酒店需要获取团队联系人的基本信息，如姓名、性别、国籍、身份证号码或护照和签证、联系方式等，以及团队属于哪一个市场分类、团队通过哪个渠道与酒店联系的、团队的来源地、团队预订的类型（会议团、旅游团等）、团队预订的房型、房间数、抵达时间、住宿天数、团队所属的旅行社或公司等单位的名称、付款方式、每个房间住的人数、特殊需求、团员名单及身份证号码、是否需要接送站、抵离航班或车次等信息。对于与酒店签有协议的团队，根据协议内容可享受协议价格（低于门市价的价格）、挂账（赊销酒店的产品和服务）等，这需要获取协议单位的基本信息（名称、地址、邮编、联系电话等）和银行账号、所属行业、企业规模、承诺为酒店每年带来的间晚数和消费额等信息。

预订阶段的信息要把握住详细的客人信息和准确的客房信息。客人信息的获取有两个渠道：①人工方式（客人通过电话、传真、网络与预订员进行沟通），这种方式要求预订员在与客人的交流中要礼貌、迅速、准确地按要求获得客人的相关信息，这对预订员提出了较高的要求，一般预订员要通过培训才能上岗；②自动化方式（客人在网络预订系统的引导下自己完成预订），这种方式自动化程度高，客人可以通过智能手机或联网的计算机来查询酒店的地理位置、交通线路、房间类型和价格等信息，还可以通过利用虚拟现实技术制作的房间实景来了解房间内的装修、设施等情况。客人填写预订信息时，预订系统可以对一些重要信息的获取采用必须填写的方式，但注意必须填写的项目要适度控制数量，不要因填写量过大而引起预订客人的反感。预订除了需要详细的客人信息外还需要准确的客房基本信息、近期动态信息和远期动态信息。客房的基本信息包括房间号、房间类型、房价，客房的近期动态信息是指房态（如空房、已清扫房、未清扫房、小修房、大修房等），而远期动态信息是指客房预订的动态信息。当房间已订满时，酒店常根据实际情况及历史数据确定超额预订的房间数，从而产生房间超额预订的信息。因此，当有预订需求时，需要根据客房的基本信息、近期动态信息、远期动态信息和超额预订信息来判定此次预订的时间段内是否有符合客人要求的客房，并以此来确定是否接受预订的请求。接受预订后，客人有可能提出修改预订的信息。例如，预订客人要求增加一个合住人的信息。客人还有可能提出取消本次预订。酒店在预订阶段除了获取基本的预订信息外，最好还能获取一些对提高酒店销售有帮助的重要信息。例如，客人在市场分类中属于哪一类？客人是通过哪个渠道进行的本次预订？客源地在哪里？获取这些信息可以帮助酒店销售部进行市场分析，制定来年的销售计划和改进酒店的特色。例如，通过统计分析发现酒店的收益大多来自市场分类中的会议类型，渠道是通过公司，客源地是广东地区的比例较大，则酒店一方面注重突出广东地区的特色，另一方面加强对广东地区公司的推销力度。酒店对于取消预订的客人尽可能获取取消预订的原因并分析这些原因，改进酒店自身的不足，提高酒店出租率。

二、接待阶段的信息需求

接待阶段主要是按客人的不同级别（VIP、散客、团队等）安排入店行李服务、办理入住登记手续、引导客人到客房等接待事宜。入住客人分为有预订入住和无预订入住。对有预订入住的客人可以将预订信息直接转为入住信息并输入客人身份信息。对无预订的客人要输入客人详细信息。前台接待人员根据当时的客房基本信息和房态信息为未分房的客人分房和建立账户。账户的建立是以付款对象为依据，而不是以客房为依据。付款对象可以是住宿客人本人，也可以是与该客人合住的其他客人，还可以是客人的工作单位。同一间客房允许建立多个账户（一般为 8 个账户以内），每个账户对应一份账单，同一个人也可以建立两个以上的账户（当同一个人需要两个以上的账单分别报销时）。接待阶段的服务质量直接影响客人对酒店的第一印象，因此该阶段是酒店对客服务中非常重要的一个阶段。除了接待工作要服务到位外，准确的房态信息和客账信息是做好接待工作的基本保障。

1. 房态信息

房态信息是否准确，直接影响到为客人办理入住的质量。例如，根据错误的房态为客人分房，则客人可能会进入一间住客房或未清扫房甚至是一间维修房，造成客人的强烈不满，即使接待人员态度再好，也无法改变客人对酒店管理混乱的不佳印象。房态信息中可能会出现前台所显示的客房房态信息与客房部的客房房态报表不相符的情况，这种情况被称为差异房。例如，前台的某个客房房态显示是住客房，而客房部的客房房态报表则显示是空房，究其原因可能是客人已经办好入住手续，但出去会友并留宿在朋友家，还没去客房入住。也有可能是客人没结账就离开酒店即俗称的跑账。又如，前台的某个客房房态显示是空房，而客房部的客房房态报表则显示是住客房，造成这种情况的原因可能是客人看房后对房间不满意，换到了另一个房间，但前台的客房房态信息没有及时更改而产生差异。当有差异房时，酒店会产生一个差异房报表。对于差异房，一方面要仔细查找产生差异的原因，消除差异；另一方面要及时更改已变化的房态信息，尽量避免错误的房态信息和差异房的产生。

2. 客账信息

客账信息是指记载住宿客人在酒店内所有消费的信息，也是酒店核算收入的基础，它的准确性直接影响酒店的收益。客账包括付款对象、付款项目、付款时间、付款方式、抛账限制、押金等信息。其中付款对象可以是个人也可以是单位。付款方式分为现金、旅行支票、信用卡和挂账。挂账是指与酒店签约的单位或个人，按协议规定的时间周期（账龄）统一结账。签约单位或个人还可以协议约定享受低于门市价的协议价格。对享受挂账的单位或个人，酒店要建立该单位或个人的应收账号并规定挂账的信用额度的上限。酒店根据应收账款的规定制定账龄，一般酒店规定享受 1 个月账龄的是散客账户和协议公司，享受 3 个月账龄的是已签合同的会议或团队，而 6 个月账龄则是向应收账款的上级单位（信用担保单位）进行催收。酒店通过定期编制账龄分析表来掌握不同时期的应收账款的分布情况。一旦发现酒店的应收账龄越来越长，酒店就要适当调整信用政策，避免酒店的不必要损失。客账中的抛账限制是指酒店内各收银点能否被允许将客人的消费抛到该客人的客账上。

三、住店阶段的信息需求

客人住宿期间的信息需求包括客人的消费、投诉、服务需求等信息。

1. 消费信息

客人的所有消费项目（如付费电视、洗衣、小酒吧、康体娱乐、打电话、用餐、购物等）都是通过为客人建立的账户来管理的，客人的账户可以在预订客房时建立（用于输入定金或预付款），也可在办理入住登记手续时建立。由于客人消费信息涉及酒店的所有收费点，客人消费的动态信息的传送速度和准确性就成了客账管理的关键。例如，客人在结账前刚打了一个国内长途电话，而电话费没有及时地输入到该客人的客账中，就会造成客人的漏账，给酒店带来很难挽回的经济损失。如果客账信息不及时、准确地进行核对，除了漏账外还会造成客人逃账的现象。例如，当客人消费数额较大并要求挂账时，如果没能及时核对所交押金是否够用，就会存在客人逃账的风险。

2．投诉信息

对客人投诉的快速反应是考验酒店是否以客户为中心的试金石。从接到客人投诉到解决投诉需要将投诉信息详细、准确和快速地传递到所涉及的部门，由该部门的负责人出面解决，并尽量在最短时间内给客人以明确答复。处理客人投诉的时间越短就越表示酒店对客人的重视，客户的满意度就越高。

3．服务需求信息

服务需求信息是指客人在住宿期间，对酒店提出的服务请求。例如，问讯、寄存物品、电话、留言、行李、委托代办、换房、送餐等服务。酒店在接到客人提出的问题时，要做到及时、准确地回答他们的问题，对客人提出的服务需求，要尽快将需求信息传递到相关部门，并进行快速反馈。除此之外，酒店还要注重定期对客人的需求信息进行统计和分析，深入了解客人经常提出的需求是什么，研究采取什么样的方法能够快速满足客人的需求。例如，许多酒店利用电话开展一键式服务来为客人提供更加简便、快速的服务通道。酒店为了不断改进服务质量，常通过对客人的满意度调查来评价酒店服务质量，其评价结果作为酒店改进服务质量的依据。总之，对客人服务需求信息的收集、传递、处理和反馈的速度直接影响酒店的形象，是提高酒店竞争能力的关键成功因素之一，必须引起高度重视。

四、离店阶段的信息需求

客人离店阶段是酒店对客人提供住宿服务的最后一个阶段。这个阶段的服务质量会直接影响住宿客人对酒店整体服务的印象，也是能否给客人留下一个值得回忆的酒店形象的关键阶段。这一阶段酒店主要为客人提供离店行李服务、退房结账服务。

客人结账后，一般会马上离店，客人的结账信息会转入客人历史档案，同时更改房态为走客房（空脏房）；但有时客人结账后还需在客房内停留一段时间，这时酒店要关闭该客房的外线呼出电话等一切收费项目，并标出该客房处于一种特殊状况，直到客人走后，才可将房态改为走客房，通知服务员打扫房间。客人结账工作是否顺利关键在于客人消费的各项账款信息能否准确和及时地入账，退房和查房的信息是否能及时处理，客人的结账时间是否能尽量缩短。

酒店前台每天除了处理以上介绍的各种信息外，还要对客户信息、应收账款、夜审和日审等进行管理。客户信息是通过酒店的客史档案管理来实现的，客史档案管理会对不同类型的客人分别管理，一般酒店会将档案类型分为个人档案、公司档案、旅行社档案、非公司和旅行社的单位档案、团队档案、联系人档案和供应商档案。客史档案管理对酒店来说非常重要，这是由于客史档案管理可以为酒店个性化服务、会员制服务、贵宾服务、制定协议价策略、对客人住宿的间晚数及消费额进行统计分析提供科学依据。客史档案的建立要注意同一客人或单位的档案必须是唯一的，否则会造成对该客人或单位的统计信息混乱而无法提供准确的统计信息。

应收账款的管理主要针对挂账的客户，当客人以挂账方式结账后，结账信息会自动转到应收账下，由酒店的应收员催收账款，当收到付款后在应收账中做平账工作，然后将客人付账信息传给后台财务。

夜审是指在酒店运营过程中，对每天的营业收入进行审核、结清总账、过房账、核实数据有效性和编制营业日报表，并将夜审信息整理分类传递给日审。而日审是指进一步审核夜审所做的报表，保证每日营业收入的真实性和准确性，并对住宿客人或团队的订房资料、结算方式、结算凭证及审批权限是否符合规定进行审计，以及对各个收银点进行审计。

小资料

利用信息可以创造小公司打败大公司的奇迹

20 世纪 70 年代美国政府颁发了“汽车排放废气的标准”，由于当时没有一家汽车公司的产品能够达到这个标准，在这种情况下，谁能首先攻破这个难关，谁就可能在新市场中获得优势地位。这个机会不是被美国的大汽车厂商得到而是由一个日本的小公司夺得，这家日本的小公司在专利文献中率先找到了解决排放废气的技术方案，并在此基础上进一步攻关，使得它们的汽车产品的废气排放量率先达到了标准。该公司怀着激动的心情请来律师并把他们关在饭店里，快速而秘密地写完一百多份专利申请书，并及时递交到日本专利局。当该公司关于汽车排放废气的专利公布后，使整个汽车界都震惊了，当时美国和欧洲的大汽车公司做梦都没想到竟然会败在了一个小公司的手下。

复习思考题

一、单项选择题

1. 制定战略要大量地依靠来自（　　）。

   A. 管理层的信息　　B. 外部的信息

   C. 作业层的信息　　D. 内部的信息

2. 管理信息定义为（　　）。

   A. 经过加工处理后对企业生产经营活动有影响的数据

   B. 经过加工处理后的数据

   C. 未加工的数据

   D. 对企业经营生产活动有影响的数据

3. 信息资源管理是（　　）。

   A. 信息系统专家的工作　　B. 程序员的工作

   C. 信息资源主管人员的工作　　D. 各级管理人员的工作

4. CIO 就是（　　）。

   A. 系统分析员　　B. 系统设计员　　C. 信息主管　　D. 信息中心主任

5. 系统的功能是指（　　）。

A. 构成系统不可缺少的必要成分，具有层次性
B. 系统内部各要素之间的相互联系和制约
C. 系统与外部环境之间的相互联系和制约
D. 系统所具有的活动能力和在运动过程中对环境所产生的功效

6. 系统的整体性原则是（　　）。
A. 一个系统可以分解为若干个子系统，再分解为若干个模块，又可以分解为若干个任务
B. 系统各要素作为一个有机统一体所表现出来的特性
C. 系统随时间不断发展和变化的特性
D. 系统要不断地与其他系统以及环境进行物质、能量和信息的交换活动

7. 信息资源的类型有（　　）。
A. 记录型、实物型、智力型、零次等信息资源
B. 物理型、逻辑型、数据型等信息资源
C. 胶片型、纸张型、竹简型等信息资源
D. 磁带型、磁盘型、光盘型等信息资源

8. 酒店前台的信息需求包括（　　）。
A. 客房信息、餐饮信息和娱乐信息
B. 客人信息、团队信息和 VIP 信息
C. 预订信息、接待信息、住店信息和离店信息
D. 会议信息、购物信息和宴会信息

9. 以下所有功能都由酒店管理信息系统的预订模块执行，除了（　　）。
A. 决定可用房　　B. 建立预订记录
C. 生成房态报告　　D. 确认预订

10. 现代酒店为了尽可能提高客房的出租率，大多实行动态分房，即在客人办理入住时才确定客人入住的房号。以下客人类型中，最适合这种分房策略的是（　　）。
A. 普通客人　　B. VIP 客人　　C. 团队客人　　D. 长租客

二、填空题

1. 仙农把信息看作是用以消除（　　）的东西，这不仅解决了信息的（　　）问题，也是对（　　）的一种揭示。

2. 系统是指诸要素按一定的（　　）方式（　　）所构成的具有（　　）的有机整体。

3. 从客观的角度来理解，只有某则（　　）对接收者的（　　）活动产生影响时，才能称为信息，即信息是人们关心的事物的（　　）。

4. 信息资源对于一个国家、地区、组织的（　　）和（　　）起到了重要的作用，是现代社会发展中不可或缺的（　　）。

5. 企业信息资源管理包括（　　）管理和（　　）的管理，在信息时代，是企业的（　　）。

第二章

管理信息系统

能力目标

- 能解释管理信息系统在现代企业管理中的作用
- 能应用需求分析方法分析酒店前台的功能需求和数据需求

知识目标

- 了解管理信息系统的基本概念
- 理解酒店管理信息系统对酒店管理的作用
- 掌握酒店管理信息系统的需求分析方法

第一节　管理信息系统的概念

20 世纪 90 年代以来，管理信息系统（Management Information System，MIS）随着信息技术的不断发展而产生了巨大的变化，它在社会经济组织中发挥着越来越重要的作用。

一、管理信息系统的定义

20 世纪 70 年代初，瓦尔特·肯尼万（Walter T. Kennevan）认为管理信息系统的定义是“以书面或口头的形式，在合适的时间向经理、职员以及外界人员提供过去的、现在的、预测未来的有关企业内部及其环境的信息，以帮助他们进行决策。”这个定义强调了信息对管理决策的支持作用，任何组织在没有计算机的环境下，也存在着管理信息系统。1985 年，美国著名教授戈登·戴维斯（Gordon B. Davis）给出一个基于现代信息技术的定义：“管理信息系统是一个利用计算机硬件、软件、手工作业、数据库，进行分析、计划、控制和决策的人机系统。它能提供信息，支持企业或组织的运行、管理和决策功能。”这个定义突出了管理信息系统是由信息技术和人员组成。1999 年，我国著名学者薛华成教授对管理信息系统的定义：“管理信息系统是一个以人为主导，利用计算机硬件、软件、网络通信设备以及其他办公设备，进行信息收集、传输、加工、存储、更新和维护，以企业战略竞优、提高效益和效率为目的，支持企业高层决策、中层控制、基层运作的集成化的人机系统。”这个定义是从社会—技术系统的观点出发来定义的，重点强调了人在管理信息系统的重要地位，并阐述了对于不同的管理层，管理信息系统的支持作用也会不一样。

综上所述，管理信息系统是由人和计算机等组成的社会—技术系统，它是以人为主导，综合运用计算机技术、数据处理技术、互联网技术、物联网技术、人工智能等先进技术并结合现代管理思想、方法和手段来进行信息收集、存储、加工、传输、利用和维护的信息系统，这个系统能辅助管理人员进行管理和决策。该定义强调了人的主导作用和信息技术的辅助作用。

二、管理信息系统的基本概念

管理信息系统分别对作业层、知识层、管理层、战略层进行科学管理，并将这 4 个层次的信息系统集成在一起，实现数据共享。管理信息系统的总体概念可用图 2-1 表示。

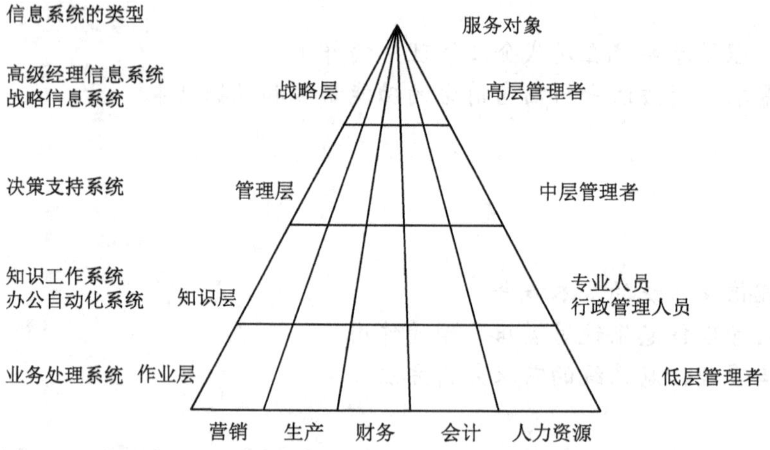

图 2-1 管理信息系统的概念图

1. 作业层（Operational Level）

在作业层，企业主要使用业务处理系统（Transaction Processing System，TPS）对每天正常运营的常规业务所发生的信息进行处理，使日常事务处理自动化。TPS 在现代管理思想尤其是供应链管理思想的影响下有跨企业发展的趋势，供应商的 TPS、生产商的 TPS、销售商的 TPS 以及银行的清算系统互联在一起，组成一个动态联盟。因此，对现代企业来讲，TPS 是一个非常重要的系统。TPS 系统的典型应用见表 2-1。

表 2-1 业务处理系统的典型应用

	营销系统	生产系统	财会系统	人力资源系统
系统主要功能	销售管理 市场研究 促销 定价 新产品	生产调度 采购 收/发货 工艺 生产	编制预算 总账 收费 成本会计	人员记录 劳保 福利 劳工关系 培训

（续）

	营 销 系 统	生 产 系 统	财 会 系 统	人力资源系统
主要应用系统	销售订单系统 市场研究系统 定价系统	物料资源计划 采购订单控制 工艺系统 质量控制系统	总账 应收/应付 预算编制 资金管理系统	工资表 雇员记录 福利系统 职业发展系统

2．知识层（Knowledge Level）

知识层主要使用知识工作系统（Knowledge Work System，KWS）和办公自动化系统（Office Automation Systems，OAS）来为企业中知识层的信息需求服务。知识工作系统是一种能利用专业领域的知识对来自企业内、外部信息进行高效处理的信息系统。例如，投资分析系统能对大量的数据进行分类、计算、统计，并能生成一定的经济学模型，产生投资分析家对某一投资项目的各种分析报表。

办公自动化系统是由现代办公设备和办公自动化软件以及计算机网络等先进的科学技术构成，它主要用于管理资料、文件（使用文字处理、桌面出版、数字文档）、日程安排（采用电子日历）和通信（采用电子邮件、语音信件或视频会议技术）等方面。

知识工作系统和办公自动化系统在企业中的作用不可低估。当经济从对商品制造的依赖转向对服务、知识和信息提供的依赖时，各企业的生产率和整个经济的生产率将越来越多地依靠知识层的信息系统。

3．管理层（Management Level）

管理层主要使用决策支持系统（Decision Support System，DSS）为中层部门经理的决策活动服务。业务处理系统只能处理面向企业内部、已发生的数据流，信息的需求是稳定和已知的。因此，它只能解决结构化问题，而对半结构化和非结构化的问题就显得无能为力。但管理层所面临的工作既有日常管理又有管理决策，这就迫切需要一个能够辅助决策的支持系统来解决半结构化问题。辅助决策的信息系统有决策支持系统（Decision Support System，DSS）、智能决策支持系统（Intelligent Decision Support System，IDSS）和群体决策支持系统（Group Decision Support System，GDSS）。

DSS 是以人机交互方式辅助决策者解决半结构化问题的信息系统，这个系统所需的信息不仅来源于内部信息中抽取一些支持决策者的综合数据，而且还大量来源于与决策有关的外部信息。IDSS 是融入了人工智能技术的决策支持系统。GDSS 是以 DSS 为基础，加上支持群体决策的软件组成的决策支持系统。

4．战略层（Strategic Level）

战略层是面向企业高管人员。战略层信息系统主要使用高级经理信息系统（Executive Information System，EIS）和战略信息系统（Strategic Information System，SIS）来解决一些不断变化的非结构化问题，帮助高管人员从宏观上、战略上管理企业。

EIS 提供的信息是关系到组织生存与发展的关键信息，这些信息是逐级细化的信息，为此系统要增设综合信息库，综合信息库包含从内部数据库和外部数据库中抽取支持战略层决策的数据经加工而成的战略决策信息。在这个系统中，外部数据库也比内部数据库的地位更重要，这是由于战略决策更多地依赖于外部信息的支持。

EIS是解决非结构化问题的决策，与DSS要解决的半结构化问题相比，分析与求解的难度更大，因此EIS必须利用人工智能技术，尤其是基于案例库的类比推理技术、基于知识库的知识推理技术、基于模型库所构造解题需要的规则模型或数学模型以及在方法库中识别模型求解所需的算法并进行模型求解等。另外，EIS还具有丰富的办公支持功能，由于总经理或总裁等领导的流动性很大，EIS支持移动办公，可方便地实现远距离通信。EIS示意图如图2-2所示。

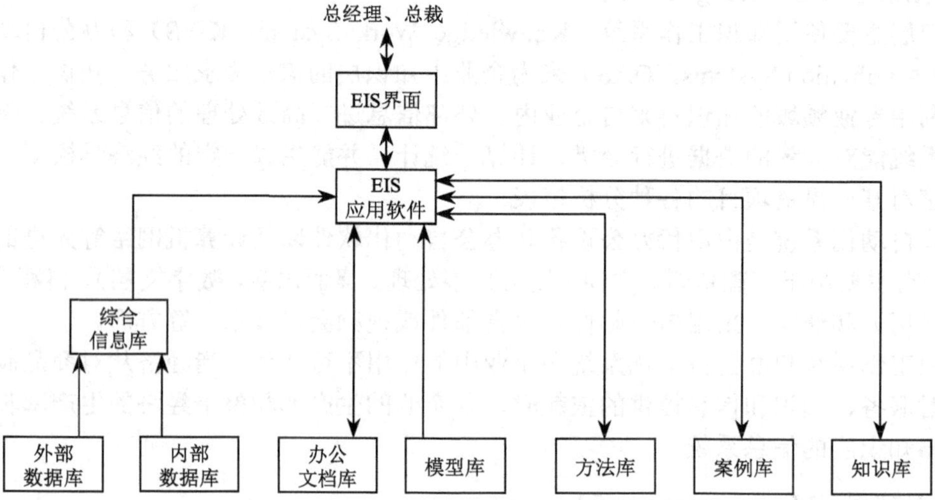

图2-2 EIS示意图

SIS是一种支持企业赢得或保持竞争优势，制定企业中长期战略规划的信息系统。在经济全球化的今天，市场竞争日益激烈，企业在发展方向上的决策稍有失误就会蒙受巨大的损失，甚至被淘汰。因此企业更加重视对战略的规划，在此背景下开发的SIS能为企业的经营战略分析与决策提供有力支持。它利用反映市场环境和竞争对手等状况的企业外部信息及企业内部关键因素信息，借助市场分析预测与战略决策等模型，以人机对话的方式在计算机上作出供高层管理者决策的企业中长期战略发展方案。SIS示意图如图2-3所示。

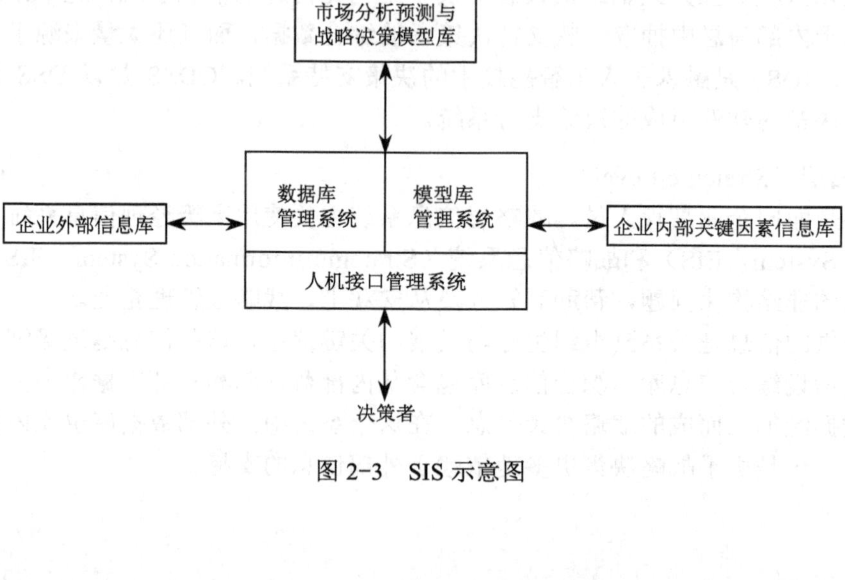

图2-3 SIS示意图

5．管理信息系统的信息集成

管理信息系统由作业层、知识层、管理层、战略层的多个信息系统组成。早期的信息系统开发一般是一个个系统独立开发的，如分别开发工资管理系统、财务管理系统、生产管理系统、营销系统、采购系统、人力资源系统，这些系统的数据之间不能共享，形成了一个个信息孤岛，使得信息系统的作用大大降低，并造成了数据处理危机。根据系统论中“整体大于部分之和”的原则，管理信息系统只有将各层的应用系统集成为一个整体，才能发挥其应有的作用。20 世纪 80 年代初，美国学者杰姆斯·马丁（James Martin）等人创立的信息工程方法论（Information Engineering Methodology，IEM）是一条解决数据处理危机和应用系统集成的有效途径。信息工程方法与传统的软件工程方法的最大区别在于信息工程是以数据为中心或面向数据，而不是以处理为中心或面向处理，同时强调高层的构思和规划，尤其强调以总体数据规划为核心的信息资源规划。依据信息工程的指导思想，管理信息系统集成的重点是通过公共数据的集成来实现科学规划与设计。其具体方法是建立一个具有共享性和一致性的主题数据库来营造一个集成化的数据环境，进而开发和运行集成化的管理信息系统。酒店管理信息系统公共数据集成到主题数据库的示意图如图 2-4 所示。

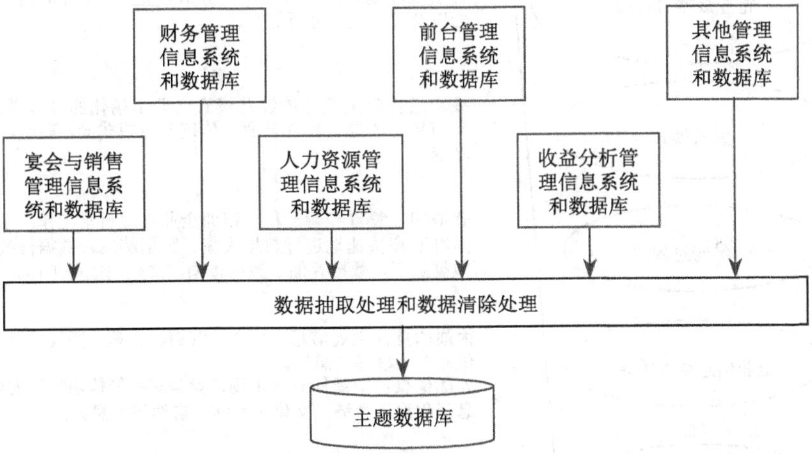

图 2-4 酒店管理信息系统公共数据集成到主题数据库的示意图

三、利用管理信息系统获取竞争优势

随着信息时代的来临，现代信息技术迅猛发展，信息化浪潮席卷全球。许多企业开始注重利用信息系统来创造出独特的新产品及服务，从而与竞争者实现差异化，避免同质产品的恶性竞争，保持企业的竞争力。因此，很多企业普遍认为管理信息系统是提高企业竞争能力的重要工具，它在降低成本、新产品开发、制度创新、技术创新、管理创新和服务创新等方面具有无法取代的巨大作用。

现代企业所面临的市场环境比以往任何时期都更加复杂和多变。一方面，信息系统的发展使信息沟通日趋快速和方便，使企业跨地区和跨国家的生产和经营成为可能，并实现了生产资源在全球范围内的优化配置，最终促使经济全球一体化的进程加快。另一方面，信息时代加快了工业经济向以知识和信息为基础的服务经济转变。知识和信息俨然已成为开发新产品和创新服务的基础。信息的成本在各类产品总成本中所占的比重越来越大，据统计，美国工业产品中不同年代总成本与信息成本之比为：1935 年为 1:0.15；1955 年为 1:0.25；1975 年为 1:0.36；有的消费品达 1:0.49；现在许多产品中的信息成本已经超过了 50%。信息密集型产品（如景区虚拟游览需要大量的信息才能制作出来）越来越多，还有旅游电子商务等以信息为导向的新型服务体系正在迅速发展，从事信息产业的人员正在快速增长。

经济全球化和信息技术的发展，尤其是互联网的广泛应用使得消费者能在全球范围内 7 天 24 小时随时获得产品和服务的价格及质量信息，大大减少了消费者与生产厂家之间的信息不对称，提高了消费者讨价还价的能力；使得企业之间的价格竞争空前惨烈，企业只能通过创新产品和服务来求生存。在全球经济一体化的市场环境下，企业无法改变市场环境，但可以改变自身来适应市场。为了应对当前的市场环境，企业有必要在战略与管理、经营模式、经营过程等方面引入信息系统来提高在国内和国际市场上的竞争能力。企业利用信息技术提高竞争力的示意图如图 2-5 所示。

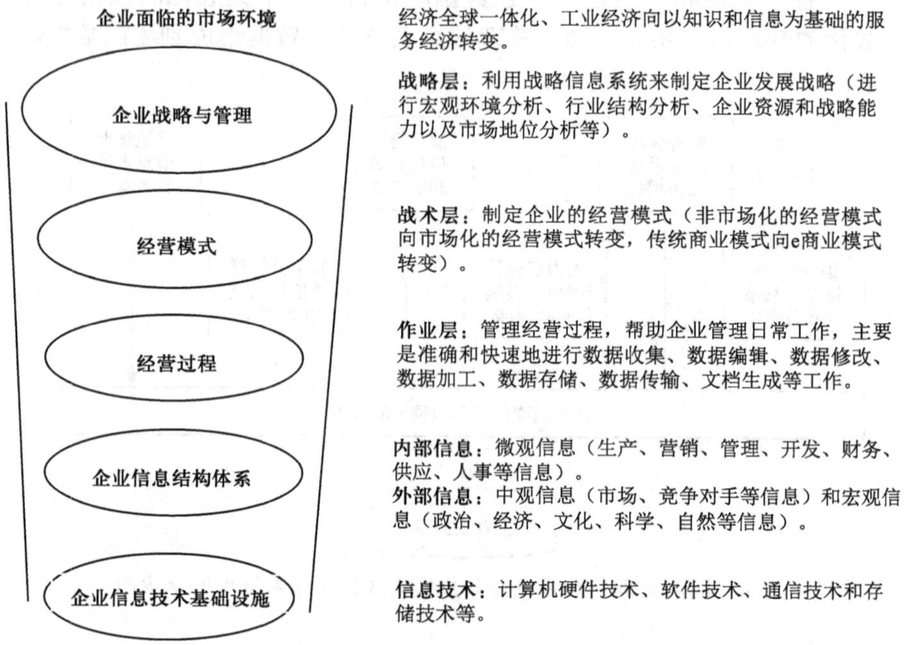

图 2-5　企业利用信息技术提高竞争力的示意图

第二节　管理信息系统的发展

随着对管理信息系统研究的不断深入，信息技术的飞速发展，现在的管理信息系统不仅广泛地应用了现代信息技术，而且深入地融入了先进的管理思想和企业文化，使它成为现代企业不可或缺的生产、经营、服务、管理和决策的工具，并得到了长足的发展。但在管理信息系统发展历程中既有机遇也有挑战，其所面临的挑战既有社会方面的也有技术方面的。了解这些挑战，有助于树立正确的管理信息系统开发思想。

一、管理信息系统发展过程中所面临的社会挑战

管理信息系统发展过程中所面临的社会挑战主要表现在4个方面。

（1）单纯认为管理信息系统只是一个技术系统而导致开发失败的案例屡见不鲜，人们越来越深刻地认识到信息技术与应用环境是密不可分的，管理信息系统不仅是技术系统，而且同时也是社会系统。由于管理信息系统的技术复杂性、需求资源密集性和用户需求的多样性等特点，需要在开发管理信息系统的过程中注重先进的管理思想和管理方法、制定与其相适应的管理政策。例如，提高科学管理水平，为管理信息系统的应用创造有利条件；制定数据管理政策，确保输入数据的正确性和安全性等。

（2）管理信息系统只有深入地融合现代管理思想才能发挥其应有的作用，成功的管理信息系统是融入了供应链管理（SCM）、客户关系管理（CRM）、商业智能（EI）、价值链管理、移动电子商务、敏捷制造、虚拟制造、精益制造等适应知识经济的管理模式和管理方法，为企业创造价值和谋取竞争优势的信息系统。

（3）支持企业战略、组织结构变革、企业文化的提高和业务流程再造是成功开发管理信息系统的前提条件。早期的系统开发不注重这些前提条件，过分强调信息技术的重要性，而忽略了影响管理信息系统的诸多社会因素。开发出的管理信息系统常与企业文化相抵触，信息传递也受到多层级组织结构的阻碍，信息系统不能很好地支持企业发展战略，业务流程和信息系统不相适应，最终导致管理信息系统不能发挥正常的作用，使投资得不到回报，甚至由于投资巨大，无法收回，造成企业陷入困境。因此，企业在管理信息系统建设中必须注重组织结构、业务流程、企业文化的变革。

信息化企业的组织结构趋向于扁平化，这种结构的层级较少，信息传递快且不失真。高层主管与低层工作人员通过计算机网络相互直接交换信息，使得低层工作人员能依据自己的专业知识和掌握的信息作出决策，而不需中层经理的介入，大大提高了工作效率。

信息化的业务流程与原业务流程有较大的差别，管理信息系统并不仅仅在于使原有流程运作良好，而在于能够创建新的工作方式和业务流程，信息技术支持对原有业务流程的重新设计，使业务流程更加精简、有效、合理，更能充分发挥管理信息系统的潜力。

管理信息系统的应用与企业文化也是密不可分的，使用者的素质和文化水平对信息系统的有效利用起着决定性的作用。为此，通过培训来提高企业的文化素养，培养新一代的工作人员对企业发展具有重要的战略意义。企业对管理信息系统的认识已从注重应用技术转向注重以人为本。

（4）政府部门对管理信息系统应用和发展的影响。在我国，企业信息化的发展模式是自上而下的，与美国的自下而上的发展模式不同，政府对推进管理信息系统应用起主导作用。政府在推动信息高速公路建设，制定信息化标准，创造开放的信息资源环境，鼓励企业间、行业间的竞争与协作起到了至关重要的推动作用。

总之，这些社会因素对管理信息系统应用与发展的影响是巨大的。

二、管理信息系统发展过程中所面临的技术挑战

管理信息系统发展过程中所面临的技术挑战表现在以下几方面：

（1）跨平台运行。随着软件技术的进步，企业在不同的应用阶段会根据业务需求和资金状况选择新的软件平台。这就要求管理信息系统在开发设计阶段，就要考虑到能很方便地实现跨平台移植。

（2）系统高度集成。新老系统之间、内部与外部系统之间、供应商和生产商以及销售商之间的数据交换和集成是数据共享和系统集成的关键。要想实现这个目标，需要做好管理信息系统的信息资源规划和数据标准的制定。

（3）支持系统的扩展和二次开发。业务需求的变化、管理思想的进步以及信息技术的更新都要求管理信息系统能方便地进行扩展。要求管理信息系统的开发采用开放、灵活的开发框架（如采用 SOA 架构）和设计标准的对外接口。

（4）支持智能化等新技术的应用。人工智能的发展，尤其是泛在计算（Ubiquitous Computing）理念的提出，使管理信息系统在自动信息采集、自动信息处理、自动信息交换等方面得到了很大的发展。近年来，数字传感技术和各种无线传感器的发展很快，这也要求管理信息系统能与这些新硬件设备进行无缝连接，组成一个能自动感知、自动处理、自动进行信息交换的智能控制系统。

（5）构建高可靠性和高安全性的系统。对多用户操作时的并发控制、对网络通信线路故障的监控与自动修复、对共享数据的大量分发与传送等都要构建其高可靠性来保证系统的正常运行。对数据传输中的安全、黑客入侵、越权操作、病毒危害要有具体的防范措施以保证系统的安全运行。

总之，这些技术因素对管理信息系统应用与发展的影响是深远的。

三、管理信息系统建设的发展趋势

管理信息系统建设的发展趋势主要体现在 4 个方面。

（1）从信息管理转向知识管理。在以速度为竞争基础的知识经济时代，知识已成为企业的重要战略资源，是企业获得成功的关键因素。因此，管理信息系统不仅要收集、处理和利用信息，还应该为知识工作者提供一个可在任何时间、地点都可以学习并保存所学知识的系统。帮助企业快速获取和有效管理知识，支持隐性知识向显性知识的转化，为企业提供一个创造知识的良好环境。

（2）注重信息资源的开发与利用。在管理信息系统建设的实践中，人们逐渐发现，管理信息系统应用不仅是流程的优化和自动化，更重要的是如何充分开发和利用企业信息资源来实现企业战略目标。企业信息资源随着时间的推移，数据量会越来越大。为此，对企业信息资源的管理需要高密度海量空间存储设备、数据压缩及处理设备、智能化数据提取和分析技术以及为决策提供有价值信息的数据挖掘技术等相应的软硬件条件。

（3）从单一系统转向分布式系统。分布式系统（Distributed System）的应用能够较好地解决管理信息系统所面临的远程节点分散且数据量大等处理和传输速度降低的难题，分布式管理信息系统的优点是：①可以将分散在网络上的各个节点的信息资源整合成一个逻辑相关的信息资源供用户统一使用；②统一管理各节点上的计算机，为用户提供并行处理和高性能计算及通信；③高可靠性，由于分布在各个节点的软件或硬件的故障不影响其他节点的正常工作，所以它的容错能力强，可靠性高。分布式管理信息系统支持用户协同工作，更加适合那些跨地区、跨国家的企业运营。

（4）软件开发平台标准化。大规模企业应用集成的最大障碍是各类软件开发平台和数据库功能和性能等方面不统一，给系统集成带来一定的困难。随着管理信息系统建设的不断深入，管理信息系统的开发实现了独立于硬件平台、操作系统和数据库。提高了系统的互操作性、开放性、可扩展性和集成性，向标准化的软件开发平台和数据库技术发展。

第三节　酒店管理信息系统

酒店是一个信息密集型企业，每天产生大量的客人预订房间、入住登记、用餐、消费、娱乐、退房等信息。建立酒店管理信息系统可以有效解决酒店对海量信息的处理问题，提高酒店的服务质量和工作效率。

酒店管理信息系统是以酒店员工和计算机等组成的人机系统，它是综合运用计算机技术、数据处理技术、互联网技术、物联网技术、人工智能等先进技术并结合现代管理思想、方法和手段来辅助酒店员工进行日常运营以及管理和决策的信息系统。

一、酒店管理信息系统与酒店管理职能的关系

酒店管理主要包括计划、组织、领导、控制、创新等 5 个方面的职能，其中任何一个职能的实施过程都离不开管理信息系统的支持。管理的五大职能与管理信息系统之间的关系如图 2-6 所示。

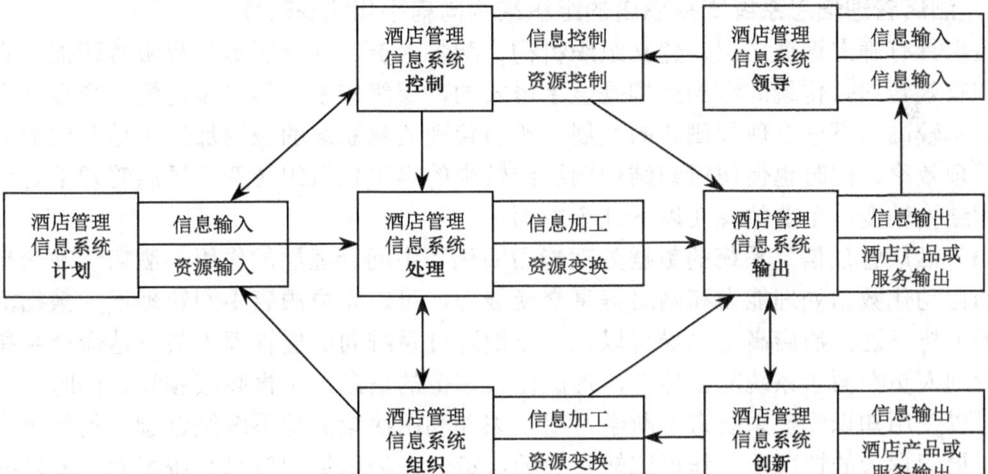

图 2-6　管理的五大职能与管理信息系统之间的关系示意图

1. 酒店管理信息系统支持酒店的计划职能

管理工作强调事前计划、事中控制、事后评价。所以，计划是管理工作的第一步，也是酒店管理信息系统输入信息的过程。计划工作的具体内容包括对未来工作和资源的分配进行安排和部署，同时在计划中设立目标和标准以便于进行控制。酒店管理信息系统对计

划工作的支持包括以下几个方面：

（1）酒店管理信息系统支持制定酒店不同层次的计划。计划分为战略计划和作业计划，无论哪种计划的制定，都需要大量的信息支持。计划是对未来酒店工作的安排。往往需要预测未来酒店所面临的情况，作出正确的决策来制定可靠的计划。酒店管理信息系统可以对大量的信息进行收集、存储、加工和传输。例如，酒店近几年的预订、住店消费、客人资料等内部信息和酒店竞争对手等外部信息。根据这些信息结合酒店的战略目标，系统可以辅助管理者制定酒店的长远战略计划，也可以生成年度计划、半年计划、季度计划、月计划、半月计划、旬计划、周计划等中短期计划。

（2）酒店管理信息系统支持对计划进行优化。在计划的编制过程中，常会遇到有限资源的最佳配置问题，尤其是所使用的资源发生冲突时，如何解决。例如，酒店的房间数是固定的有限资源，如何确定团队预订和散客预订在不同销售季节的比例才能既提高客房出租率又能获得最大收益等问题。对于计划中的这类问题，可以利用酒店管理信息系统中的收益分析模块来预测，辅助计划的制定。

对计划的优化要同时考虑内部资源的合理利用和外部环境的影响。利用计算机，使用数学模型来求解，通过人机交互方式很快就可以得到答案。

（3）酒店管理信息系统支持对计划进行调整。由于计划在实践过程中，会遇到内部或外部环境变化而需要调整的情况。例如，当酒店附近又建了一家同等档次的酒店并已开业，在这种状况下，酒店往往需要调整计划以应对新竞争对手带来的威胁。但计划调整时，可能会引起很多相关信息的变动，而且信息之间的关系错综复杂，计算量相当大。如果没有酒店管理信息系统的支持，不仅费时费力，还非常容易出错。

2．酒店管理信息系统支持酒店的组织结构向扁平化组织转变

组织具有确定管理层次、建立组织机构、配备人员、规定职责和权限等职能，它强调协作和有效管理。传统的组织结构是金字塔式的，层级较多，信息传递慢，导致管理效率低且成本较高，不适合现代酒店的发展。酒店管理信息系统的应用加快了信息的流动，提高了管理效率，同时也促使组织结构向层级较少的扁平化组织转变。酒店管理信息系统支持组织结构转变，主要体现在以下几个方面：

（1）酒店管理信息系统的数据处理能力弱化了中间管理层的作用。酒店管理信息系统强大的自动化数据处理能力和网络信息交换能力，可以完成酒店中间管理层的数据汇总和信息的上传下达。酒店高层领导可以很方便地通过系统向低层管理人员下达命令和指示，低层管理人员在酒店系统的指导下，形成比较规范的信息，呈报高层领导。同时，低层管理者可以使用知识管理系统来不断学习新知识并利用决策支持系统结合领导的指令，在不依靠中层管理者的情况下，作出比较正确的决策。在酒店管理信息系统得到充分发挥的前提下，中间管理层将逐渐被弱化。

（2）酒店管理信息系统支持跨部门流程的统一运作。酒店的传统组织结构，由于部门和职责的严格划分，使得部门之间具有明显的界限。当一个业务流程需要跨几个部门才能完成时，部门之间的协调就显得十分重要。如果协调不好，流程就会中断，造成工作效率的降低。酒店管理信息系统从业务流程出发，提倡打破部门之间的界限，以完成整个流程为依据，以对业务流程进行重组和变革组织结构为手段，最终达到提高工作效率和服务质量以及降低成本的目的。

3．酒店管理信息系统支持酒店的领导职能

酒店管理的领导职能主要表现在：一是承担人际性质的角色，他们既要激励又要约束他们的下属，还要担任不同层级之间沟通的联络站，以及代表酒店处理客户所提的要求和投诉；二是承担信息性质的角色，他们是整个酒店的内部信息传送者和外部发言人；三是决策性质的角色，他们负责协调酒店内部和外部的各种资源，处理酒店发生的各种纠纷和冲突，对酒店的各类问题作出决策。胜任酒店领导工作的重要前提是及时发现酒店在管理和服务上存在的问题并及时解决。而要做到及时发现、及时解决问题，关键是信息的传递速度，通过酒店管理信息系统提供的快速准确的信息，再利用决策支持系统尽快找出解决这些问题的方案，就能做到及早发现、及早解决，避免使问题恶化并转变为危机。由此可见，酒店管理信息系统在支持酒店领导工作方面发挥着极其重要的作用。

4．酒店管理信息系统加强酒店的控制职能

酒店管理的控制是指监视酒店各项活动以保证它们按计划进行并纠正执行过程中出现的各种重要偏差。系统的控制机制体现在随时收集酒店运营动态监测所反馈的信息，与酒店的计划信息相比较，发现偏差及时纠正，使实际与计划尽可能一致。例如，对酒店应收账款的控制，酒店管理信息系统根据系统里挂账客户资信档案中的信用额度和至今尚欠的账款余额来确定本次挂账的授权额度，动态监控授权签订的记账消费协议、批准赊销信用、赊销账单记录和收回资金的时间周期等过程。系统定期对应收账款、账龄等情况进行分析，一旦发现客户到期未付所欠消费款，及时发送催款信。催款信按账龄自动生成催款内容，如：酒店规定账龄为30天，则消费欠款达到30天时，系统自动生成一份口气比较委婉的催款信；当欠款达到60天时，系统自动生成一份口气比较强硬的催款信，同时终止与该客户的挂账协议；当欠款达到90天时，系统自动生成一份口气非常强硬的催款信，同时告知对方将诉诸法律来解决欠款问题；每次自动生成的催款信，由酒店应收员决定是否发送给客户。

酒店管理信息系统的控制功能，在扁平化的组织结构中尤为重要，这是因为许多管理者都觉得给低层管理者授权是一件非常困难的事情。其主要原因是害怕他们如果犯错误会给酒店带来损失，如果利用酒店管理信息系统提供对低层管理者的授权信息、工作绩效信息和反馈信息，则这种担心就可大大降低。

5．酒店管理信息系统促进酒店的创新

现代管理者普遍认为“不创新，就灭亡”。对于企业来说，创新的动力来源于需求方对新产品和新服务的需求。一个企业要想取得竞争优势，就要不断地鼓励本企业变革和创新。激发酒店的创新力，要在组织结构、企业文化、人力资源管理上下工夫。激励创新的组织结构通常是一个分权化、低正规化、低复杂性的扁平式组织结构，这种组织结构员工多是具有熟练的技巧，并经过训练能处理多种多样的问题，能独当一面的职业化人才。扁平化的组织结构能提高组织的灵活性，应变能力、跨职能工作能力，从而使创新更容易得到接纳。另外，组织资源充沛和部门之间的密切沟通也是创新的重要基石。概括起来，无论是支持扁平化组织结构，还是加强部门之间的信息沟通，都离不开酒店管理信息系统的支持。例如，数字化酒店的客服中心（传统酒店组织结构变革的产物）就可以依靠酒店管理信息系统来完成一键式服务（传统酒店业务流程重组的结果）和信息在酒店各部门之间的快速沟通（酒店管理信息系统的应用），来实现对客人的快速反应机制，大大提高酒店的服务质量和客户满意度。利用酒店管理信息系统对酒店进行服务创新的例子还有很多，如利用无线通信技术，实现客人使用智能手机在任何时间、任何地点都可以与酒店客服中心进行信息沟通，获得所需的服务等。

富有创新能力的酒店，通常具有某种相同或相似的企业文化。例如，鼓励创新，对失败不横加指责，只要进行了创新的尝试不论成功与失败都给予奖励等。创新型企业文化营造一个限制尽可能少、鼓励从失败中学习、容忍冲突、注重结果的知识型创新环境并强调系统的开放，对环境的变化随时做出动态的快速反应。酒店的企业文化是一个酒店全体员工共有的价值观，属于酒店管理中的人文属性。从表面上来看与酒店管理信息系统没有直接的联系，但从深层次分析来看，他们之间的关系是相辅相成、协作共进又相互制约的关系。现代酒店管理，信息和知识对酒店企业文化的影响是越来越大。现代酒店注重培养酒店员工的现代信息意识，酒店管理信息系统的操作技巧，建立酒店的信息价值观，使酒店的企业文化与信息文化相融合。当酒店员工的主流文化认同酒店信息化对酒店发展的重要性时，他们会自觉学习系统的使用技巧，自觉注重通过系统获取新知识，利用系统提供的大量信息和知识进行酒店的制度创新、管理创新和服务创新。

支持创新的酒店对人力资源管理的理念是以人为本，认为酒店员工是可以创造价值的，把他们归到利润中心来管理，而不是当作酒店的负担归到成本中心去管理。这种理念支持对员工提供较高的工作保障和制定鼓励创新的政策以及加强员工的培训和为每个员工的发展制定职业生涯规划，以使其保持知识的不断更新。酒店管理信息系统可以营造一个学习知识和创新的环境，通过人力资源管理模块实现对每个员工的职业生涯规划与管理，利用员工绩效考核模块鼓励创新。

综上所述，酒店管理信息系统无论是在组织结构变革、企业文化的提高、人力资源管理的提升等方面都在促进创新工作方面都起到了非常重要的作用。

二、酒店管理信息系统的优势

以前，人们认为酒店是服务行业，讲究人性化服务和个性化服务，是劳动密集型企业，信息技术在这里无用武之地。但随着信息技术在酒店中的应用，人们发现它不仅能支持更好的人性化和个性化服务，而且还能支持酒店的差异化营销和客户关系管理以及降低成本和提高效益。对酒店提高竞争力起到了不可替代的作用。

1．提高酒店前台工作效率与管理水平

酒店前台是对客服务的窗口，其服务质量直接影响住店客人对酒店的评价。酒店管理信息系统能够为客人提供丰富的查询内容、简便的客房预订和餐饮预订、快捷的办理入住手续、准确的消费记录、及时的处理客人的要求和投诉、快速的办理离店结账手续等服务。系统的高响应速度和低差错率提高了酒店前台的工作效率，进而提高了客户满意度。系统能快速、准确、详细地处理酒店各消费点的消费账单，及时分门别类地汇总到相应客账上，避免了跑账现象。系统对酒店运营的统计功能帮助经理了解酒店每天的现金收入、客房出租率、平均房价、房态、预订情况等统计分析结果，及时掌握酒店的动态变化情况，为进行科学决策提供依据，有效地提高了酒店的管理水平。

2．降低酒店的劳务成本

酒店管理信息系统通过对酒店人员的统一管理，一方面可以动态地获取酒店每天所需的劳动量，减少多余的人员，另一方面利用信息系统减少中间环节和去掉不能增值的环节，降低酒店对管理人员的需求量，这些应用都可达到降低劳动成本的目的。例如，系统可以根据酒店的房态信息和预期到达客人、住店客人、预期离开客人的人数以及清扫住客房、走客房和夜床服务所需的工作量计算出每天需要的服务人员数量，当系统运行一段时间后，就可预测客房部每天需要服务人员的最低数和最高数，然后利用这个预测结果，根据短期劳务市场的情况，长期聘用一定数量的服务人员，当系统预报所需服务人员的数量超过长期聘用的服务人员数，酒店可以提前到家政公司或劳务市场预订服务人员来完成客房的清洁工作。系统提供的这个功能能够有效地减少服务人员的数量，降低劳动成本。

3．加强维系客户关系的作用

现代酒店管理的理念是以客户为中心的管理思想，通过酒店管理信息系统的客户关系管理模块。一方面，可以利用大量的客史资料，实现回头客自动识别、黑名单客人自动报警、VIP 客人自动鉴别、客人的“个性化”要求自动提示等服务；另一方面，通过对客人档案的统计分析，实现对老顾客或消费额达到一定数量的客人自动给予折扣，还可对客人的消费特点进行分析，总结出客人的生活习惯等方面的要求和特点，研究如何为客人提供更合适的个性化服务来留住老客户，吸引新客户，如安排无烟房间，甚至细致到给客人送什么报纸杂志，生日送什么礼物等。使用系统加强客户关系管理，可以优化酒店的营销策略，挖掘出最有潜能的客户价值，提供差异化服务。

三、酒店前台管理信息系统的应用

酒店前台是应用管理信息系统最早的部门，也是酒店管理信息系统的重要组成部分。前台系统包括：预订管理功能，主要分为散客预订和团队预订；入住管理功能，对预订入住和直接入住的散客或团体进行登记入住；客房管理功能，主要是查看和修改房间的状态，便于进行清洁和维修；结账功能，主要处理客人的账务和酒店各营业点的收款业务以及办理客人的离店结账手续等；核算管理功能，主要是通过夜审检查费用收支情况，打印催账单，处理跑单等；餐饮管理功能，主要是餐厅的点菜、酒水消费管理等；客史档案管理功能，管理客人信息；电话管理功能，主要统计电话费、电话叫醒服务等；报表打印管理功能，打印酒店前台业务所产生的各种报表、客房报表等。

下面分别简单介绍国外著名的和国内使用较普遍的酒店管理信息系统。

1．国外酒店软件

（1）ECI（EECO）酒店系统。ECI 系统是美国易可（ECI）计算机公司最早于 1969 年开始开发的酒店管理信息系统，被全世界公认为最早研发的酒店管理信息系统。其主要包括了预订、排房、结账、客史资料、餐厅、查询、夜审及市场分析等。ECI 公司是美国加州电子工程公司（Electronic Engineering Co.，EECO）所属的子公司，因此该软件也称为 EECO 系统。1970 年，在美国夏威夷的喜来登饭店（Sheraton Hotel）安装了全世界第一台

ECI 酒店管理信息系统。经过 20 年发展，在其鼎盛时期，全世界有 600 多家用户（中国有 60 余家）使用该软件，如杭州香格里拉饭店、桂林文华酒店、广州中国大饭店、北京天伦王朝酒店、青岛海天大酒店等。ECI 系统采用的是集中式标准多用户系统，目前已被淘汰，还在使用的是其第三代产品 GEAC/UX 系统。

（2）HIS 酒店系统。酒店业资讯系统有限公司（Hotel Information Systems， HIS）于 1977 年成立，总部位于美国洛杉矶，目前是美国上市公司 MAI Systems Corporation 的全资公司，全盛时期在全世界 80 多个国家拥有 4 000 多家用户，如中国的北京王府饭店、北京中国大饭店、北京长城饭店、上海锦江国际酒店、上海华亭酒店、上海希尔顿酒店、广州花园酒店、浙江世贸中心等，而香港采用 HIS 系统的高星级酒店最多时占了 75%左右。HIS 系统原采用标准多用户系统，名称为 Paragon System，主机采用 IBM 司的 AS400 小型机，数据库采用 DB2，一般用于高星级酒店。之后推出 Innovation System，采用 Novell 局域网络，数据库使用 Btrive/Oracle，一般用于中高星级酒店。后来推出的产品是 HIS 龙栈系统（Lodging Touch System），采用基于 Windows NT 的 C/S 体系结构，现国内用户不多。

（3）Fidelio 酒店系统。Fidelio Software GmbH 于 1987 年 10 月在德国慕尼黑成立，成立 4 年即成为欧洲领先的酒店软件产品，成立 6 年跃居世界酒店管理供应商之首，后来该公司并入美国 Micros System Inc.公司。目前该软件已经在全球 16 000 余家酒店、豪华游艇和休闲别墅中使用，在国内四星级以上市场占有 40%左右的市场份额，在五星级酒店市场占有超过 70%的市场份额，而且是目前外资或外方管理的酒店采用最多的软件。1995 年，公司在香港成立 Fidelio Software（China）Limited，专门开发中国大陆市场。1996 年 8 月在北京注册了办事处，1997 年 7 月在上海成立办事处，1998 年 12 月成立上海分公司。自 2003 年 7 月由北京中长石基信息技术股份有限公司独家代理 Micros System Inc.公司的 Fidelio 和 Opera 在中国内地的销售。

（4）Opera 酒店系统。Opera 酒店系统是美国 Micros System Inc.公司对 Fidelio 的全面升级版，Opera 系统主要包括 PMS（物业管理模块）、S&C（宴会与销售管理模块）、ORM（收益分析系统）、ORS（中央预订系统）等。其中 PMS 是 Opera 系统的核心，具有预订、前台、客房、收银、应收、佣金、夜审、报表、统计等功能。PMS 的具体功能和使用方法在第六章中详细介绍。

2．国内酒店软件

（1）华仪软件。北京华仪系统工程有限公司是国内第一家从事饭店计算机管理系统研发的专业公司。创始人金国芬教授于 1979 年为北京前门饭店用 BASIC 语言在单机上研发了一个具有查询功能的饭店管理软件，开创了国内饭店计算机管理的先河；于 1984 年研发了国内首个基于微机局域网系统的饭店管理系统；于 1987 年正式成立华仪公司，是国内最早成立的专业公司。多年来，华仪公司为全国各地 300 余家用户提供给了 3 个版本的酒店计算机管理软件：①Dos 版，称为 HUA-YI 饭店管理系统，是最早的产品，采用 Novell 系统平台，使用 BASIC 语言编程；②HIMS 系统，1995 年推出，采用 Novell 系统平台，用 Access 数据库，用 VC/VB 编程，工作站用 Windows 3.1/3.2；③HY2000 系统，采用 Windows NT 平台（C/S 结构），使用 SQL Server 数据库，用 VC/VB 编程，客户端使用 Windows 95/98/2000 系统。

（2）中软好泰。北京中软好泰酒店计算机系统工程公司是金士平等自然人与中软总公司合作所建的专业从事饭店计算机管理系统研发、推广及服务的专业化公司，自 1990 年开始推广中软饭店管理系统 CSHIS V1.0 以来，已拥有基于 Dos 与 Windows 平台的两大系列产品，在全国各地拥有 400 余家用户。

（3）西湖软件。杭州西湖软件（西软科技）有限公司（简称西软），成立于 1993 年 6 月，前身是浙江大学计算机系人工智能研究所下属的一个课题组，从业历史始于 1988 年。到目前，其推出的 FOXHIS 系列产品已成为国内用户数最多（近 700 家）、高星级用户最多（150 家）、用户增加最快（月均 14 家）的饭店管理软件，连续多年被中国软件行业协会评为“中国优秀软件产品”，通过了国家信息安全评测认证中心的认证。该公司本身也成为中国最大规模的酒店软件供应商，其资产规模、综合实力在国内遥遥领先。该公司于 1993 年推出了 Dos 版，1997 年推出了 Windows 版（采用 C/S 结构，操作系统用 Unix 或 Windows NT/2000，数据库用 Sybase，研发平台用 Powerbuilder），2000 年年底推出 Windows 五星版（专用于高星级饭店）。该公司于 2006 年 12 月 18 日与 Fidelio 和 Opera 系统的国内代理商北京中长石基信息技术股份有限公司合并。

（4）千里马饭店管理系统。千里马饭店管理系统最初由广东劳业计算机系统开发公司于 1993 年推出 Dos 版，1998 年推出 Windows 版（采用 C/S 结构，用 VB 开发，采用 Windows NT/2000 平台，使用 SQL Server 数据库），目前有 300 家左右饭店用户，主要分布在广东、湖北、湖南、四川等省市。劳业公司于 1998 年被香港万达计算机系统有限公司收购，改名为广州万迅计算机软件有限公司。

（5）北京石基公司。1998 年，李仲初创办北京中长石基网络系统工程技术有限公司，专门从事酒店信息系统的研究与开发，2001 年 12 月 21 日改制为股份有限公司。自 2003 年 7 月，石基公司与 Micros 公司签订中国大陆市场（不包括香港、澳门、台湾）独家技术许可协议，全面代理了 Micros 公司 Fidelio 和 Opera 的在中国内地的全部销售。2006 年，石基公司与北京世纪泰能科技有限公司共同设立北京泰能软件有限公司，石基公司以现金 500 万元出资，占公司注册资本金额的 65%，为低星级酒店提供服务。石基公司又于 2006 年 12 月 18 日与当时国内最大的酒店信息系统提供商杭州西湖软件有限公司合并，在国内酒店市场的开拓上进一步增强实力。

四、酒店组织结构

开发一个酒店管理信息系统，首先要对酒店的组织结构和业务流程进行分析，其目的是要准确地把握酒店部门之间的汇报关系和业务联系。下面具体分析酒店组织结构和酒店总体业务流程，酒店具体的业务流程分析与再造将在第五章中详细介绍。

组织结构图是分析组织结构的图形化工具。酒店的组织结构图把酒店分成若干个部分，并标明每部分之间的隶属关系以及隐含的信息传递、物资流动与资金流动等关系。酒店的组织结构对于不同类型的酒店之间会有较大的区别，一般星级酒店的组织结构如图 2-7 所示。

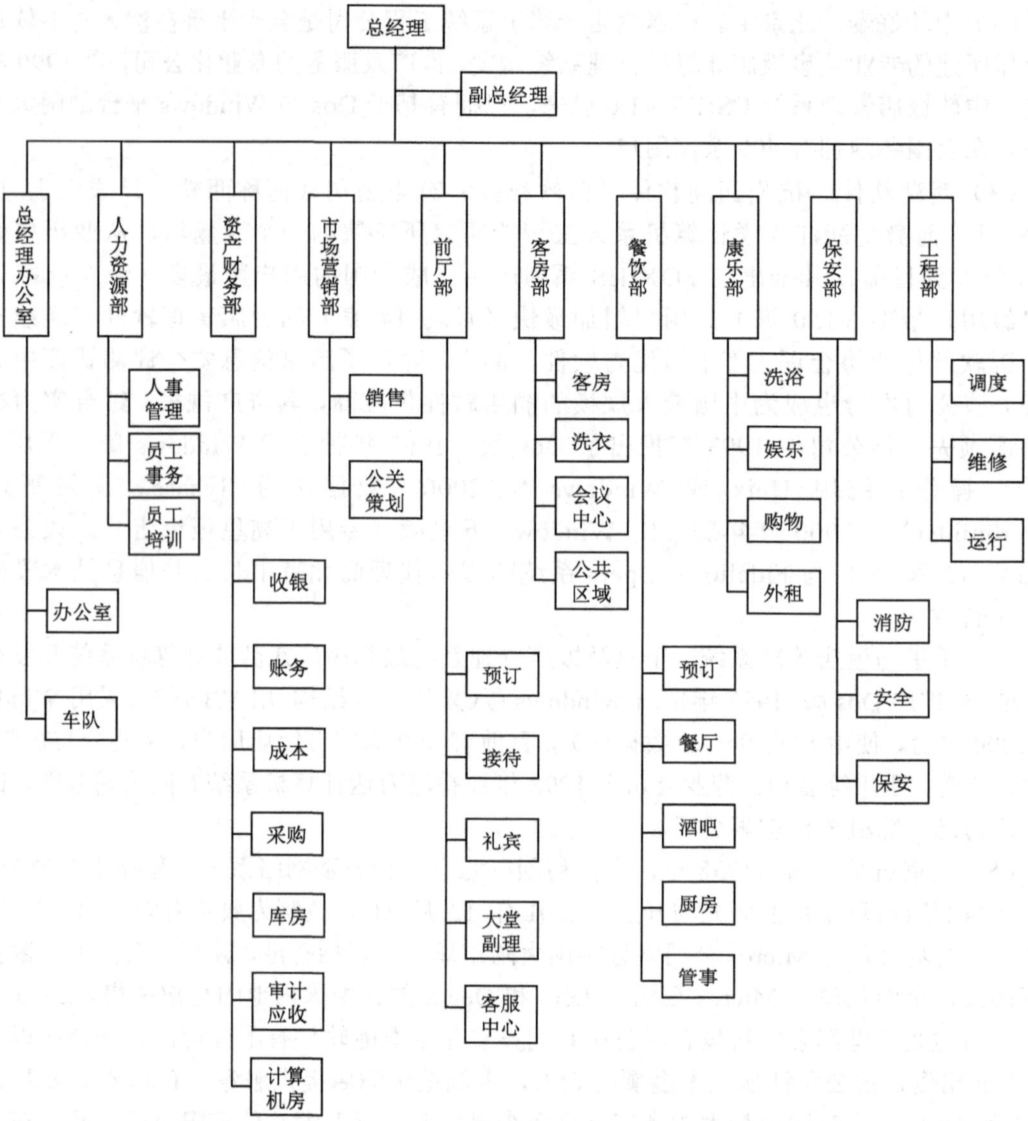

图 2-7　星级酒店组织结构图

五、酒店的总体业务流程

酒店业务主要分为前台业务和后台业务两部分，其中直接为客人提供服务的部门称为前台部门。前台部门的业务包括为客人提供的查询、预订、接待、住宿、餐饮、娱乐、购物等服务。客人来住店通常要经历预订房间、办理入住、店内消费与结算、结账离店等 4 个阶段。酒店前台对住店客人提供这 4 个阶段的服务涉及前厅部、客房部、餐饮部、康乐部等部门和酒店内的各收银点。这些部门要密切合作，确保它们之间的信息传递畅通无阻，展现给客人一个完整、温馨、热情周到的酒店面貌。

后台业务是指不与客人直接接触的部门所做的业务。后台业务是为了确保前台为客人能够提供满意服务而进行的人力、物力、财力、设备、设施、安全的保障工作和协调工作。

在以客户为中心的管理理念指导下，酒店前台对客服务的业务流程是其核心业务流程，其他的业务流程则是其辅助业务流程。核心业务流程与辅助业务流程是相辅相成的关系。酒店会重点关注其核心业务流程并不断进行流程优化的尝试，而其辅助业务流程是支持核心业务流程运作的帮手，二者缺一不可。一般酒店总体业务流程图如图 2-8 所示。

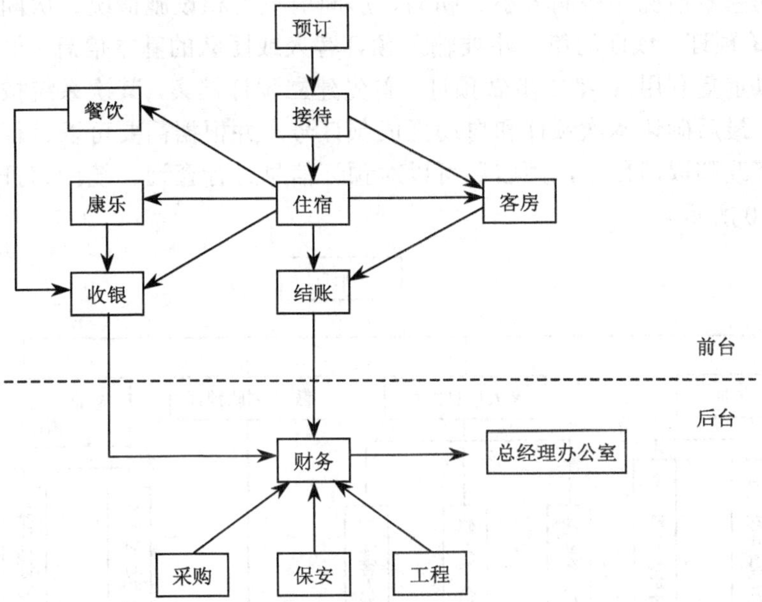

图 2-8 酒店总体业务流程图

六、酒店前台系统功能需求分析

对酒店管理信息系统的分析，仅有组织结构和业务流程的分析还不够，还需要进行功能需求分析。该分析的结果直接影响酒店管理信息系统开发的使用效果。在做需求分析的过程中，需要得到酒店高层领导的大力支持、全体管理人员的积极配合，在充分分析酒店业务流程的基础上，共同完成对酒店的功能需求分析。

酒店管理信息系统的功能需求分析的主要任务是确定系统和各子系统应该具备哪些功能，以及各项功能之间的依赖关系。酒店前台主要功能包括预订功能、接待功能、收银结账功能以及夜审功能等。酒店前台系统的功能结构图如图 2-9 所示。

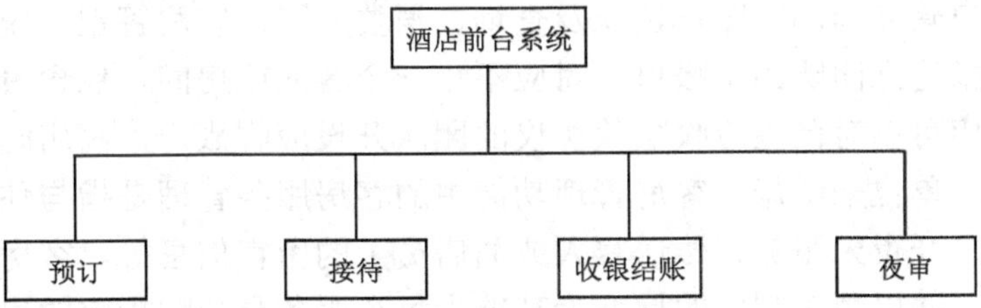

图 2-9 酒店前台系统功能结构图

1. 预订功能需求分析

预订功能主要包括预订查询，客人信息维护，散客预订，团队预订，查询、统计和打印预订信息。客人预订可以通过亲自上门、电话、传真、电子邮件、网络等手段，其中利用网络进行预订的客人越来越多。利用网络预订，客人有可能先查询酒店的基本情况（酒店介绍、地理位置、交通路线等），然后查询打算预订时间段的可用房都有哪些，并想了解打算预订房型的基本情况（房间大小、朝向、房间内设备和设施情况、房间所处位置及楼层等）。然后开始预订，预订的第一步要输入预订客人或团队的基本信息（如已有该客人或团队的档案可以重复利用）；第二步做预订，首先建立预订档案，其次系统按客人要求查询可用房并确认，最后确认本次预订和自动生成预订号，并根据需要可以进行预分房。预订确认后，可以修改和取消预订，酒店还可以对预订信息进行查询、统计和打印。预订功能结构图如图 2-10 所示。

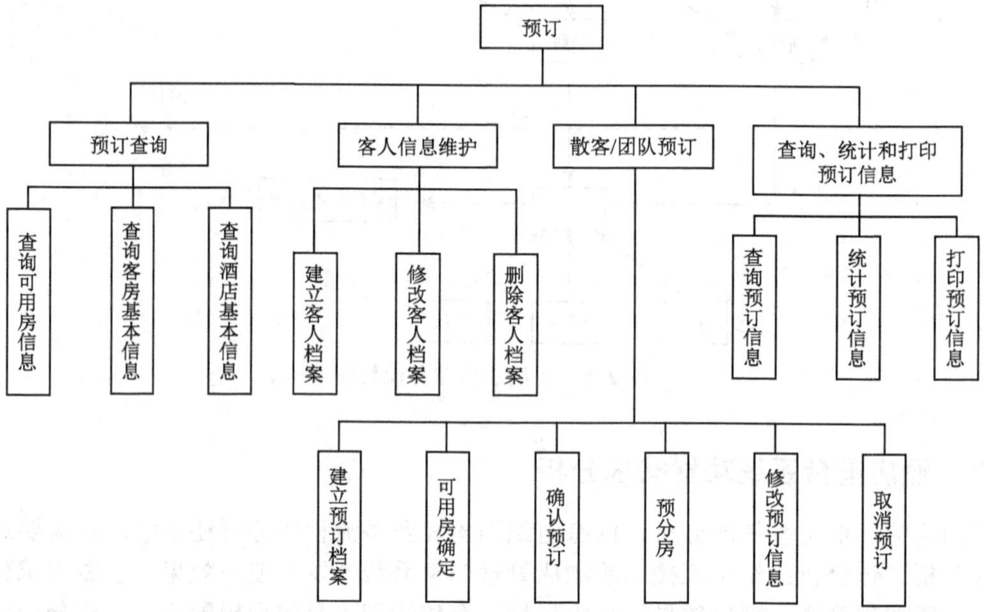

图 2-10 预订功能结构图

2. 接待功能需求分析

接待功能主要包括散客登记入住、团队登记入住（对团队经常会提供行李运送和接送站等服务），对有预订的客人可查询预订信息、查询可用房信息、收取押金、分配房间和制作房卡；客人账户建立和团队账户建立及查询、消费入账；客房管理；统计报表等。其中建立团队账户是指建立团队的主账单，对应不止一个客人或房间，包含着不计入个人客账的消费账单。酒店可以对已签应收账款协议的团队开设应收账户，离店时该团队不与酒店结账，而是由协议单位来结账。客房管理功能中的客房服务管理是指与住店客人有关的服务，如送餐服务、开夜床服务、传送客人或酒店员工的留言信息等。客房保洁管理包括为客房服务员排班，并以酒店制定的标准为基准为每个服务员分配指定的房间数目。当服务员进入客房进行清理时，利用电话通过与系统相连的程控机将开始时间传送给系统，清理完毕时，服务员再次利用电话通知系统，则系统会自动将该房态从未清扫房改为待检查的干净房，在领班检查通过后，还可利用电话告知系统，这时系统自动将房态改为可卖房。通过以上的自动化过程，系统自动记录打扫每个房间的时间，为客房管理统计劳动生产率提供依据。客人信息管理包括将住店人员的身份信息通过接口上报公安局、VIP 客人管理、客史档案管理、黑名单管理，以及为客人查询交通、购物等信息服务。接待功能结构图如图 2-11 所示。

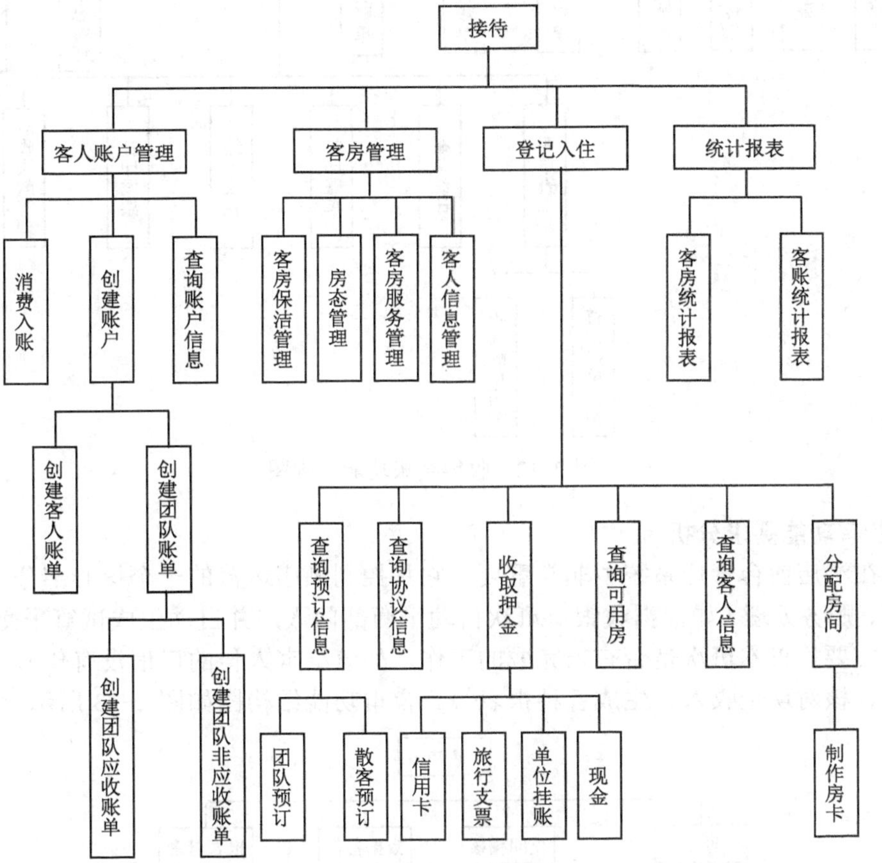

图 2-11 接待功能结构图

3. 收银结账功能需求分析

收银是指酒店各个收银点对住店客人的消费进行收费或将消费金额记到该客人账户里（抛账），待客人离店时统一结账。转账是指过夜审时产生的房费、通过程控机接口转来的电话费以及那些通过其他接口转来的系统自动计费项目，如 VOD 点播、网费等收费项目。总台结账直接面向客人，其主要功能是为客人提供账单余额查询、账单明细查询等服务以及为客人打印账单并收取结账款和打印发票。统计报表中的收银员信息统计是指对收银员个人、班次业务情况的统计。对于允许挂账的团队在结账时，将款项自动转到应收账款中，由应收员收回消费款后再作平账。收银结账功能结构图如图 2-12 所示。

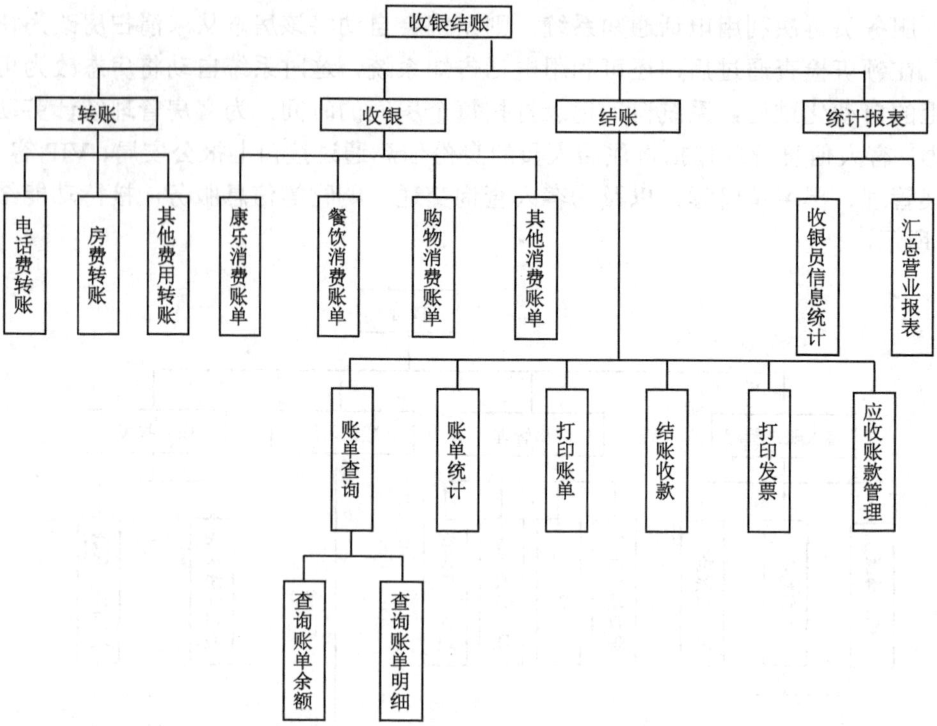

图 2-12 收银结账功能结构图

4．夜审功能需求分析

夜审在酒店前台管理系统中非常重要，它是控制酒店运营的一个核心部分，具体功能包括过账、账务处理（如根据收银员班次自动平衡部门账户并自动生成试算平衡表）、交接班处理（主要检查本班次是否有未完成的工作，如该给客人传的口信没有传）、数据备份、核对房价、核对现金收入、生成各种报表等。夜审功能结构图如图 2-13 所示。

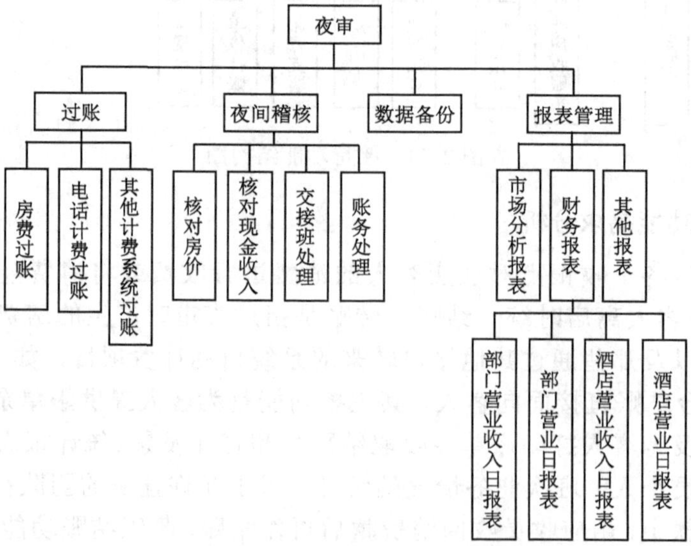

图 2-13 夜审功能结构图

七、酒店前台系统信息需求分析

对酒店前台系统信息需求分析可以利用数据流图来进行。数据流图（Data Flow Diagram，DFD）是以图形方式描述数据在系统中流动和处理的过程，它描绘了系统中必须完成的逻辑功能，是一种反映系统功能的动态模型。数据流图的主要特征是其抽象性和概括性。在图中只表述数据存储、加工、流动和使用情况，便于归纳出信息处理的内部规律性。数据流图可以反映出各业务之间的数据关系，而业务流程图只能孤立地分析各个业务。

数据流图的绘制方法是使用 4 种基本符号来代表数据存储、处理过程、数据流和外部实体。数据流图所用的符号有几种不同的版本，本书只采用其中的一种版本来绘制数据流图。数据流图的 4 种基本符号如图 2-14 所示。

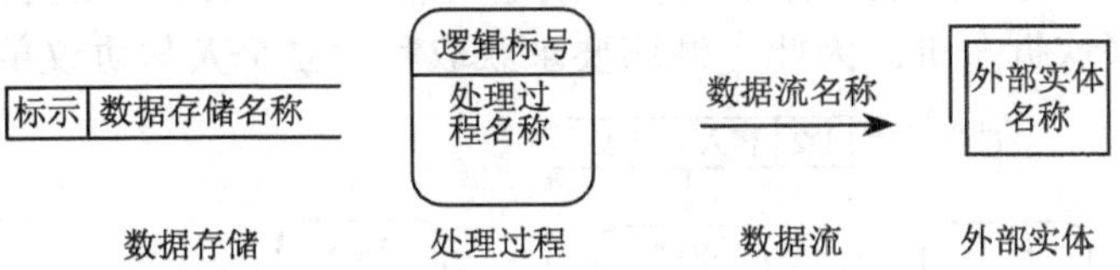

图 2-14　数据流图的 4 种基本符号

数据存储不是指存放数据的物理介质，而是指通过文件、账本、数据库等存储数据，为了便于理解，数据存储通常会加一个标示，一般用英文字母 D 和数字表示，指向数据存储的箭头表示将数据存放在数据存储中，从数据存储中发出的箭头表示从数据存储中读取数据。处理过程是指对数据加工后产生出新数据的过程，处理过程的名称要恰当地描述该处理的含义，逻辑标号是说明该处理过程在层次分解中的逻辑关系。数据流表示流动的数据并指明流动方向，它可以是一项数据也可以是一组数据，通常会在数据流符号的上方标明数据流名称。外部实体是指系统之外但又和系统有联系的实体，它可以是某人、某单位、某种事物或某一系统，确定外部实体也就界定了系统与外部环境的界限，从而明确了系统的作用范围。绘制数据流图的过程常采用分层的画法即自顶向下逐层分解的方法。

下面利用数据流图对前台系统的预订、接待、收银结账、夜审等信息需求进行具体的分析。其中散客预订的逻辑编号为 P1，团队预订的逻辑编号为 P2，散客接待的逻辑编号为 P3，团队接待的逻辑编号为 P4，普通客人消费、结账的逻辑编号为 P5，夜审的逻辑编号为 P6。

1. 预订信息需求分析

预订是客人与酒店之间接触的起始点，是酒店对客服务的第一个过程。全面快速地获取客人的住店需求并提供准确的客房信息是预订功能的基本要求。依据预订客人的类型，酒店一般将预订分为散客预订和团队预订两大类。

（1）散客预订信息需求分析。散客预订的信息流程是客人进行房间查询并提出预订请求，酒店根据客人的需求和酒店客房的远期动态信息决定是否接受预订。如果接受预订，则给客人发预订确认单，如房间已订满，则婉言谢绝并可以推荐其他酒店。接受预订后，可以收取客人的预订金并出具收据。客人预订后可以修改预订信息，也可以取消预订。酒店还可按客人要求预分房或只分房间数（或房类），但一般酒店为了尽可能提高客房的出租率，对普通散客采取动态分房，即在客人办理入住时才确定客人入住的房号。散客预订业务的数据流程顶层图如图 2-15 所示。

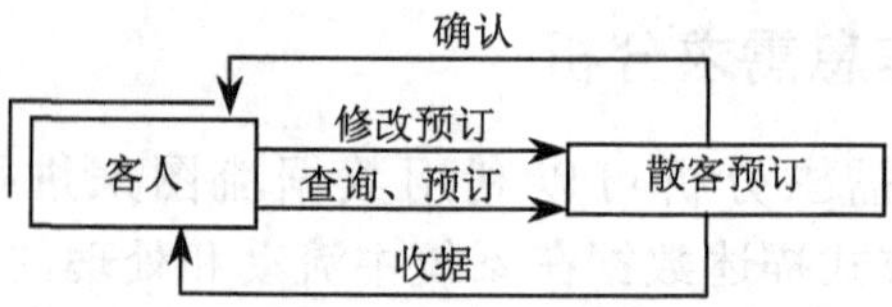

图 2-15　散客预订业务的数据流程顶层图

散客预订业务的数据流程分层图如图 2-16 所示。在图 2-16 中有 3 个数据存储，D1 用于存储散客预订的所有信息，这些信息是通过 P1 从预订客人那获取的；D2 是存放客人的所有信息，其中包括个人姓名、身份信息、通信地址、联系方式、信用情况、所签协议的不同房间价格和餐饮的折扣价、就职单位、特殊喜好、生日等；D3 保存着酒店所有房间的基本信息，其中包括房号、房间类型、标准价格、房态等信息。酒店对协议单位的员工提供不同房间的协议价格和餐饮折扣价。因此，酒店要求获取和建立个人与协议单位的关系。

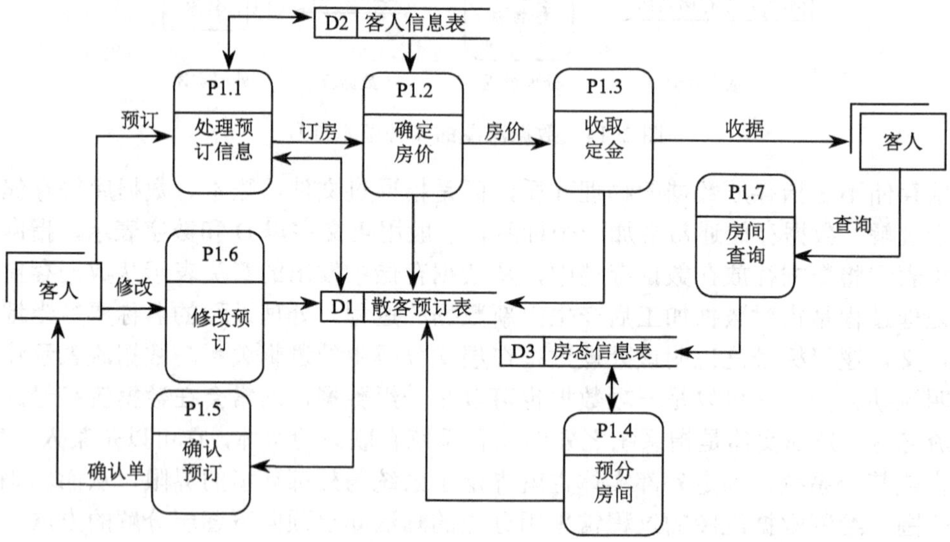

图 2-16　散客预订业务的数据流程分层图

（2）团队预订信息需求分析。团队预订与散客预订大致相同，但预订过程稍有区别，利用网络的散客预订，一般先进行房间查询，如有空房，则可直接预订，整个预订过程可以在系统的引导下自动完成。而团队预订由于所占房间较多，团队价格又较低，作为酒店更愿意将客房出租给散客以谋取更大的利润，所以一般酒店都会制定价格策略，限制团队预订的房间数。因此，团队预订往往不是通过房间查询直接订房，而是向酒店提出预订需求，由酒店来确定是否接受预订，并以协议的方式进行确认。团队可以根据双方协议的规定享受低于门市价的协议价格和享受挂账的待遇。团队预订业务的数据流程顶层图如图 2-17 所示。

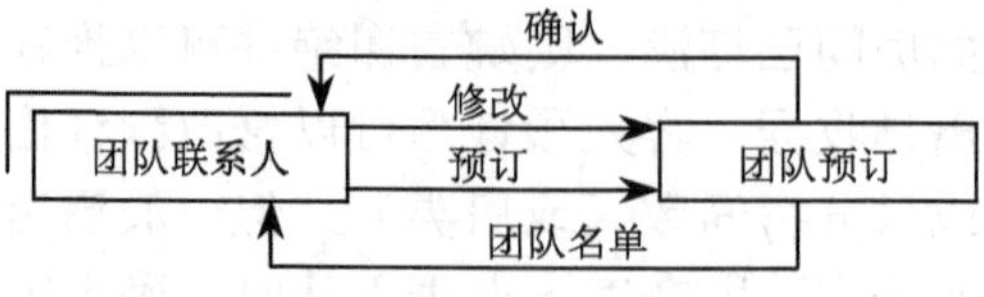

图 2-17　团队预订业务的数据流程顶层图

团队预订业务的数据流程分层图如图 2-18 所示。在图 2-18 中新增加了两个数据存储，D4 用于存储团队预订的所有信息，这些信息是通过 P1 从团队联系人那获取的；D5 是存放与酒店签有协议的单位的所有信息及所签协议的主要内容。而团队成员的个人信息则放在与散客相同的客人信息表中统一管理。团队的房价是根据双方所签的协议来确定，而且协议中规定了财务结算的要求，酒店一般不用收取预订金。团队人数较多，酒店会提前要求团队所属单位提供团队成员名单和身份信息，预先为团队全体成员分配房间，提前制作房卡以及与公安系统进行接口传送整个团队的身份信息。团队到店就可以很快拿到房卡，节省团队办理入住的时间。

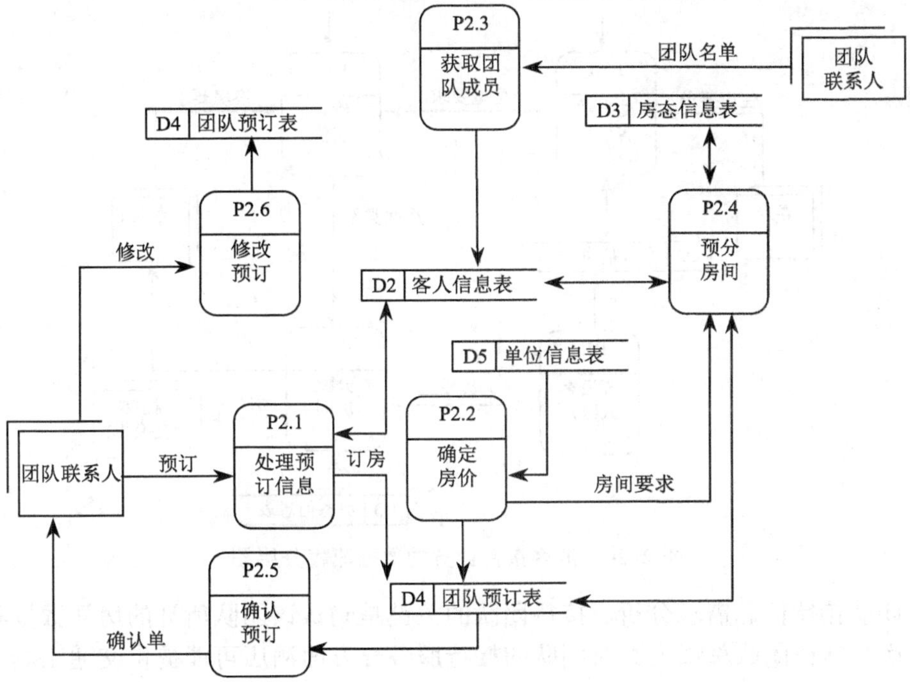

图 2-18 团队预订业务的数据流程分层图

2．接待信息需求分析

接待业务是酒店通过总台向客人提供办理入住手续、分发房卡、按客人需求开通市话、国内长途、国际长途等电话服务。接待业务分为两大类，即散客和团队，散客和团队又分为有预订和无预订两种。散客接待业务与团队接待业务具有一定的差别。

（1）散客接待信息需求分析。接待散客首先确认是否有预订，如果有预订则按预订信息核对证件和分配房间并收取住房押金，同时建立客人住店期间的客人消费账户，然后制作房卡并通知开启房间电话。另外，根据客人要求，可以为其提供添置床位、调整房间等服务。散客接待业务的数据流程顶层图如图 2-19 所示。

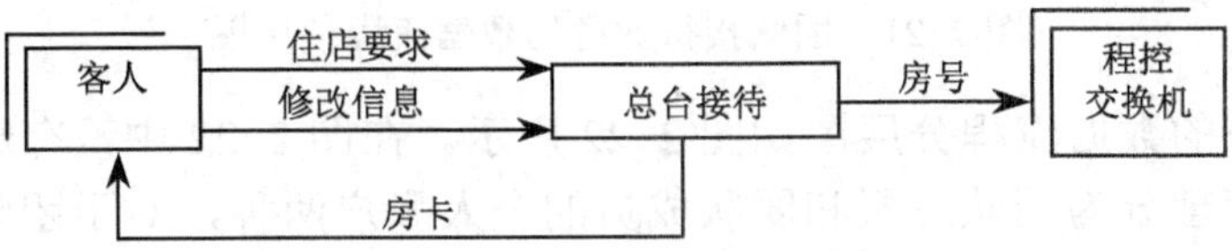

图 2-19 散客接待业务的数据流程顶层图

散客接待业务的数据流程分层图如图 2-20 所示。在图 2-20 中没有新增的数据存储，对有预订的客人从客人信息表和散客预订表中取出该客人的预订信息，然后根据房态信息和客人的房型要求确定房价并分配房间。如果客人提出换房要求，酒店若能满足，则重新分配房间。对于无预订的客人，要输入客人的基本信息，其他与有预订客人的业务过程基本一样。从信息处理的角度来看，酒店一是获取客人的基本信息，二是确认房间分配信息和房间价格信息，三是确定客人预计离店的日期。

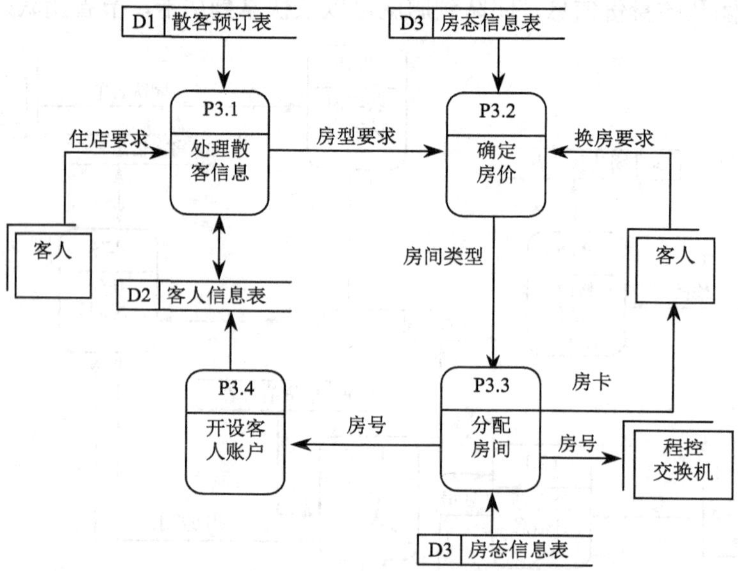

图 2-20 散客接待业务的数据流程分层图

（2）团队接待信息需求分析。接待团队的关键是确认该团队所订的房间数量和类型以及哪些费用是挂在团队总账上。对团队的接待服务一方面酒店可能提供交通工具去机场或火车站接机或接站，提供这种服务，必须确认接机或接站的时间和地点、团队领队的联系电话，这些信息需要输入到系统中；另一方面团队的行李常常需要酒店派人去运送，这就需要与酒店礼宾部沟通，按时去接行李并确保不要出现丢失行李的差错。团队一般都是有预订的，无预订的团队非常少见。而且一般酒店接待无预订的团队时，常常按无预订的散客来对待。团队接待业务的数据流程顶层图如图 2-21 所示。

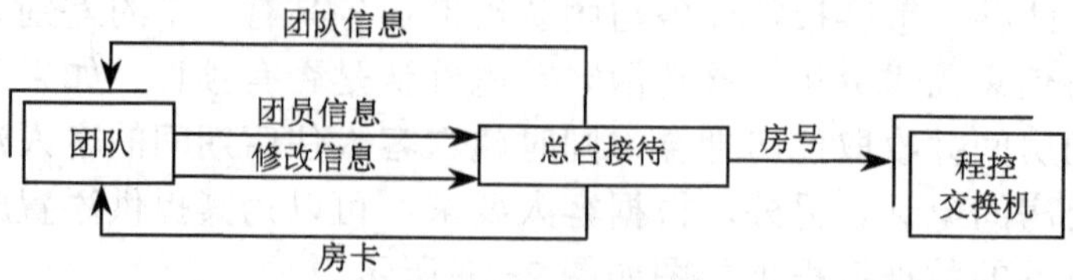

图 2-21 团队接待业务的数据流程顶层图

团队接待业务的数据流程分层图如图 2-22 所示。在图 2-22 中没有新增的数据存储。对于团队的账户管理分为团队总账和团队成员的个人账户两种，对于团队总账，酒店一般用开一间假房来挂团队的总账。如果团队所属单位与酒店签有允许挂账的协议，则团队总账就可以通过应收账号挂到应收账款中，由所属单位统一结账。团员的个人账户与散客建立账户的方法一样，在离店结账时，由个人结付。

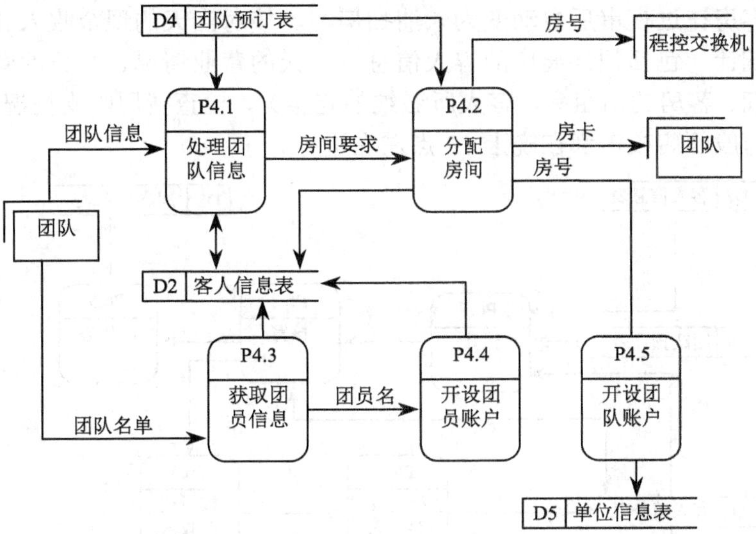

图 2-22 团队接待业务的数据流程分层图

3. 收银结账信息需求分析

酒店普通客人消费、结账的数据流程图如图 2-23 所示。收银结账主要是指处理客人的账务、负责除酒店外包部门以外的各营业点的收款业务（如餐厅、酒吧等收银点）和办理客人的离店结账手续。客人在店期间可以根据所交押金的额度允许客人消费时将消费金额用抛账方式挂到该客人的账户上，待离店时统一结算。另外，电话费也可以通过程控交换机自动地将该客人的电话费抛到客人账户上。每个客人的账户是通过房间号与该客人建立起联系的，根据房号就可很容易地查到客人账户。但客人的消费是与客人一一对应的，房间号只是作为查找客人账户的线索。这样设置的好处是一个房号可以开设 8 个以内的客人账户，为客人消费带来方便。最后离店结账时，可以根据客人的需求打出多个账单给客人。

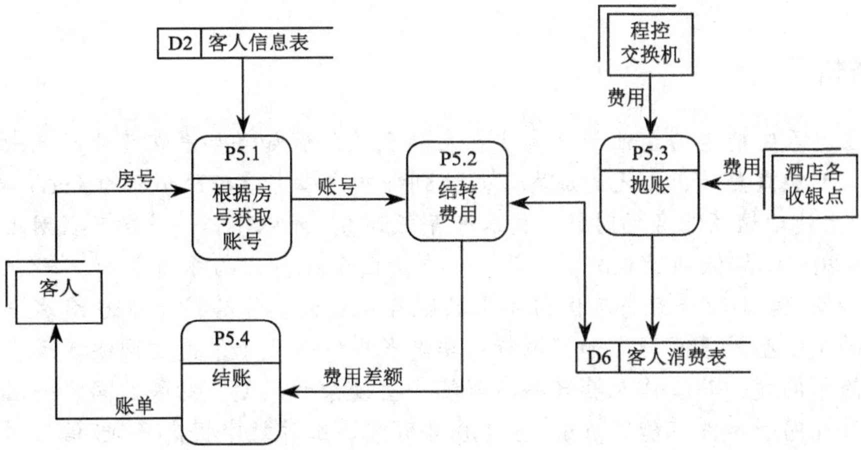

图 2-23 酒店普通客人消费、结账的数据流程图

4．夜审信息需求分析

夜审的数据流程图如图 2-24 所示。夜审主要是做房费过账、自动进行房费的增加、改变房态（如住客房在过夜审后自动变为未清扫房）、核对当天的现金收入和支票收入、对各种数据进行统计（包括预计离店的客人信息、一天的营业情况、当日的营业收入、客人的各项缴款明细、客房的出租率、客人所缴纳的定金）、检查费用收支情况、打印催账单、处理跑单等。一般酒店夜审都在晚上 12 点左右进行。

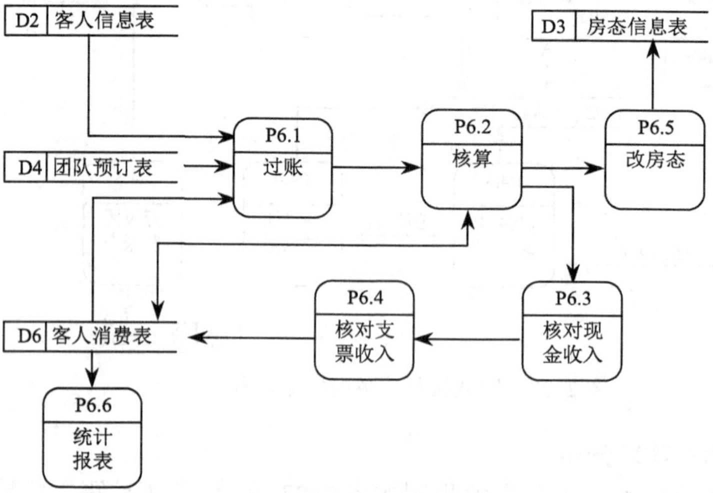

图 2-24　夜审的数据流程图

数据流图是表述系统内部数据处理的过程，但对其中数据的具体含义、结构及组成没做具体说明。因此，仅有数据流程图还不能完整地表达系统的逻辑模型，还需要配合数据字典，从图形和文字两个方面对系统的逻辑模型进行完整的描述。

以上介绍了分析酒店管理信息系统中的主要分析方法，在系统分析的基础上就可进行系统设计了，关于系统设计的方法请参考相关教科书，在这里就不一一介绍了。

小资料

管理信息系统能够给企业带来实实在在的利益。例如，如果在营业网点来处理一项查询业务，可能需要付出 1 元的成本，而换到呼叫中心，就可降低到 0.5 元，再进一步，换到 ATM 上处理这项业务的时候，成本可降低到 0.2 元以下，如果在互联网上处理这项业务，成本就可以降低到了 0.01 元。再如，在美国金融行业的呼叫中心，一个训练精良、服务能够持续 24 小时并且态度保持不变的服务人员大概能够接待 350 名客户，而客户经常询问的是一些简单问题，如“银行利率是多少”等。如果通过网络实现自助服务来回答这些简单问题，而工作人员只参与解答一些复杂的问题。结果，同样一名呼叫中心的工作人员在同等条件下能够负责 15 000 名顾客，工作效率提高了 45 倍。这就是管理信息系统给企业带来的价值。

复习思考题

一、单项选择题

1. 管理信息系统针对不同的管理对象分为（　　）

   A. 数据层、中间层、业务层和用户层

   B. 作业层、知识层、管理层和战略层

   C. 子系统、模块和功能

   D. 系统、结构和功能

2. 知识层的特点是（　　）

   A. 按规章制度办事，没有创造性

   B. 有很大的不确定性，需要大量的决策

   C. 具有很强的创造性

   D. 需要大量的战略信息才能作出决策

3. 数据流图具有（　　）

   A. 直观性和完整性　　B. 抽象性和概括性

   C. 真实性和科学性　　D. 抽象性和科学性

4. 帮助系统分析员了解一个组织内部处理活动的内容与工作流程的图表是（　　）。

   A. 系统流程图　　B. 数据流图

   C. 程序流程图　　D. 业务流程图

5. 在管理信息系统的示意图中，管理信息系统最下层是（　　）。

   A. 财务子系统　　B. 业务处理系统

   C. 决策支持系统　　D. 数据管理系统

6. 前台职员制作的 4 月 1 日的入住报告显示 501 房间是一间继续留宿房。在 4 月 1 日下午 2:00，客房管理报告显示 501 是待售房。最符合这种状况的描述是（　　）。

   A. 房态差异　　B. 锁在门外　　C. 推迟结账　　D. 沉睡者

7. 福特先生登记入住 203 房一晚。第二天一早，福特先生没有付账就离开了饭店。在检查下午 4:00 的客房报告时，前台职员发现 203 房已被列为待售空房，于是意识到该客人是一个（　　）。

   A. 预期离开者　　B. 沉睡者　　C. 逃账者　　D. 在外留宿者

8. IBM 公司在王府饭店举行年会。会议组织者要求饭店将房费和网费记入公司账户。餐饮费和电话费以及其他花费直接记入每个与会成员的账户上。下列哪个由酒店管理信息系统建立的账单类型可以将房费和网费转账至公司的账户（　　）。

   A. 个人账单　　B. 主账单　　C. 非顾客账单　　D. 控制账单

9. 许多酒店规定一个客人只能有一个客户资料，这样做的原因是（　　）。

   A. 会影响统计资料的正确性　　B. 会影响酒店的出租率

   C. 会使客人的预订无法完成　　D. 会影响公司挂账

10. 现代酒店为了尽可能提高客房的出租率，大多实行动态分房，即在客人办理入住时才确定客人入住的房号。以下客人类型中，最适合这种分房策略的是（　　）。

A. 普通客人　　B. VIP 客人　　C. 团队客人　　D. 长租客

二、填空题

1. ESS 是指（　　　）系统，SIS 是指（　　　）系统，TPS 是指（　　　）系统。

2. 数据流图是描述（　　　）的主要工具，其绘制是采用（　　　）、（　　　）的方法。

3. 酒店管理信息系统的优势主要是能够提高酒店前台（　　　）与管理水平、降低酒店的（　　　）以及加强（　　　）管理等。

4. 管理信息系统能够帮助作业层解决（　　　）问题，帮助管理层解决（　　　）问题，帮助战略层解决（　　　）问题。

5. 管理信息系统是以（　　　），充分利用现代（　　　），融合现代管理思想，支持不同层次的管理人员进行（　　　）的信息系统。

第三章

决策支持系统

能力目标

- 能解释决策支持系统、智能决策支持系统和群体决策支持系统的作用
- 能写出群体决策支持系统的特点与类型

知识目标

- 了解决策支持系统的概念
- 理解决策支持系统的结构
- 掌握决策支持系统在酒店管理中的应用

第一节 决策支持系统的概念

决策是人们在改造客观世界中为实现主观目的而进行策略或方案选择的一种行为，它必然带有决策者的大量主观因素。例如，对酒店生存与发展的战略规划的制定、酒店投资方向的选择等都是无法用固定的规则来解决的。这些半结构化或非结构化决策问题的解决主要依赖于决策者的经验来分析与判断。因此，所选的解决方案常会因人而异，决策过程会带有很多的不确定性。为了尽可能多地消除这些不确定因素，首先需要收集大量的信息来支持决策，其次需要对决策所需要的信息进行加工，最后还需要对决策过程的每个环节给予技术支持，这就产生了对决策支持系统的需求。

一、决策过程的 4 个阶段

决策过程实际上就是对问题解答和所选方案执行的过程，其中问题解答的处理阶段包括信息收集、方案设计、方案选择和方案实施 4 个阶段。各阶段所要做的工作如下：

1．信息收集阶段

信息收集阶段主要是认识和确定潜在的困难和机会。该阶段也被称作决策诊断阶段，

它包括发现那些需要引起注意的征兆并加以解释，如客人对酒店的需求、酒店客房的合理定价等。

2．方案设计阶段

设计阶段是确定问题解答的所有可选择的方案，如为了提高酒店的服务质量而考虑的各种可能的解决方案，该阶段要尽可能多地找出所有可能的解决方案。

3．方案选择阶段

选择阶段是对设计阶段所提出的每种方案进行评价，找出每种方案的利弊并评估它们可能的实施结果，从中选择出一个最优方案。所谓最优方案是由多种因素来决定的，如成本、时间、人力资源等因素。这个阶段是决策的重要阶段，方案的执行策略也是在该阶段作出的。

4．方案实施阶段

实施阶段要执行选中的方案，评审实施的结果，并作出必要的调整。在实施方案的过程中，要根据实施结果对其进行调整，尤其对复杂问题的解决或问题所处环境变化时更是如此。

在决策过程中，4 个阶段并不一定是线性排列。有可能在决策的某一阶段发现需要返回到前面的阶段才能解决。例如，在选择阶段选择一个方案后发现可能在设计阶段遗漏了另一个可能的方案，于是需要返回到设计阶段，将这个新发现的方案加入其中，然后再回到选择阶段，比较这个新方案和以前的其他方案的优劣。

二、决策支持系统的功能

1．决策支持系统对决策过程不同阶段的支持

决策支持系统主要是对决策过程中的信息收集、方案设计、方案选择 3 个阶段提供支持。

（1）信息收集阶段。这一阶段主要为酒店收集有关获利、减少风险以及为住店客人提供高质量服务等方面的机会，找出与酒店收益有关的、与工作效率等绩效有关的、与风险有关的问题。为了识别这些问题和机会，一个决策支持系统应具有数据收集和存储、计算处理以及检索有关可能出现的问题和机会的数据、向决策者提供关于问题和机会的报告等功能。

（2）设计阶段。这一阶段的主要工作是提出完善并分析可能的行动路线，决策支持系统对这个过程提供辅助理解问题（为问题或机会建立一个合适的模型）、辅助求解（对模型求解，可产生出几种解决方案）、测试解决方案的可能性（对解决方案的可能性根据问题的环境进行测试）等功能。

（3）选择阶段。这一阶段是决策者根据自己的经验、智慧和才能进行判断的过程，决策支持系统在这一阶段的支持表现在对备选方案进行排队、根据一定的准则来辅助选择，这些准则可以是经济法则，如回收率、回收期、最小现金支出或最小风险等。

2．决策支持系统的功能

决策者在决策过程中的需求就是决策支持系统应具有的功能。决策者的需求依不同的决策内容和决策目标而不同。对于酒店的管理部门可归纳为以下 5 个方面的需求：①能及时收集、整理、保存和提供酒店内部与决策过程中有关的各种信息和数据，如酒店客史档案信息，客房近期动态信息，客房远期动态信息，酒店设备、资金和人员信息等。②能及时收集、整理、保存和提供企业外部与决策过程有关的各种信息和数据。如有关的政策法规、竞争者的情况以及相关客房的价格、出租率等信息。③能合理地储存，及时地提供各种决策用的数学模型，如回归分析、时间序列分析、运筹学模型以及各种仿真模型等。④能合理地储存，及时提供决策分析用的方法模型，即方法库。⑤具有较强的人机交互功能。应充分注意到决策支持系统只是支持或者帮助决策者，而不是代替决策者。

第二节　决策支持系统简介

一、决策支持系统

决策支持系统（Decision Support System，DSS）的结构以人机对话子系统为中间层，它通过与数据库、模型库及方法库两两之间互相通信的接口来进行信息交换。决策者作为决策支持系统的用户，通过人机对话子系统提出决策支持的请求。人机对话子系统对接收到的请求进行问题的识别和模型的构建，然后从方法库中选择相应的算法并从数据库提取相关数据进行计算或运行模型库中的模型，最后将计算或运行结果通过人机对话子系统传送给用户或暂存在数据库中待用。决策支持系统的结构如图 3-1 所示。

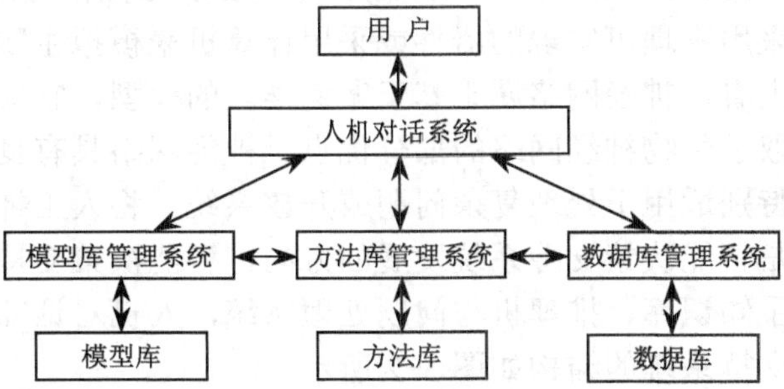

图 3-1　决策支持系统结构图

1. 人机对话子系统

人机对话子系统是决策支持系统中用户和计算机的接口，在决策者、模型库、数据库和方法库之间起着传送（包括转换）命令和数据的重要作用，其核心是人机界面。人机界面是决策支持系统的一个窗口，它的好坏标志着该系统的实际应用水平。

2. 数据库子系统

数据或信息是减少决策问题不确定性的要素，是分析判断的依据。数据库子系统就是帮助决策支持系统储存系统的内部和外部数据，并加以管理。它是支撑模型库子系统及方法库子系统的基础。

3. 模型库子系统

模型是以某种形式反映客观事物本质的属性，揭示其运动规律的描述。模型库子系统是构建和管理模型的计算机软件系统，它是决策支持系统中最复杂和最难实现的部分。决策者是依靠模型库中的模型进行决策的，所获得的输出结果可以直接用于制定决策，也可以对决策的制定提出建议或用来估计决策实施后可能产生的后果。模型库子系统是在与决策支持系统其他部件的交互过程中发挥作用的。与数据库子系统的交互可获得各种模型所需的数据，实现模型输入、输出和中间结果存取自动化；与方法库子系统的交互可实现目标搜索、灵敏度分析和仿真运行自动化等。

4．方法库子系统

方法库子系统是存储、管理、调用以及维护决策支持系统各部件要用到的通用算法、标准函数等方法的部件。方法库中的方法一般以程序的方式存储，通常有排序算法、分类算法、最小生成树算法、最短路径算法、计划评审技术、线性规划、整数规划、动态规划、各种统计算法、各种组合算法等。决策者使用时，通过人机界面从数据库选取数据，从方法库中选取算法，然后将数据和算法结合起来进行计算，再将结果以直观清晰的方式输出给决策者。

二、智能决策支持系统

智能决策支持系统（Intelligent Decision Support System，IDSS）是应用人工智能技术的决策支持系统。由于人工智能领域的研究在知识开发与利用上获得了不少成果，而这些成果能弥补决策支持系统的不足。因此，如何将人工智能技术引入传统决策支持系统形成智能型的决策系统就成为一个新的课题。人工智能应用的两大分支是专家系统和神经网络。专家系统是以计算机为工具，利用专家知识及知识推理等技术来理解与求解问题的知识系统。神经网络是通过采用物理可实现的器件或采用计算机来模拟生物体中神经网络的某些结构与功能，从本质上看，神经网络属于基于案例学习的模型，它模拟人的神经元结构，构造人工神经元，吸取了生物神经网络的部分优点。神经网络具有良好的自组织、自学习和自适应能力，因而特别适用于处理复杂问题或开放系统。将人工神经网络技术与专家系统集成，取长补短，是智能决策支持系统发展的方向。智能决策支持系统与决策支持系统相比，在结构上增加了知识库、推理机与问题处理系统，人机对话部分还加入了自然语言处理功能。智能决策支持系统的结构如图 3-2 所示。

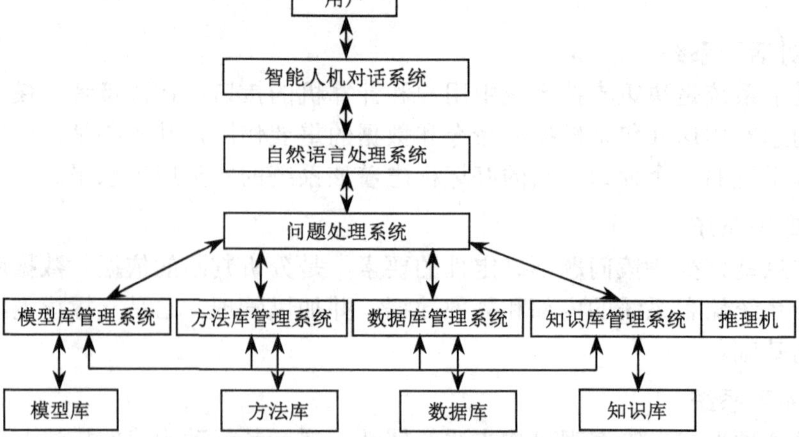

图 3-2 智能决策支持系统结构图

1．智能人机对话系统与自然语言处理系统

决策者可以使用智能人机对话系统以接近自然语言的方式提出决策问题，再由自然语言处理系统通过语法、语义结构分析等方法转换成系统能理解的语言形式并运行，最后将求解的结果以决策者能清晰理解的或指定的方式输出。这种系统使得人机界面的性能得到了较大地改善，更容易被决策者所接受。

2．问题处理系统

问题处理系统处于智能决策支持系统的中心位置，是人与机器以及所存储求解资源之间的桥梁，它的任务是识别、分析与求解问题，根据决策问题的结构化程度采用相应的求解方法，选择或构造模型，或利用推理机制进行求解。问题处理系统主要由问题分析器与问题求解器两部分组成。问题分析器是判断问题的结构化程度，问题求解器是根据问题分析器所判断的结构化程度来对结构化问题进行选择或构造模型来计算求解，对半结构化或非结构化问题则由规则模型与推理机制来求解，最后将求解结果通过智能人机对话系统输出给决策者。

3．知识库子系统和推理机

知识库子系统是由知识库管理系统、知识库和推理机等3部分组成。知识库管理系统的主要功能是对知识库中的知识进行增、删、改等维护操作以及提供决策过程中对问题分析与判断所需的知识。知识库是知识库管理系统的核心，知识库中存储的是那些既不能用数据表示，也不能用模型方法描述的决策知识和经验知识，同时也包括一些特定领域的专门知识。推理是指从已知事实推出新事实（结论）的过程，推理机是一组程序，它针对用户问题去处理知识库，最后得到解决问题的建议，供决策者参考。

三、群体决策支持系统

1．什么是群体决策支持系统

决策支持系统虽能较好地提高企业高层领导决策的有效性，但它是面向个人的，也就是说决策的支持只局限于单个决策者。而现代企业的决策一般都由领导集体作出，尤其是关系到企业的生存与发展等重大决策更是需要集体的参与和制定。群体决策不仅是多人坐在一起分析问题、评价方案的活动，它还要求多个决策者能在一个周期内异时、异地合作协商，寻求解决问题的方案，因此如何才能在更广泛的空间内与不固定的时刻进行群体决策成为一个迫切需要研究的课题，群体决策支持系统（Group Decision Support System，GDSS）就是在此背景下产生的。

2．群体决策的过程与系统支持

群体决策过程一般要经过以下3个阶段：

（1）集体讨论阶段。在这一阶段，参加决策的成员提出各自的想法和建议。个人对决策主题阐明自己的观点，找出其中的优势、劣势和所面临的机遇与威胁。该阶段的主要目的是在有明确的会议主题的情况下，采用头脑风暴的方法，使每个人都能充分地对会议主题进行评论。对这个阶段来说，群体决策支持系统能够辅助其实现这个目的。它允许参会成员利用联网的计算机，可以匿名地提出个人见解和建议，系统自动收集全体成员的意见和建议，并将它们显示在会议室的大屏幕上，同时还显示在每个成员面前的计算机屏幕上。

这使传统的串行工作方式转变成并行工作方式，使工作效率大大地提高。这个阶段的核心是产生意见，手段是利用联网的计算机来实现头脑风暴。

（2）问题的分类与分析阶段。该阶段首先对所有成员所提的意见和建议进行分类，然后进一步对这些建议进行讨论，澄清悬而未决的问题，并找出关键成功因素，最后对每一个建议进行评估。在这一阶段，群体决策支持系统可以将成员所提的意见和建议按照关键词进行分类和排序。不同类别的建议存放在不同的文件夹中。人们可以通过系统打开一个或几个文件夹输入自己的评论意见，也可以合并文件夹中的重复内容并修改文件夹中的标题。这个阶段的核心是意见整合，手段是使用意见组织软件、议题分析软件、群体撰写软件等来对会议主题进行评论和整理。

（3）排序与表决阶段。这一阶段是在对每一个建议评估后，所有成员为每个建议赋予权重、排列优先顺序，再通过表决确定最后的顺序。群体决策支持系统对这一阶段的支持是，首先由成员为每个建议分配权重和规定优先顺序，然后由群体决策支持系统计算结果，最后用数字或图形方式将建议的排序结果显示出来。这个阶段的核心是确定优先级，手段是使用电子表决软件、方案评估软件、问卷调查软件和群体矩阵软件等来对方案进行优选。

3．群体决策支持系统的特点

GDSS是在DSS的基础上利用计算机网络技术，为多个决策者以一个共同的目标，遵循某种规程，相互之间共同协作，进而找出半结构化或非结构化决策问题解决方案的信息系统。与传统的会议决策或传递式群体决策相比，GDSS具有以下特点：①不受时间与空间的限制。②能让决策者相互之间方便、快捷地交流信息和共享信息，减少片面性。③决策者可以克服消极的心理影响，毫无保留地发表自己的意见。④能集思广益，激发决策者思路，使问题的方案尽可能趋于完美。⑤可防止小集体主义以及个性对决策结果的影响。⑥可提高决策群体成员对决策结果的满意程度和置信度。⑦群体越大效果越显著。

从理论上讲，GDSS对群体决策是非常有益的手段，但它涉及的面很广。GDSS要面对不同风格与偏好的个人，要综合决策科学、人工智能、计算机网络、运筹学、数据库技术、心理学及行为科学等多种学科的理论、方法与技术，实用系统研究与开发的难度非常大。

4．群体决策支持系统的类型

群体决策支持系统可以根据其所在组织的环境不同、成员的地理位置的差异以及决策周期的长短等因素大致分为以下4种类型：

（1）决策室。它是指决策参与者集中在同一房间内并且在同一时间进行群体决策的情况，群体决策支持系统安装在一个电子会议室中，决策参与者通过互联的计算机站点相互合作完成决策事务。决策室是相对较简单的GDSS。

（2）局域决策网。它是指利用计算机的局域网，所有决策者在近距离内的不同房间（通常在自己的办公室）里定时或不定时地通过联网的计算机站点进行相互的交流，共享网络服务器中的公共决策资源，在某种规程的控制下实现群体决策。它的主要优点是可以克服定时决策的限制，也就是说决策者可以在决策周期内时间分散地参与决策。

（3）虚拟会议。虚拟会议是利用计算机网络的通信技术，使分散在各地的决策者在某一时间内能以不见面的方式进行集中决策。虚拟会议在实质上与决策室相同，它的优点是能克服空间距离的限制。

（4）远程决策网。远程决策网充分利用广域网等信息技术来支持群体决策，它使决策参与者异时、异地进行群体决策，因此对决策的时间和地点限制最少，但信息技术要求较高，投资较大。

这 4 种类型的应用原则是根据使用频率的高低和群体组织的分散程度来确定的。在决策过程中，战略问题的决策次数少即决策频率低，而操作问题的决策次数多即决策频率高，战术问题的决策的次数介于战略问题和操作问题的决策次数之间。以上 4 种类型的群体决策支持系统与群体组织的位置以及决策频率之间的关系如图 3-3 所示。

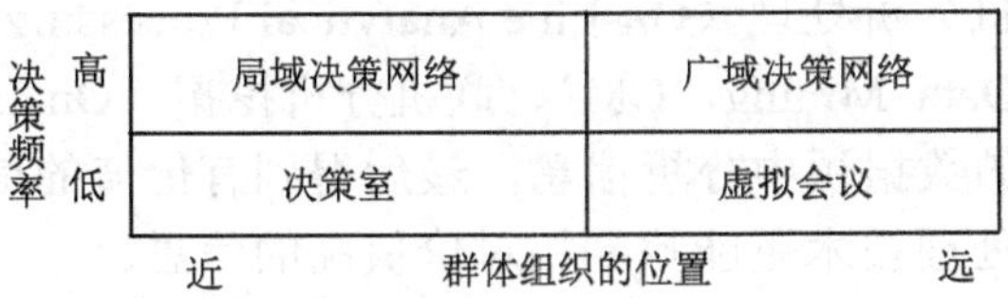

图 3-3　群体决策的类型与决策频率和地理位置的关系

5．群体决策支持系统的组成

GDSS 是在计算机网络的基础上，由 DSS、规程库子系统、通信库子系统、共享的数据库、模型库、方法库、公共显示设备等构件组成。它与 DSS 相比，GDSS 必须建立在一个局域网或广域网上。

GDSS 中的人机对话系统负责接收决策群体的各种请求，这些请求有主持人关于会议要求与安排的发布，与会者对数据、模型、方法等决策资源的请求等。规程库子系统负责存放群体决策的运作规则以及会议流程规则等，如决策者请求的优先级别规则、决策意见发送优先级别规则及各种协调规则等。通信库子系统相当于会议的秘书处，是系统的核心，它存放管理主题信息、会议进程信息以及与会者的往来信息，并负责这些信息的收发，与会者之间的沟通，与会者与公共数据库、模型库和方法库之间的通信。

GDSS 的结构比 DSS 要复杂得多，功能也要强得多，GDSS 可以支持群体决策，也可以支持个人决策，因此 DSS 可看作是 GDSS 的一个特例。群体决策支持系统组成结构图如图 3-4 所示。

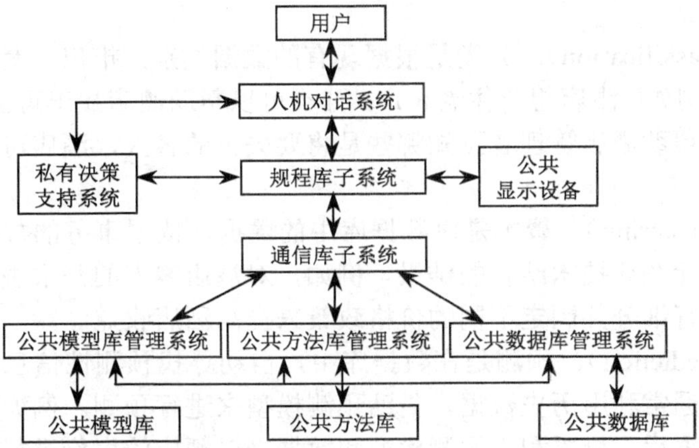

图 3-4　群体决策支持系统组成结构图

四、决策支持系统的发展

早期的决策支持系统大多是模型导向型，这类系统一般是独立开发，其分析能力主要基于模型，通过人机对话系统，使模型容易使用。随着数据仓库、数据挖掘技术、神经网络的不断进步，决策支持系统向数据导向型发展，其所分析的数据既来源于企业数据又来源于互联网，它通过在大量信息中提取和加工出对决策有价值的信息来辅助决策。具体来说，数据导向型决策支持系统通过数据仓库对作业层产生的数据和在网络上收集的有用数据进行存储，并利用联机分析处理（On-Line Analytical Processing，OLAP）技术来分析信息以及利用数据挖掘（Data Mining，DM）、联机分析挖掘（On-Line Analytical Mining，OLAM）等技术从大量的数据源中分析信息，最后得到有价值的信息来支持决策。其中数据挖掘技术比联机分析处理技术更能找到相对价值高的信息。

1．联机分析处理

联机分析处理是在多维数据库上进行多维分析的技术，包括多维型（MOLAP）和关系型（ROLAP）。多维型是按主题定义的联机分析处理所要的数据，生成多维立方体并存放在多维数据库中，同时通过计算生成一些汇总值。当用户提出需求时，系统不是从数据仓库中取数据，而是从多维立方体中得到数据，大大提高了用户的响应时间。但多维立方体会增大数据的存储空间，而且也不可能存储大量的细节数据，所以分析的粒度较粗。关系型不生成多维立方体，只存放数据模型与数据仓库之间的映射关系。在做多维分析时，根据定义的模型从数据仓库中抽取数据后进行实时分析。其优点是数据只存储一次，节省了存储空间，并且分析的粒度较细、灵活性较大，可以进行多因素分析预测；其缺点是用户响应速度较慢，但在计算机运算速度和网络速度不断提速的情况下，此缺点会越来越不明显。

2．数据挖掘

在当今信息大爆炸的时代，最困扰人们的一个问题就是如何的在信息的汪洋大海中及时发现有用的知识。在此背景下，数据挖掘技术应运而生。数据挖掘是从大量的数据中抽取有效的、从前未知的、综合性的、活动的信息，并且用其辅助决策的过程。数据挖掘主要有以下几种功能。

（1）分类（Classification）。分类是根据现有的数据类别，推出一套规则，来描述数据库中的数据类型。例如，酒店想留住老客户，分类可以帮助酒店找出可能失去的客人特征，建立一个判别函数帮助酒店管理者预知哪些是将要失去的客人，酒店可提前采取措施留住这些客人。

（2）聚类（Clustering）。聚类是对数据库中的数据，依据事务的数值特征进行分类，是数值分类学和多元统计技术结合的结果。例如，对酒店客人的需求进行聚类分析，可以帮助酒店对市场进行细分并制定不同的价格政策来提高酒店收益。

（3）预测（Prediction）。预测是在数据库中，自动寻找预测性信息，直接由预测信息本身得出结论。其通常利用历史数据，借助预测模型来进行预测。例如，当酒店存有一年以上的运营历史数据后，可以利用预测模型和数据来对酒店的房价进行预测，制定动态的客房价格体系来指导房价。

（4）关联分析（Association）。当数据库中，两个以上的变量的取值之间存在某种规律性时，就称为变量之间存在关联。具体来讲就是利用关联规则分析数据或记录间的关系，决定哪些事情将一起发生。例如，购买铁锤的顾客中有 70%同时购买铁钉，利用这个结果来规划商品摆放。

（5）序列（Sequence）。它与关联规则相仿，增加了时间的属性，把数据间的关联性与时间联系起来。例如，如果购买了一栋房屋，在两周内有 65%的可能性会购买一台新冰箱，在一个月内有 45%的可能性会购买一个烤箱。

3．联机分析挖掘

联机分析处理是在建立一系列假设的基础上，通过联机分析处理来证实或推翻这些假设得出结论，其实质是一个演绎推理的过程。数据挖掘不是验证某个假定的模式（模型）的正确性，而是在大量数据中自动寻找模型，其本质是一个归纳的过程。前者是建立在多维视图的基础上，强调对用户请求的响应速度，数据源一般来源于数据仓库；后者是建立在各种数据源的基础上，重在挖掘隐藏在数据深层次的高价值信息，一般不过多考虑响应速度。将二者结合在一起就形成了联机分析挖掘技术。这种技术的特点是既有联机分析处理的在线性、灵活性，又有数据挖掘对数据处理的深入性，是目前分析数据和提供决策支持的发展方向。

第三节 酒店决策支持系统的应用——酒店收益管理系统

当今酒店之间的同业竞争日益加剧，经常会有两个酒店在地理位置上、软硬件条件上以及年销售额上都基本相同，但利润上却存在较大的差距。分析其原因可能有多种因素，而其中一个重要因素就是是否应用了收益管理的方法来对酒店的经营管理进行决策。酒店具有客房数固定、房间需求波动性大、客源市场可以细分、客房的使用价值不可储存、房间可预订和建造酒店的费用高昂而房间的清洁及一次性用品等可变成本相对较低的特性，而这些特性正好符合应用收益管理的条件。若能较好地利用收益管理系统来辅助决策，可以有效地提高酒店的竞争能力。

一、酒店收益管理的概念

收益管理是 20 世纪 70 年代之后发展起来的，收益管理的理论基础主要来源于运筹学和管理科学，技术基础是计算机和网络。收益管理采用了运筹学的许多理论和模型，尤其是数学规划、动态规划、网络分析技术、仿真技术、博弈理论等。最先采用收益管理技术的是美国航空公司，它们将收益管理描述为一套在正确时间、正确地点，把正确产品销售给正确旅客的方法。

收益管理在 20 世纪 80 年代开始应用于酒店业。酒店的收益管理就是在考虑需求预测的基础上通过对客房入住率的调整来达到客房收益的最大化。收益并不等同于利润，酒店的收益是可供出租的客房与房价的乘积，而酒店的可供出租的客房受到酒店规模的限制，很难像工厂生产产品那样通过扩大产量来提高收益。因此，酒店通常是通过调整价格、房间分配、流量控制和团队管理来增加收益。在酒店实行单一房价时，收益高就意味着利润高，酒店可以通过计算收益的高低来衡量酒店的经营状况的好坏。但是当酒店采用多级房价结构时，收益的多少就不能直接反映酒店的盈利水平。因为收益的高低取决于房价的高低和与之相应的房间数。高收益可以通过两个途径来获得：一是抬高房价水平；二是减少低价房的销售量。而这两种方法都不能保证酒店经营利润的增加。例如，通过减少低价房的销售量来达到高收益可能是以出租率的降低为代价。酒店收益管理实际是指酒店运用预测和优化等科学决策理论及手段，使酒店的每一个房间以最好的价格出售，从而获得最大的收益。其基本要素是价格和房间，即对价格和房间的管理。应在旺季尽量提高房价，淡季尽量提高出租率。

二、收益管理在酒店业的应用

酒店的收益管理是对酒店经营的决策过程。酒店将可供出租的客房以合适的价格（What），在合适的时间（When），出售给合适的旅客（Who）是收益管理的关键。对于酒店的收益管理需要有一套衡量指标来评价酒店收益管理的绩效。从收益管理的角度来看，最常用的 3 大指标是客房出租率、平均占用房价和平均可供出租客房收入。

1．客房出租率

客房出租率（Occupancy Rate），又称客房占用率、住房率和客房销售率等，是指酒店租出去的房间数占它拥有的可出租的房间数的百分比。

$$客房出租率=\frac{出租的房间总数}{可供出租房间总数}\times 100\%$$

出租的房间总数是指除去酒店自用房和免费房之外，所有被出租的客房总数。例如，某酒店某日有 200 间设备、设施完好的客房，其中有 10 间作为酒店内部人员的自用房，有 5 间提供给客人作为免费房，当日租出 160 间，则其出租的房间总数为 160 间而不是 175 间。

可供出租的房间总数是酒店设备设施完好、能出租给客人的房间总数，一般不包括大修房（Out of Order Room）但包括小修房（Out of Service Room）。大修房是那些因有故障要维修且当天无法出租的房间，小修房则是因故障暂停出租，等待维修好后再出租，一般小修房的维修工作当日内能完成，如客房内的灯泡坏了，换一个就可以出租了。因此，小修房是包含在可供出租的房间总数里。还以酒店共有 200 间客房为例，自用房和免费房用了 15 间房，大修房有 8 间，小修房有 3 间，则可供出租的房间总数为 192 间。如果还是当日出租 160 间，则客房出租率是 160÷192×100=83.33%。

对于酒店来说有时需要计算不同时间段的平均客房出租率，如半年或者一个季度的平均客房出租率。计算方法是将 6 个月或 3 个月共出租的房间数除以这 6 个月或 3 个月可供出租的房间总数，再乘以 100%就可得到。

客房出租率介于 0 到 100%之间。如果酒店一间房都没租出去，则客房出租率就为 0。如果酒店所有房间都租出去了，那么客房出租率就是 100%。客房出租率越高也就意味着客房空置率越低；而客房出租率越低，客房空置率就越高。实际上收益管理工作的任务之一就是提高客房出租率，减少空置率。因此，客房出租率是衡量酒店收益管理工作效果的一个重要指标。

2．平均占用房价

平均占用房价（Average Daily Rate，ADR），是指每间出租客房的平均价格，也称为平均客房售价或平均房价。

$$平均占用房价=\frac{出租房间的总收入}{出租房间的总数}$$

出租房间的总收入是指当天房费收入的总额。例如，某酒店某日有 120 间客房被客人租用，获得 12 000 元的收入，那么其平均占用房价就等于 100 元（12 000÷120）。显然，当客房出租率不变时，提高平均房价就可以提高酒店客房的收入。

3．平均可供出租客房收入

平均可供出租客房收入（Revenue per Available Room，RevPAR），也称为平均客房收入，是指平均每间可供出租的客房每天能为酒店带来的收入。

$$平均可供出租客房收入=客房出租率\times平均占用房价=\frac{出租的房间的总收入}{可供出租房间总数}$$

仍以前面的酒店为例，如果该日可供出租的房间总数为 192，那么它的平均可供出租客房收入为 62.5 元（12 000÷192）。平均可供出租客房收入能直接反映单位客房的创收能力。例如，该酒店经过努力将其可供出租客房收入提高 20 元，那么它的客房总收入将提高 3 840 元（20×192）。由此可见，当酒店可供出租的房间数量相对固定时，提高平均可供出租客房收入是提高客房总收入的最有效的途径。

在这 3 大指标中，平均可供出租客房收入是衡量收益管理绩效的最佳指标，因为它是客房出租率和平均房价互动的结果，能全面反映收益管理的真实情况。平均可供出租客房收入与客房出租率和平均房价成正比。当客房出租率不变时，提高平均房价可以提高平均可供出租客房收入。当平均房价不变时，提高客房出租率也能提高平均可供出租客房收入。显然，如果能同时提高客房出租率和平均房价，就能更大幅度地提高平均可供出租客房收入。不过，这种机会并不多，除非是市场需求大大高于供给的时候。

由于价格与需求成反比，一般难以同时提高客房出租率和平均房价，所以平均房价上升未必会提高平均可供出租客房收入。当客房价格降低时，市场需求会增加，出租的客房的数量上升，客房出租率相应提高，但降价策略也不能保证平均可供出租客房收入的提高。所以，只有把客房价格设在适当的水平，才能得到适当的客房出租率，使平均可供出租客房收入最大化。

4．举例

某个酒店是五星级酒店，位于市中心，交通方便，有 200 间适于单人住的标准间。酒店某日接到 3 个团队的预订请求，但该酒店只能安排其中的一个团队，那么接收哪个团队能使酒店的收益最大就需要酒店快速地作出决策。当时该酒店和 3 个团队的基本情况如下：

团队要预订的那天已经预订给其他团队 75 间，平均房价是 1 220 元，预订给散客 50 间，平均房价是 1 500 元。根据预测，预订的那一天还会有大约 40 个散客来要求住店并且团队和散客各有一间房可能会不来办理入住，因此该酒店的超预订数为 2 间客房。

第一个团队是学术会议团，需要 50 个房间，房间预订价为 1 250 元，住一夜，预订半天的会议室，会议室租金是 7 500 元，组团的旅行社要抽取 10%的佣金。

第二个团队是政府参观团，需要 65 个房间，房间预订价为 1 300 元，住一夜，为每个团员提供一杯咖啡，费用是 15 元，成本是 10 元。

第三个团队是总经理年会，需要 30 个房间，善于讨价还价的总经理们要求 3 间免费房并将房间预订价压低为 1 100 元，住一夜。

从酒店对单个团队的收入角度来看，学术会议团的总收益为（1 250×50+7 500）×0.9=63 000 元，政府参观团的总收益为（1 300+5）×65=84 825 元，总经理年会的总收益为 1 100×27=29 700 元，其中政府参观团的总收益最高，因此选择接受这个团队。

但从收益管理的角度来看，团队已订的 75 间，减去 1 间可能不来的，总收益为 1 220×74=90 280；散客已订的 50 间，减去 1 间可能不来的，总收益为 1 500×49=73 500；接受学术会议团时，只能再接受 27 间的散客，总收益为 90 280+73 500+63 000+1 500×27=26 7280 元，平均占用房价为 1 336 元，平均可供出租客房收入为 1 336 元；接受政府参观团时，只能再接受 12 间的散客，总收益为 90 280+73 500+84 825+1 500×12=266 605 元，平均占用房价为 1 333 元，平均可供出租客房收入为 1 333 元；接受总经理年会时，可以再接受 40 间的散客，总收益为 90 280+73 500+29 700+1 500×40=253 480 元，平均占用房价为 1 313 元，平均可供出租客房收入为 1 267 元。根据收益管理的思想，选平均可供出租客房收入最高的团队也就是选择接受学术会议团。这个结果与前面所选的结果不一样。这是因为只从酒店对单个团队的收入角度来看过于片面，而通过收益管理的方法，可以避免片面的考虑问题，真正提高酒店的营利水平。在酒店中应用收益管理系统会比所举的例子要复杂得多，在实际应用中不会只单独考虑某一天的收益，而是会考虑某一段时间的收益，这是因为只考虑 1 天住宿的正确答案，在考虑 3 天时就可能不正确了，即小范围得出的正确答案，在大范围下可能是错误的结论。

三、酒店收益管理需要注重的 8 个方面

1．在平衡供求关系时，注重价格而非成本

酒店收益增加时，成本并不是成比例地增加，因此实行收益管理的酒店常用房价来应对市场的短期波动而较少地考虑其成本。只要多卖一个房间的收入超过这个房间的变动成本，酒店就可盈利。酒店成本曲线和收益曲线的关系如图 3-5 所示。

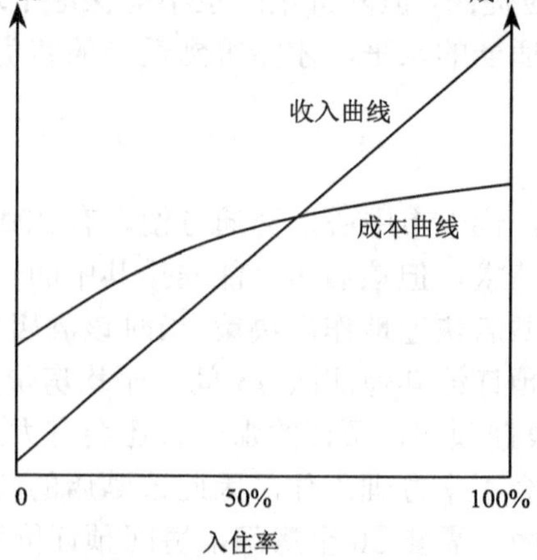

图 3-5 酒店成本曲线与收入曲线的关系

2．在制定价格时，以市场需求和客人愿意接受的价格为标准

制定价格时，采取以需求为导向的差别定价法而不是以成本为导向的定价策略。价格一般由需求来决定，低需求高价格会使酒店的出租率降低而高需求低价格则会使酒店损失利润。定价时主要考虑客人能接受的价格，遵循高需求高价格、低需求低价格的定价原则，酒店需求与房价的关系模型如图 3-6 所示。

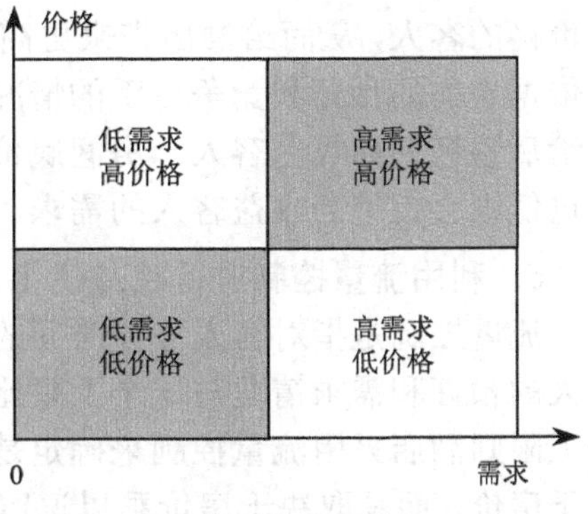

图 3-6　酒店需求与房价的关系模型

3．在销售时，要着眼于微观市场

如果酒店销售房间时，不进行市场细分，只实行单一价格则酒店收益的损失比较大，单一价格结构如图 3-7 所示，图中带颜色的表示收益，白色的表示收益损失。而进行市场细分后，采用多级价格结构则酒店收益的损失就会大大减少，多级价格结构如图 3-8 所示，图中代表收益损失的白色区域明显减少。利用多级房价结构增加收益是酒店经常采用的方法。酒店满足各类客人需求的细分市场程度越高，酒店获得的利润就会越高。市场细分是收益管理的基础。酒店根据市场细分而制定的多级房价一般包括门市价（酒店的公开报价）、团房价（为旅游团、会议团而制定的价格）、推广价（在某一特定时期为吸引客人而制定的特价）、合同价（对大客户或长期客户通过签协议所享受的优惠价）、批发商价（享受优惠价并根据用房量给予相应的免费房）、订房中心价（享受折扣价并按间晚数返佣）、散客价（根据不同类型的散客制定不同的价格即差别定价）。对于散客的差别定价是收益管理的一个重点，依据经济学中的价格歧视理论，针对散客的不同特点制定房间的梯度价格，可以有效地提高酒店的总收益。例如，商务客人的特点是对价格不敏感，周一至周五来住店的商务客人多而周末则很少，但休闲度假的旅游客人正好相反，他们对价格非常敏感，周末来的客人多，周一至周五来住店的客人寥寥无几。根据这两类客人的特点，以商务型酒店为例，它可以将周一至周五的房价提高，销售给商务客人，而周末通过房价打折，销售给来旅游的客人。

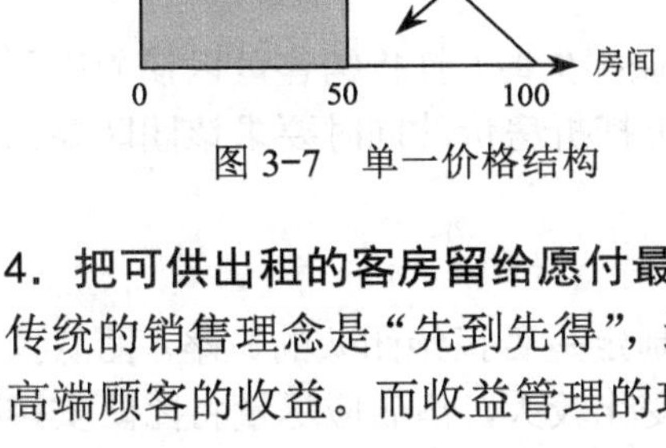

图 3-7　单一价格结构

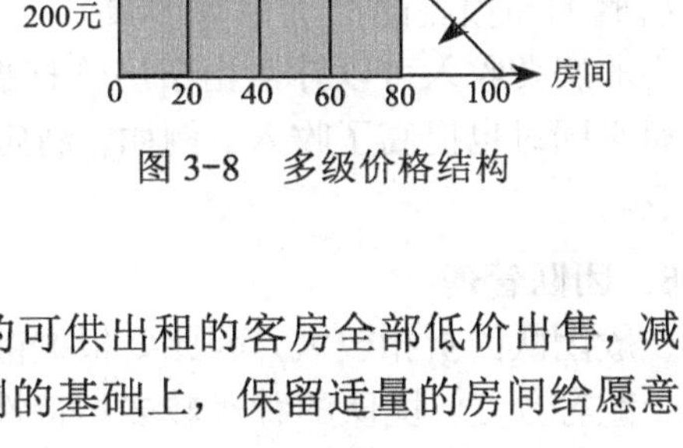

图 3-8　多级价格结构

4．把可供出租的客房留给愿付最高价的客人

传统的销售理念是“先到先得”，这会使有限的可供出租的客房全部低价出售，减少了来自高端顾客的收益。而收益管理的理念是在预测的基础上，保留适量的房间给愿意出更高价格的客人，从而给酒店带来更高的收益。这里的关键点是根据历史数据准确预测需求，再依据当前的预订和竞争对手的情况来确定房价的底价，从而限制低价房的数量，将房间留给后预订的高收益客人。房间底价的确定至关重要，底价过高会造成出租率下降，而底价过低则会拒绝高收益客人的需求。

5．利用流量控制进行收益优化

流量控制是指对客人停留时间的控制。酒店客房的容量是酒店销售的上限，未来任何一天的预订和需求情况与这个上限比较就可以得到是否需要进行流量控制。若需求超过这个上限则酒店采用流量控制来确定是接受还是拒绝某个预订的客人。由于收益并不是只取决于房价，而是取决于房价乘以逗留时间。因此，流量控制的重点是制定最短住宿期策略。最短住宿期策略是要求客人至少预订到一定的天数才可接受，一般可以与房价折扣结合使用。也就是说短期住宿的客人要支付高房价，而达到最短住宿期的客人可以享受打折优惠。例如，某酒店周四晚上的房间已预订了95%而周三和周五晚上的房间只预订了不足70%，如果通过预测知道可能会有预订周三至周五的客人，则酒店会拒绝只预订周四一晚的客人，但对预订周三至周五的客人，酒店会利用打折优惠来吸引他们，这是因为酒店追求的是整个期间的最好收益而不是一晚的最大收益。

6．超预订

根据国内外酒店的经验，预订但没来的客人占客房预订的 5%，临时取消预订的占客房预订量的 8%～10%。酒店要是不实行超预订就会产生一定数量的空房，给酒店带来损失。酒店可以利用计算机系统根据房间预订、取消预订（Cancel Reservation）、应到未到（No-shows）、推迟到达（Late Arrivals）、当天预订或未预订的上门客（Walkings）等数据的预测和散团比例、梯度房价以及酒店对超售客人的处理费用来计算和确定超预订的数额。超预订具有一定的风险，会影响顾客的满意度，还会受到顾客回流概率的约束。如果超订点定得过高，酒店就要为已预订而没有房间住的客人支付补偿费用，使酒店的成本增加。理论上讲最佳的超订点是接收下一个住店客人的边际收入等于增加一个超订的边际成本，超过这一点就会使酒店的总收入下降。

7．折扣房的销售

酒店在淡季或平季的销售过程中，常常会对房价进行打折销售以提高出租率，从而提高收益。在打折销售中，即使是淡季也会有某个时段出现热销，同样在旺季中也会有滞销。因此，酒店需要利用信息系统对历史数据进行分析和判断后作出决定是否将打折的房间卖给下一个客人，这是一个决策的过程，其决策的原则是当销售折扣房的边际收入等于将来可能销售全价房的期望收入时则停止销售折扣房。在实际中还要考虑多种折扣的混合、房间售出概率和预测的准确性等因素。

当非房费收入可以补偿由于房价打折所带来的收益损失时，打折销售可以使酒店既提高了出租率同时也提高了收入。例如，酒店在给团队优惠打折房价的同时要求该团队要在该酒店用餐。

8．团队管理

一般团队的折扣较大，因此要根据散客的情况来制定是否拒绝团队的策略。团队预订一般早于散客预订。团队的种类较多，特性各不相同，变化较大，酒店应尽量将团队安排在酒店入住率最低的时段。团队很有可能与愿意支付更高价格但预订较晚的高端顾客相冲突。

四、酒店收益管理信息系统

美国 Micros 公司的 ORMS（收益管理信息系统）通过网络按人为设置的时间段从前台管理系统（PMS）中提取相关的数据，然后对采集到的数据进行加工整理后得到市场需求的数据（在不考虑酒店容量前提下的住店需求量）、通过预订来入住的数据、没有通过预订或者当天预订来入住的数据、取消预订的数据、没有取消预订但没有来入住的数据、更改入住时间的数据、市场细分和与之相对应的梯度房价的数据，并将这些数据存放在数据库中。系统利用这些数据通过预测模型可以预测未来每天的期望订房数量，这是在考虑已接收的预订和市场季节性变化的特征下作出的，其中包括未来每天各时段的需求和来入住的是哪种类型的客人，以及他们要住什么样的房间和住多长时间。准确的市场预测是收益管理系统的基础，也是收益管理软件评价的重要指标。

监控系统可以自动将实际订房情况和通过酒店历史订房情况所作出的预测结果进行比较，随时能发现它们的差异，并对预测结果进行修正。通常酒店的历史数据积累的年头越长，预测所得到的曲线与实际所产生的曲线拟合得就越好，预测值也就越准确。另外，通过预测所得到的曲线图能够帮助管理者提前做好应付淡旺季的准备。当系统发现实际订房情况与预测订房情况相差较大时则会发出报警，这个功能可以在一些非正常事件发生前，提醒管理者注意。例如，当有突发事件发生并开始影响到来酒店住宿的客人时，系统会向酒店管理者报警，管理者会根据具体情况，提前采取应对措施，降低酒店的损失。

房间分配自动决策系统包括预测、优化和超预订等数学模型，系统根据管理者制定的价格、超预订点、淡季、平季、旺季和特殊季以及团散比例等策略，以及客人的需求、客房供给的预测和竞争对手的情况来制定每天不同时段的最佳房价和推荐可供出租的客房的最佳分配方案。图 3-9 是该系统制定各种房型的超预订上限、超预订成本等策略的界面。系统为收益经理提供市场需求的预测值、各类房间的最低限价、超预订房间数和拒绝接受预订的建议等信息。图 3-10 是团队管理的界面，在这个界面上可以清楚地了解到在哪个时段哪个价格上可以接受或拒绝这个团队，其中绿色表示可以在这个时段以这个价格接受预订，而红色则表示拒绝在相应的时段和价格上的预订。收益经理与收益管理系统在订房最低限价上和拒绝预订上，有时会产生较大的出入，正确处理好他们之间的关系往往是收益管理系统应用的关键。他们之间的磨合常需要一个较长的时间，这个磨合时间的长短往往取决于培训的好坏。

计算机自动决策系统一般需要管理人员的参与，如对超订点的修正、对特殊日期价格的改动等。在日常的收益管理中，系统根据数据分析并结合管理者制定的策略自动生成各种房型的最低限价和房间分配方案并允许人为干预后传送到前台的预订系统中，前台系统根据收益管理系统传来的信息，按时间段关闭那些不允许销售的低房价，但已签协议的低房价不受此控制。在收益管理系统的应用中，管理者在制定好相应的策略后，尽可能地减少人为干预，这是收益管理系统发挥作用的关键。

总之，收益管理系统是基于运筹学和管理科学等科学理论并利用计算机和网络等先进的信息技术来实现的一个决策支持系统。它是现代酒店管理的一个战术性管理工具。若能很好地利用它，酒店的经营管理决策就能更上一层楼。

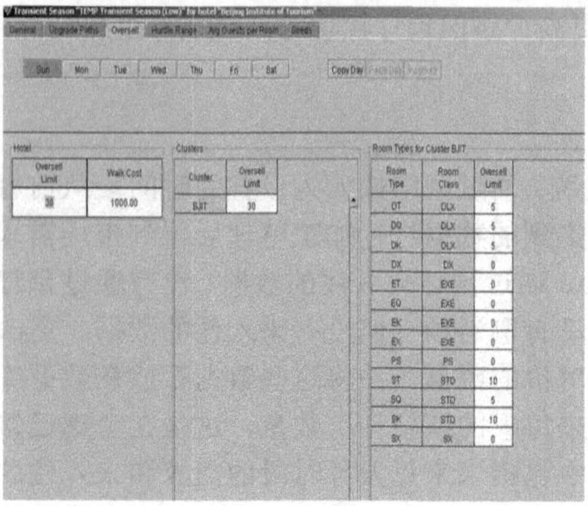

图 3-9 制定策略的界面

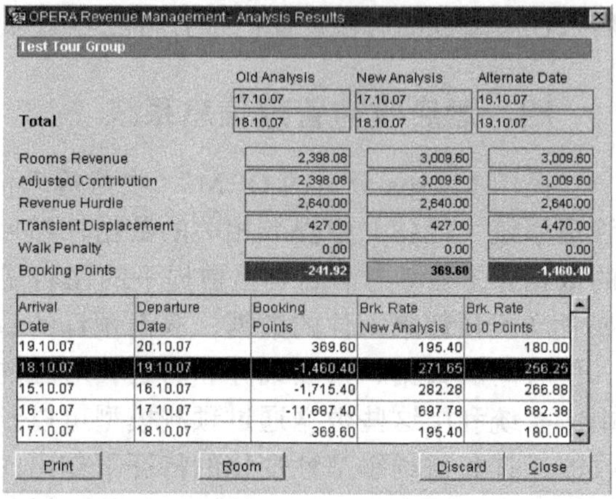

图 3-10 团队管理界面

小资料

某酒店是一家三星级酒店，共有 235 间可卖客房，今年 6 月卖出了 5 312 个间晚，获得 569 037 元。另外有三家三星级酒店与该酒店位于同一区域，互为竞争对手。这四家酒店共有 2 400 间客房，6 月这四家酒店共售出 62 300 个间晚，获得 5 239 618 元收入。利用收益管理方法分析该酒店的竞争力。

1．该酒店的情况

$$客房出租率=\frac{5\,312}{235\times 30}\times 100\%=75.35\%$$

$$平均房价=\frac{569\,037}{5\,312}=107.12$$

$$平均可供出租客房收入=\frac{569\,037}{235\times 30}=107.12\times 75.35\%=80.71$$

2．竞争对手的情况

$$竞争对手客房出租率=\frac{62\,300-5\,312}{(2\,400-235)\times 30}\times 100\%=87.74\%$$

$$竞争对手平均房价=\frac{5\,239\,618-569\,037}{62\,300-5\,312}=81.96$$

$$竞争对手平均可供出租客房收入=\frac{5\,239\,618-569\,037}{(2\,400-235)\times 30}=71.91$$

3．该酒店客房应有市场占有率

$$应有市场占有率=\frac{本酒店可供出租客房总数}{市场可供出租客房总数}\times 100\%=\frac{235}{2\,400}\times 100\%=9.79\%$$

4．该酒店客房实际市场占有率

$$客房销售量实际市场占有率=\frac{本酒店实际销售客房总数}{市场实际销售客房总数}\times100\%=\frac{5\,312}{62\,300}\times100\%=8.53\%$$

$$客房收入实际市场占有率=\frac{本酒店实际客房收入}{市场实际客房收入}\times100\%=\frac{569\,037}{5\,239\,618}\times100\%=10.86\%$$

5．该酒店市场指数

$$该酒店客房出租率指数=\frac{该酒店客房出租率}{竞争对手客房出租率}\times100\%=\frac{0.753\,5}{0.877\,4}\times100\%=85.88\%$$

$$该酒店平均客房价格指数=\frac{该酒店客房平均价格}{竞争对手客房平均价格}\times100\%=\frac{107.12}{81.96}\times100\%=130.7\%$$

$$该酒店平均可供出租客房收入指数=\frac{该酒店平均可供出租客房收入}{竞争对手平均可供出租客房收入}\times100\%=\frac{80.71}{71.91}\times100\%=112.24\%$$

6．结论

通过计算可以看出，该酒店应有市场占有率为 9.79%，而实际市场占有率是 8.53%，低于应有市场占有率，意味着该酒店在销售客房的竞争中没有获得自己应有的份额，处于劣势。

该酒店客房总收入的应有市场占有率（与客房应有市场占有率一致）为 9.79%，实际市场占有率 10.86%高于应有市场占有率，说明该酒店在市场竞争中处于优势，把竞争对手该得的市场份额抢过来了。

该酒店客房出租率指数为 85.88，表明其客房出租率低于竞争对手 14.12 个百分点。该酒店平均房价指数为 130.7，表明其平均房价远高于竞争对手 30.7 个百分点。该酒店平均客房收入指数等于 112.24，表明其平均客房收入比竞争对手高出 12.24 个百分点。在这场竞争中，该酒店显然在价格方面处于优势，而在客房销售量方面处于劣势，它以高于竞争对手的价格损失了客房的销售量，但平均客房收入指标比竞争对手高出 12.24 个百分点。那么在 6 月份的这场竞争中，从酒店的总体来看，该酒店具有较高的竞争力。

复习思考题

一、单项选择题

1. 在下列决策问题中，（　　）属于非结构化决策。

   A. 作业执行　　B. 飞机订票

   C. 产品发展　　D. 厂址选择

2. 决策过程的 4 个阶段依次是（　　）。

   A. 方案设计、方案实施、方案选择、信息收集

B. 方案选择、信息收集、方案设计、方案实施
C. 信息收集、方案设计、方案选择、方案实施
D. 方案实施、方案选择、信息收集、方案设计

3. 决策支持系统中，模型库在逻辑上是（　　）。
A. 有关模型的集合
B. 与模型有关的数据的集合
C. 模型求解方法的集合
D. 模型的解的集合

4. 在管理决策中，非结构化决策是指那些（　　）的决策问题。
A. 在决策前不能识别决策过程的各个方面，可以用固定决策规则来描述
B. 在决策前能够识别决策过程的某些方面，可以用固定决策规则来描述
C. 在决策前不能识别决策过程的某些方面，不能用固定决策规则来描述
D. 在决策前不能识别决策过程的各个方面，不能用固定决策规则来描述

5. 决策过程中的信息收集阶段的目的是（　　）。
A. 广泛进行调查研究，并进行定性分析
B. 确定决策目标
C. 大量收集信息，输入到计算机中，为决策的下一个阶段做准备
D. 调查和收集有关数据，提供给决策者作为决策依据

6. 决策过程中的方案设计阶段的任务是（　　）。
A. 设计并确定实施的决策方案
B. 设计初步方案，进行比较分析，选出最优方案
C. 设计出可供选择的多个决策方案
D. 根据已收集的决策信息，设计决策程序

7. 群体决策支持系统通常有4种类型，它们是（　　）。
A. 决策室、局域决策网、城域决策网、广域决策网
B. 决策者、决策室、局域网、广域网
C. 决策者、决策室、虚拟会议、局域决策网
D. 决策室、局域决策网、虚拟会议、远程决策网

8. 决策科学化的发展方向之一是（　　）。
A. 向定性决策发展
B. 定性决策向定性与定量决策相结合的方向发展
C. 向定量决策发展
D. 依赖数学和计算机进行决策

9. 专家系统是人工智能的一种（　　）。
A. 实际应用　　B. 开发途径
C. 理论基础　　D. 开发方法

10.（　　）类型的群体决策支持系统能使分散在各地的决策者在某一时间内进行集中决策。
A. 局域决策网　　B. 决策室

C. 远程决策网　　　　D. 虚拟会议

二、填空题

1. DSS 所需的信息不仅来源于从（　　）中提取一些支持决策者的（　　），而且还来源于与决策有关的（　　）。

2. 数据挖掘是从很大的数据库中抽取（　　）、（　　）、（　　）、活动的信息，并且用其作出关键的业务决策的过程。

3. 联机分析处理是在建立一系列假设的基础上，通过联机分析处理来证实或推翻这些假设得出的结论，其实质是一个（　　）的过程。而数据挖掘不是验证某个假定的模式（模型）的正确性，而是在大量数据中自动（　　），其本质是一个（　　）过程。

4. 从收益管理的角度来看，最常用的 3 大指标是（　　）、（　　）、（　　）。

5. 酒店在制定客房价格时，采取以（　　）和（　　）接受的价格为标准，而不是以酒店（　　）为标准的定价策略。

第四章

电子商务

能力目标

- 能解释有哪些关键性技术可以支持电子商务的发展
- 能在酒店业中应用电子商务的基本理论和方法

知识目标

- 了解电子商务的发展历程
- 理解电子商务的基本概念
- 掌握电子商务的主要服务功能

第一节　电子商务的产生与发展

一、电子商务的产生

电子商务（Electronic Commerce 或 Electronic Business）是指通过信息网络以电子数据信息流通的方式在全世界范围内进行并完成的各种商务活动、交易活动、金融活动和相关的综合服务活动。它产生于 20 世纪 60 年代，发展于 20 世纪 90 年代，它产生的原动力是信息技术的进步和社会商业的发展，如图 4-1 所示。

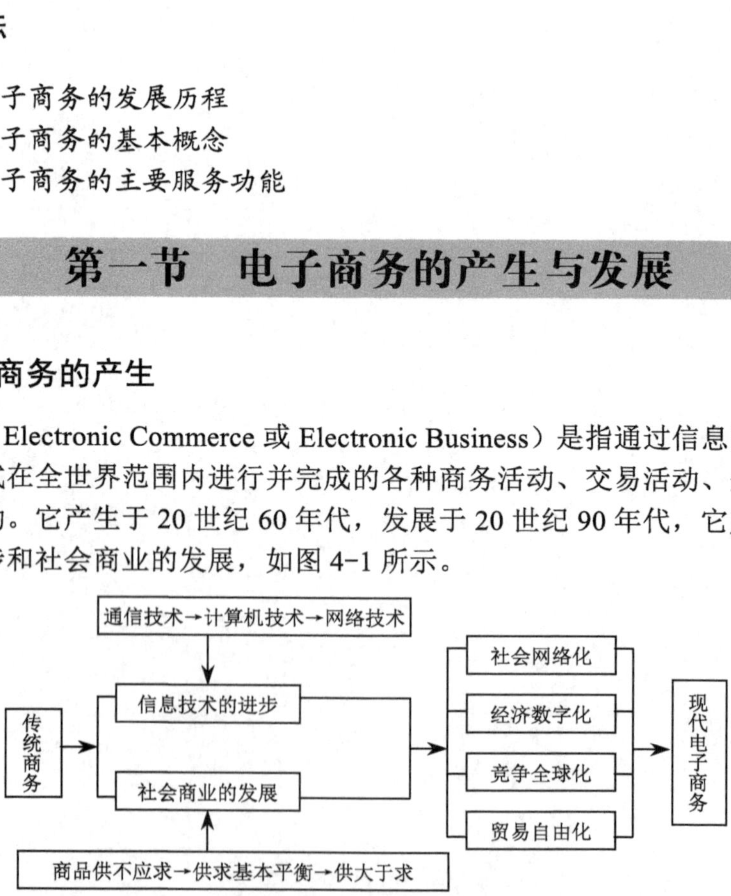

图 4-1　电子商务的产生

具体讲，电子商务的产生主要源于以下几个方面：

1. 信息技术的发展

电子商务的产生与发展同信息技术密不可分，主要体现在以下几个方面：

（1）计算机的广泛应用。近半个世纪以来，计算机的处理速度越来越快，处理能力越来越强，价格越来越低，其广泛应用为电子商务的产生和发展提供了技术基础。

（2）网络的普及和成熟。20 世纪 90 年代互联网逐渐成为全球通信与交易的重要手段，尤其是各国对信息高速公路的建设，使网络带宽不断提高。全球上网用户呈级数增长趋势，快捷、低成本的特点为电子商务的产生与发展提供了应用条件。

（3）电子支付手段的普及应用。信用卡和电子货币以其方便、快捷、安全等优点而成为人们消费支付的重要手段，并由此形成了完善的全球性信用卡计算机网络支付与结算系统，使"一卡在手、走遍全球"成为可能，为电子商务提供了金融基础。

（4）电子安全交易协议的制定。1997 年由美国 VISA 和 Mastercard 等国际组织联合制定的 SET（Secure Electronic Transfer Protocol，电子安全交易协议）的出台，向基于信用卡进行电子化交易的应用提供了实现安全措施的规则，该协议得到了大多数厂商的认可和支持，为开发基于网络的电子商务提供了一个关键的安全环境。

2. 经济全球化的发展

在市场经济条件下，经济规律作用的结果必然要求全球资源在全世界范围内的最优配置，因而形成了经济全球化、市场国际化、社会分工国际化以及产业结构在全球范围的调整，推动了国际贸易的发展。

（1）市场全球化趋势。随着网络的出现，商务全球化趋势已经形成，企业和客户都将面对全球的市场，网络已经使商务的空间不再是原来意义上的地域性的商务，它已经是超越空间的全球化商务。对企业来说，谁能尽快进入全球市场，谁就是胜者。这就对企业提出了更高的要求，使企业对电子商务的应用产生了内在需求。

（2）市场竞争激烈。在激烈竞争中，市场更加多元化，营销手段也在不断创新。企业在这种激烈的竞争中若不利用电子商务拓展业务来巩固自己原有的市场份额和开拓新市场，则可能失去由电子商务蚕食的传统市场，使企业市场份额下降，直接影响企业利润。另外，客户需求也在发生着巨大的变化。人们的消费观念从理性消费时代（主要看重物美价廉和经久耐用，选择的标准是"好"与"差"）到感觉消费时代（注重产品的形象、品牌、设计和使用的方便性等，选择的标准是"喜欢"与"不喜欢"），进而发展成现在的消费观念（追求购买与消费过程中心灵上的满足感，选择的标准是"满意"与"不满意"）。因此，客户的满意度就直接影响到企业的产品销售。而传统的营销模式已无法适应这种新环境，需要引入一种新的营销模式即电子商务来适应现代客户的高要求，如提供个性化服务等。这就引发了利用电子商务为企业提供一种全新的客户管理、公关管理的解决方案。这种全新的、不同于传统的客户关系，将为企业发展提供一条新路。

（3）资金周转、成本和时间压力。在企业的经营过程中，传统运作成本不断增加，产品生命周期不断缩短，资金周转不断减慢，这给企业经营造成很大的压力。这就需要利用电子商务对传统企业提供帮助。首先，可以节约商务运作成本，提高商务效率，使企业更能面对市场的竞争。其次，无论是大型企业还是中小型企业，它们的产品都能通过网络来提高国内外市场的知名度。电子商务将成为企业最好的国内外交易平台，尤其是中小型企业，可与大型企业一样通过网络参与全球竞争。最后，电子商务可使许多在工业时代步履艰难的企业通过电子商务重新焕发生机。电子商务可以造就新一代的公司，它们已成为新经济时代传统企业有力的竞争对手。

3．政府的支持与推动

1997 年欧盟发布了《欧洲电子商务协议》，美国随后发布《全球电子商务纲要》，电子商务从此受到世界各国政府的重视。为支持电子商务的发展，许多国家的政府开始尝试“网上采购”。中国的电子商务及其研究起步较晚，但发展迅速。近 10 年来，各地物流中心的建设、电子支付与第三方支付平台的发展使得网上购物模式被越来越多的人所接受，尤其是年轻一代。越来越多的企业正在通过网络进行电子交易，各地政府先后都建立了电子政务网站。电子商务和电子政务在中国开始了高速发展的过程，这和我国政府的大力支持和推动是分不开的。

二、电子商务的发展历程

电子商务的发展主要经历了基于 EDI、互联网、E 概念等 3 个阶段。

1．基于电子数据交换（Electronic Data Interchange，EDI）的电子商务阶段

电子数据交换是一个汇集和传送电子信息的标准，它起源于计算机的电子数据处理（Electronic Data Processing，EDP）技术，人们为了克服人工处理单证和文件的困难，开始尝试运用计算机来处理商务活动中所涉及的文件和单证。在利用计算机处理文件和单证的过程中，发现由人工输入到一台计算机中的数据 70%是来源于另一台计算机的输出文件，在计算机与计算机之间不能传送数据的情况下，重复的输入和输出过程中由于过多的人为因素，影响了数据的准确性和工作效率，因此人们开始尝试在商务伙伴之间的计算机上使数据能够自动交换，EDI 就应运而生了。1978 年，美国 EDI 委员会成立，该委员会的主要工作是建立美国全国性的 EDI 标准。1981 年，该委员会颁布了第一套 EDI 标准，并在此后的很长一段时间内不断完善该标准。

传统 EDI 的工作方式如图 4-2 所示。用户在计算机上对原始单据上的信息进行编辑，用 EDI 转换软件将原始单据格式转换为中间文件，再通过翻译软件将中间文件翻译成 EDI 标准格式文件。然后，在文件外层加上通信交换信封，再通过通信软件发送到增值服务网络或直接发送给对方用户。对方用户进行相反的处理过程，最后成为用户方计算机系统能够接受的文件格式进行收阅处理。

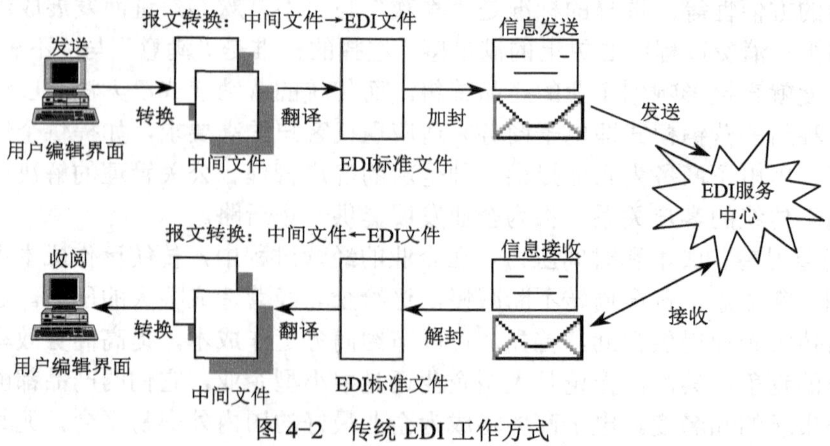

图 4-2　传统 EDI 工作方式

在这一阶段，EDI 一般用在专用通信网即增值网（Value-Added Network，VAN）上。安装和维护增值网的费用很高，中小型企业根本无法负担。因此，只有一些大公司才能实现电子数据交换，而大部分公司还是使用纸质单证、传真和电话等进行商务联系。这就使得大公司的大部分合作伙伴无法使用 EDI，也就限制了大公司电子数据交换的使用潜力。所以，在这一阶段电子商务的应用受到了很大的限制，很难普及。

2. 基于互联网的电子商务阶段

20 世纪 90 年代以来，互联网风靡全球，互联网是一个费用低、覆盖面广、服务更好的系统。这就使得基于互联网的电子商务应运而生。它克服了 EDI 的不足，满足了中小型企业对于电子数据交换的需要。人们可以在这个系统上宣传自己的产品和服务，同时进行交易和结算。

基于互联网的电子商务阶段的系统结构如图 4-3 所示，在这种系统结构下，Web 服务器与 Web 客户机（客户端浏览器）之间是通过 HTTP 协议进行通信的。Web 服务器如果需要存取数据库服务器中的数据并传递给客户，就需要通过中间件（常用的中间件有 CGI、JDBL、WEBAPI 等）访问数据库，然后将存取的结果转换为 HTML 的形式交给 Web 服务器，最后由 Web 服务器传递给用户。Web 服务器与其他应用系统之间的协同工作也是采用这种方式完成的。

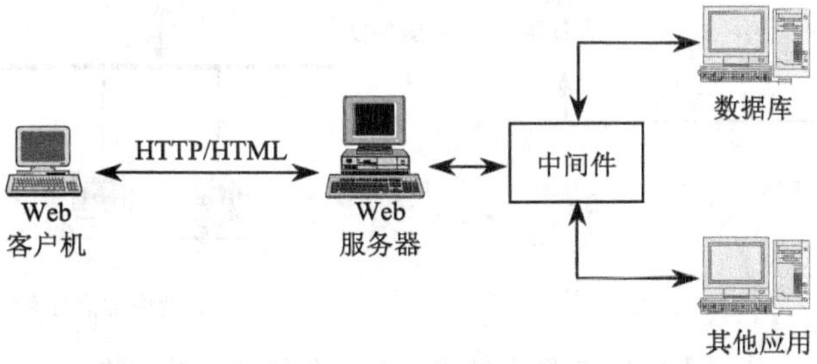

图 4-3 基于互联网的电子商务阶段的系统结构

同以往的 EDI 相比，利用互联网发展电子商务的优点有技术标准统一、范围广泛、扩展简单、费用低廉等，可以深入到千家万户。但这一阶段电子商务系统只是解决了企业信息流的收集、加工及发布问题，而系统与资金流关系并不密切。电子商务系统还存在着很大的局限性，这些局限性主要表现为与企业已建立的信息系统的互联问题没有得到很好的解决。不能对企业整个商务过程提供支持，企业已经具有的数据资源不能发挥整体效益，因此系统是不完整的。另外，这一阶段由于安全技术、电子交易手段等问题的制约，没有将资金、商务及信息集成在一起，还无法实现信息流真正加速商品流的流通速度，进而降低成本的目标。另外，这一阶段只是简单地将售前的宣传和售后服务迁移到网络，而商品交换没有在网络上实现。所以，这一阶段的电子商务系统只支持企业价值链的部分环节，并没有完全支持企业的核心业务。

3. E 概念的电子商务阶段

2000 年 3 月网络泡沫破灭以后，人们一度视电子商务如瘟神，但随着对电子商务的深入研究发现，原来的电子商务运作公司多是一些脱离实体企业的网络公司，它们的运营模式是通过炒作概念来大量吸引投资，而不注重其如何盈利，最终成为“烧钱公司”而破产。实际上电子商务是信息技术同商务应用的结合，它不能脱离实体企业，更不能脱离必须盈利的模式。随着研究的不断深入，人们意识到信息技术不但可以同商务活动相结合，也可以和政府、军事、教育、卫生、医疗、金融等有关的应用领域相结合，产生出电子政务、远程军事指挥、远程教育、远程医疗、在线银行等，从而形成了有关领域的 E 概念。

在 E 概念的电子商务阶段，电子商务系统不仅包括企业商务活动的外部电子化环境，而且还要包括企业内部商务活动的电子化环境，这内外两部分必须结合起来才能满足企业在互联网上开展电子商务活动的需要。由于这样的需求，电子商务系统逐渐演化成为如图 4-4 所示的结构。这种结构的客户端除了支持浏览器外，还支持多种信息终端，并且将电子商务系统与企业内部管理信息系统集成为一个整体。

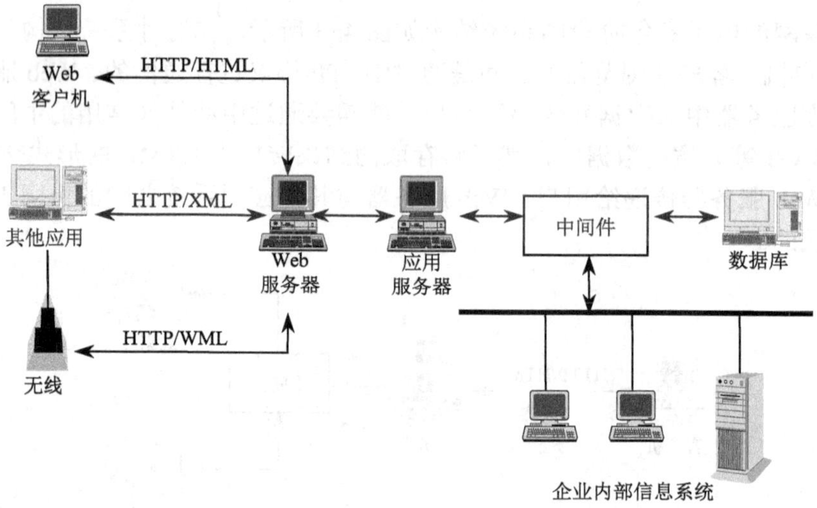

图 4-4 E 概念的电子商务阶段的系统结构

在这一阶段中，电子商务不仅可以降低经营成本、加速资金周转、提高管理服务水平，支持企业的整个生产及管理过程，而且还能利用互联网这个“载体”，将商务活动中的信息流、物流、资金流等所有业务流程整合在一起，支持企业价值链的每个过程，支持供应链上的所有企业形成一个整体来运作，使得原来的 EDP、MIS 系统无论从形式还是内容上都产生了很大飞跃。这种变化表明了电子商务系统所覆盖的业务趋于完整，这也是电子商务系统趋于成熟的重要标志。

第二节 电子商务的基本概念

一、电子商务系统

1. 电子商务系统的分类

电子商务系统可以按管理功能、贸易性质、贸易范围、服务商性质、所用技术工具、支付和安全、支持交易阶段来分类，具体分类如图 4-5 所示。

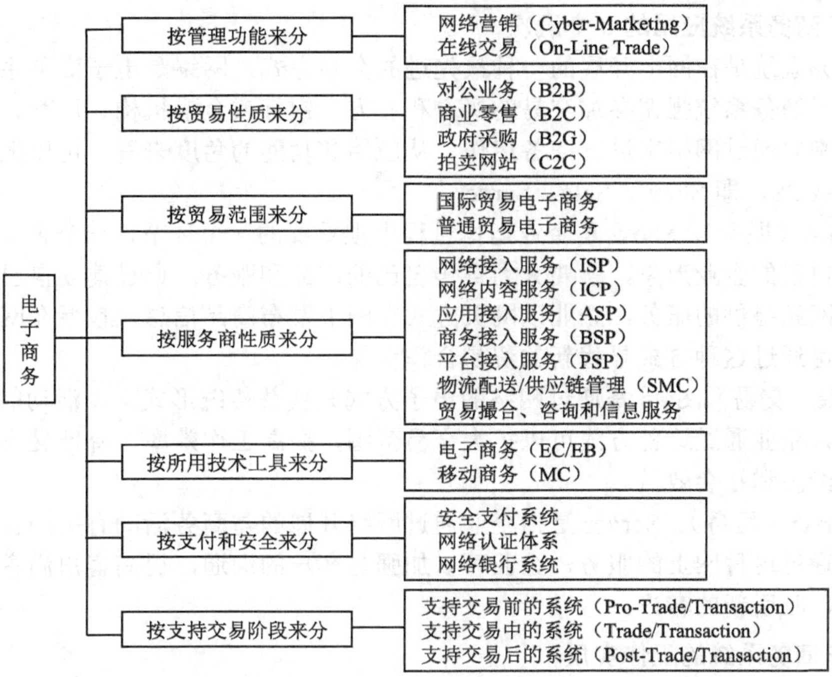

图 4-5　电子商务系统分类图

2．电子商务系统的交易过程

电子商务系统的交易过程，首先由供货方在网上发布产品信息，购买方在网上查找产品信息，直到购买方找到所需的产品为止；其次，当购买方确定要购买的产品后通过网络向供货方询价，供货方通过网络向购买方报价。然后供货与购买双方在网上进行讨价和还价以及贸易协商，这一过程被称为“交易前的电子商务系统”。双方商定购买价格后由购买方通过网络向供货方提出结算和支付的请求，供货方利用网络提供付款账单和公钥加密系统，购买方用私人签名密钥生成数字签名并利用供货方提供的公钥加密系统对账单进行加密后通过网络发送给供货方，在这一过程中要通过 CA 认证中心对供货与购买双方的身份进行验证并通过支付网关和银行内部网进行电子支付，这一过程被称为“交易中的电子商务系统”。交易后的电子商务包括通过物流配送中心将商品送到购买方手上以及售后服务等。其交易前和交易中的交易过程如图 4-6 所示。

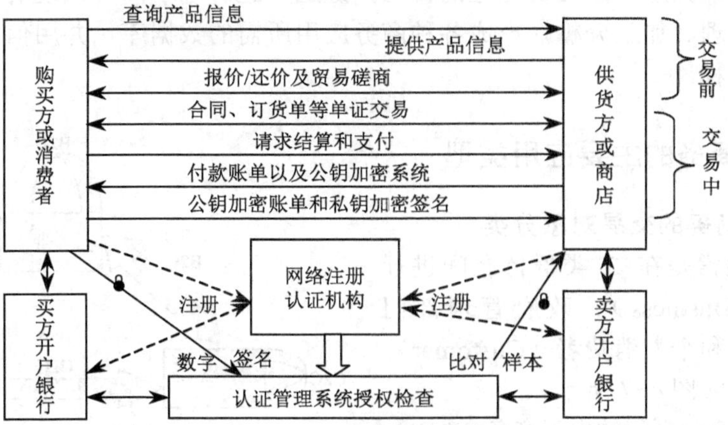

图 4-6　电子商务交易过程

3．电子商务系统应用的 3 个层次

电子商务系统是在网上开展的一种最先进的交易方式，网络是电子商务系统的最基本的构架。电子商务系统强调参加交易的买方和卖方、银行或金融机构、厂商、企业和所有合作伙伴，都要通过网络来进行商务运作。从应用和功能的角度来看，可以把电子商务分为 3 个层次或 3S，即 Show、Sale、Server。

（1）Show（展示）。Show 是企业运作过程中很重要的一个环节，一个企业要想扩大知名度和树立自己的企业形象，就要大力宣传自己的产品和服务。通过建立自己的网站或利用电子商务网站提供的服务，企业以网页方式在网上发布商品信息，包括在网上做广告和促销等，也可通过这种方式寻找新的贸易合作伙伴。

（2）Sale（交易）。Sale 是通过网络的电子方式来代替传统形式交易活动的全过程，如网上购物等，企业通过这种方式可以扩大交易范围，提高工作效率，降低交易成本，从而获得更大的经济和社会效益。

（3）Server（服务）。Server 是指企业通过网络开展的与商务活动有关的各种售前和售后的服务，通过这种网上的服务，企业可以加强与客户的沟通，提高客户满意度从而巩固原有的客户，吸引新的客户。

4．电子商务系统的工作实质

在传统的商品流通中，物流和资金流是完全结合在一起的，一次商品的买卖既包括商品所有权的转移，也包括物质实体的转移，而信息则往往被人们所忽视。但是随着商品经济的发展，社会分工逐步细化，这就使生产与交换中的沟通、协作和服务显得至关重要。因此，人们越来越重视信息的交流、存储、传递和处理。在现代商品流通中，尤其是电子商务交易活动中，信息流和物流、资金流的有机结合加快了生产与流通的速度，节省了经济活动的成本，提高了物流和资金流的流动效益。

在商品交易过程中，信息的活动（收集、加工、处理、传递和分析等）贯穿于整个交易过程的始终。信息流是贸易活动的依据和支撑，它创造了商品交易活动时间和空间的效用。物流是商品实体转移和商品使用价值得以实现的前提。资金流是商品价值和生产者价值及其他经济活动主体价值实现的保证。因此，把信息流、物流和资金流整合成一个不可分割的整体，尽可能地用信息流替代资金流运动、加快物流的速度，就可达到优化物流和资金流以及有效地完成商品交易过程的目的。综上所述，电子商务系统的工作实质是对信息进行收集、处理、加工分析，形成各种商务应用所需的数据库，并用信息流促进物流和资金流的流动过程。

二、电子商务的主要应用类型

1．按电子商务的交易对象分类

电子商务通常是在 3 类群体之间进行的，即企业（Business）、政府管理部门（Government）和个人消费者（Customer）。这三者间的关系如图 4-7 所示。

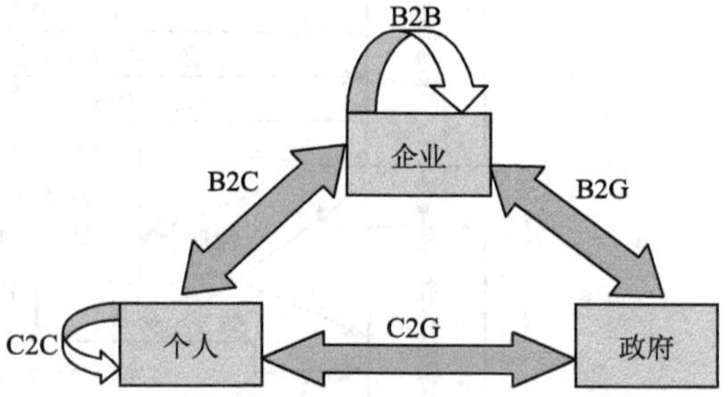

图 4-7　基本的电子商务模式

（1）企业与企业之间的电子商务（B2B）。

B2B（Business to Business）是指企业之间商业信息的电子化交换，它是一种以电子交易市场（Market Place）为中心的商务机构之间的商务关系。这是最早出现也是目前应用最为广泛的一种电子商务模式。企业间利用网络交换信息，传递各类电子单证（如订单、发票、付款通知等），以及在线电子支付。

B2B 可以使信息成本带来的各种费用下降，并可从供应链和价值链整合中得到好处。B2B 不仅适用于大型企业之间，像产业链条长、业务伙伴多或自身专业性较强的跨国公司（如飞机、汽车、计算机、办公用品等行业的制造商、大型批发商、零售商等），也适用于中小型企业。中小型企业可以通过中介机构建立的电子商务平台所提供的服务，进行产品采购销售、寻找贸易伙伴等业务。现在许多企业都在网上开辟 B2B 市场。全球 B2B 增长前景十分广阔。

（2）企业与个人之间的电子商务（B2C）。B2C（Business to Customer）是消费者利用互联网直接参与经济活动的形式，其实质是电子化的零售业（即网上购物）。随着万维网（WWW）的出现，网上销售迅速地发展起来。目前，在互联网上已建立了遍布着各种形式的电子商场，提供了从鲜花、书籍到计算机、汽车等各种消费品和服务。

由于互联网提供了双向的交互通信，节省了企业和消费者的时间、空间，提高了交易效率，节省了各类不必要的开支。因此，所有使用网络进行商务的行业，在今后的时间里效益都会有适度的增长。

（3）个人与个人之间的电子商务（C2C）。C2C（Customer to Customer）的商务活动发生在消费者之间，它是消费者自助式服务（Self-Service）的结果，这种模式实际上构成了所谓的电子化社区（Virtual Society 或者 Virtual Community）。个人对个人的商务活动在传统上主要通过分类广告、收藏物品展、旧物出售和跳蚤市场这样的贸易方式或场所进行，或者通过拍卖行、当地分销商这样的中介机构来进行。而电子商务的发展为 C2C 打开了方便之门，在网上提供一个“个人对个人”的交易平台，可以给每个上网的用户提供参与电子商务的机会，如拍卖网站就属于此类电子商务网站。

C2C 的电子商务有时是不完整的，也就是说消费者个人之间的交换以易物交换形式发生，或者支付以协商方式解决，其支付过程不一定直接通过网络实现，这也是这种方式的一个很重要的特征。

（4）企业与政府管理部门之间的电子商务（B2G）。B2G（Business to Government）是指企业与政府管理部门之间各类信息的电子化交换。它覆盖了企业与政府部门之间的各项事务。例如，企业与政府之间进行的各种手续的报批、政府通过互联网发布采购清单，企业以电子化方式响应。政府通过网上以电子交换方式来完成对企业和电子交易的征税等。

B2G 的优势从政府采购中就可明显地看出。政府采购是指各级政府为了开展日常政务活动或为公众提供公共服务的需要，在财政的监督下，以法定形式、方法及程序，从市场上为政府部门和所属公共部门购买商品和服务。我国政府原先在采购物品时，由财政部门每年根据预算和各预算单位的用款，进行层层下拨经费，由各直属单位根据需要自行购买。在这种分散采购方式下，由于采购资金脱离财政监督，出现了盲目采购、重复采购、随意采购、不公平竞争等现象，购买质次价高产品以致被骗的现象也时有发生，导致公共开支的浪费和资金使用效率下降，同时也为腐败的产生创造了条件。而利用电子商务可将原有的分散采购方式变为政府统一采购，并以公开招标为主的方式进行政府采购。通过在网上公布政府采购信息，使符合条件的企业、商家在网上公开投标竞价，由于采购信息是利用网络传递的，能更好地减少“人情标”和“关系标”的存在。从而增加了政府工作的透明度，提高工作效率。

（5）个人与政府管理部门之间的电子商务（C2G）。C2G（Customer to Government）是指个人消费者或普通个人与政府管理部门之间各类信息的电子化交换。例如，政府管理部门通过网络发放社会福利金、征收个人税款、财产申报和政府调查等。

2．按商业活动运作方式分类

如果按照电子商务交易所涉及的商品内容分类，电子商务主要包括两类商业活动：

（1）直接电子商务。直接电子商务（完全电子商务）是指通过电子商务方式来完成整个交易过程。这类电子商务主要针对无形的货物和服务，如计算机软件、娱乐产品（音乐、游戏、电影等）、信息服务（如图书、报刊、杂志等），即商品或服务可直接在网络上通过联机销售、电子付款及在线交付等方式完成全部的交易活动。这类电子商务使得交易双方跨越了地域、服务时间等限制，能够充分发挥电子商务全球化的优势。

（2）间接电子商务。间接电子商务（不完全电子商务）是指有形货物的电子订货，如鲜花、食品等，交易的商品需要通过传统的渠道如邮政服务、商业快递服务等物流配送渠道来完成送货。而电子商务只完成整个交易过程中部分交易活动，如电子采购、电子支付等。它是将电子商务手段与传统的贸易相结合，用以减少商品流通的中间层次。它是对传统交易方式的一种变革。

三、支持电子商务发展的关键性技术领域

电子商务是建立在通畅的信息传递、快速的信息处理及安全可靠的信息保护的基础上，而通信技术和信息技术的发展与融合则为电子商务发展和普及提供了有效的技术基础。

1．网络基础设施

网络基础设施主要包括电信网络（有线电话网和无线电话网）、计算机网络和有线电视网络，其中计算机网络发展速度最快。以计算机网络为核心的网络基础设施将全球各地的计算机系统、信息应用系统等信息处理系统有效地连接起来，为企业、个人、政府等不同类型的用户提供快捷、通畅的信息交换渠道。

计算机网络是计算机技术和通信技术相结合的产物，它按其范围大小可分为广域网（WAN）、城域网（MAN）、局域网（LAN）等。计算机网络历经了分组交换网、局域网、OSI（开放系统互联）及互联网等不同的发展时期，尤其是以 TCP/IP 协议为基础的互联网飞速发展和 Web 技术应用，以及第一个网页浏览器 Mosaic 的诞生，进一步促进了互联网的普及和应用，使网络真正融入到人们生活的方方面面，并正在改变着人类的生活方式。

不同方式的互联网接入设备为人们带来了连接互联网的选择，网卡、调制解调器、综合业务数字网（ISDN）、非对称数字用户环路技术（ADSL）、电缆调制解调器（Cable-Modem）、无线应用协议（WAP）、蓝牙（Bluetooth）等新名词已日益为人们所接受和熟悉。机顶盒和电缆调制解调器（Cable-Modem）可以将普通的电视变成接收互联网信息的终端设备，并能实现互动电视、互动电影、互动游戏、VOD 等服务。便携式计算机、掌上计算机、个人电子助理（PDA）、智能手机等手持式信息处理设备使移动商务成为可能，人们能够随时随地接入互联网来收发电子邮件、预订机票、预订酒店、购买商品、洽谈合

同等。总之，全球已进入一个以网络为核心的信息时代，网络已成为实现全球信息化、发展知识经济的重要基础。电子商务作为全球知识经济的一个重要组成部分必须依靠完善的网络环境。网络基础设施为电子商务提供传递信息的高速公路，现在网络带宽正在成倍增长，网络已经不是限制电子商务发展的瓶颈。

2. 企业信息化

电子商务是信息技术综合应用的产物，它实际上是借助互联网对企业原有管理信息系统的延伸和发展。因此，企业信息化的建立与完善是推动电子商务发展的前提条件。以数据库技术和网络为基础的各类电子数据处理系统（EDP）及管理信息系统（MIS）使企业能够有效地处理和管理各类内部信息，并通过综合分析和数据挖掘为管理决策者提供更准确的决策依据。企业信息化是企业现代化管理的标志。从20世纪90年代开始，企业信息化建设进入了一个新的发展时期。企业管理信息系统逐步从以内部管理为主向对整个供应链管理方式转变，客户关系管理（CRM）和企业资源规划（ERP）越来越多地在企业中应用。数据仓库技术（DW）、联机分析处理技术（OLAP）和数据挖掘技术（DM）则使面向决策支持的管理信息系统成为可能。另外，以Java语言、通用对象请求代理体系结构（CORBA）、分布式构件对象模型（DCOM）等为代表的面向对象技术（OO）促进了管理信息系统的重构和软件构件互用。这些新技术的应用推动了企业信息化的不断发展，同时也为电子商务提供了强大的后台数据支持。

3. 数据交换技术

在电子商务环境中，以电子数据交换（EDI）、电子资金转账（EFT）等为代表的信息交换技术提供了快捷、有效的信息交换手段，使不同信息系统间能够自动处理各类商务信息，进一步推动了无纸贸易和电子商务的发展。

电子商务数据交换的关键性技术包括通信技术和标准化技术。通信技术是指电子商务数据交换所采用的各种数据通信网。例如，分组交换网（PSDN）、数字数据网（DDN）、综合业务数字网（ISDN）、帧中继网（FRN）、卫星数据网（VAST）、数字通信移动网，以及各种网络的广域网（WAN）、局域网（LAN）和增值网（VAN）。标准化技术是指信息在计算机之间传递数据所规定的标准格式。EDI（Electronic Data Interchange）是第一个关于电子商务数据交换的标准，该标准涉及银行、运输、税务、海关等各个方面的电子单证交换，是电子商务技术的一大突破。增值网（VAN）的出现为EDI技术广泛应用提供了条件。但是，EDI技术的复杂性、高额的成本使中小型企业望而却步。随着互联网逐步成熟和完善，尤其是HTML和Web技术的出现，基于互联网的EDI技术得到飞速的发展。1998年，可扩展标记语言（XML）的诞生进一步丰富了信息交换技术，基于XML的信息交换技术已成为当今电子商务的关键技术之一。

4. 信息安全技术

高度开放的网络基础设施为人们方便地使用网络服务提供了有效的手段，同时也为各种网络犯罪创造了可乘之机，电子商务安全问题是电子商务急需解决的关键问题，而信息安全技术已成为确保电子商务健康发展的重要屏障。

信息安全技术是确保电子商务安全可靠的基础技术。它是从计算机安全技术发展而来的，其中主要包括加密技术、信息认证技术、防火墙技术、病毒防范技术等。加密技术是各类信息安全技术的基础，利用加密技术能够提高信息的安全性和保密性，防止机密信息的泄漏。密码编码学和密码分析学共同推动了它的发展，并使加密技术趋于成熟和实用。

数据加密技术是防止数据在传输过程中泄密的主要防护手段。而数据加密标准 DES（Data Encryption Standard）以及公开密钥密码算法 RSA（Receive、Shamir、Adelman）、杂凑算法 MD-4 和 MD-5、安全杂凑算法 SHA（Secure Hash Algorithm）等数据加密算法促进了加密技术的应用。

信息认证技术是为证实在电子商务或信息交换中参加者的身份，并确定是否授权交易以及是否授权接入重要信息库，它替代了不安全的口令或其他传统的进入方式，提供由互联网发送信息的不可抵赖性，验证通过互联网交换信息的完整性。它是防止网上交易时进行伪造和欺骗的一种有效手段，使电子合同签订、电子订单、电子支付等成为现实。

防火墙（Firewall）技术是一种隔离控制技术，是企业内部网（Intranet）和不安全网络（如互联网）之间的一道安全屏障，它阻止对信息资源的非法访问，同时也可阻止企业内部的重要信息被非法输出。它在防止“黑客”的非法入侵及控制计算机病毒的传播等方面起到了不可低估的重要作用。

入侵检测系统（IDS）是防火墙内第二道安全闸门，它从网络系统中的若干关键点收集信息并加以分析，检查网络中是否有违反安全策略的行为和遭到袭击的迹象。

病毒防范技术用来避免系统遭受病毒的侵袭，将病毒带来的危害降至最低限度。

5．电子支付手段

电子支付是电子商务的重要组成部分，也是电子商务走向成功的关键因素。缺乏电子支付手段的支持就不是真正意义上的电子商务。

电子支付系统是指使用电子技术（主要包括计算机和通信技术）在网络中发出、传送支付指令，通过电子支付工具完成支付结算的支付系统。在电子商务中，银行作为连接生产企业、商业企业和消费者的纽带，发挥着至关重要的作用，银行能否有效地实现电子支付已成为电子商务成败的关键。银行采用电子化支付技术主要经历了银行间电子转账（EFT）、银行与其他机构之间资金结算（如代发工资等业务）、利用网络终端向消费者提供各项银行服务（如 ATM 机的应用）、利用银行 POS 终端向消费者提供自动扣款服务、网上支付等 5 个阶段。电子支付系统应用取决于电子支付工具的创新，由于互联网的飞速发展促进了各种电子支付工具的产生。例如，电子现金、电子信用卡、电子钱包及电子支票等电子支付工具解决了网上支付的问题，而支付网关提供了银行专用系统与各个电子商务系统之间信息交换的接口。网上银行各种业务的开展促进了电子商务的推广与普及。

6．物联网技术

物联网是通过射频识别（RFID）、红外感应器、全球定位系统、激光扫描器等信息传感设备，把任何物品按约定的协议与互联网相连接，利用计算机进行信息处理和知识挖掘，以实现任何物品与物品之间、人与物品之间的信息交换与智能控制。其核心仍然是“互联网技术”，它是在互联网技术基础上从人与人之间的信息交流延伸到人对物和物与物之间的信息交换与控制的一种网络技术。物联网在许多领域的应用非常广泛。例如，在酒店，利用射频识别技术通过物联网将电梯控制系统、酒店指示系统等管理信息系统和控制系统集成在一起，就能实现 “为客人引路的智慧识别功能”。再如，当客人进入电梯，客人手中的智能房卡，就能传递信息，控制电梯自动设置到客人要去的楼层。到达所住的楼层后，通过灯光指示牌的引导，能方便地找到入住的房间，完成智慧引路的服务功能。物联网可以为酒店服务创新提供技术支持，为酒店实现个性化服务创造条件。

电子商务应用中的资金可以直接用电子付款的方式来实现，也就是说可以用信息流代替资金流，而信息流不能直接代替物流，但可以通过物联网自动采集物品流动的信息，使物品的流动更加透明并加快了物品的流动，进而在物流配送中提升物流服务的质量。物联网在电子商务中的进一步应用是通过对与物联网相联的家用电器感知的信息来自动提供电子商务的产品和服务。例如，与物联网相联的冰箱，可以根据主人的生活习惯自动获取冰箱内存放食物的数量，当某种食物的数量低于限定值时，可以自动提醒主人提前购买也可以自动发出订单，由电子商务的物流配送中心送货上门。总之，物联网可以使我们的生活进入到一个崭新的电子商务阶段，它会颠覆我们传统的服务理念。

7. 云计算

云计算是基于互联网的相关服务的增加、使用和交付模式，它是通过互联网提供的一种动态的易扩展的虚拟化资源计算方式，其中的“云”指的就是网络，是互联网的一种比喻。通俗地讲，就是将互联网看作是一个大的资源池，我们拥有的终端设备（可能是 PC、手机，甚至洗衣机等家用电器）除所具备的基本功能（可输入、可处理、可发声等）之外，其余的能力，直接从互联网上按需获取。“云”中的资源在使用者看来是可以无限扩展的，并且可以随时获取，按需使用，按使用付费。这就像使用水电并付水电费一样使用 IT 基础设施并付费。云计算在电子商务中的应用一方面随着物联网业务量的增加，对数据存储和计算量的需求的增加将带来对云计算能力的需求，另一方面中小型企业需要通过云计算应用所推送的服务来开展电子商务。云计算的这种虚拟集中式管理、分布式计算、全方位使用的效果，在酒店集团也有用武之地。例如，酒店集团可以采用全球领先的专利技术“云集架构”为核心，以中心服务器、节点服务器及嵌入式终端（云-PC）组成的云计算应用系统，以最低的开发和运营成本为住店客人提供优质的信息服务。该系统的中心服务器安装在酒店集团的机房，节点服务器安装在酒店的机房，“云-PC”安装在酒店客房。中心服务器可以向酒店节点服务器推送内容并自动更新，酒店节点服务器向“云-PC” 推送内容，最大限度地实现资源共享。

8. 信息技术及贸易简化的国际标准化工作

电子商务涉及银行、运输、海关、税务、保险、电信、安全、市场、贸易、政策、政府、企业和个人等，而标准化如同“纽带”一样连接着各个环节，确保其协同工作。国际标准化组织（ISO）、国际电工委员会（IEC）和国际电信联盟（ITU）3 大国际标准化组织认为，国际标准化为对付信息爆炸和电子商务应用提供了手段，如果不通过国际标准来有效地引导信息的发展，必将出现一个电子的混乱局面。标准化是推动各个国家信息化建设的重要手段之一，它保证了在网络的建立、系统的开发、设备的生产和资源共享等方面能相互一致或协调。这些标准化组织和众多的国际技术论坛纷纷研制信息技术标准。ISO 和 TEC 都是全球性专门从事标准化活动的组织，它们从各自角度开展信息技术和电子商务标准化工作，是两个互为补充的国际组织。1994 年，在各方面积极推动下 ISO 和 IEC 在信息技术领域成立了第一个联合技术委员会（ISO/IEC JTCI），它在制定信息技术标准方面发挥重要作用。

在贸易简化方面，UN/ECE（联合国欧洲经济委员会）从 20 世纪 60 年代就开始相关标准的研究，并专门成立了国际贸易程序简化工作组（UN/CEC/WP.4），它在国际贸易统一单证、贸易程序简化等领域发挥着重要的作用。为了推进贸易简化，做到在世界范围内的合作，1995 年 12 月，UN/ECE/CDT（贸易发展委员会）通过了关于 WP.4 重组的方案，决定成立一个新的组织，即 UN/CEFACT（行政、商业和运输业的程序简化中心），它主要负责贸易简化和电子商务领域的标准化工作，并与 OASIS 共同发起和指导全球基于 XML 的电子商务标准框架（即 ebXML）的制定工作。

第三节　电子商务的主要服务功能

电子商务通过互联网可提供整个交易过程所需的各种服务。其概括起来应具有对企业和商品的广告宣传、交易的咨询洽谈、客户的网上订购和网上支付、电子账户、销售前后的服务传递、客户的意见征询、对交易过程的管理等各项功能。

一、广告宣传

网上广告已成为企业广泛接受的一种宣传形式。企业可以通过自己的 Web 服务器和网站主页（Home Page）发布各类商业信息。客户可借助网上的检索工具迅速地找到所需商品信息，网络广告的沟通运作机制可以用图 4-8 来表示。

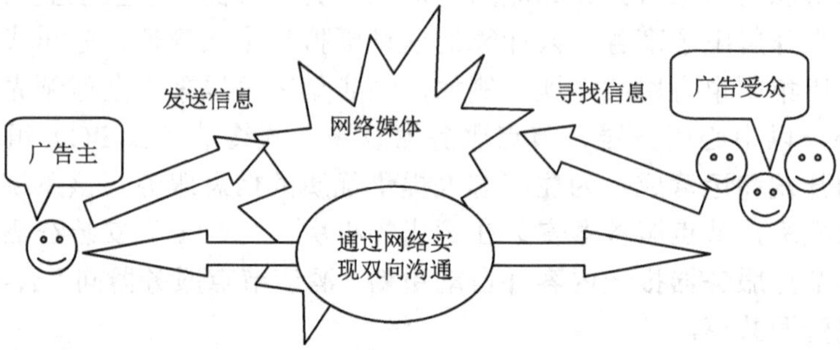

图 4-8　网络广告的沟通运作机制

网络广告的沟通运作机制是一种双向、互动式的信息传输。在网络广告的信息沟通运作中，广告主通过网络媒体发布信息，广告受众会在网上自主地寻找他们需要的信息。当广告主所发布的信息不能满足他们的需求时，可以向广告主发出查询信息，从而在网络上实现广告主与广告受众之间双向的信息沟通。

1．网络广告的特点

与传统广告相比，网络广告具有以下特点：

（1）广告范围广且没有时间限制。传统的媒体，如电视、广播、报纸、杂志、路牌等往往要受到地域的限制，而对网络广告来说，在世界的任何一个角落，只要有一台计算机和一根电话线，消费者就能浏览世界上任何公司的网络广告，消费者还可在一天 24 小时之内的任何时间浏览广告，并且想看多少时间就看多少时间。这是传统广告所无法做到的。

（2）广告具有互动性。这是网络广告所具有的最重要特点，传统广告是典型的单向广告，消费者只能被动地接受广告内容。而网络广告可以克服传统广告的这一缺陷，消费者点击感兴趣的广告画面，将弹出该广告的详细信息，利用这种功能可以达到广告的互动作用。

（3）广告具有灵活多样性和变化性。网络广告的载体基本上是多媒体、超文本格式文件，利用计算机技术把文字、动画、声音、图像、三维空间与虚拟现实整合在一起，就可实现全方位的立体展示效果。例如，可以在网上从各个不同的角度来观察一辆汽车，还可以观察这辆汽车的内部结构，并且可同时收听到相应的解说词。

超级链接使得网络广告的空间得到极大地扩展。网络广告这种不受广告空间限制的特性使得它的内容极为丰富与灵活多样，它可以包括企业概况、各类产品介绍、新产品的情况等大量信息。在传统媒体上做广告，发布后就很难更改，即使可改动往往也须付出很大的经济代价。而网络编程技术的不断发展使得在网络上做的广告能按照需要及时修改和更新广告内容。

（4）广告的成本低。网络广告的成本低廉是其最具吸引力的优势之一。它的平均费用仅为传统广告的 3%，这就使得那些无力进行大规模传统广告投放的企业，有能力通过互联网在全球范围内介绍自己的企业和产品。此外网络广告的计价方法更为科学。传统广告一般根据广告发布的版面、篇幅、时间段、时间长度、次数等因素来计价，这种价格往往与广告的实际效果之间联系不大，而网络广告的计价是与浏览该广告的人数相联系，更为合理。

（5）受众数量的可统计性。传统广告很难确切地知道究竟有多少人接收到了该广告信息。以报纸为例，虽然报纸的读者数目是可以统计的，但是有多少人阅读过刊登在报纸上的广告却只能通过估计推测出来而不能精确地加以统计。而在互联网上可以用专门的访问流量统计系统，精确地统计出每个广告被多少个浏览者看过，以及这些浏览者查阅的时间分布和所在地区分布，这些信息有助于正确评估广告效果，从而使广告主和广告代理公司能及时调整他们的广告投放策略。

2．网络广告的形式

（1）建立企业或个人主页。这是进行网络广告投放的最基本形式，通过主页，企业或个人可以详细地介绍自己的情况，并吸引上网冲浪者的注意力。

（2）电子邮件广告。目前有很多网民拥有自己的电子信箱，因而将广告制成电子函件直接发送给网民也可以有效地传播信息。电子邮件广告常见的方式有两种：一种是网站在为用户发送电子邮件时，在邮件中夹带广告；另一种是网站向其用户发送广告邮件，这些邮件经常被视为垃圾邮件，易引起用户的反感。因此，在实际应用中，常采用许可电子邮件营销方式，即广告邮件只发送给愿意接收的客户。

（3）新闻组广告。新闻组是一个很重要的信息渠道，新闻组又称为新闻社区，根据行业、产品或服务分为不同的新闻组，用户可自由参加。针对某一产品，可以组织在网站上进行新闻讨论，就产品性能、优劣性发表意见，进行群体讨论。也可以就某一方面问题，由专家进行在线解答。通过这种方式可以间接地宣传自己的产品。

（4）旗帜广告。旗帜广告是最常见的网络广告形式。大多数广告主都通过这种广告形式将其他浏览量较大的网站上的浏览者吸引到自己的主页上来。这种广告目的是在众多的信息干扰中抓住浏览者的注意力，使他们在短时间内对旗帜广告所宣传的产品或事件产生兴趣，并通过旗帜广告上所带有的超级链接进入到广告主的主页。由于旗帜广告强调更好的互动性、视觉效果和三维动画效果，所占用的空间通常都比较大，对网络的传输速度要求很高。

（5）浮游广告。浮游广告就像浮游生物一样在网页上游动，一般为动态设计、形状各异。有时，浏览者在点击网页时，不经意就会触发浮游广告，链接到广告相应的网站。

（6）插页式广告。它又称为“弹跳广告”，广告主选择广告受众可能喜欢的网页或栏目，在该网页或栏目出现之前插入一个新窗口显示广告，该广告停留数秒后，再进入所选的网页或栏目。

（7）互动游戏式广告。在一段页面游戏开始、中间、结束的时候，广告都可随时出现。其广告形式多样，如圣诞节的互动游戏贺卡，在欣赏整个贺卡之后，广告会作为整个游戏贺卡的结束页面。

（8）跳出窗口广告。当用户键入网站名称或使用搜索引擎时，会在页面左上角跳出一个广告宣传页面窗口，由于其充分利用了用户在等待页面出现无所事事的时间，所以具有较高的浏览率。

（9）墙纸式广告。将广告内容体现在墙纸上，并安放在具有墙纸内容的网站上，以供感兴趣的人下载。

（10）按钮式广告。按钮式广告一般定位在网页中，由于尺寸偏小，表现手法较简单。

二、咨询、交易洽谈

咨询、洽谈是贸易业务的必经程序，也是交易能否成功的关键环节。企业、消费者可借助非实时的电子邮件、新闻组和实时的讨论组来了解市场信息和商品信息，并洽谈交易事务。如有进一步的需求，还可利用网络会议、公告板（BBS）、QQ、MSN 等来交流即时的信息。

1．咨询

由于咨询的信息量较大，仅靠人工咨询是很难使客户满意的。因此，需要利用一些自动化手段和网络会议来解决，这样可以更好地将自动回复与人工操作结合起来。下面对这些方法作一简单介绍。

（1）自动回复电子邮件。自动回复电子邮件是指通过自动邮寄电子邮件，回复寄来的电子邮件，系统可以事先确定其内容。一旦访问者通过网络提出问题，无需人工操作，自动回复电子邮件在 30 秒内就会回复访问者。这是一种很强的功能。自动回复电子邮件能完成以下工作：感谢访问者提出问题；明确回复时间（应在 24 小时内回复）；回答常规性问题，一般 30 秒之内就能回答；提供公司的电话号码；告知关于该电子商务系统更多的情况，并提供顾客所提问题的答案；告知公司的主要联系人和联系方式等。

（2）在线咨询系统。在线咨询可以提供给用户相关产品的技术或服务信息，企业可以将一些常见的技术或服务问题罗列在网站上，供用户浏览。该系统可对网站内提供咨询的信息进行分类管理（如技术咨询、产品问题、投诉等），并对用户进行权限管理和记录每条问题的点击次数。该系统还可实现咨询信息的搜索功能，用户无需在类别中查找，只需输入关键字进行搜索即可，系统在搜索完毕后会自动将搜索结果进行显示。用户如果没有得到答案，可以填写咨询表单。咨询表单按类别分配给各相关处理部门，每个部门指定专业咨询员负责问题咨询。对用户提出的问题，咨询员在网上可以即时看到并给予解答，对一些典型的问题可以选择加入数据库，这样数据库会自我增长，保证系统运行一段时间后，数据库会包含常见问题，从而减少人工咨询的压力。用户对已经回复的问题可以进一步提出问题，还可以查询自己咨询表单的回复情况。

（3）网络会议。利用互联网的各种工具，可以为客户召开网络会议。对于拥有自己论坛的企业也可以利用这些资源和网上聊天室召开会议。为了成功地召开网络会议，企业应该努力让参与者了解会议的主题、召开的时间和工具的使用方法。企业的专家可以在网络会议上对产品的问题进行解答，销售人员可以与潜在客户交谈，向他们展示产品的图片，显示客户对产品评价的信息等。

2．交易洽谈

在电子商务条件下，一般利用电子函件或者 EDI 进行洽谈。洽谈的环节包括询盘、发盘、还盘和接受。洽谈的内容主要有品名、品质、数量、包装、价格、交货时间、交货地点和支付方式等。下面简单介绍一下交易洽谈的这 4 个环节。

（1）询盘。询盘又称为询价，它是买卖双方之间探寻商品的成交条件或交易可能性的业务行为。询盘的内容可以涉及某种商品的品名、品质、数量、包装、价格、交货时间等交易信息。询盘时也可以索取样品，但其中多数是询问成交的价格。在电子商务条件下，询价可以由业务员以电子函件的方式向潜在交易的对象发出，也可以由电子商务系统的客户管理系统或供应链管理系统自动发出。

（2）发盘。发盘又称为发价或报价，它应具备以下条件：发盘应向一个或一个以上特定人发出；发盘的内容必须十分确定即应标明货物的名称、规定货物的数量或规定数量的方法、规定货物的价格或规定确定价格的方法；必须表明发盘人对其发盘一旦被接受，即受其约束的意思；明确有效期作为对方表示接受的时间限制。

（3）还盘。还盘又称为还价，它是指受盘人不同意发盘人提出的各项条件，并提出了修改的意见，建议发盘人考虑。当受盘人对货物的价格、付款、品质、数量、交货时间与地点、赔偿责任范围或解决争端的办法等条款提出了添加或更改意见时，则被视为实质性变更发盘的内容，原发盘即告失效，原发盘人不再受其约束。如果还盘的内容具备发盘的条件，这种还盘就构成一个新的发盘，还盘人就成为新的发盘人，原发盘人就成为新的受盘人，他对新发盘有接受或拒绝的权利。

（4）接受。接受在法律上称为承诺，是指受盘人在发盘人规定的有效期内，以声明或行为表示同意发盘提出的各项条件。

三、网上订购

一般来说，大多数企业是利用交互式网页来进行网上订购的。对于商品种类较少的情况，可以在产品介绍的页面上提供十分友好的订购提示信息和订购交互表格，客户需要购买时，填好订购单后按一下“提交”按钮就可完成订货。通常系统会回复确认信息单来保证订购信息的收悉。订购信息也可采用加密方式使客户和商家的商业信息不被泄漏。而对于商品种类很多的情况，为了使客户订货或购物更方便，应采用一种叫“购物车”的技术。

购物车是一种高级的商品目录，它的功能很强，能使人们更简单、方便地在目录中选择所需的商品，使购物过程非常容易操作，从而使网上购物变得既方便又快捷。

四、网上支付

网上支付是电子商务交易过程中的重要环节，客户和商家之间可采用信用卡、电子现金、电子支票和电子钱包等多种电子支付方式进行网上支付。

1. 信用卡

信用卡具有网上购物和网上转账的支付功能。消费者只要在网上选购好自己所需要的商品，输入自己的卡号和密码，就能轻松实现网上支付。

2. 电子现金

电子现金是一种以数据形式流通的货币，它把现金数值转换成为一个加密序列数，以这些序列数来表示各种金额的币值。首先，用户在具有电子现金业务的银行开设账户并在账户内存钱后就可使用口令和个人识别码将电子现金下载到自己计算机的硬盘中，然后就可以在接受电子现金的商店购物了。使用电子现金要有电子现金软件的支持，而且银行和厂商之间要有协议和授权关系。因为是由银行负责用户和厂商之间资金的转移，所以使用电子现金对用户来讲是匿名的，这就使得电子现金消费具有很好的个人隐私保护功能。电子现金就像现实中的现金一样，可以存、取、转让，它适用于较小的交易量。

3. 电子钱包

电子钱包是电子商务活动中顾客在进行小额购物或购买小商品时常用的一种支付工具，是一种虚拟钱包。使用电子钱包的顾客要先在有关银行建立账户，利用电子钱包服务系统把自己的各种电子货币或电子金融卡上的数据输入进去，安装到电子商务服务器上。在电子钱包内可以装入各种电子货币，如电子现金、电子零钱、安全零钱、电子信用卡、在线货币、数字货币等。虽然用电子钱包购物的过程中要经过信用卡公司和商业银行等多次进行身份确认、银行授权、各种财务数据交换和账务往来等，但这些都是在网上以极短的时间完成的。因此，对于客户来说，用电子钱包购物相当方便省时和安全可靠。

4. 电子支票

电子支票是一种利用数字传递将钱款从一个账户转移到另一个账户的电子付款形式。电子支票的支付是在与商户及银行相连的网络上以密码方式传递的，它使用公用关键字加密签名或个人身份证号码代替手写签名。消费者可以通过计算机网络将电子支票发向商家的电子信箱，同时把电子付款通知单发到银行，银行随即把款项转入商家的银行账户。这一支付过程在数秒内即可实现。用电子支票支付，事务处理费用较低，而且银行也能为参与电子商务的商户提供标准化的资金信息，是一种很有效率的支付手段。

五、电子账户

网上支付是由银行或信用卡公司及保险公司等金融机构所提供的电子账户管理等金融服务，客户的信用卡号或银行账号是电子账户的标志。电子账户需要通过数字证书、数字签名、加密等技术手段来保证操作的安全性。

1. 加密技术

电子商务使用多种密钥技术来保证操作的安全性，其中比较常用的有对称密钥技术、公钥加密技术和Hash算法。

（1）对称密钥技术。对称密钥加密算法是指给一条信息加密时，发送者和接收者都用同一密钥完成加密和解密的过程。例如，数据加密标准DES（Data Encryption Standard）就是将数据分隔成64bit的数据块，用56bit的密钥对其进行一系列的数学变换后产生密文，之后接收者用同一密钥将密文解译成明文。对称密钥加密具有加密、解密效率高的特点，特别适用于大数据量的加密和解密。但不足之处是密钥在传递过程中不安全，容易被截获。

（2）公钥加密技术。公钥加密算法是一种非对称密钥加密的方法。其中，一个密钥称为公开密钥（Public Key），是用于加密的；另一密钥称为私人密钥（Private Key），是用于解密的。这种加密技术的特点是用任一密钥加密的信息，只能由与之成对的另一密钥才能解开，这是由两个密钥间的关系所决定的。任何收到公开密钥的用户可以确保以公开密钥加密后的密文，只有通过私人密钥才能解密。目前只有一种通用的公钥加密算法RSA，它是以发明者（Rivest、Shamir、Adleman）姓名的首字母命名的。使用者可以任意散发公开密钥，特别适合在大范围内使用，但它的加密和解密速度慢，比DES算法慢10倍以上。所以它只适用于少量数据的加密和用于对称密钥的传递。RSA的密钥长度可从512bit至2 048bit，以满足不同等级的加密要求。

（3）Hash算法。Hash算法不是加密算法，但它可以产生信息的数字“指纹”。它主要用于在传送中确保数据没有被篡改或发生变化，以维护数据的完整性。

2. 数字签名

用户可以采用自己的私钥对信息加以处理，由于私钥仅为本人所有，这就产生了别人无法生成的文件，也就形成了数字签名。采用数字签名，能够保证信息是由签名者自己签名发送的，签名者不能否认或难以否认，并且可保证信息自签发后到收到为止，未曾作过任何修改，签发的文件是真实文件。数字签名的操作过程是首先将要发送的信息通过Hash算法形成信息摘要，然后再用发送者的私人密钥加密，生成的结果附加到原信息上去，就生成了原信息的数字签名。信息接收者收到发送的数字签名后，首先用发送者的公开密钥将信息摘要解密，然后将收到的原信息通过Hash算法得到新的信息摘要。比较解密后的信息摘要和新生成的信息摘要，如果是一致的，则说明接收的信息与发送的信息是一致的，没有被篡改过。由于只有对方才拥有自己的私人密钥，所以对他所发出的信息具有不可抵赖性。

3. 数字证书

虽然公钥加密技术解决了发送者和接收者之间的密钥分发问题，但还存在接收者如何确认他接收的公开密钥确实来自发送方，而不是其他人伪造的问题。因此，就需要设立交易各方都信任的第三方机构（CA认证中心）对公开密钥的有效性进行认证，以确定公开密钥拥有者的真实身份，由此就产生了数字证书的概念。数字证书是由交易各方都信任的CA认证中心发放的，是证明拥有者公开密钥有效性的凭证。数字证书包含拥有者的公开密钥、详细的个人资料（包括持卡人的银行账号）的信息摘要及证书签发机构的数字签名。

六、网上商品传递及查询

对于已付了款的客户，电子商务通过服务传递系统将客户所订购的商品尽快地传递到他们的手中。其中，无形商品（如软件、电子读物、信息服务等）是最适合在网上直接传递的货物，它们能直接从电子仓库中发到客户端。而对于以实物形式提供的商品，则由配送中心接受网上商店委托的送货请求，负责向客户运送商品，并负责跟踪商品的流向。大型的网上商店有自己的配送中心，大部分中小型的网上商店往往委托社会上的快递公司来完成配送任务。客户可以通过物流追踪系统及时了解所购商品的运送情况及到达时间。

物流追踪系统主要是对运输过程中货物的位置、状态、装卸、送达等信息进行实时跟踪，即物流运输企业利用条码、射频等技术和物联网及时获取有关货物运输状态的信息。它是一种全程监控物流过程、提高物流运输服务的系统。它的作用大致如下：①当客户需要对货物的状态进行查询时，只需输入货物的代码，马上就可以知道有关货物的位置和状态等信息。查询过程简便迅速，信息及时准确。②通过查询信息可以确认货物是否将在规定的时间内送到客户手中，能快速发现在规定时间内没能把货物交付给客户的情况，或者货物没有送到预定地点的情况，便于及时查明原因并及时纠正错误，从而提高运送货物的准确性和及时性。③对货物状态、运送情况的实时监控，可使企业能够准确、清楚地对货物丢失、破损等异常事件作出快速反应，明确事故责任人，并及时对事故进行处理。④企业的物流追踪部门可以根据系统提供的货物运行轨迹、货物作业情况，合理调配运输车辆，制定装卸车作业计划，以提高物流运输效率。⑤客户通过物流跟踪系统及时了解有关货物运送状态的信息，这将有利于他们预先安排好接货工作以及后续业务。

七、意见征询

企业可利用网络采用多种方式及时收集客户对商品及销售服务的反馈意见。客户的反馈意见不仅能提高售后服务的水平，更能使企业获得改进产品、发现市场的商业机会，使企业的市场运营形成一个良性的封闭回路。

1. 留言板

网站留言板是为了增加网站与顾客间良好的互动关系而设的，它的作用是记录来访客户的留言信息，收集他们的意见和建议，为企业与用户提供双向交流的区域，为优化服务提供客户需求的依据。留言板管理应提供多项辅助功能以协助管理者方便地新增、删除和修改留言板上的留言内容，以及对部分留言内容加以回应。

2. 网上调查表

网上调查表是指企业在自己的电子商务网站上开展调查以便了解客户的消费需求。企业可以采用网页上的“选择”、“填空”等形式的调查表来进行调查。通过对调查表的统计可以更好地改善产品质量和服务。

3. 网上服务工具——FAQ

FAQ 是指在网站上建立顾客常见问题解答，它主要为顾客提供有关产品和公司基本情况的介绍，它既能够引发那些随意浏览者的兴趣，也能够帮助有目的的浏览者迅速找到他们所需要的信息，或解答问题。

4. 企业论坛

企业论坛可进行新产品的发布、征求消费者意见、接受消费者投诉等，或者可以定期或选定某段时间，邀请嘉宾或专门人员参与该论坛的主持。企业论坛管理包括在线发布、维护信息等内容。

八、交易管理

贸易的业务活动牵涉政府的多个职能部门以及金融、保险、运输等众多配套服务机构，而整个交易过程的管理又将涉及人、财、物等多个方面的协调管理，同时还涉及企业间、企业和客户间及企业内部等各个方面。在传统的运作过程中，企业必须单独与各相关单位打交道，必须要花费大量的人力、物力，并且要占用大量的时间。而电子商务的发展，提供了一个良好的交易管理的网络环境及多种多样的应用服务系统，使交易管理做到无纸化、网络化，企业可直接通过互联网办理与银行、保险、税务、运输、其他企业、客户等各方有关的电子票据和电子单证，完成部分或全部的结算工作，有效节省了交易过程的时间和费用。电子商务的上述功能，为网上交易提供了一个良好的交易服务和进行管理的环境，使电子商务获得了更广泛的应用。

第四节　电 子 市 场

电子市场（E-Market Place）是针对 B2B 或 B2C 的类型而设立的，一般有两类：①为一家公司所独有的电子市场，称为私有电子市场，这种模式既可以是一个卖方电子市场（Sell-Side E-Market Place），将自己的产品向多个客户推销，是一种一对多的销售模式；也可以是一个买方电子市场（Buy-Side E-Market Place），从多个供应商那里进行采购，是一种多对一的销售模式。私有电子市场类似于一个 B2C 店铺或一个采购网站。②公共电子市场，就是 B2B 市场，一般为第三方（既非买家又非卖家）或由一组买方或卖方的公司（联盟）所拥有。这种市场主要服务于众多的买主和卖主，是实现买方和卖方自由上网交易的一个电子交易平台。买方和卖方之间签订供货合同，电子市场不直接介入双方的买卖关系，但买方和卖方一般要求注册为电子市场的会员，与电子市场管理公司之间签订会员协议。电子市场的主要功能包括电子目录管理、价格管理、采购申请、采购订单履行、工作流管理、合同管理、验收、结算/付款、拍卖、交易监控、客户关系管理和商业智能等。

电子市场对购买方带来的好处有降低交易成本和风险，减少采购流程中的成本，减少分散采购，具有更多的选择和更优惠的价格，提供更多的信息和更多的供应商等；为供应商带来的好处有提供了新的市场和新的顾客分销渠道，通过网络的互动性提供更好的顾客服务，自动生成订单和完成全部流程，全方位降低运作成本和销售关联成本以及订单管理的运作成本，获得新的顾客以产生新的收入流，提供更多、更及时的市场信息等。电子市场架构如图 4-9 所示。电子市场平台中的交易方式一般有目录交易、协商交易、招投标交易、拍卖交易和撮合交易等。下面分别介绍它们的交易过程。

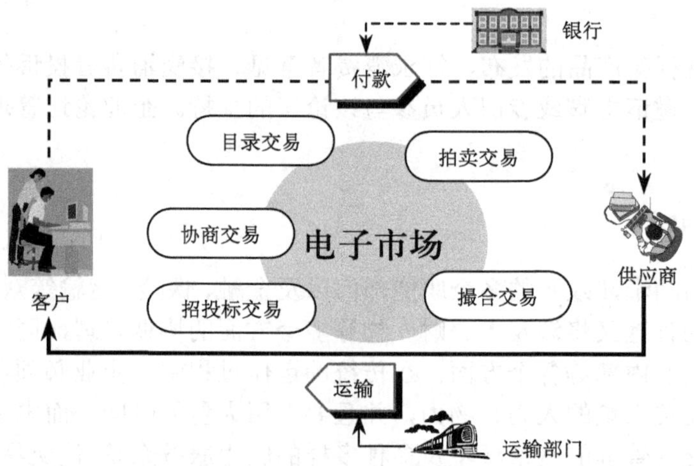

图 4-9 电子市场架构示意图

一、目录交易

目录交易是买卖双方基于电子目录（Electronic Catalogs），在电子市场上所进行的交易。目录交易的过程如图 4-10 所示。这种交易方式的关键是电子目录的构建、交互与定制以及强大的搜索能力等功能的实现。电子目录由产品数据库、目录和搜索能力以及展现功能构成。电子目录非常大，一般依靠搜索引擎的帮助，用户可以快速地搜索电子目录，这一过程往往是通过交互来进行的。为了让客户能快速地找到所需的产品和服务，电子目录提供定制化的目录功能。定制目录是为某个客户提供的特定目录，一般采用两种方法创建定制目录：①由客户在总目录中挑选出他们感兴趣的部分，再由软件来实现目录的定制，客户使用这个特定的目录可以快速地定位在他们想购买的商品及相关信息上，并可方便地配置自己的订单。②基于客户的交易记录，利用数据挖掘技术找出客户的特征，并依此建立客户的定制目录。目前，电子目录的展示功能已能实现静态目录（文字、图片）与动态目录（声音、动画、动态图片）相结合的展示效果。

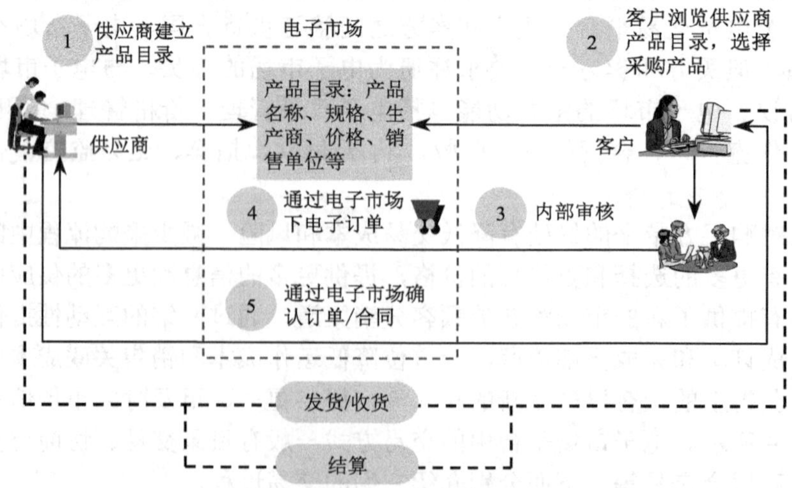

图 4-10 目录交易示意图

电子市场将电子目录、购物车、订单管理以及付款等功能集成在一起，为客户与供应商的交易提供了一个数字化流程的交易平台。其中购物车是一种订单处理技术，它允许客户将要购买的商品一一放入购物车中，当有的商品又不想要时，可以删除掉，在检查所购买的商品无误后，点击“购买”按钮，完成购买活动。

目录交易的特点是产品价格相对稳定，不会有剧烈的市场价格波动，客户对产品供应商情况比较了解，双方已经建立了比较稳定的供货关系等。

二、协商交易

协商交易是买卖双方经过多轮协商才能实现的购买行为，在电子市场上的这种交易是通过信息技术手段来进行的，如通过网络视频洽谈室来实现买卖双方的谈判。最终价格将由双方讨价还价能力、市场对该商品的供求情况来决定。这种交易模式也可视为是单一买主与单一卖主的电子拍卖模式。

协商交易的特点是产品价格不稳定，随着市场情况的变化会有价格波动；对产品供应商情况并不十分了解，双方之前并没有充分的接触与合作等。协商交易的过程如图 4-11 所示。

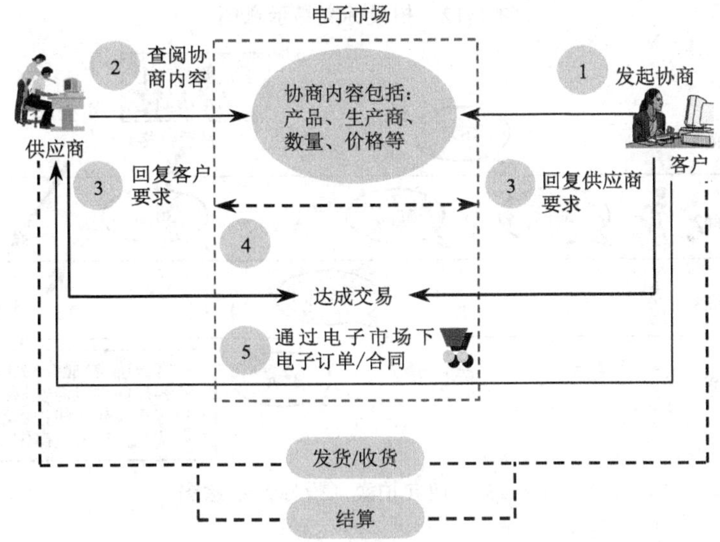

图 4-11　协商交易示意图

三、招投标交易

招投标交易是客户首先将想招标的商品通过电子市场的发布系统公开发布招标信息，打算应标的供应商在线查询招标信息并可下载招标文件，然后组织投标团队撰写投标书并传送给客户，由客户组织专家评标并优选供应商，最后与中标的供应商签订合同，整个招投标过程都是利用电子市场所提供的网上招投标系统来完成。实现了公开透明、平等竞争的招投标原则。招投标交易的过程如图 4-12 所示。这种交易过程可视为是逆向拍卖的投标过程。如果只考虑价格，最低出价者将成为赢家，获得客户的订单。只考虑价格的逆向拍卖（投标）的过程如图 4-13 所示。但招投标交易一般是采购大宗产品，是需要大规模定制与售后服务的设备或其他产品，采购这类产品除价格因素外，还需要考虑供应商的科研开发能力、生产能力、财务能力、售后服务能力等。

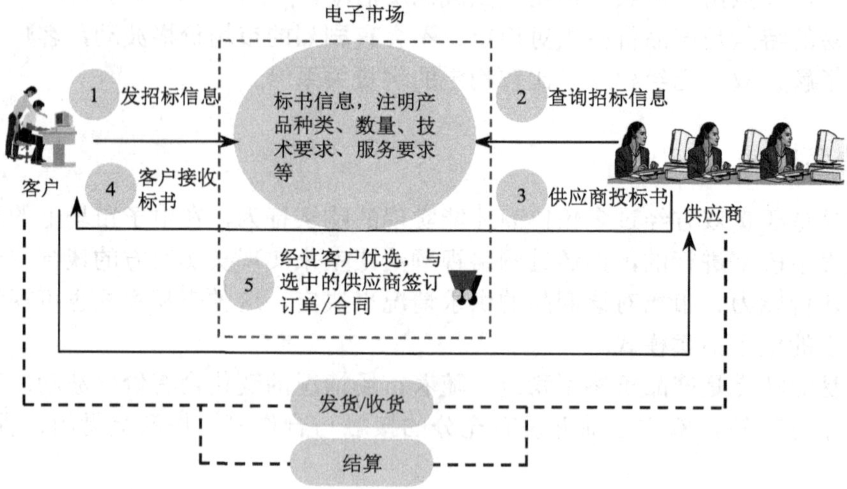

图 4-12　招投标交易示意图

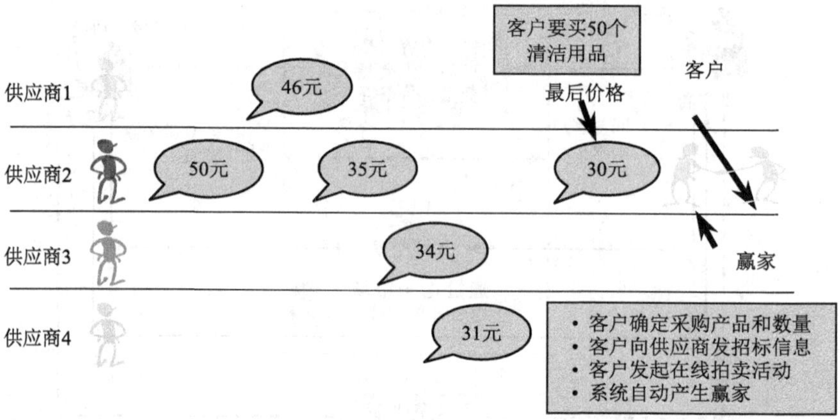

图 4-13　逆向拍卖（投标）示意图

四、拍卖交易

拍卖交易是引入竞争过程的市场机制，分为正向拍卖（卖方连续请求买方出价）和逆向拍卖（买方连续请求卖方出价）两种。正向拍卖是单一卖方接受多个买方出价的一种拍卖形式。正向拍卖常用的有 4 种类型，即英式拍卖、美式拍卖、荷兰式拍卖和自由降价式拍卖。英式拍卖和美式拍卖的规则是出价随着拍卖的进程而升高，荷兰式拍卖和自由降价式拍卖的规则是出价随着拍卖的进程而降低。正向拍卖一般是由卖方来提出并实施的一种拍卖活动。其过程是首先由拍卖方在电子市场上发出拍卖商品的相关信息，然后竞拍者可以利用系统交互功能充分了解拍卖品的相关信息，并参与拍卖竞价。在拍卖过程中，系统总是显示当前的最高价，而出价人的身份和所出的价格是不公开的，拍卖结束时，系统按拍卖规则自动产生出赢家，最后系统只通知赢家与拍卖方签订合同，完成整个拍卖活动。拍卖交易的过程如图 4-14 所示。逆向拍卖是单一买方接受多个卖方出价的一种拍卖形式。逆向拍卖有 2 种类型，即逆向拍卖（投标）和买方定价拍卖。投标方式已在前面介绍过，买方定价拍卖是指买方公开说明愿意付出的价格和其他要求，卖方在买方期望的价格和条款下尽量满足有保证的要求并将相关信息输入到电子市场系统中。系统提供在数据库中搜索卖方最低价格的信息，并进行需求与供给的匹配。

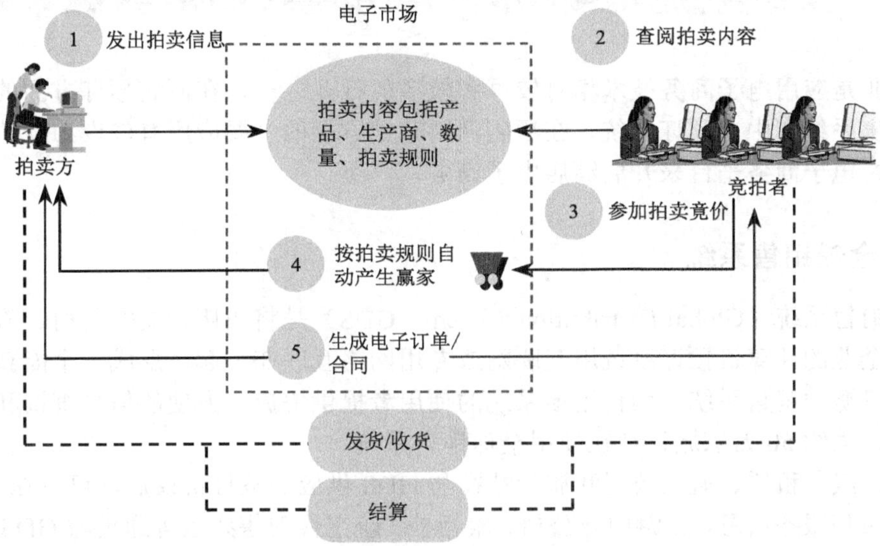

图 4-14　正向拍卖示意图

电子市场提供的在线式拍卖模式，有效地克服了传统离线拍卖的时间短、卖方很难得到尽可能高的价格以及受实地拍卖的限制，克服了许多潜在竞拍者不能参加拍卖会和拍卖佣金相当高昂等弊端。

五、撮合交易

撮合交易是一种多个买主和多个卖主共同参与的交易模式，其基本流程大致是买方和卖方自由登录电子交易市场，买方提出自己的购买需求信息，卖方提出自己的供应信息，由系统按预设的交易规则自动撮合，经买方和卖方双方确认后完成交易。电子商城就是这类结构的典型例子。这种交易过程可视为是双向拍卖的过程。

总之，电子市场具有不受时间、地理位置的限制，提供的交易及相关环境的信息量大，客户群和供应商数量大，便于相互选择，消除了买卖双方的信息不对称，降低买方信息搜索的成本，数字产品可以在平台上完成整个交易活动等优势，为企业之间的交易提供了一条新的分销渠道。尤其是对技术和资金都相对短缺的中小型企业的销售所带来的优势就更加明显。

电子市场主要提供的 5 种交易方式中，目录交易是一种价格相对固定的销售模式，其他交易方式都是建立在动态定价（价格随市场变化过程中的供求变化而波动）的销售模式上。协商交易可以看作是一对一的电子拍卖模式，招投标交易可以看作是一对多的逆向拍卖（投标）的电子拍卖模式，而撮合交易可以看作是多对多的双向电子拍卖模式，因此除了目录交易外，其他 4 种交易模式都可归结为一种动态定价的拍卖模式。

除了电子市场外，还有许多电子商务系统的应用，由于篇幅有限，本书中就不详细介绍了。

第五节 电子商务在酒店业中的应用

酒店业是应用电子商务技术相对较早和较多的行业之一，在酒店预订方面的主要应用有全球销售系统和中央预订系统。在酒店网络营销方面的主要应用有建设独立的酒店网站和利用旅游电子商务平台来开展酒店电子商务。

一、全球销售系统

全球销售系统（Global Distribution System，GDS）是将酒店、航空公司、旅行社、汽车租赁等企业的计算机预订系统用互联网或专用网络互联在一起，形成一个能获取世界范围内旅游资源的销售系统，为使用该系统的使用者提供快捷、方便的信息查询和预订等业务。目前，大约 50 万家旅行社在使用全球销售系统。

酒店、汽车租赁、航空公司和旅行社在与 GDS 供应商签订协议后，可以在 GDS 平台上发布产品和服务信息，旅游中介公司、旅行社、航空代理售票点等通过与 GDS 供应商签订协议后，可获得在 GDS 上查询酒店客房供应情况和价格、机票座位数及价格的许可并进行在线交易。例如，查询某个飞机航班的座位情况及价格。全球销售系统运营中依靠智能转换器（Smart Switch）将预订业务转换成不同网络所需的数据格式，实现在不同预订系统上共享数据。系统对酒店房态、开房率等私有数据提供安全机制，保护酒店的数据不外泄。

近年来，互联网和信息技术的迅猛发展，使得酒店建立自己的网站的计算机硬件和软件的价格不断下降，促进了酒店、航空等企业在自己网站上开展预订业务，减少了使用 GDS 次数，节省了 GDS 的交易费（每个预订大约要交 4 美元）。同时，为酒店、航空提供预订业务的旅游网站也对 GDS 的业务产生了巨大的冲击。这些无疑使全球销售系统的业务量减少。

二、中央预订系统

中央预订系统分为会员制和非会员制两种类型。一般酒店集团或连锁酒店会采用会员制中央预订系统，一个中央预订系统可以帮助酒店集团或连锁酒店同时管理下属的上千家酒店的客房、价格和预订业务。酒店集团或连锁酒店通常会设置预订中心来统一提供预订服务。预订中心的预订员可以在中央预订系统上查询旗下所有酒店的价格和房间预订的情况，为客人提供预订业务。中央预订系统将预订中心、全球销售系统、第三方酒店预订系统连接成一个整体，各方的预订都将汇集到中央预订系统，通过接口与下属酒店预订系统相连，进行数据交换，具有统一对外销售客房，自动更新可用房状态，统一管理客人信息档案并提供客户关系管理，按收益管理所定的策略控制整个酒店集团或连锁酒店的客房价格，实现对不同酒店、不同时段、不同房型的多级房价管理、产生集中佣金报表、保证金/退款账务操作等功能。例如，中央预订系统通过与酒店预订系统互联，将客房销售限制条件的变化传送到酒店预订系统，实时同步更新价格、房间数量，预订信息共享，酒店可方便地下载预订信息供前厅人员办理客人入住登记等。

非会员制中央预订系统是将众多签约的单体酒店组织在一起，提供统一的酒店营销和预订，使这些独立酒店也能享受只有酒店集团或连锁酒店才能实现的统一宣传、统一销售和统一预订的功能。签约酒店负责向中央预订系统提供准确的可用房数据，并随时更新。非会员制的中央预订系统一般只能简单地以房态为基础，房间类型也只能简单地分为“开”或“关”来表示是否可以接受预订。不能像会员制的中央预订系统以房间类型和房费的多级价格目录为基础，促使酒店潜在收入和住房率达到最大化。

三、建立独立的酒店网站开展电子商务

随着信息技术和互联网的飞速发展以及计算机软硬件价格的不断降低，许多酒店，尤其是单体酒店越来越注重创建自己网站。自建网站是开展酒店网络营销的基础，它促进了酒店品牌推广、产品与服务展示、信息发布、网上预订、顾客服务等电子商务活动的开展。酒店网站所提供的网上预订，实际上是一种 B2C 服务。酒店直接面向客人，为酒店开展客户关系管理、深入挖掘有价值的客户创造了有利的条件。虽然自建网站的预订业务不能完全替代全球销售系统和中央预订系统的作用，但在很大程度上可以降低由于全球销售系统和中央预订系统所带来的交易成本。

酒店自建网站所带来的益处是显而易见的。

（1）通过网站推广提升酒店形象。酒店建立自己的网站并不能马上使酒店的销售业绩上升，其初始作用更类似于酒店在报纸和电视上所做的宣传，不同之处在于酒店网站容量更大、成本更低，酒店几乎可以把想要对外发布的信息都放入网站，然后借助各种广告宣传酒店的网址，吸引客户访问网站的内容，达到提高酒店知名度的目的。

（2）利用网络的双向性和多媒体功能加强酒店的广告宣传。传统媒体的信息传递是单向的且信息量有限，广告受众只能被动地接收信息。而网络的信息传递是双向的且内容丰富，网站能够利用文字、图片、动画等多媒体手段来宣传自己的产品，并可在最短的时间内更新内容，为酒店销售的广告宣传开辟了新的渠道。

（3）通过信息发布系统、预订系统和支付系统实现了电子商务功能，达到酒店提高预订率和降低交易成本的目的。

（4）利用网络互动功能，能够服务老客户并争取新客户。由于互联网的开放性，使得客户可以主动地找到酒店网站，只要酒店能够利用网络营销手段将酒店网址推介出去，就能使潜在的客户很容易找到酒店网站，为酒店争取新客户带来了便利条件。同时网站还可以提高对老客户的服务质量，通过在线咨询、网站论坛、调查问卷、电子邮件等手段，既可以回答大多数客户关心的问题，又可以得到大量的客户反馈意见和建议，有效地提高了客户满意度，也为酒店开展客户关系管理打下良好的基础。

（5）通过互联网最大限度地获取市场动态信息，有助于酒店对市场进行细分和设计出

独特的产品，扩大产品差异性。

（6）通过与其他酒店、航空公司、汽车租赁公司、豪华游轮、旅游景点、文艺、体育和娱乐公司等旅游企业的相互超链接，实现网上数字联盟，共同提升销售业绩。

酒店建设网站的过程中，很重要的一个环节就是网络营销，它可以帮助酒店提高知名度、扩大客户群、提供个性化服务、增加销售额、提升客户满意度，进而提高酒店的竞争力。酒店网站通过搜索引擎优化、网站资源合作、网络广告、许可电子邮件营销、博客营销、微博营销、会员制营销等网络营销手段促进酒店网站的推广和酒店业务的拓展。

四、借助旅游电子商务平台开展酒店电子商务

对于中小型酒店，由于资金和技术力量的限制，自己建立和维护网站有一定的困难，可以借助第三方旅游电子商务平台来发布信息和开展预订业务。这种营销业务外包模式能有效弥补酒店营销能力的不足，降低营销成本，提高租房率。

1．旅游电子商务平台

旅游电子商务平台通常由专业的网络公司建设和运营，它们拥有强大的客户数据库和大量的潜在市场信息，会在不同地区甚至不同国家设立办事处，开展有针对性的促销活动。据报告，在 1999 年，全球酒店业通过第三方电子商务平台获得的客房销售收入占全部收入的 2%，到 2006 年，这个比例提高到 8%，到 2008 年，这个比例达到 12%，呈逐年升高的趋势。由此可见，越来越多的酒店意识到第三方电子商务平台能为酒店的销售带来更多的客户，在销售客房方面具有很大的优势。通过电子商务平台所提供的预订服务，实际上是一种 B2B2C 服务，即酒店-电子商务平台-客人的销售模式，酒店不需要单独开发预订系统。酒店利用电子商务平台的优点有：①无须投入大量资金创建和推广网站，也不需要高薪聘用维护网站的技术人员，只需购置最基本的联网设备，将酒店的信息上传到电子商务平台，就可发布信息。②酒店选择具有很高知名度的旅游电子商务平台，也就选择了一条成功的销售渠道，这是由于这种平台已经拥有很大的客户群，它的访问流量和预订量都非常大，并且拥有一支专业的网络营销队伍，能有效地提高酒店的销售水平。③费用低，酒店只需交纳年费和预订佣金，并且可以参加电子商务平台推出的营销活动（如积分优惠等），吸引更多的客户。其缺点是平台上的信息众多，中小酒店很难受到重点关注，而且由于平台规定了酒店发布信息的标准格式，酒店难以体现个性化信息。

酒店与旅游电子商务平台运营公司之间的销售模式通常有 2 种：①零售模式，这种模式是酒店拿出一定数量的客房给运营公司经销，运营公司可在酒店规定的底价上，提高一定百分比价格向市场出售，当售出一间客房时，运营公司把酒店规定的底价付给酒店，留下提高的部分作为公司的收入。②代销模式，指的是酒店拿出一定数量的客房给运营公司代销。客房价格由酒店决定，酒店通常会给运营公司 10%～25%的佣金。两种模式相比，代销模式的好处是酒店完全掌握客房的定价权，使得同类客房无论通过什么渠道，其价格都保持一致，有助于维护饭店的整体形象。零售模式的好处是电子商务平台有一定自主权

和积极性。酒店一般愿意采用代销模式，但在市场需求较低时，酒店为了减少空置率，也会采取零售模式，给出底价，给电子商务平台的运营公司决定销售价格的权利，调动它们销售的积极性。

2．酒店在电子商务平台上的应用流程简介

酒店在旅游电子商务平台上开展应用，首先要注册为会员，然后就可以在平台上发布酒店的促销信息，并开展预订业务。

（1）会员制管理。酒店要利用电子商务平台销售客房，需要通过资信审查并与其签订协议，成为旅游电子商务平台的会员并交纳一定的会费。电子商务平台对会员的管理分为会员自身管理和运营公司对会员的管理。会员自身管理是指会员注册成功后，对自己的资料、密码等信息进行查看、修改、删除等操作。运营公司对会员的管理主要是审查/批准会员资格、查看会员资料、暂停/注销会员资格，以及对会员的登录情况、信息发布情况和预订情况的管理与统计分析。

（2）信息发布。旅游电子商务平台的信息发布系统的功能主要分为3个方面。①从酒店使用的角度来看，酒店通过用户名和密码登录到系统，然后将酒店基本情况、客房的房型等详细介绍、房价（房价根据淡季、平季、旺季、特殊季等对散客、团队、旅行社报不同的价格）、本次报价的有效期、促销信息（打折、优惠活动等信息）上传到电子商务平台的信息发布系统上，并且可以随时对所发布的信息进行添加、修改和删除等操作。②从用户查询的角度来看，游客、团队、旅行社分别用不同的登录名和密码访问电子商务平台，按一定的组合条件查询，系统自动列出符合查询条件的酒店列表，客户点击列表中的酒店名称和酒店报价信息，就能看到酒店介绍和客房价格。对于房价的详细信息，不同的用户（散客、团队、旅行社）只能看到与自己身份相符的报价。③从旅游电子商务平台的角度来看，运营公司一方面负责维护信息发布系统，尽可能保证无故障地把酒店的详细信息通过互联网呈现给用户，让这些用户充分、全面地了解酒店的优势与特点，另一方面负责对公开发布信息的审查，这是因为国家从信息安全的角度出发，要求网站要对发布的信息进行监管。

（3）预订处理流程。游客或旅行社有酒店预订需求时，登录旅游电子商务平台，可以按目的地、酒店星级、价格等组合条件查询酒店，同时平台也支持模糊查询；在查到的酒店列表中选择酒店，然后进一步查看酒店的详情和价格，如果不满意可返回列表重新选择其他酒店；如果满意就可对选中的酒店进行客房预订，填写预订信息、用户名和密码并提交；电子商务平台对提交预订的用户信息进行验证，把通过验证的预订信息存放到酒店预订信息库中并用短信或电子邮件通知预订者，表示收到预订申请，对没有通过验证的预订，要求重新输入用户信息；电子商务平台的管理人员进行后台管理，随时查看新预订，并对订单进行真伪判别，删除虚假订单；对于真实订单，以电子邮件或传真等方式通知酒店处理订单，平台管理人员可随时查看历史订单记录和处理情况；酒店收到通知后，登录平台，查看并处理订单，回复游客或旅行社，确认预订或说明拒绝预订的原因；平台将已处理的订单自动标注接受预订或拒绝预订的信息。

酒店利用旅游电子商务平台进行信息发布和开展预订业务的应用流程如图4-15所示。

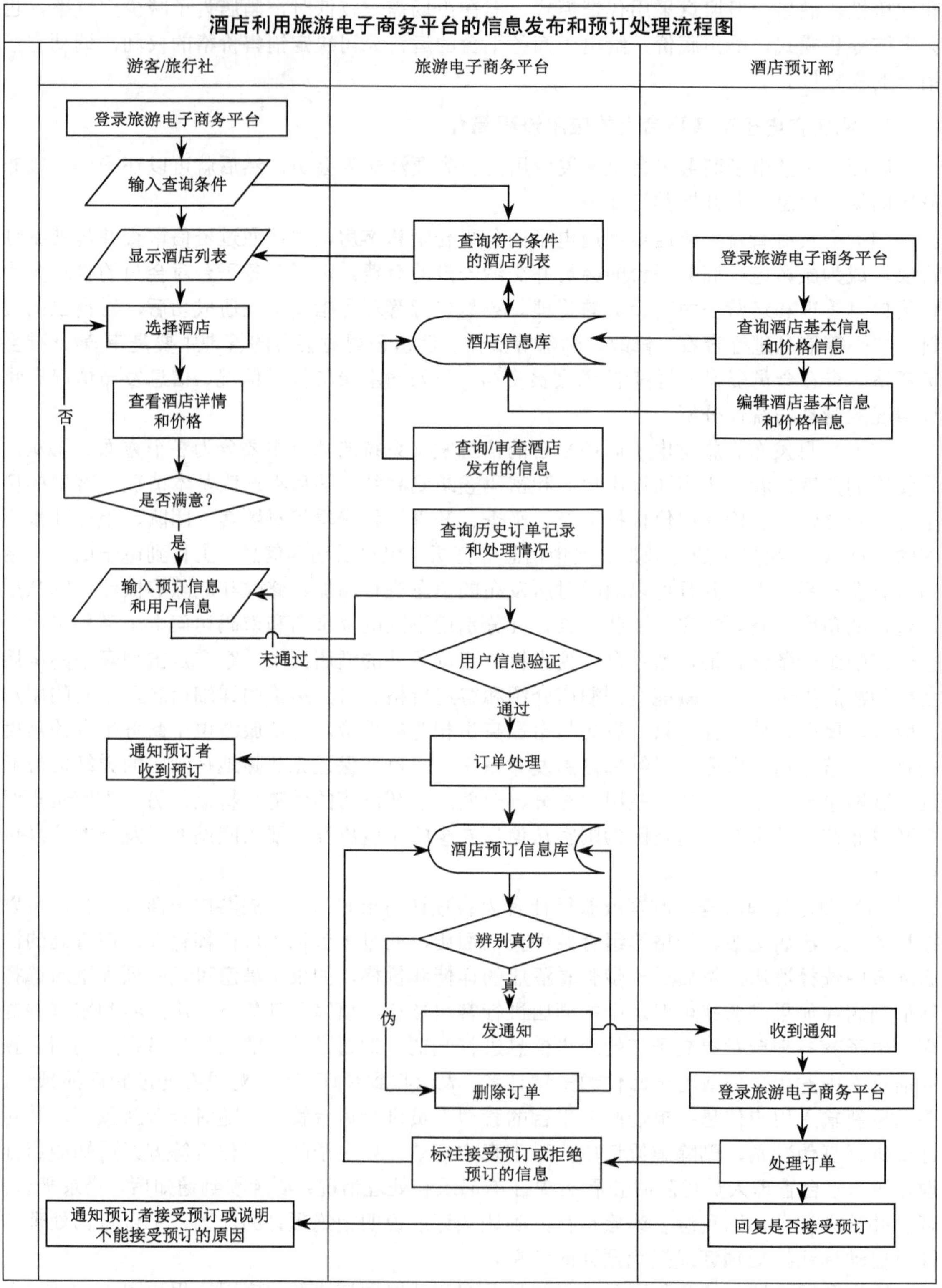

图 4-15　酒店在旅游电子商务平台上的信息发布和预订业务的应用流程

小资料

电子商务最大的特点是整个商务交易过程的电子化和自动化，而要实现这点必须依赖于各种各样信息系统之间的协作和衔接。管理信息系统可以看作是电子商务的基础，并且是企业电子商务和政府部门电子政府的核心。如果将网络基础设施比作信息高速公路，那么各类信息系统就是林立于信息高速公路两侧的高楼大厦，而穿流于各类信息系统之间的信息就是行驶在信息高速公路上的各种车辆。只有高楼林立的城镇不断涌现，信息高速公路才会变得日益繁忙。

复习思考题

一、单项选择题

1. EDI 标准的数据格式必须用（　　）的标准编制各种商业资料。

A. 规范　　B. 格式化　　C. 统一　　D. 个性化

2. 电子商务系统应用的 3 个层次是指（　　）。

A. 售前、销中和售后　　B. 网上商城、网上支付和物流配送中心

C. 展示、交易和服务　　D. 在线咨询、在线交易和在线支付

3. 电子商务通常是在 3 类群体之间进行，他们分别是（　　）。

A. 散客、团体和 VIP 客人　　B. 少年、中年和老年

C. 企业、教育和医疗　　D. 企业、政府和个人

4. （　　）防止对交易相关信息的篡改。

A. 数字证书技术　　B. SSL 协议

C. 数字签名技术　　D. SET 协议

5. 关于商品分类和商品编码的理解，正确的是（　　）。

A. 为了标准化，商品分类只能依现行的商业分类规范而定

B. 为了系统检索方便，需要制定合理的商品编码规则

C. 商品编码是系统内部的事情，只要实现每种商品一个码就行了

D. 为了保证信息的完整性，商品分类一旦建立，基本上就固定不变了

6. 网上支付在电子商务系统的运营中（　　）。

A. 可不考虑　　B. 要考虑，但不重要

C. 要考虑，无所谓　　D. 要考虑，非常重要

7. 改进和完善电子商务平台是（　　）。

A. 创新的需要

B. 业务策略的需要

C. 新需求的出现

D. 除以上三者外，还有竞争的需要、客户的需要等

8. 电子商务客户服务的目的是（　　）。

A. 培养客户的忠诚度，以获得最大经济效益

B. 迎合客户消费心理需要，可不计成本

C. 为产品售后服务提供支持

D. 为产品售前服务提供支持

9. 电子商务产品的形式是（　　）。

A. 虚拟产品　　B. 实物产品　　C. 数字产品　　D. 以上3种产品

10. 电子商务的交易过程可以分为（　　）

A. 交易前和交易后　　B. 电子数据交换和售后服务

C. 交易前、交易中和交易后　　D. 以上说法都不对

二、填空题

1. 电子商务发展主要经历了基于（　　）、（　　）、（　　）等3个阶段。

2. 电子商务从应用和功能的角度来看，可以分为3个层次或3S，即（　　）、（　　）、（　　）。

3. 按电子商务的交易对象分类，电子商务的主要应用类型有（　　）、（　　）、（　　）、B2G和C2G等5种类型。

4. 数字签名的操作过程是首先将要发送的信息通过（　　）形成信息摘要，然后再用发送者的（　　）加密，生成的结果附加到原信息上去，就生成了原信息的（　　）。

5. 酒店在电子商务平台上的应用流程包括（　　）、（　　）、（　　）等3个部分。

第五章

酒店前台业务流程重组

能力目标

- 能解释酒店前台主要业务流程
- 能应用业务流程重组的方法对酒店前台业务流程进行再造

知识目标

- 了解流程和流程再造
- 理解流程再造的一般过程和方法
- 掌握利用信息技术对前台主要业务流程进行流程再造

第一节　流程再造的概念

一、流程与流程再造

1. 业务流程和特点

流程（Process）的一般含义是：一系列相关的人类活动或操作，有意识地产生一种特定的结果。根据流程的基本含义，我们将旅游业务流程理解为一个或一些旅游主体为了达到一定的业务目的、按照一定的方式和顺序所展开的各种与旅游有关的活动的逻辑过程。旅游业务流程具有以下特点：①目的性。这种目的性主要体现在通过为游客提供服务来获取一定的经济收益。②关联性。酒店、旅行社、景区、交通等不同类别的企业业务流程彼此相关，相互影响，不同旅游企业业务流程的相关性主要是通过为游客提供服务建立起来的。③复杂性。酒店流程、旅行社流程、景区流程等不同流程彼此交互在一起，具有多个层级、多种结构，从总体上看异常复杂。④开放性。只有当不同类型企业的流程建立了适当的相关关系以后，各个流程才能正常运转。

2. 流程再造

业务流程再造（Business Process Reengineering，BPR），也被称为流程再设计（Business Process Redesign，BPR）或组织再造（Organizational Reengineering，OR）等。关于这一概念，目前已有许多定义，但以哈默和钱皮所给出的定义最为著名，也得到了多数人的认可。根据哈默博士和钱皮博士的定义，“业务流程重组就是对企业的业务流程（Business Process）进行根本性（Fundamental）的再思考和彻底性（Radical）的再设计，从而获得在成本、质量、服务和速度等方面业绩的戏剧性（Dramatic）改善。”其中，“业务流程”、“根本性”、“彻底性”和“戏剧性”被许多学者认为是业务流程重组定义所关注的 4 个核心要点，也是对流程重组特征的最为本质的概括。

一般来看，流程再造主要涉及以下内容：

（1）流程再造是对原有流程的一种改造。一种较为有影响的看法是，流程再造是一种对现有流程的根本性变革，而不是一般性的改良。

（2）流程再造要以顾客需求为依据。顾客需求是进行流程再造的出发点和归宿点，是指导企业进行流程再造的根本原则。

（3）流程再造以提高效率为目标。效率的提高是企业进行流程再造的目标，不论是从满足顾客需求的角度来讲，还是从增加企业的收益来讲都是如此，虽然在现实中这两方面有时会有一定的矛盾，如为了满足少数顾客的特殊需求会降低企业的盈利，但是对于企业来讲，尽量提高满足消费者偏好目标的效率，则是流程再造的核心要求。

（4）流程再造需要考虑技术问题。采用先进技术有利于提高流程运作的效率，因此现代企业流程再造均强调技术的采用，尤其是网络信息技术的运用。如果说过去的流程再造仅仅是对流程骨骼系统的改造，那么采用网络信息技术的流程再造就不仅是对骨骼系统进行再造，而且是对流程的神经系统进行再造。也正是由于网络信息技术的采用，产生了现代流程再造的需求，也使得现代流程再造区别于传统的流程再造。

（5）涉及组织等相关问题的改造。现代企业流程再造不仅涉及业务活动的改变，而且需要对流程相关的组织、权力、利益等结构进行变革，只有对企业的整体进行过科学的和系统的改造，才有可能最大限度地发挥新技术和新流程所具有的效率潜力。

流程再造涉及两种基本模式：激进的改革和系统的改进。前一种方式认为企业现有的业务流程是企业效率低下的根本原因，所以要提高企业的效率，就必须从零开始对现有的业务流程进行根本性的再造；后一种方式主张在现有流程的基础上进行不断的改善，所以比前一种方式温和。与此相适应，流程的重新设计有两种基本模式：一是系统化改造法（Systematic Redesign），即分析理解现有流程，系统地通过在现有流程的基础上创建新流程。二是全新设计法（Clean Sheet Approach），即从根本上重新考虑产品或服务的提供方式，在一张白纸上重新设计流程。

在流程再造初期，人们更多倾向于激进模式。但是在较高的失败率面前，人们开始对流程再造进行反思，逐渐认识到：虽然现实的企业工作方式对于技术和市场的发展具有一定的妨碍，但是传统的组织分工理论并没有过时，在现代企业里依然具有很强的生命力，它的许多功能是流程再造所不具备的。试图全面抛弃传统的组织管理理论，寻找或者制造出一种全新的企业组织管理理论是不现实的。

二、诊断评价

企业流程再造的一般过程是：对现有流程进行诊断评价、选择关键流程、对流程的重新设计以及对流程进行优化，在新流程实施以后，还需要对其不断地进行维护和改进。在不同的阶段，需要运用不同的方法。

对现有流程进行诊断和评价是企业进行流程再造的基础性工作，它可以为企业流程的重组指明战略的方向和重点，提高流程再造的成功率和新流程的运行效率。对流程进行诊断和评价的方法有很多，如鱼骨图方法、ABC 方法、质量功能配置思想等，每种方法都有其特点，现实中需要针对不同情况灵活选用。

1．对现有流程进行诊断和评价的意义

企业诊断是指对于企业现状所进行的全面、清晰的确认，找出企业的优势与不足，确定未来进一步发展的基本方针。企业在进行流程再造之前，需要对企业自身的流程进行诊断。通过企业诊断，可以为企业实施流程再造指明方向，并确定实施流程再造的适当时机、再造的重点以及再造的范围。根据企业诊断的结果，还可以为企业确定流程再造的策略和今后经营所应采取的具体措施。企业诊断无论是对企业宏观发展方向的调整还是对微观层次的操作改革都有重要的意义。

2．诊断的主要内容

（1）企业全面诊断。对企业进行全面的诊断，这类诊断工作量大、诊断范围广、所需时间长，但有利于全面了解和解决企业所存在的各类问题。

（2）企业组织管理诊断。这一诊断包括企业制度的适宜度、组织的效力、组织的凝聚力、组织接受新事物的能力等。

（3）企业战略评估。企业战略的制定是否完善、战略方向是否合理、战略目标是否得当、战略资源是否充分、战略手段是否具备、战略实施是否合适、战略时机是否适宜等。

（4）企业市场营销体系诊断。这一诊断包括企业总体业务或某项业务的市场规模分析、市场主导企业的分析、市场占有率的变化、市场竞争条件、市场进入和退出的条件、得失分析等。

（5）企业文化建设诊断。对企业文化的诊断主要有 4 个方面的内容，即价值观、工作态度、各种培训、企业文化生活等。企业文化也反映了一种管理方式，它强调企业内部各成员的行为控制通过价值取向的内化和优化来实现。所以，企业文化的诊断也就是一种对管理的诊断。

（6）人力资源诊断。企业人力资源结构是否合理、使用是否恰当、人才的引进和培训计划是否得当、激励机制是否完善等。

（7）产品诊断。产品的长处和短处、产品的寿命状况、相关产品分析、产品所有权和技术革新程度等。

（8）技术诊断。企业所采用的技术是否最新，是否可以实现经济效益，是否符合要素最优利用的原则，行业的技术状况，新技术的发展趋势，采用技术与企业环境、行业环境、社会环境的适宜度等。

（9）财务诊断。它涉及投资效益分析、机会成本分析等。

企业诊断的内容是非常广泛的，不同行业、不同企业、不同的诊断目标其具体的诊断

内容可能不同，使用的方法也会有差别。

3．诊断工作的5个阶段

（1）咨询阶段。咨询阶段是咨询任务的启动阶段，在这一阶段，诊断者将与客户进行初步接触，了解委托任务的大致内容。它既可以是一个独立的项目，也可以是完整咨询项目的一个阶段。咨询任务的结束并不代表诊断者与客户的关系的结束，一般情况下咨询者会在任务结束后的较长一段时间之内，定期对客户的公司进行一次短暂的访问。在访问的过程中将评述实施的进程，协助客户采取需要的纠正措施，研究是否有新的问题出现。

（2）深入诊断阶段。这一阶段工作的目的是要深入细致地诊察客户企业面临的问题和追求的目的，识别引起和影响这些问题的因素和要点，并且为找到解决问题的方法准备所有必要的信息。在这一阶段的主要工作内容有两点：①对问题和目的的重新诊断，针对客户的委托任务，对客户企业进行更深入和全面的了解，通常需要到客户企业进行实地的考察。②进行情况分析，研究所提出的问题与企业目标之间的关系，进而弄清客户企业进行革新和有效解决问题的潜力。

（3）方案设计阶段。这一阶段的工作内容包括研究所诊断问题的解决方案、对所提供的解决方案进行筛选、给客户提出建议、对客户选择的方案做实施方面的准备等。这一阶段的工作特点是需要更多的创新和创造，并且需要客户企业内部的人员更多地介入，这不仅是由于解决方案必须适应客户企业的独特环境，还因为客户的配合和参与可以给客户企业的员工提供一次良好的培训机会，当咨询师撤出客户的企业以后，客户的员工可以更容易地实施设计方案。

（4）辅助实施阶段。这一阶段的工作内容包括培训客户的员工，向客户的员工介绍实施阶段的工作内容和操作要点；与客户共同监督实施过程中组织的反应和环境的变化；协助客户克服实施过程中遇到的各种困难。实施阶段是流程改造过程中的一个重要阶段。因为实施中可能会出现技术和其他困难；客户对问题理解得可能不很清楚；实施过程中环境会出现某些变化，需要对实施方案进行调整。

（5）结束阶段。结束阶段需要提交最终报告，通常还会在这一阶段安排一次口头汇报。最终报告的内容包括简要回顾前面几次报告的主要内容，详细叙述上一次报告以来的情况，对方案实施的效果进行评价，对客户在未来应该做的或应该避免做的事情提出建议。

4．流程诊断方法

对企业流程进行诊断有很多方法，对于不同的诊断者或不同的企业来讲，最佳的诊断方法可能是不同的。现实中常用的方法有鱼骨分析法、基于活动的成本分析法、质量功能配置思想、时间动作研究、帕累托图、标杆法等。

（1）鱼骨分析法。鱼骨分析法是一种识别流程病症、寻找流程再造方向的有效方法。这一方法不仅能够帮助人们分析流程的现状，而且还可以帮助人们找到影响流程效率的潜在因素。鱼骨分析法最早是一项管理决策技术，广泛运用于计划的制定当中，也是管理学中广泛应用的“5W+2H”分析的另一种表现形式，即What（做什么）、Why（为什么做）、When（什么时候做）、Where（在什么地点和环境下做）、Who（谁来负责做）、How（怎样做）、How much（预算是多少）。

鱼骨分析法的一个基本功能，是可以分解复杂的系统，将其表示为详细、具体和可操作的部分，并显示系统中各种成分的关联关系。通过对复杂系统的分解，可以帮助人们认识系统构成及其内在关系，从而帮助人们预测在何处可能发生何种问题，并由此帮助人们开发出解决这些问题的方法。许多企业对于一些显而易见的问题往往熟视无睹。通过恰当地使用鱼骨分析方法，可以使得人们明确所面临的问题，做到防患于未然。

（2）ABC 法。ABC（Activity-based Cost，ABC）法也称为基于活动的成本分析法，是一种以活动为单位进行成本计算的方法，主要通过对不同活动的成本耗费进行分析来协助企业领导进行经营管理和对流程体系进行持续改进。事实上企业的经营过程是一系列活动的集合，要完成一定的活动就要消耗一定的成本和时间，相应地也可能创造出一定的价值。如果这些活动能够为最终的产品生产和服务创造价值，或者说这些活动具有“效用”，就称之为“增值性活动”；如果这些活动不能为最终产品的生产和服务创造价值，就称之为“非增值性活动”。运用 ABC 法，可以将企业再生产中所耗费的各种费用和时间与各种具体活动有机地联系起来，使企业经理人员和员工了解哪些活动是“增值性活动”，哪些活动是“非增值性活动”，了解活动中的过失以及这些过失所引致的成本与时间耗费。

（3）质量功能配置思想。质量功能配置思想是一种将满足客户需求作为最终产品和质量的标准，并将这些标准配置到生产流程和计划中去的方法论。质量功能配置思想最早产生于 20 世纪 70 年代的日本，它是追求产品最大化、满足用户要求的产物。随着社会经济的发展，市场需求越来越个性化，竞争也越来越激烈，使得企业必须从客户需求的角度出发，仔细分析客户的需求，将这些客户需求与产品特征联系起来并配置到作业流程和生产计划中去。把过去的“满足设计需求”改变为“满足客户需求”，把“企业生产什么，消费者就消费什么”变为“客户需要什么，企业就生产什么”，这就是质量功能配置思想。可以说，这种思想的产生是市场引导企业发展这一趋势的必然结果。

质量功能配置思想是一种从客户需求出发，将客户需求分解并融合到产品开发和生产过程中，由客户需求来驱动生产和服务的方法。通过需求分解，比较流程和作业的现状，就可以找到现有流程和作业的问题，为流程的改造奠定基础。由于这一方法的基础在于市场需求驱动，所以使用这一方法对企业进行诊断一般需要分三步进行，第一步是市场调查，第二步是需求配置，第三步是比较流程。

（4）时间动作研究。时间动作研究起源于泰勒的科学管理理论。所谓科学管理是将工人的劳动动作精确计算出来，区分出必要动作和多余动作，按照必要动作所需的时间计算生产所需要的总时间，以此作为衡量生产效率的标准。时间动作研究应用于流程诊断的基本思想与泰勒的科学管理理论的基本思想从某种意义上讲是一致的，都是将动作进行一定的分解，并将其与时间耗费联系起来，在此基础上可以清晰地看出流程中每种活动是否具有增值性，找出流程中不同活动的存在价值。

时间动作研究还可以用于研究流程作业的效率和组织效率，即发现流程中哪些时间是浪费的，哪些是对目标有用的。具体方法是将业务活动中的增值活动时间与非增值活动时间进行比较，如果比值较大，说明业务活动进行得有价值，整个业务流程就比较合理，反之就不太合理。

（5）帕累托图。帕累托图是一种按照发生频率进行等级排序的直方图，又叫排列图。它是将每个价值贡献因子或者问题因子，从最主要到最次要的顺序排列的一种工具，它显示可以识别原因的种类和造成结果程度的值（又称量值），以表明哪些原因是主要的、哪些因素是次要的，以及主要和次要的程度如何。

使用帕累托图可以揭示贡献因子和贡献值之间的相互关系。无论是在自然界还是在人类社会，一般来说两个有关集合中的元素并不是均衡地一一对应的，往往是非均衡对应的。这样就决定了影响因子的权重不同，即自变量因素具有主次之分。帕累托原理的核心思想，就是要关注主要问题。利用帕累托图，可以找到主要问题或主要贡献因子，在此基础上，可以将资源集中在解决主要问题上，从而达到事半功倍之效。使用帕累托图进行流程诊断，就是要找出影响流程的关键问题或主要因素，然后解决这些主要的问题，使流程更有效率。

（6）标杆法。标杆管理法（Bench Marking）又称基准管理，就是将先进企业的先进做法、指标等作为标准，通过和自己企业进行对比找到不足和差距，从而有针对性地进行改造，以达到提高企业素质的目的。

标杆管理法本质上是一种面向实践和过程的管理方式，同时也是一种直接的、中断式的渐进管理方法。标杆管理通过有目标的学习过程，使得企业重新思考和设计自己的经营模式，以提高自身的效率。通过借鉴先进的模式和理念，再进行本土化改造，创出适合自己的全新最佳经营模式，这实际上就是一个模仿和创新过程。由于标杆管理要求标准是开放的或者是可得的，所以标杆管理在本质上是一种开放性的管理方法。

标杆管理法可以分为 4 种基本类型，即内部标杆管理法、竞争标杆管理法、职能标杆管理法和流程标杆管理法。只有全面理解和掌握不同方法的内涵，才能在企业使用标杆方法时不产生偏差。

三、选择关键流程

企业一般具有多种相互关联的业务及流程，各种流程相互交织、彼此影响，构成一个多层次、多类型的流程体系。不同的流程，对于企业生产和服务所起的作用大小是不同的，其中一些流程对于企业的生存和发展起着关键和主导作用，而另一些流程可能只起到辅助作用。如果在流程管理和再造过程中，能够抓住关键流程，找出关键问题，往往就可以使流程的管理更有效率，或者使流程的再造事半功倍。

1．流程与关键流程

关键业务流程是指对于企业经营业绩的提高具有关键作用的流程。关键业务流程与核心业务流程都强调流程对于企业生产和服务的重要性，强调流程对于客户或市场影响的重要性，所以二者在本质上是相同的。但是核心业务流程和关键业务流程也有一定的区别。核心业务流程一般是指对于企业价值增值具有最为重要作用的流程，它是形成企业核心竞争力的基础。关键业务流程有两种理解，一种理解是将其等同于核心业务流程，另一种理解是指对于企业提高效率制约最大的流程。核心业务流程和关键业务流程对于企业效率的提高都具有重要作用，但核心流程本身的效率不一定是低的，当前运行的状态不一定是非良性的；而关键业务流程可以是指处于低效状态的流程，并且由于其低效所以成为制约整个企业效率提高的关键因素。

由以上所述概念可知，在企业环境不变的情况下，一个企业的核心流程一般是稳定的，在企业的发展战略和技术路线没有发生根本性变化时，企业的核心流程一般不会变化，但对于企业的关键流程而言，它具有较大的可变性，会随着时间的推移和流程改变而不断地变化。当制约企业发展的主要矛盾经过流程再造解决以后，新的流程又会成为制约企业效率的主要矛盾，从而变为制约企业发展的关键流程。

从长期或发展的角度看，流程都是需要不断再造的，所以在现实中核心流程与关键流程可能往往是相同的。有鉴于此，在一般的论述中不再对两者进行区分。

选择关键业务流程的重要意义在于为企业的流程的管理和再造指明方向。一个企业在流程再造的过程中，由于资源、组织、知识、人员素质等条件的限制，很难对所有流程同时进行再造，在这种情况下，选取主要的流程进行再造，可以做到事半功倍、纲举目张。尤其是对于中小型企业来讲，如果只对关键流程进行再造，不仅易于操作，而且更加经济和可行。具体来讲，抓住主要流程进行再造有以下两点好处：①抓住了主要矛盾。企业内部的流程相互之间是有连带关系的，抓住了主要流程，就抓住了主要矛盾，就可以纲举目张。将主要流程的问题解决了，其他业务流程的问题也会迎刃而解。②事半功倍。抓住主要流程，可以使企业的业务流程改造达到事半功倍的功效。因为关键业务流程或者是影响企业生产效率的主要因素，或者是影响企业市场扩张的主要因素，或者是影响客户关系的主要因素等。将这些问题解决了，企业的效率就会得到很大提高。

2．选择关键流程的方法

（1）绩效重要性矩阵。关键业务流程一般对于企业绩效具有重要影响，因此通过流程绩效水平可以选择关键业务流程。绩效重要性矩阵是一种将企业业务流程与绩效水平结合起来的一种方法。矩阵有两个维度，即横坐标表示绩效水平，纵坐标表示重要性。矩阵分为 4 个象限，表示企业的 4 类流程。第一象限表示重要性最高，但绩效很低，是影响企业效率提高的关键流程。这样的流程必须进行改造。第二象限表示重要性很高，绩效也很高。这类流程对于企业没有什么负面影响，应当给予保持。第三象限表示重要性低，绩效也低，可以暂时不用改造。第四象限表示绩效很高，但重要性较低，这类流程也可以暂时不用改造。通过使用绩效重要性矩阵，可以甄选出需要重点改造的业务流程，为企业的下一步工作打好基础。

（2）成本收益矩阵。成本收益矩阵是通过对流程的价值贡献和成本的比较来选择关键业务流程。就流程再造而言有 4 种基本情况：

1）如果流程再造的预期收益很高，而再造的成本很低，或再造的风险很低，那么可以将其视为关键流程，需要加速该流程的再造。

2）如果流程再造的预期收益很高，但再造的成本也很高，或再造的风险很大，对于这类流程，需要进行认真的分析，首先要研究是否存在降低其再造风险和成本的可能性，如果目前不存在更好的方法，对此类流程进行再造就需要慎重。

3）如果流程再造的预期收益很低，但再造的成本很高或风险很大，则不宜对此类流程进行再造，或者应当推后考虑。

4）如果流程再造的预期收益较低，但再造的成本或风险也很低，那么此类流程是否要进行再造，应当再综合考虑其他的指标。

使用成本收益方法选择再造关键流程的成效取决于两个基本方面，即收益和成本的确定。

（3）学习五角星法。学习五角星法是一种通过 5 个方面的因素进行分析来甄选关键业务流程的方法。这 5 个方面就是：顾客、供应商、员工、标杆企业、咨询顾问。这几方面的关系可以用一个五角星来表示，所以称为五角星法。在现实分析中，影响流程运行的因素并不仅仅局限于这 5 个方面，如政府对于某些企业的流程来讲，就具有重要的影响。在开放环境中，国际因素也显得非常重要，面对不同国家的不同政治体制，企业的投资、营销等流程可能在很大程度上是不同的。所以，五角星法在本质上更多地体现了一种多因素分析的思路。

（4）流程优先矩阵。流程优先矩阵是甄选关键业务流程的一种有效方法。这一方法是在调查研究的基础上首先确定一些企业成功的关键因素，然后根据流程的作用通过打分来确定其对成功因素的影响程度，最后根据其综合影响程度来判断不同流程对于企业生产经营重要性的高低。

四、流程设计和优化

在确定了关键流程以后，可以对流程进行重新的设计和优化。虽然在理论上流程的设计和优化属于不同层面的工作，但在实际工作中，流程的设计总要以现有工作为基础，而优化同时也是对流程的不断再设计，所以有关流程的设计过程往往也就是优化的过程。正因为如此，二者在采用的方法上也往往具有相同的选择。流程设计与优化的相关性，提示人们应当以不断发展的眼光看待流程。

1. 业务流程分类和结构

流程可以从多个角度进行分类，也可以根据需要从特定的角度进行区分。从企业的类型来看，旅游企业可以分为酒店、旅行社、景区、旅游交通等，不同类型的企业其业务特点是不同的，能够满足游客的需求也有所区别。酒店主要满足游客的住宿和餐饮需要；旅行社主要提供游客出行的便利；景区主要满足游客的参观和游览需求；交通提供游客能在空间不断移动的条件。不同类型企业的业务特点不同，再造的原则和重点也会有所不同。

流程设计的一个基本目的，是要确定和完善流程的功能，增加或提高流程的效率，因此功能应当作为流程设计时分类的主要依据。

根据流程的功能，旅游企业一般将业务区分为顾客直接提供服务的前台业务和间接为顾客服务的后台业务。一般情况下，旅游企业流程再造的原则应该是更加关注前台业务流程，通过改造前台业务流程来带动后台业务流程的改进，反过来，通过后台流程的再造支撑前台业务流程功能的完善和效率的提高。

2. 业务流程的基本结构

从业务活动的相互关系来看，我们可以将业务流程的基本结构分为以下几种：

（1）串行结构。串行结构是一种业务活动顺序展开的结构。串行结构的特点是各种业务活动依次展开，顺序执行。只有当前一项活动完成，后一项工作才能开始。

（2）并行结构。并行结构是一种各种活动可以同时展开的结构。并行结构包括有关联和无关联两种。有关联的并行结构是指一个流程的运行或是一项活动的进行要以其他一些流程的同时运行或活动的进行为条件；无关联的并行结构是指同时开展的流程或活动彼此无关，互不影响，只是为了提高效率和节省时间而同时展开。

（3）循环结构。循环结构包括自循环和过程循环。自循环是指一项活动或一项微小流程自身的反复进行。过程循环是指流程中的一些或全部活动规律性地从一项活动开始，经过一些活动过程后又回复到原来的活动状态。从企业的过程看，任何一项反复执行的流程都是循环结构，都是从某项活动开始最后又回复到原来的出发点，在一定条件下又重新开始。

（4）嵌套或包容结构。这种结构是流程中包含着流程。嵌套或包容结构在企业业务流程中表现为流程的层级关系。顶级流程可以向下分解出次级流程，再向下分解出更为次级的流程，直至分解到由一些不能再分解的“原子动作”组成的“原子流程”。

（5）混合结构。混合结构包含了以上所述的不同结构。在现实中，企业流程从总体上看一般都是混合结构，特别是对于大型企业来讲更是如此。这是由于市场需求的多样和不断变化，以及技术的复杂性和关联性所决定的。市场需求的多样性和技术的复杂性决定了企业业务的复杂性和管理的困难性，由此导致必须要有复杂的业务流程来处理这些事物。

3．流程设计

与一般企业相比，旅游企业在设计流程时需要注意以下几个要点问题：

（1）有效获取顾客需求。旅游业是服务行业，能够有效获取游客的需求信息是企业提供具有针对性服务的前提。

（2）流程设计要有充分的灵活性。由于顾客需求千差万别并且不断变化，所以旅游企业的业务流程就必须具有充分的灵活性，以便能够通过自身的调节来最大限度地及时适应顾客的各种新需求。

（3）流程设计要有开放性和关联性。旅游行业中的不同企业只有通过开展密切的合作才能为游客提供有效的服务，所以不同企业之间的业务具有天然的联系。这种联系决定了特定的旅游企业在设计自身流程时需要以其他企业的流程为前提，所以旅游业务流程的设计必须是开放的，不同企业的流程必须是相关联的。

（4）避免过于超前。流程的实际运作是有条件的，在现实中的企业由于各种原因可能无法达到先进流程的要求。设计者如果只注意流程的先进性而忽视流程实际运转的条件，就会造成先进流程过于脱离实际情况，结果在现实中由于流程过于超前而在推行中导致失败。

（5）追求形式化。流程的设计是为了使流程的实际运行更加有效，所以设计应当注意简单有效，而不是追求形式上的华丽。

（6）忽视企业职工的接受能力。流程是靠企业的职工来推动的，再好的流程也离不开职工的操作。流程设计中的一个很容易犯的错误，就是忽略企业职工的接受能力。这一方面是由于职工的知识结构需要重新随着新流程的推广而不断更新，另一方面则是由于新流程可能涉及一些职工的切身利益，需要在实际工作中进行化解。

4．流程描述方法

流程描述主要有文字方法和图形方法两大类。文字方法与图形方法各有利弊，在现实中我们常常将二者结合起来使用。无论是使用文字方法还是图形方法描述业务流程，都应当注意业务流程表达要简单明了、具有信息完备性，并考虑新技术的采用。

（1）文字方法。文字方式就是用文字对流程的内容和展开顺序进行描述。为了表明不同活动之间的逻辑关系，可以使用序号进行标记。

文字描述的流程与流程的文字文档虽然都使用文字，都是对流程本身进行描述，但二者具有很大的差别。文字描述流程主要说明业务活动的时序和逻辑关系，文档则侧重于业务活动关系的进一步说明，以增加人们对于流程附带信息的了解，如技术采用、标准和指标、制度规定等。因此，在实际工作中不能将二者混同起来，不能因为使用了文字描述流程就忽略文档的建立。

（2）图形方法。除文字以外，图形是一种经常用到的流程描述方法。图形方法使用图形语言描述流程，包括图和线两大类。其中不同的图代表不同的语义，线则表示一定的关系。将图和线按照实际的业务关系连接起来，就形成企业业务的流程图。图形语言中的图形、图像、图表、线段等工具是对客观世界中事物所进行的形象化抽象，所以图形方法描述流程具有直观、形象、容量大、便于观察、记忆和联想等优点，是形象思维有效的载体和中介。

现实中有多种类图形语言，如统一建模语言 UML 等，无论何种图形语言，从拓扑结构看，其所绘制的流程图一般都是点与线的集合，都是对客观业务关系的形象化描述。由于单纯的图形有时难以说明比较复杂的业务关系，所以在实际工作中往往将图形和文字结合起来描述流程。

5．流程的优化

可以有多种原因导致流程需要优化。比如，流程原本设计不完善、市场需求发生了变化、供应商变动、国家有关法律法规变革、企业内部体制僵化、技术落后等，有关流程的因素在发生变化时并不意味着都向坏的一面发展，也会有向好的一面变迁，如企业员工素质的提高导致原有流程相对落伍。不论什么原因，当流程的效率有所降低时，需要对其进行必要的优化，以提高其活力，保证企业能够健康发展。

流程的优化有时与流程的再造相一致，二者都是对原有流程的改进，二者的区别主要在于程度的不同。优化一般是指对原有流程一些较为轻微的不适之处进行改进，而流程的基本内容是与现实相适应的。流程的再造则是指对现有流程进行较为重大的变革，此时的流程已经与现实基本不相适应了。

流程优化存在 4 种基本方法：

（1）成本导向的流程优化。这种方法通过对特定流程成本的具体分析，旨在找出并减少那些诱致资源投入增加或成本上升的因素。成本导向是一种基本的流程优化方法，在一般企业流程的设计和优化中经常使用，尤其是对成本和价格影响较大的流程进行优化时，此种方法较为有效。

（2）时间导向的流程优化。这是一种旨在降低流程周转时间的优化方法。其特点是对流程中各环节所占用的时间进行深入的量化分析，努力压缩时间开支，提高时间效率。

（3）系统化流程优化。这是一种对现有流程重新设计的方法，现实中与流程再造类似。不同的是，再造着眼于长远，系统化优化注重短期。优化所使用的方法主要有消除浪费、简化整合以及采用自动化技术等。由于系统化优化方法涉及较多因素，所以比较适应于外部环境较为稳定的时期。

（4）再造性流程优化。这是一种时间较长、幅度较大、涉及面较广、影响程度较深的流程改进方法。该方法一般着眼于企业较长期的发展，强调对现有流程进行较大的调整，所以一般涉及的部门较多，投入的资源较多，参与的人员也较多。当外部环境发生较大变化时，一般微小调整不能改变流程不良状态时，企业倾向于使用此类方法改进流程。

总之，流程再造可以强化旅游企业以客户为中心的服务理念，尤其是信息技术的应用，为业务流程再造提供了全方位的技术支持，使旅游企业的服务质量得到了很大的提升。

第二节　酒店前台的主要工作流程

一、预订流程

1．接受预订

（1）电话预订：“您好，预订部/前台”（中英文），询问客人姓名、到店日期、入住天数、房型和间数、房价等。

（2）柜台预订："您好，先生/女士"（中英文），询问客人姓名、到店日期、入住天数、房型和间数、房价等。

2．查询客房流量并决定预订

（1）按照客人要求在酒店系统中查询客房状态。

（2）决定是否接受预订。

（3）在暂时无法满足预订时，完整记录客人预订需求，将客人列入等候名单。

（4）如果没有客人所需房型，向客人推荐其他房型。

3．确认预订

（1）询问客人是否是协议单位或协议个人，并询问单位名称。

（2）确认房价。

（3）确认到店时间、联系方式。

（4）记录保留时间：一般为下午 18:00，超过 18:00，柜台预订须收取一日房费作为预订金。

接受预订的工作流程如图 5-1 所示。

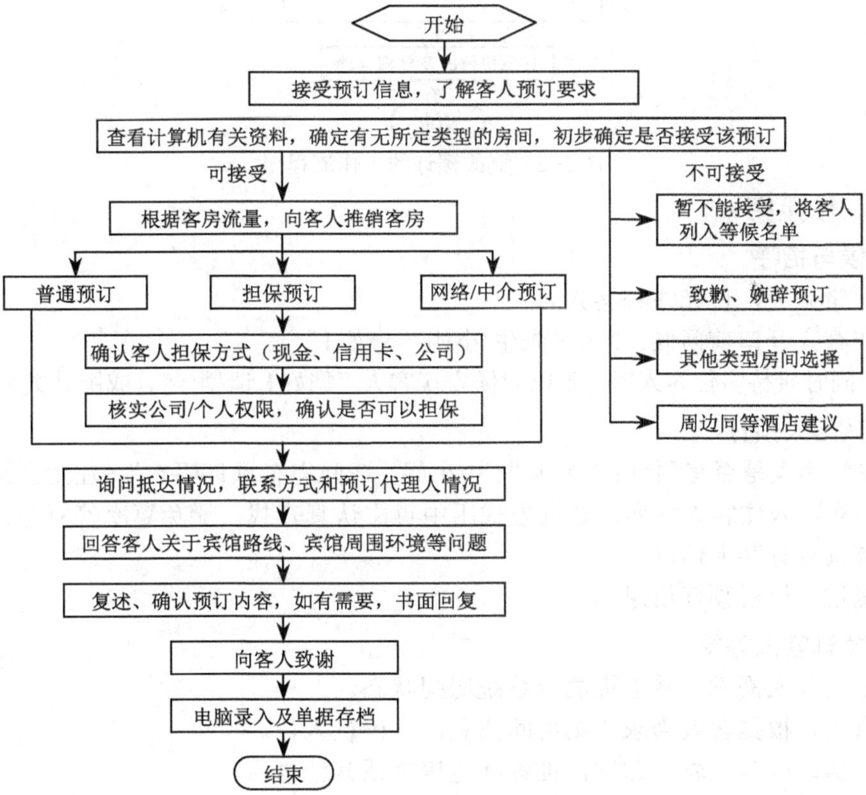

图 5-1　接受预订的工作流程图

4．预订的取消与更改

（1）客人要求取消订单，调出记录进行取消操作，可适当询问客人取消原因。

（2）客人要求更改订单时，查询客房流量，答复是否可满足客人需要。

（3）可以更改，复述更改内容，不能更改，请客人谅解，记录客人要求，列入等候名单。

（4）根据更改后的日期在计算机中保存更改或取消的信息。

更改预订的工作流程如图 5-2 所示。

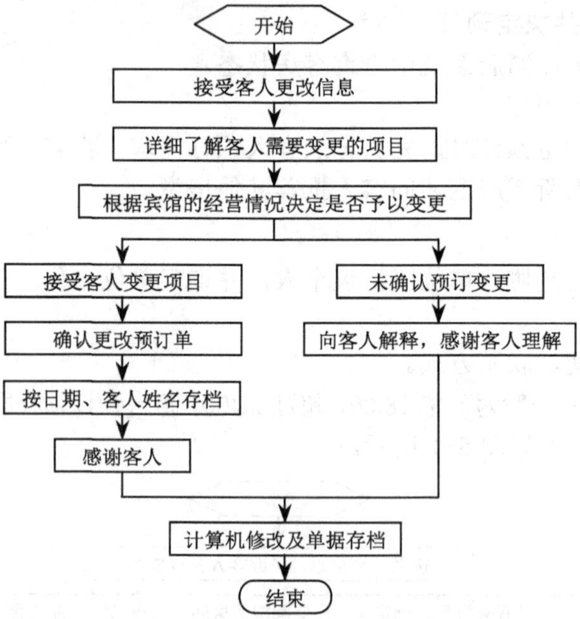

图 5-2　更改预订的工作流程图

二、入住接待

1．问候与招呼

（1）面带微笑，目光注视客人。

（2）在客人开口前问候："××先生/小姐，您好！"

（3）在同时接待多位客人时，可以问候安抚客人"您好！请稍候"，或用微笑和点头示意。

2．确认客人预订

（1）询问客人是否有预订："××先生/小姐，请问您有预订吗？"（注意区别预订代理客人姓名和实际入住客人姓名；查询方式用中英文认真查找，避免草率答复客人无预订）

（2）查询预订客人信息。

（3）复述、核对预订信息。

3．无预订客人等待

（1）询问客人需求，并查询酒店系统房间状态。

（2）有房，根据客人需求介绍房间信息，并确认入住。

（3）无房，向客人表示歉意，推荐其他房型或其他酒店。

4．登记

（1）请客人出示身份证件："××先生/小姐，请出示您的证件。"

（2）对无预订的客人，输入客人的信息，对有预订的客人调出预订信息。

（3）确认房型、房价和天数。

（4）再次核对客人的信息，确保无误。

5．分配房间

（1）有预订客人应立即在酒店系统中完成房间分配。

（2）无预订客人，根据客人需求即时选择分配合适房间，并立即在计算机中封定，避免重房。（尽量满足客人的要求，如无烟房、房间楼层、房间朝向、房间类型等需求）

（3）确认输入酒店系统中。

（4）制作房卡钥匙。

（5）预收押金，询问客人付款方式。现金自付要唱收唱付，申请信用卡预授权，检查信用卡的有效性、预授权凭证、客人签字等。检查支票有效性，并留下客人身份证复印件和联系电话。

6．递交住店资料

（1）与客人确认入住登记信息。

（2）递交房卡和押金收据。

7．其他帮助

（1）询问客人是否还有其他需要。

（2）告之客人房号含义、房间位置、前往路线及早餐时间、地点。

（3）必要时通知礼宾员带客人入房。

（4）祝客人居停愉快。

客人入住接待的工作流程如图 5-3 所示。

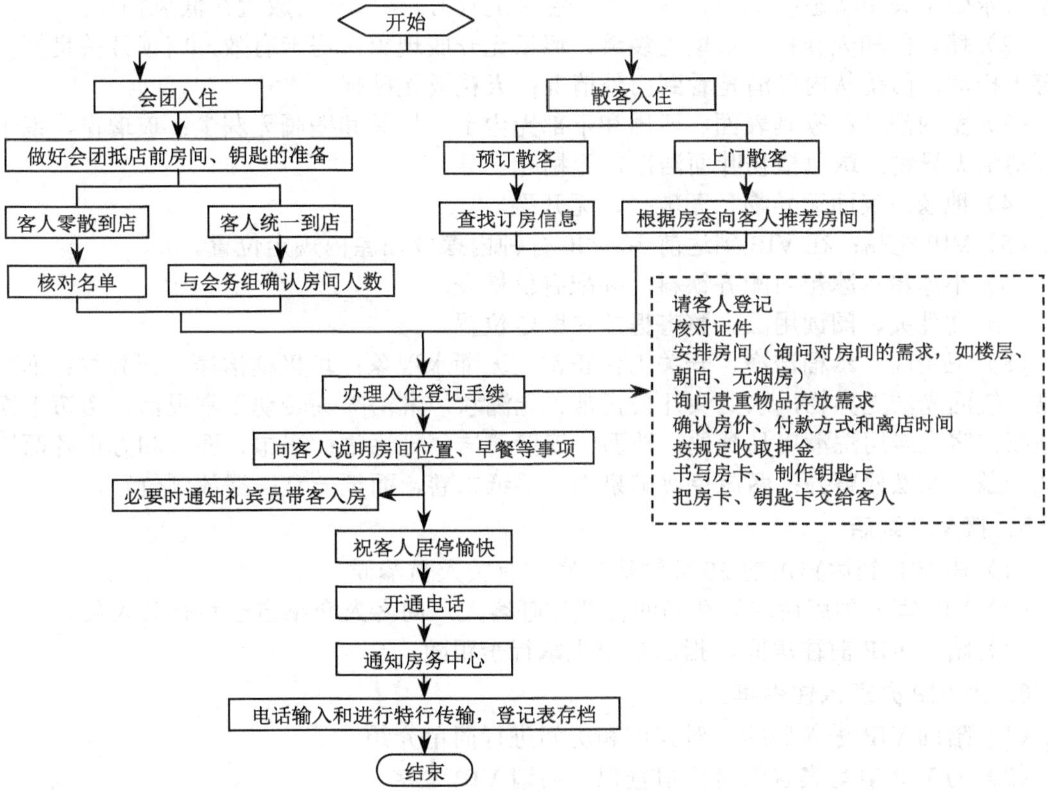

图 5-3　客人入住的接待工作流程图

三、VIP 接待工作程序

1．掌握相关信息

（1）大堂副理每晚从前台查询、掌握次日将要到达/离店 VIP 姓名、住/离店时间、出生日期、身份等信息。

（2）查询客史，了解客人的特殊要求。

（3）了解客人的身份背景。确定合适的称谓。

（4）填写 VIP 优惠接待通知单，填写信息尽可能详尽，下发至各相关接待部门。

2．接待准备

（1）大堂副理按要求事先准备好 VIP 登记表。

（2）根据前台为 VIP 锁定的房号，准备门卡和欢迎卡。

（3）将门卡、欢迎卡、留言、临时住宿登记表装放在专用夹中，按预订顺序号摆放。

3．为抵离 VIP 订车

（1）订车：大堂副理在 VIP 到达/离店前一天订车，填写订车单，注明 VIP 姓名、航班号、抵/离时间、付款方式、车型等，签字后转交礼宾部。

（2）在 VIP 到达/离开的当天与客人事先确认，保证接待无误。

4．检查预抵 VIP 房间

（1）电器设备：灯具工作正常；电视图像清晰，频道设置正确；床头柜表时间正确，背景音乐处于关闭状态；空调正常工作（温度适宜），调整开关放置在低风挡位。

（2）墙、门和天花板：墙壁无裂缝，墙纸无开胶现象；房卡有效，门锁开关良好，保险链无松动，门镜从内可清楚看到门外情况；天花板无破损。

（3）室内清洁：家具表面、四周和下部无尘土；灯具和壁画无灰尘；玻璃窗、镜子和水杯清洁无异物；绿色植物叶面洁净，无枯叶。

（4）地毯：表面无异物、无破损、无开裂。

（5）VIP 礼品：在 VIP 到达前 30～40 分钟内摆放在屋内规定位置。

（6）小冰箱：冰箱内配齐饮料，并配有价格表。

（7）文件夹、阅读用品：整齐摆放在既定位置。

（8）卫生间：恭桶洁净，开关工作正常，无漏水现象；垃圾桶洁净，无异物；面盆、浴盆、镜面光洁无异物，水龙头开关正常、无漏水，淋浴喷头转动正常灵活，浴帘干净，无破损；客人专用洗漱用品到位；地面、墙壁清洁，无污物；浴巾、面巾和方巾各两块，脚垫一条，均摆放整齐；两瓶免费矿泉水、手纸二卷，面纸一盒，摆放到位。

5．接 VIP 到店

（1）在 VIP 到达宾馆前 20 分钟通知宾馆有关人员恭候。

（2）VIP 客人到店后，以适当的称谓称呼客人，向客人介绍自己和有关人员。

（3）陪同 VIP 前往房间，指示行李生拿行李跟随。

6．为 VIP 办理入住手续

（1）陪同 VIP 进入房间，对宾馆和房间进行简单介绍。

（2）为 VIP 填写宾客临时住宿登记表后请 VIP 签字。

（3）告诉客人大堂副理愿为其随时提供服务，并告之客人如需帮助拨打的电话号码。

（4）离开房间时预祝 VIP 居住愉快。

（5）将填写完整的登记表转交给前台接待处，做计算机入店手续录入。

7. VIP 住店期间服务

（1）与客人保持联系，询问客人要求和征询客人意见，做好记录，报告领导，协调解决。

（2）注意观察客人活动和服务过程，发现问题，及时汇报，并协调解决。

8. 为 VIP 办理离店手续

（1）通过 VIP 住店状态表，了解预离 VIP 的姓名和房号。

（2）确认当天 VIP 离店的准确时间，询问确认是否需要提供送机服务。

（3）通知礼宾主管 VIP 需要提取行李的时间。

（4）在 VIP 离店前 10 分钟到达房间，引导客人步出宾馆。

（5）向客人道别。

VIP 接待工作流程图如图 5-4 所示。

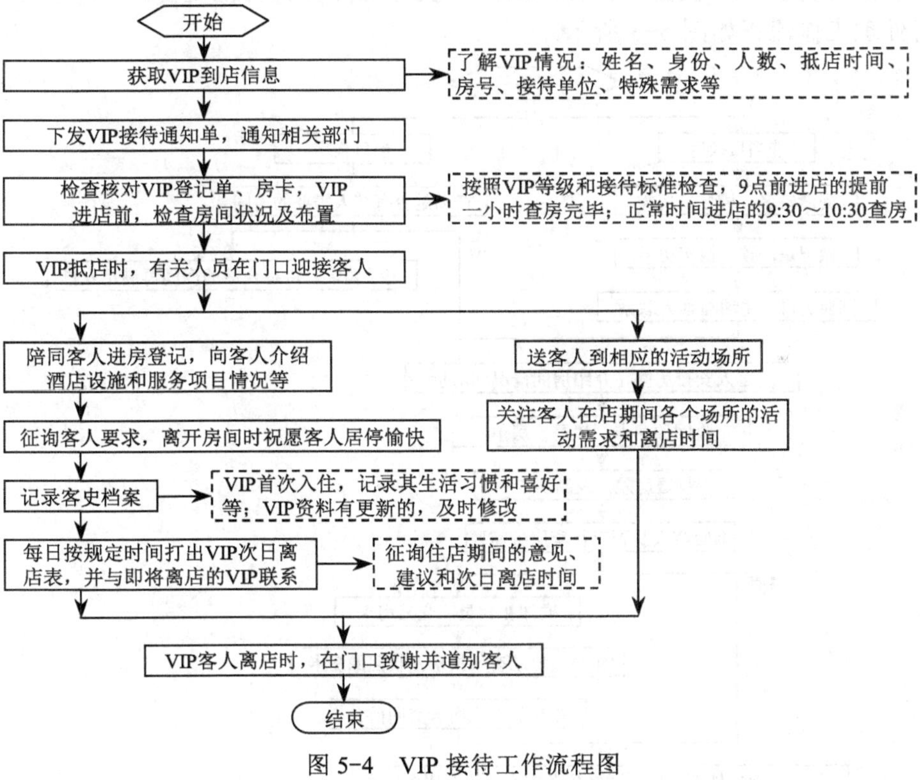

图 5-4　VIP 接待工作流程图

四、换房处理

1. 接受换房处理

（1）倾听客人的换房要求。

（2）当日换房：查询是否有客人需要的房间。有房间的，为客人安排房间、介绍房间情况；无房间的，记录要求：待有合适房间时满足客人要求。

（3）非当日换房：问清并记录客人姓名、房号及要求，预留换房房号，到换房日，主动与客人联系。

（4）在酒店系统中做换房处理。

（5）财务审核房价变动和换房原因。

2．更换房卡钥匙

（1）收回客人原来的房卡，分发新的房卡钥匙给客人（核对收回房卡钥匙是否属实）。

（2）通知房务中心换房及原因。

3．提供行李服务

（1）通知礼宾员协助客人换房。

（2）向客人致歉道别。

4．通知房务中心查房

（1）及时处理客人遗留物品。

（2）客房服务员及时检查和打扫原房间，及时维修客房设施设备。

换房处理工作流程如图 5-5 所示。

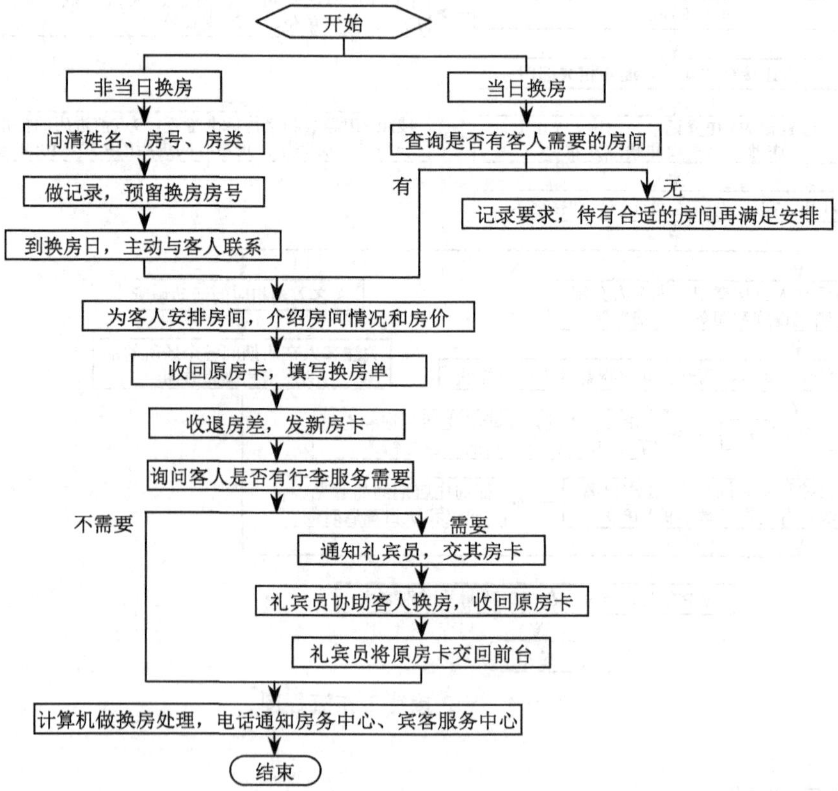

图 5-5　换房处理工作流程图

五、记账/挂账服务

1．确认客人身份

（1）询问客人姓名和房间号码。

（2）请客人出示房卡，核对身份。

（3）其他收银点来电询问客人是否可以记账，要核对房号与登记客人是否相符、押金是否充足。

2．确认记账额度

（1）在计算机中查询客人账户余额，确认记账额度。

（2）如客人的账面余额不足以支付记账费用，应礼貌地告诉客人，请客人现付或到前台加付预收款定金。

3．POS点转账

（1）POS点收银将已输机账单转到前台。

（2）前台核对转账金额和客人签名及输机是否正确。

（3）无误后在转账单上签字，留第二联与入住登记单放在一起。

六、接受、处理客人投诉

1．聆听投诉

（1）主动问候客人。

（2）聚精会神聆听客人投诉。

（3）客人在投诉时吵闹或喧哗，应将其劝到单独谈话处，与其他客人分开，以免造成不良影响。

（4）站在投诉客人的立场，表示理解其感受，了解其解决投诉的意向。

2．认真记录

在工作本上记录投诉事件，重点记录客人提到的时间、地点、人物和主要过程。

3．接纳投诉

（1）接纳投诉后，视实际情况代表宾馆作礼仪性的致歉，向客人表示立即调查解决的态度，在未全面了解核实投诉真实性和有效性的情况下，不急于表达实质性的意见或代表宾馆作出承诺，但可向客人约定回复时间以表示诚意。

（2）如涉及其他部门，应及时联络部门负责人处理，并尽量在最短时间内给客人以明确答复。

4．解决投诉

用最快速度调查客人所投诉的情况，通过对客人投诉内容的调查，做相应处理。

（1）一般性投诉：采用口头致歉、书面致歉、赠送宾馆礼物等方式解决。

（2）严重事件。①保护现场，并联系场所负责人，上报经理。②在上级的示意下同客人协商解决。③根据情况报警，安排客人就医。④根据情况报保险公司，并协助保险公司处理事件。⑤投诉产生的原因不在我方时，应礼貌地向客人说明事情缘由，尽量同客人达成共识。

5．跟进

（1）跟进处理投诉中承诺客人解决的事项。

（2）及时将处理结果通知客人本人，以表示宾馆对客人的重视。

（3）对于离店和非住店客人，留下客人联系方式，及时回复处理结果，复函要有宾馆经理级人员签字。

6．感谢客人

（1）向客人致谢，表示欢迎客人提出意见。

（2）定期与客人联系，欢迎客人再次光临。

7．记录和汇报

（1）在日志上记录投诉客人的姓名、房号、处理结果、涉及部门、客人态度等。

（2）将客人投诉经过及处理结果、客人态度录入计算机中的投诉管理系统备案。

（3）填写处理检查单，报总经理办公室。向上级汇报处理结果和客人态度。

投诉处理工作流程图如图 5-6 所示。

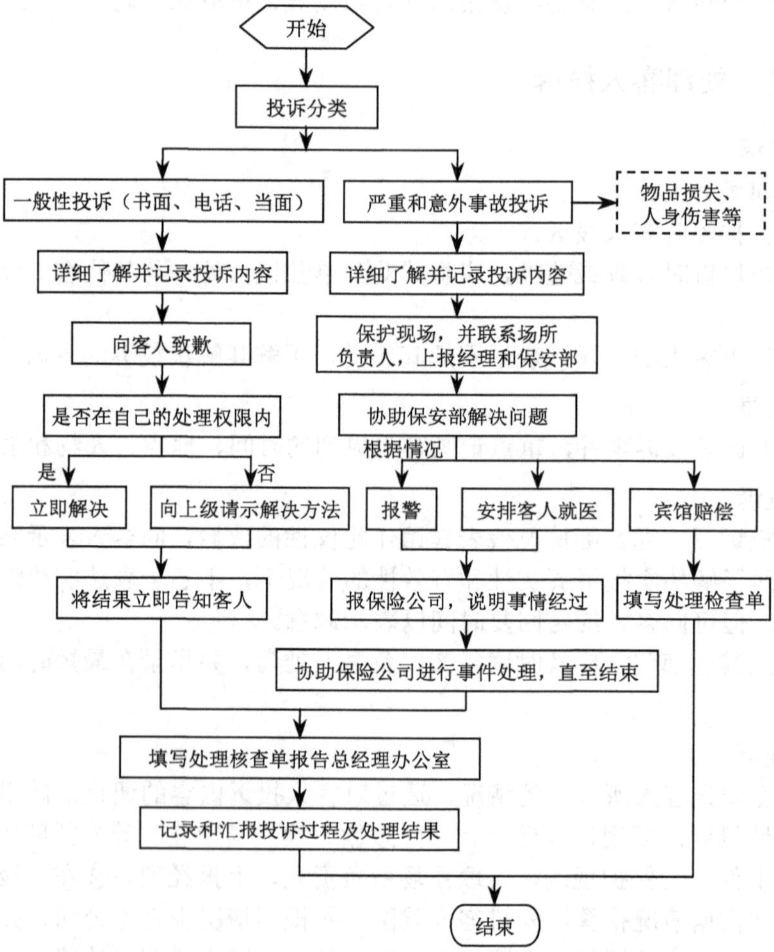

图 5-6　投诉处理工作流程图

七、离店结账

1．问候与招呼

（1）问候客人（在多位客人需要同时结账时，礼貌与客人打招呼，不要同时结账，以免出错)。

(2)问客人房号。

2. 核对房号

(1)收回客人房卡和押金收据。

(2)计算机系统核对客人房号、姓名及押金金额。

3. 通知房务中心查房(也可实行免查房制度)

(1)电话/计算机通知房务中心查房。

(2)房务中心反馈查房情况。

(3)客房退房检查时间控制在3分钟内。

4. 核对客人账目

(1)取出房间账夹中的所有单据,检查是否全部入账。

(2)检查客人是否使用保险箱。

(3)根据计算机查询客人总消费金额,打印客人明细账单,请客人确认签字。

(4)如果客人退房时出示会员卡,宾馆应给予会员价格,并做调账处理。

(5)客人在检查账单时对账目产生异议,应仔细核对,并礼貌地向客人说明。

5. 收取钱款

(1)询问客人付款方式:"M先生/小姐,请问您用现金还是信用卡?"。

(2)根据计算机信息,向客人报出其消费总额,收取或退给客人相应的现金。

(3)不同方式结账。

现金支付:现唱现收。

信用卡支付:客人签字并核对预授权信用。

担保:在入住前有相应担保人员签字,请客人在明细账单上签字确认,将账单放入担保人账夹内。

支票:仔细审核支票是否有效,并留押支票人证件号码及电话号码,填写支票划款单。

(4)递交发票和零钱,询问客人是否需要开发票,双手递呈单据和零钱,礼貌微笑地请客人核对发票和零钱。

6. 其他服务和感谢道别

(1)征询客人入住意见。

(2)询问客人是否需要出租车。

(3)根据需要请礼宾员协助拿行李。

7. 后续整理

(1)在计算机完成结账程序。

(2)将客账资料放在指定地点:将发票、结账单、临时住宿登记单、转账单装订到一起,存档。

离店结账工作流程如图5-7所示。

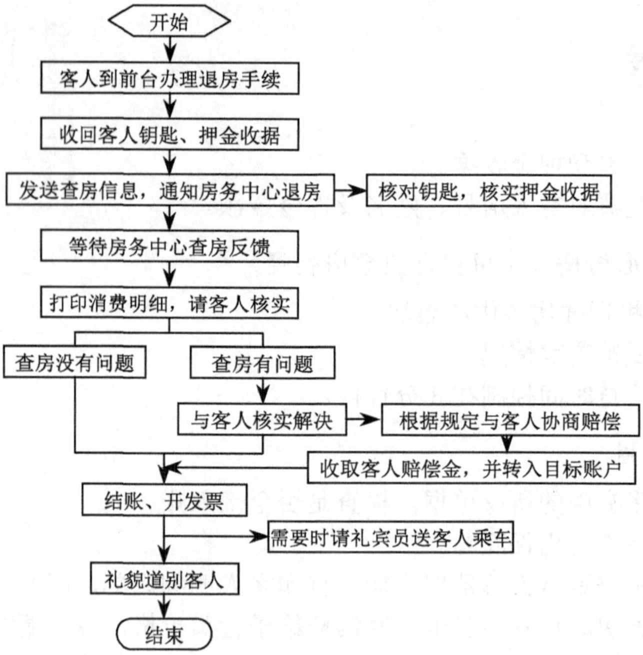

图 5-7　离店结账工作流程图

八、外币兑换

1．获取当日外汇牌价

（1）在与酒店合作的银行的官方网站上获取正确的牌价信息。

（2）在酒店前台明显位置进行公示。

2．外币现钞兑换

（1）问候客人。

（2）了解客人需求，问清客人兑换币种，请客人出示护照及房卡。

（3）认真清点并唱收客人需兑换的外币种类和金额。

（4）检验鉴别钞票真伪，并核准该币种是否属现行可兑换之列。

（5）填写水单：将外币名称、金额、牌价及客人证件号、房号等填写在相应栏中。

（6）请客人在水单上签名，水单加盖兑换章。

（7）核准无误后，将水单第一联与外币放在一起，第二联和现金交给客人清点，第三联整本留存。

（8）向客人道别。

（9）在账本上做好登记。

3．旅行支票兑换

（1）查验、核准其支票是否属可兑换或使用之列，有无区域、时间限制。

（2）请客人出示有效证件，当面请客人复签，查看复签笔迹是否与初签相一致。

（3）按当日外汇牌价，填写水单，准确换算，扣除贴息。

（4）在支票上加盖印花章（左高右低）。

（5）请客人在水单上签字确认复核。

（6）核对无误，将兑换额和水单交付客人。

（7）在账本上做好登记。

4．结汇

（1）按照结汇单要求填写外币种类、各外币金额、牌价、换算后人民币金额、各外币兑换笔数（旅行支票和现金分开做）。

（2）汇总兑换笔数、换算后的人民币总额，加盖兑换章。

（3）仔细核查结汇单无误后，清点外币金额放置一起。

（4）交由财务人员，专人去银行结汇。

九、客房部迎送客人

适用于楼层服务员和领班。

1．迎接客人

（1）了解客人的姓名、国籍、身份。

（2）按照不同规格布置房间。

（3）在指定的楼层（地点）迎候客人。

（4）站在服务处面带微笑，表示欢迎。

2．带客入房

（1）带客人到房间门口，敲门3下，响度适中，自报身份。

（2）如无回音，则用客人房卡开门，轻启打开房门，请客人先进入房间。

（3）进入房间将客人房卡插入取电盒。向客人介绍房间设施、物品（晚上需开夜床）。

（4）告诉客人宾客服务中心电话，提醒客人出门时别忘记携带房卡。

（5）向客人礼貌道别，面向客人轻轻退出房间。

3．送别客人

（1）礼貌向客人道别。

（2）询问客人是否需要帮助。

（3）礼貌地为客人叫电梯，同时使用送别语。

（4）当客人告知退房时，需问清楚房间号，迅速通知房务中心，请相关人员检查房间。

十、客房部VIP接待

适用于客房部各岗位。

1．准备工作

（1）了解VIP等级，熟记入住的VIP客人的姓名和国籍。

（2）掌握客人的抵离店时间、房号、习俗特点、宗教信仰和特殊要求。

（3）按VIP等级接待要求，备齐各种物品及礼品。

2．布置房间

（1）检查房间内各种设备和设施，确保完好有效。

（2）全面清洁住房，保证整齐清洁。

（3）按照接待规格和要求，摆放各种物品及礼品。

（4）服务员、领班、主管、客房部经理分别在客人到达前完成检查 VIP 房。

3．提供服务

（1）迎接客人。

（2）客人离开房间，及时整理，更换补充客人用品。

（3）特别重要的客人应设专职服务员 24 小时随时提供服务。

（4）客人离店时，迅速检查房间，发现遗留物品，按规定处理。

十一、客房部清扫客房

清理房间顺序：

（1）开房率高时：客人要求立即整理房、VIP 房、退房、住客房、长住房、空房。

（2）开房率低时：客人要求立即整理房、VIP 房、住客房、长住房、退房、空房。

客房清扫的工作流程如图 5-8 所示。

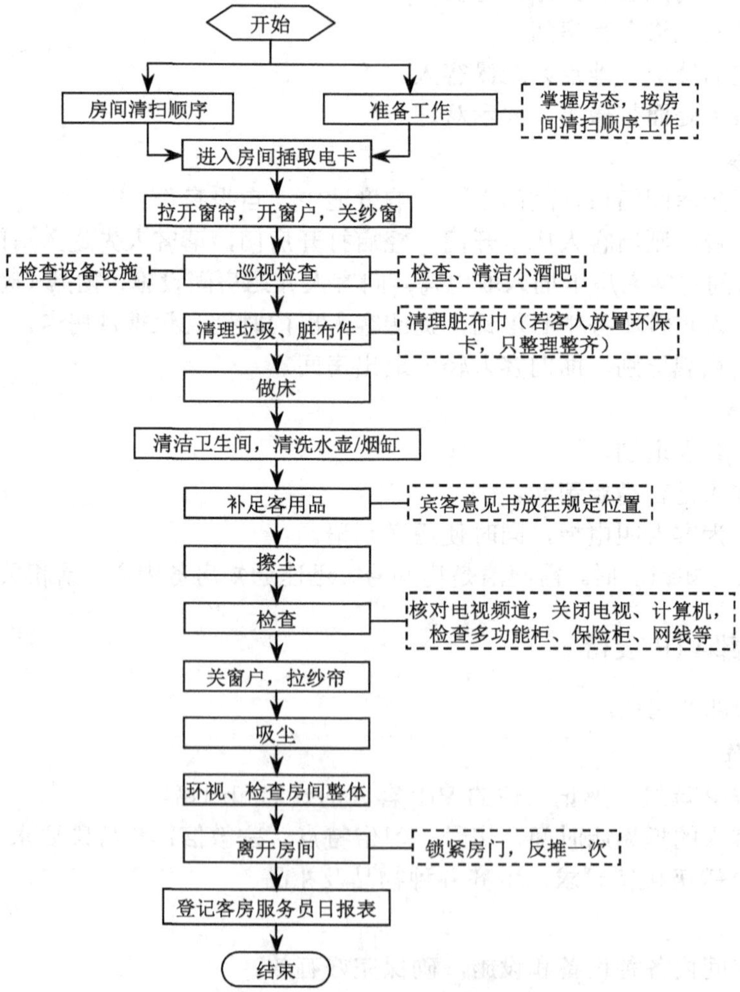

图 5-8 客房清扫的工作流程图

十二、客房部中式做床

（1）撤床：撤下被罩、枕袋、床单，将枕芯、被子放到其他位置待用。

（2）整理准备：检查整理床垫、防滑垫、棉被、枕头，准备做床所需物品。

（3）铺床单：站在床尾甩单定位，正面朝上，中线居中；包边包角要紧要包实，四角方向一致，角度相同（内角45°、外角90°），按顺时针方向操作。

（4）套被罩、铺被子：将套好的被罩铺在床上，要求四角饱满、平整，棉被前端齐床头，三面均匀下垂，被罩中线与床单中线对齐。

（5）套枕袋、放枕头（将两个枕头放在床头正中，正面朝上，单人床枕套口对向床头多功能柜，双人床枕套口反对）。

（6）整理床铺：平整均匀、美观协调。

十三、客房部清洁卫生间

（1）准备清洁用具：抹布若干、清洁剂、刷子等。

（2）清除脏物：收出脏布草和垃圾。

（3）清洁擦拭客人用品：清洁面盆和浴盆、清洁镜面和玻璃面、清洁电镀制品、清洁恭桶。

（4）清洁墙面、排风口和地面。

（5）补足客用品。

十四、干净房、住客房、维修房的清洁

1．干净房清洁

以擦尘和检查设备设施、安全为主。

（1）边擦尘边检查，检查棉织品有无破损，床上用品是否受潮，电器、灯具是否能正常开关，客用品是否齐全和有无移动等。

（2）擦去卫生间浮尘，检查毛巾是否干燥、柔软而富有弹性。

（3）检查卫生间马桶能否抽水，冷、热水龙头是否正常。

（4）检查房间是否漏水、窗户是否锁好。

2．住客房清洁

（1）当正常清理时，遇客人在房，需征得客人同意才可清洁。

（2）客人要求“请勿打扰”时，服务员需经常留意，取消时应及时清扫，若下午3:00仍未除下，立即报告房务中心和上级，打电话到房间，征求客人意见；如无人接听电话，管理人员与服务员一同敲门进房查看，如房间无人，则留言说明原因或放通知单。

3．维修房清洁

（1）将家具物件放好，如工程大应搬离现场，用报废床单铺盖好所有物件，将可拆下设备拆下，包好放置。

（2）留意工程的进度、房间的状况和周围客人的反映，及时上报。

（3）维修完毕，撤掉盖布，吸净地面（必要时清洗地毯），恢复摆设，擦尘，检查设施设备。

（4）领班检查后报知房务中心修改房态。

十五、查退房服务

（1）进入房间首先检查迷你吧，若有酒水消耗立刻报告房务中心。

（2）顺序检查房间及卫生间设备设施。

（3）检查保险箱，如果处于上锁状态，通知中心，联系客人确认是否锁有客人物品。

（4）清点非一次性物品有无减少（特别是电视遥控器、文件夹、客衣袋、服务指南、便签垫、小闹钟等）。

（5）检查棉织品类、家具、衣架等是否齐全完好。

（6）各柜子抽屉、电源插座等处有无客人遗留物品。

（7）检查房门，锁好门，反推一次。在工作表上做好记录。

（8）将房间的特殊事项（赔损、遗留、遗弃物品）向区域领班说明，并上报房务中心或前台。

（9）撤出房间增加物品，送还库房。

十六、客衣洗涤服务

1．收取客衣

接到电话通知或者在进入房间时发现客人已经填写客衣单可以收取。

2．检查登记

（1）检查客衣口袋是否有遗留物品，衣物有无破损、染色、褪色。

（2）检查、核对洗衣单上所填写的客人姓名、房号、日期、时间和衣物数量与实际是否相符，并做好登记。

（3）送洗时再次检查并登记客衣的数量、颜色、品牌、特征。

（4）加急洗熨或有特殊要求的客衣在洗衣单上做好标记，并与洗衣房交接清楚。

3．号衣打码

（1）洗衣店必须核对衣物数量、种类与洗衣单是否相符，并检查衣物有无破损、染色、褪色等，如有以上现象应填写服务通知单，说明衣物情况，连同有关衣物送还客人，客人认同签署后再洗涤。

（2）检查衣物口袋是否有遗留物品，将遗留物品用信封装好，做好记录，在客衣送返时一并送回客人，如属重要证件、大额钱币时应立即送回客人。

（3）检查后的衣物应在洗衣单上注明件数、商标、颜色等，并要将客人的特别要求在洗衣房打码或号衣时作特别注明。

4．洗涤和计价

按客人要求洗涤，按价目表计价。

5．检查包装

（1）对每一件洗熨好的衣物仔细检查，发现问题及时送回处理。

（2）将衣物按宾馆要求包装。

（3）小件衣物和折叠的衬衣等放进洗衣包装袋内，附上洗衣单给顾客。

（4）核对客人遗留物品记录，与客衣一起送回客人。

6．送还客衣

十七、客房叫醒服务

1．接收信息

接到通知须敲门为客人叫醒。

2．叫醒客人

（1）赶到房间，依照规范按门铃、敲门，如有客人应及时报“叫醒服务”。

（2）如无人应答，按规范进房间，检查客人是否已起床离开。

（3）如发现客人仍在熟睡时应退至门口，继续敲门及报身份，适当放大音量。

（4）仍无法叫醒客人时，应走近客人，注意保持适当距离，轻轻推动客人的肩部，把客人叫醒后，应主动道歉，并解释因怕耽误时间，才进房叫醒。

（5）如客房挂“请勿打扰”，应报当值领班（晚间报值班经理），经同意后才能进房叫醒。

十八、开夜床服务

开夜床服务的工作流程如图 5-9 所示。

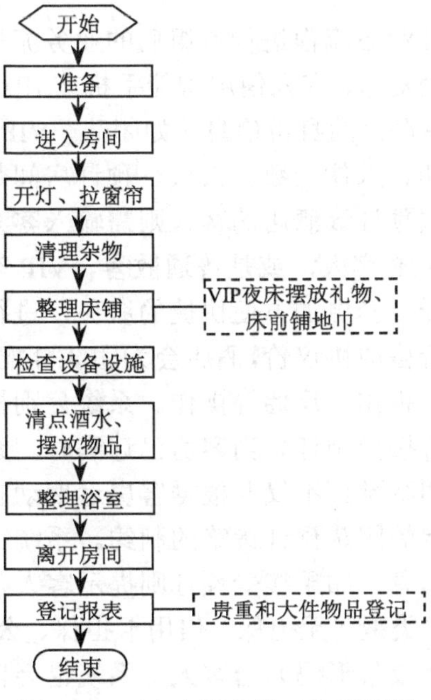

图 5-9　开夜床服务的工作流程图

第三节　酒店前台业务流程再造

酒店业务分为前台业务和后台业务两部分，其中前台业务是面向客人的，后台业务是面向酒店内部管理的，后台业务支持前台业务的正常运行。在现代酒店以客户为中心的管理思想指导下，酒店更加注重对客人服务的业务流程的合理性和先进性。由于信息技术的不断发展，加快了信息的传递速度，提高了信息的收集能力和处理能力，为业务流程的改进和再造创造了必要的技术条件。酒店的业务流程再造主要是利用信息技术寻找改进原业务流程的机会。下面分别对酒店前台主要业务流程的流程再造进行介绍。

一、预订

预订业务是酒店与客人接触的第一步，也是客人对酒店服务的第一印象。传统的电话预订和柜台预订受到时间和空间的限制，给客人预订带来诸多不便。另外，传统预订由于大量的人工操作给整个环节带来了很多的不确定性，如双重预订、预订未及时确认等，给客人和酒店带来了双重损失。在信息技术飞速发展的时代，引入信息技术可以改变传统的预订方式如网上预订，尤其是无线网预订为客人带来了很大的方便。预订不在受时间和空间的限制，全天 24 小时，在世界任何地方都可方便地登录酒店电子商务平台。在预订系统的引导下，完成整个预订过程。这种网络预订模式，方便快捷，省去传统的人工预订模式中的复杂程序，大大缩短了预订过程的时间，提高了预订信息的准确率，减少了人工操作，为酒店节约了人工成本。

利用信息技术对酒店预订业务流程进行重组后的业务流程涉及预订客人、酒店网站、酒店信息系统和预订部等 4 个对象。客人使用智能手机或 iPad 等智能终端登录酒店电子商务平台，根据系统提示，选择自己的身份信息（如团队、VIP 或普通散客）。然后输入预订信息，如客人姓名、入住日期、入住天数、人数、预订房间数量等，如果是老顾客系统会自动读取客人信息，若是首次预订该酒店的客人则需输入客人信息。系统根据预订信息自动判别预订客人是团队还是 VIP 客人，或是普通散客。VIP 客人有专属的会员通道，他们不用输入个人信息，而是享受一套更加方便快捷的服务，进行优先预订。团队和酒店通过协议或者合同规定低于散客价格的协议价，酒店会为团队分配专用预订代码或电子确认单。系统支持协议单位自动关联、折扣、反佣等操作。系统分别根据酒店客房信息数据库中的客房远期动态信息来决定是否接受预订。当客房已订满时，系统允许超预订，但要受到酒店超预订策略的约束。对于团队预订不仅要根据客房远期动态信息，还要受到预订部根据销售部为控制团散比例而制定的团队预订策略的制约。系统完成这一系列操作后，会自动反馈给客人是否接受预订的信息，如果接受预订则提示客人预订成功，以及入住时间、房型等相关信息，确认预订担保类型（无担保、信用卡担保、公司担保、旅行社担保等），之后系统发送确认码（一组数字或条形码）给客人。系统也会自动提示客人，如有需要应在规定时间内修改或取消预订，修改与取消同样也是通过酒店电子商务平台来操作，客人只需利用确认码进入自己的预订来更改或取消即可。最后系统将预订信息和客人档案分别存入相应的数据库（团队信息数据库、VIP 信息数据库、散客信息数据库）中的不同信息表（客人档案信息表、预订信息表）中。在预订业务流程中，系统可以为客人建立账户，也可以在办理入住时再建立客人账户。利用信息技术对酒店预订业务流程进行重组的流程如图 5-10 所示。

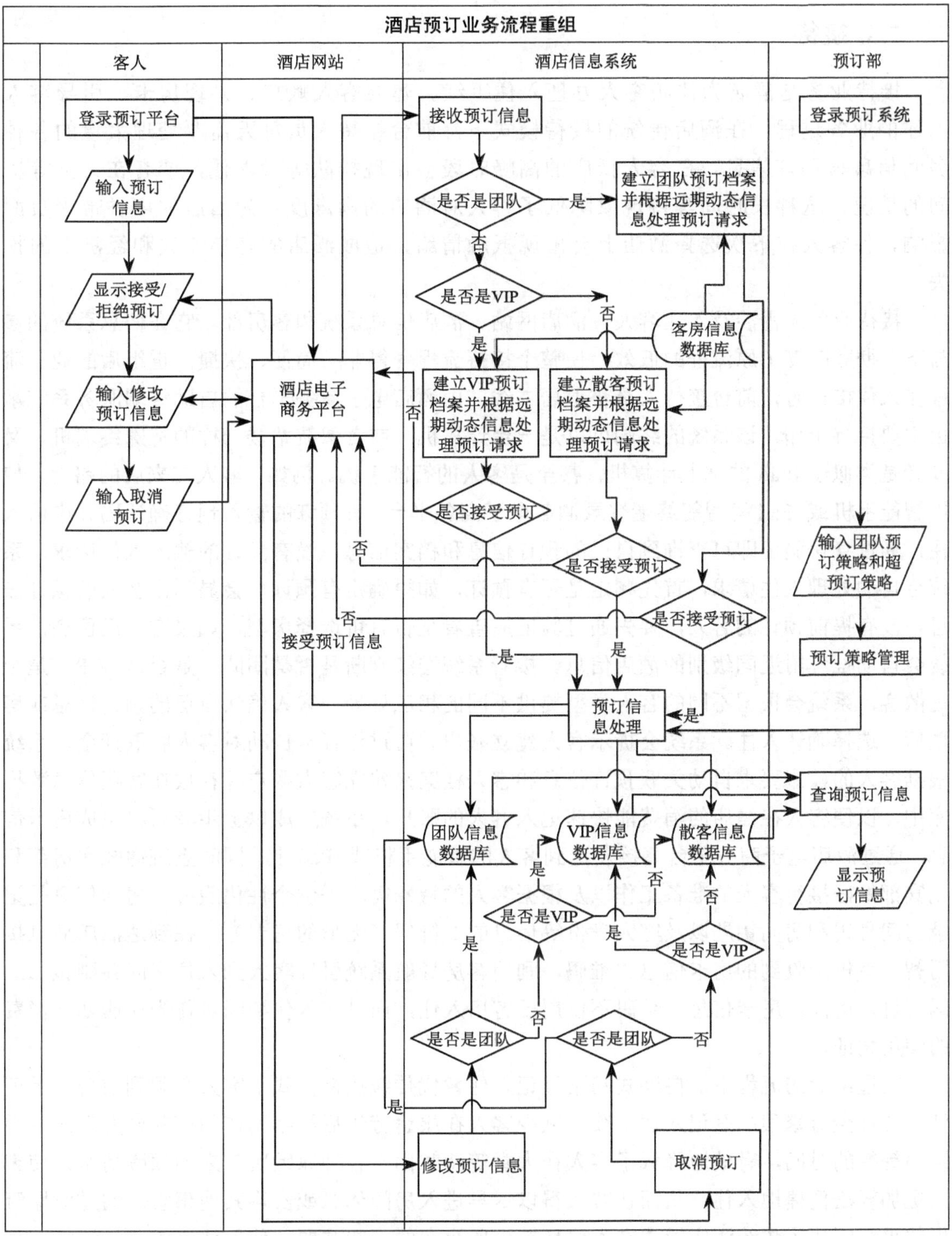

图 5-10　利用信息技术对酒店预订业务流程进行重组的流程

二、接待

接待业务是酒店为住店客人办理入住手续、建立客人账户、办理房卡、引导客人入住的业务过程。在酒店传统的接待模式下，前台接待人员每天需要处理大量的各种房间信息与预订信息，在客人抵店的高峰时段会出现排队等候入住，或者在大堂等房间的情况，这种长时间等待现象降低了客人对酒店的满意度，为酒店的声誉带来负面影响，使客人在下次选择酒店上会出现抵触情绪，造成酒店的客户流失和经济上的损失。

接待业务流程涉及入住客人、酒店网站、酒店信息系统和客房部。它在信息系统的参与下，彻底改变了原流程的低效，使整个接待流程变得非常简便、快捷。重组后的业务流程在入住接待时，前台接待人员将退居二线，由酒店电子商务平台的自助终端服务系统承担主要接待工作，该系统的终端可以是一台计算机，或者像航站楼一样的特殊终端机，又或者是类似于 iPad 的掌上计算机，甚至是客人的智能手机。例如，客人在来店的路上，使用智能手机或 iPad 等智能终端登录酒店电子商务平台，有预订的输入预订确认码并申请入住，通过身份验证即可查询到自己的预订信息和档案信息，没有预订的输入入住请求。系统会自动处理入住请求，首先判定是否有预订，如果确定有预订，会显示出客人的预订信息，没有提前预订的客人，要先通过验证后查看是否有可选择房型，如果客房已住满，系统会自动推荐附近同级别的酒店信息。接着系统继续判断是否是团队、是否是 VIP、是否是散客，系统会根据不同的客人类型提供不同的相应处理。客人确认自己的预订信息或房型后，选择确认入住。系统会提示客人建立账户并通过银行卡自动对客人收取押金，系统根据客人的建账要求自动关联预订信息和客人档案来建立客人账户并存放在客账信息数据库中，以便客人在酒店的消费能快速记入客人的账户。系统完成以上步骤后将生成房卡信息，通过酒店电子商务平台直接发送到客人的智能手机或 iPad 上。同时系统通知客房部和礼宾部做好接待客人的准备工作以及根据客人的特殊需求提供个性化服务。房卡信息是记录房间号码和房间钥匙以及客人身份等信息的二维码（无形的房卡），在到达酒店后直接用智能手机上收到的房卡信息二维码，利用客房导航系统引导客人到入住房间并刷该二维码后进入房间。房卡信息二维码不仅用于客房入住，而且在入住期间可作为在店期间消费的使用凭证。

在重组后的流程下，自助式网络登记入住替代传统接待模式下客人必须到前台出示证件、交押金等繁琐的登记入住手续，减少客人在旅途劳顿后继续为在酒店前台办理入住手续而等待的时间，有效地降低了客人在大堂等待时由于各种原因所带来的烦躁情绪，使客人更加轻松便捷地入住，从而让客人得以尽早进入房间休息或安排其他事宜。通过对原流程的重组解决了传统酒店模式在入住环节中所存在的一些难题，使入住流程更加流畅。利用信息技术对酒店接待入住业务流程进行重组的流程如图 5-11 所示。

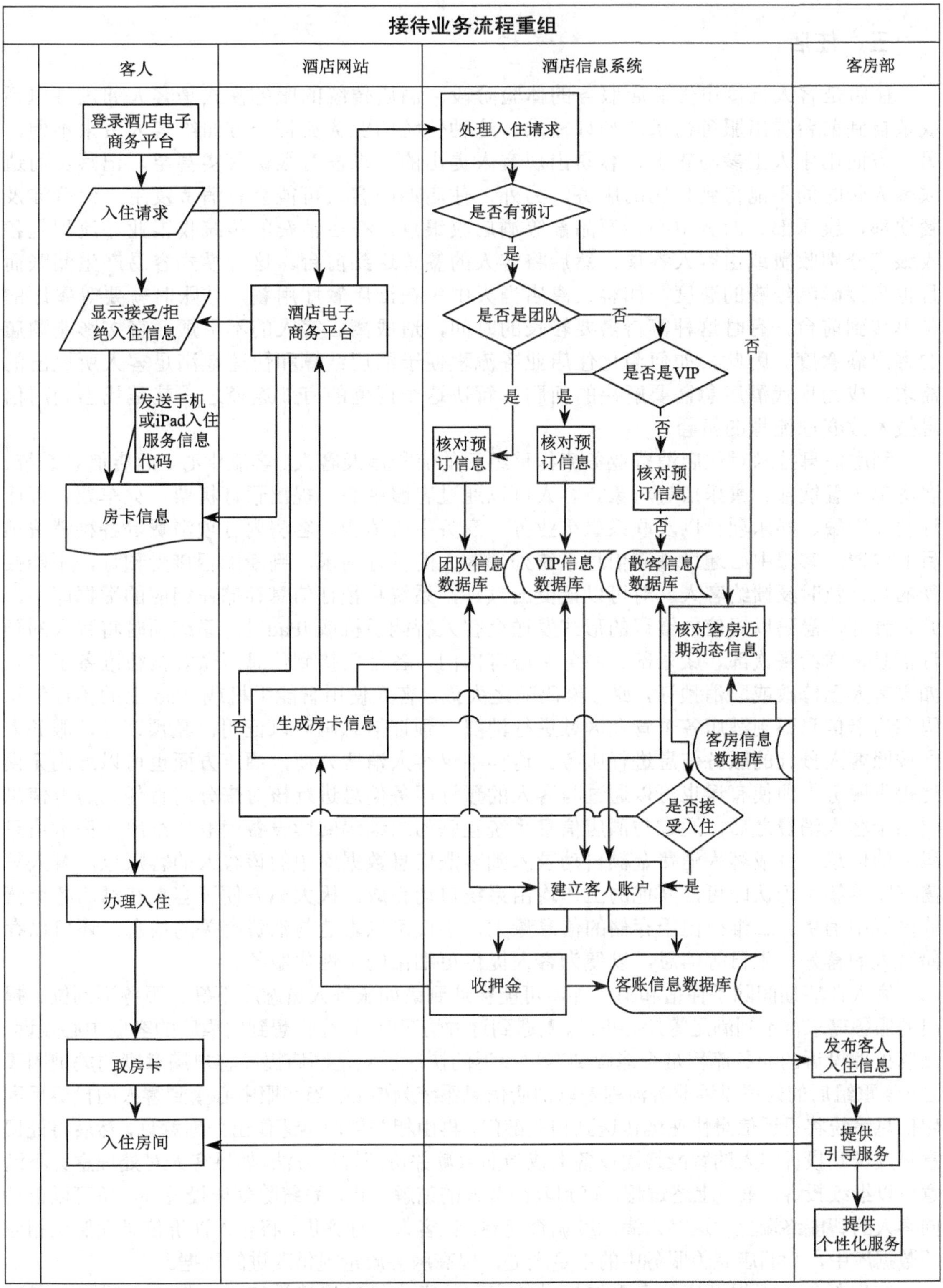

图 5-11　利用信息技术对酒店接待入住业务流程进行重组的流程

三、住店

住店是客人直接享受酒店服务的体验阶段。酒店传统的服务模式是客人通过打电话或亲自到前台提出服务需求或预订需求。这种传统的业务流程一方面给客人带来不便，另一方面由于人工参与较多，容易出现客人提出的需求没有很快落实甚至忘记落实而造成客人长时间不能得到相应的服务。另外，住店期间客人可能会有消费发生，消费涉及餐饮部、康乐部、商务中心、商品部等酒店收银点。在店消费的传统收银业务流程是各收银点分别收费或由客人签单，然后将客人的签单送到前台。这种模式容易产生漏账而且也直接影响结账的速度，如客人离店当天中午在酒店餐厅用餐，结账时就要等餐厅的账单转到前台，有时这种等待需要较长的时间，造成离店客人的不耐烦，直接影响酒店的客户满意度。因此，如何简化住店业务流程便于酒店结算和快速地满足客人所提出的需求，成为现代酒店急需要解决的问题。解决这个问题的有效途径之一就是找出利用信息技术改变原流程的机会。

利用信息技术对住店消费业务流程重组后的流程涉及客人、客服中心、酒店信息系统、客房部、餐饮部、康乐部等对象。客人可以通过客服中心，提出预订机票、火车票、餐厅订餐、送餐、娱乐项目以及联系租车业务、商务中心消费、客房内各项消费等各种消费项目的申请。客服中心通过酒店信息系统处理客人的预订需求，判断能否接受预订，不能接受的预订及时反馈给客人。对可以接受的预订，系统将预订信息存储在相应的数据库中，并将预订信息码以短信二维码的形式发送至客人智能手机或 iPad 上。系统同时将客人的预订信息发送给餐饮部、康乐部、商务中心等部门，各部门接到信息后做好接待准备工作。如果客人已修改或取消预订，原二维码随之失效。客人使用智能手机或 iPad 上的预订信息码和房卡信息码到酒店各个营业区域进行消费。预订信息码可以证明已经预订过，服务人员按照客人预订的服务信息进行服务。这样不仅客人消费方便，酒店方面也可以准确无误地提供服务，即使有误也可以通过与客人的预订服务信息进行核对来分清责任。房卡信息码用于客人消费之后，通过与酒店信息系统互联的二维码阅读设备读取二维码（房卡信息码）的信息，完成客人消费金额自动录入到客账信息数据库中的该客人的客账里。客人只需在账单签字确认即可，其他的工作均由系统自动完成。极大地方便了客人在酒店各个营业区域中消费。二维码由于存储的信息量大，不仅可以表达与消费有关的信息，还可以存储客人的喜好、生日等信息，以便为客人提供更细微的个性化服务。

客人在店期间除了住宿和消费外，可能会遇到诸如服务人员态度不好、服务不到位、提出的服务需求得不到满足等烦心事。客人遇到这种情况时，往往会想到向酒店的客服中心投诉。酒店处理投诉的业务流程是否能做到客户投诉的快速反应是酒店提高客户满意度的关键因素之一。重组后的处理投诉业务流程是以酒店信息系统为核心，当客服中心接到客人的投诉后利用信息系统将投诉信息快速地传送到相关部门，再由相关部门迅速作出处理意见，然后将处理意见发送到投诉客人的智能终端设备上或当面致歉并协商解决办法。如果客人对处理意见不满意可以继续投诉，重复上述过程，直到取得客人的谅解为止。系统除处理投诉外，还可以自动向客人的智能终端上发送客人满意度调查问卷，让客人进行评价，将客人评价信息存储至相应的数据库中，为酒店完善服务中的不足之处，提高服务质量提供改进的依据。

客房部每天根据酒店信息系统提供的房态信息安排客房清洁工作，打扫完后马上通过系统修改房态。信息化的客房保洁业务流程能够实现保洁工作量的预测，房态信息的动态维护有效避免了人工管理房态的反应速度慢且容易出错等弊端。利用信息技术对酒店住店业务流程进行重组的业务流程如图 5-12 所示。

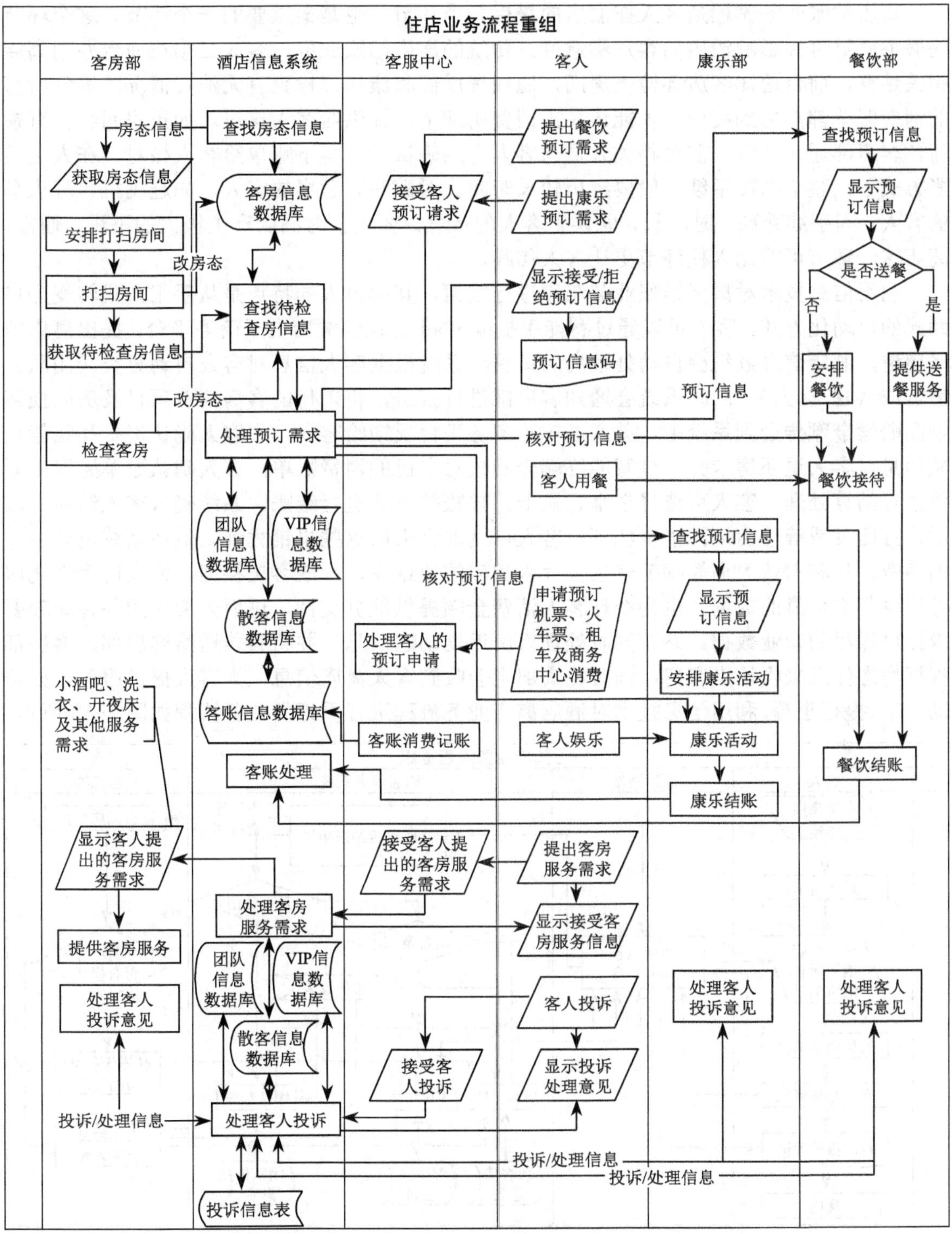

图 5-12　利用信息技术对酒店住店业务流程进行重组的业务流程

四、离店

离店结账业务流程是客人在酒店的最后一个环节，也是最重要的一个环节。这个环节的服务质量直接影响酒店的客户满意度。传统的离店结账业务，客人必须在前台办理离店相关结算，前台通知客房部检查房间，通知餐厅部和康乐部检查有无消费情况，等到所有的消费账单都汇总到前台，才能计算出消费明细单，提供给客人核对。如果房间物件有损坏，客房部通知前台，前台相关人员与客人沟通确认后，再下账单给客人核对。在人工结账方式下，整个结账手续一般要经历较长时间。对那些有急事的客人，如赶飞机、赶火车的客人，因手续繁琐、时间长，耽误了客人的行程，客人会对酒店产生极大的不满。通常，离店这一环节可能比入住环节更让客人焦躁。

利用信息技术对离店结账业务流程进行重组，其中最大的特点是从手工方式转变为自助式的自动化方式。客人可以通过智能手机或 iPad 登录到酒店电子商务平台，提出离店结账申请，酒店信息系统会自动处理离店请求，系统根据客人信息对客人自动分类（团队、散客或 VIP 客人），同时系统会通知客房部进行查房，将未付的客房消费项目及房间损坏物品赔偿金额传送到系统中，并通过电子商务平台反馈给客人，由客人确认消费和赔偿金额信息。客人退还房卡并通过智能终端查看核对自己的消费账单，客人确认账单无误后系统进行结算处理，客人可选择现金、刷卡、挂账等方式进行结账。系统确认客人结算完成后，打印发票等住店期间消费凭证，客人可到前台去取这些报销凭证。最后系统记录客人的消费信息和消费习惯等细节信息，存入相应的数据库，形成客史档案，为实现个性化服务提供翔实可靠的数据，也为统计客人消费金额提供数据支持，进而为酒店的各种管理要求提供详尽的营业数据。系统同时处理客房近期动态信息，并将其传送给客房部，客房部根据房态信息来收拾走客房，同时礼宾部也会收到客人离店信息，为客人提供服务，如帮助叫车、提行李等。利用信息技术对酒店离店业务流程进行重组的业务流程如图 5-13 所示。

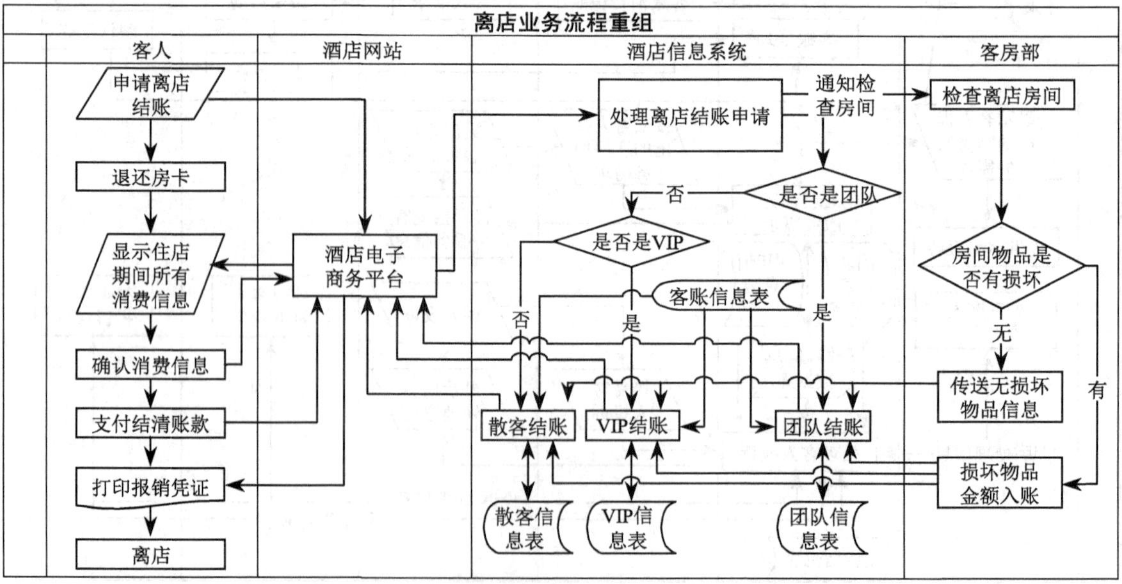

图 5-13 利用信息技术对酒店离店业务流程进行重组的业务流程

小资料

用客史档案抓住客人的心

“您好，预订部。”

“我是郝×，20号帮我订两间房……”

“好的，B区行政商务房（大床）两间，您的电话是1368138××××？”

“是呀，你怎么知道的？”

“因为您是第二次来我店呀，20号两间B区行政商务房（无烟大床房），住一天，已帮您安排好，我们将为您保留至下午6点，您有什么变化请提前与我们联系，我们将及时为您变更！”

在客人一声声“好、好”中结束了这次预订电话。

次日，当他踏入酒店大门时，礼宾员说：“郝先生，您好！”从礼宾员到总台接待员，再到客房服务员，见到他都像见到老朋友一样，第一句话都是“郝先生，您好”，这一切都令他感到惊奇和感动，也让他感到了真正的家的温暖。

其实这一切正是因为酒店建立了客史档案。所谓客史档案，就是将日常工作中收集到的所有关于客人的信息都进行详细记录。对于一些常客，甚至连他喜欢什么样的房号、房间摆放什么样的植物、看什么报纸都有专门记录。这些工作由各点收集，最终由大堂副理负责将所有关于该客人的情况资料汇总输入到计算机，于是各点会通过计算机看到客人的需求，当总台接到客户的预订或入住信息后，就可以马上向相关部门发出个性化服务提示。这样就可以成为客人名副其实的贴身管家，更有利于深入了解每位顾客的需求特点，从而针对顾客的需求特点提供更加完善的个性化服务。

俗话说：“没有做不到，只有想不到，要做就做到最好。”酒店每一位员工正是凭着细心的观察和热情的服务，让更多客人在享受到酒店服务的同时也让他们感觉到惊喜，使他们在这里感受到友情的珍贵和家庭的温馨，给他们留下了一段美好的回忆。

复习思考题

一、单项选择题

1. 企业流程再造的一般过程是（　　）。
   A. 对现有流程诊断评价、选择关键流程、对流程的重新设计、对设计的流程进行优化
   B. 对现有流程进行调研、听取高层领导对流程再造的意见、对流程进行再造
   C. 全体员工学习流程再造的理论和方法、全体员工参与流程再造、对再造流程验收
   D. 对现有流程进行调研、选择再造流程、全体员工参与流程再造、对再造流程验收
2. 流程优化有4种基本方法，它们是（　　）。
   A. 鱼骨分析法、ABC法、帕累托图和标杆法

B. 成本导向流程优化、时间导向流程优化、系统化流程优化和再造性流程优化
C. 绩效重要性矩阵、成本收益矩阵、学习五角星法和流程优先矩阵
D. 串行结构、并行结构、循环结构和混合结构

3. 选择关键流程的方法有（　　）。
A. 串行结构、并行结构、循环结构和混合结构
B. 鱼骨分析法、ABC 法、帕累托图和标杆法
C. 绩效重要性矩阵、成本收益矩阵、学习五角星法和流程优先矩阵
D. 成本导向流程优化、时间导向流程优化、系统化流程优化和再造性流程优化

4. 以下关于预订和客户资料之间关系的说明，正确的是（　　）。
A. 一个客户资料可以对应多个预订
B. 一个预订可以对应多个客户资料
C. 预订可以不和任何客户资料相关联
D. 一个预订至少要和一个客户资料相关联

5. 酒店给散客的价格总是高于享受协议价的客人，散客可以采用以下方法来降低住店价格，除了（　　）。
A. 通过熟悉的公司来代为预订　　B. 通过有关系的旅行社来代为预订
C. 以拒绝付账来要挟酒店打折　　D. 通过艺龙网等代理网站预订

6. 通过建立客户资料，辅助酒店运营，酒店可以获得更大的竞争优势，除了（　　）。
A. 对客户资料进行备份，需要增加成本
B. 记录旅行社业务总量，确定佣金数量
C. 记录客人的历史消费金额，提供会员分级的依据
D. 记录客人喜好，提供个性化服务

7. 在预订取消时，酒店管理信息系统会要求输入取消的原因，当频繁出现以下（　　）原因时，酒店应考虑调整预订价格。
A. 由于航班取消造成客人不能来住店
B. 由于客人生病造成客人无法来住店
C. 客人选择去价格更优惠的酒店
D. 客人临时改变行程造成不得不预订

8. 接待入住操作是否快捷是衡量酒店服务质量的重要标志，要想提高这一阶段的服务质量，需要酒店多个部门和员工的配合，以下对提高接待入住速度没有帮助的是（　　）。
A. 信息部门对网络和信息设备提供日常维护和管理
B. 客房部对客房的及时清扫和房态的及时更新
C. 大堂的豪华装修
D. 预订部提供准确、完整的预订信息

9. 以下不是酒店常用的支付方式是（　　）。
A. 信用卡　　B. 现金　　C. 挂账　　D. 房卡

10. 以下客人在酒店的消费，适合使用固定费用来处理的是（　　）。
A. 客人加床，每天 150 元
B. 客人每晚在大堂酒吧消费，但消费金额不一样

C. 客人每两天点播一次付费的 VOD

D. 酒店每天赠送两张免费的早餐券

二、填空题

1. 业务流程重组就是对企业的业务流程进行（　　）的再思考和（　　）的再设计，从而获得在成本、质量、服务和速度等方面业绩的（　　）改善。

2. 学习五角星法是一种通过 5 个方面的因素进行分析来甄选关键业务流程的方法。这 5 个因素是顾客、（　　）、员工、（　　）和（　　）。

3. 迎送客人的工作流程包括（　　）、（　　）和（　　）等步骤。

4. VIP 客人预订时，有专属的（　　），他们不用输入（　　），而是享受一套更加方便快捷的服务，进行（　　）。

5. 信息化的预订流程中，在接受预订后，系统可以自动生成房卡信息二维码，该二维码一般包括（　　）、（　　）和（　　）等信息。

第六章

Opera PMS

能力目标

■ 能够熟练使用 Opera PMS 管理酒店预订部、前厅部、客房部以及各收益部门的业务

知识目标

■ 掌握酒店散客与团队接待的主要业务流程

第一节　Opera PMS 概述

一、Opera 系统的发展历史

Opera 是 Fidelio 公司的最新产品。Fidelio 公司于 1987 年成立于慕尼黑，并逐渐发展成为饭店业的最大系统供应商。Fidelio 公司的饭店管理信息系统给饭店运营的信息化带来了一场巨大的革命。Fidelio 公司的软件从 Fidelio V6、Fidelio V7 到 Opera，不断地适应着变化万千的商业需求及软硬件技术的发展，将最新软硬件技术发展与饭店的行业标准结合起来。Fidelio 系统适用于各种规模和类型的饭店及饭店连锁、餐厅、游船及其他餐饮、会议设施，该系统的使用成功实现了这些企业的运营信息化。

Opera PMS（Property Management System，物业管理系统），是 Opera 企业解决方案的核心，是一个全面综合的产品组合，其中包括很多产品单元，可以任意增减和扩充，使该系统既能适用于小型饭店，也能适应全球化的品牌饭店集团。Opera PMS 的设计理念在于，根据不同规模的饭店及饭店集团的不同要求，为饭店业提供高效率和高质量的饭店管理信息系统。

Opera PMS 包含很多个相互关联的功能模块，这些功能模块之间相互配合，共同完成饭店的物业管理。

二、Opera 系统简介

Opera 系统主要由两个子系统构成，分别为 PMS 和 S&C。两个子系统共享同一个数据

库中的数据资源，协同完成酒店的物业及销售管理。其主要功能见图 6-1 所示。

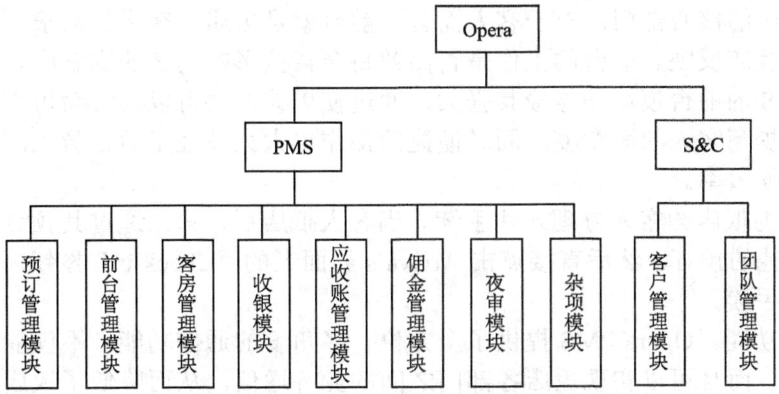

图 6-1　Opera 系统主要功能结构

（1）PMS。PMS（Property Management System），即物业管理系统。PMS 是 Opera 企业解决方案的核心，使用该系统可以完成酒店前台的物业管理，如预订管理、前厅业务管理、客房管理、收银管理等。

（2）S&C。S&C（Sales and Catering），即销售与宴会管理系统。S&C 协助酒店的销售部进行客户、销售员销售计划、团队预订、会议和宴会安排等业务管理。

三、Opera PMS 功能简介

Opera PMS 采用的是集中式软、硬件结构设计。该系统的各个功能模块是通过访问单一的数据库来实现数据存取的。这大大减少了用户在硬件、软件及劳动成本各方面的投入。集中式软件及硬件的设计方式，不仅方便系统维护及升级，而且还可以使饭店的各部门之间共享各功能模块中的数据，帮助饭店协调完成各部门之间的管理功能，包括预订管理、前台管理、客房管理、财务管理、销售管理等。

1. 预订管理模块（Reservation）

Opera PMS 的预订系统能够有效地管理饭店的宾客预订。饭店的客人一般分为散客和团队，他们的预订流程是不同的，PMS 提供了 New Reservation 与 Block 功能模块，分别实现散客和团队的预订管理。

（1）客史档案管理（Profile）。客史档案是宾客预订的基础，使用客史档案，可以方便饭店管理宾客的预订。系统通过“客人档案”的功能来收集每个客户（个人、公司、旅行社、团队等）的各方面资料。这些数据可用来帮助饭店客房部和市场部改善服务质量，帮助销售部制定具有竞争力的销售策略，帮助高层管理人员分析业务利润来源情况等。

（2）散客预订（New Reservation）。Opera PMS 提供了强大的预订功能，实现宾客完全自我控制预订，包括远期预订。通过散客预订模块，客人只需几秒钟就可以跨地域地查询到所需客房。在饭店出租的旺季，实时的客房可使用率查询使客人的预订能最大限度地得到满足。

（3）团队预订（Block）。Opera PMS 的 Block 模块提供了团队预订的管理功能。通过此模块，可以实现团队客房控制及合同管理，并且可结合团队控房的预留功能，使饭店的行政管理费用降低。

2．前台管理模块（Front Desk）

前台是饭店的核心部门。对于客人而言，前台就是饭店。客人的需求、意见、投诉都会通过前台向饭店反映。前台的工作是否高效将会直接影响宾客的满意度。

Opera PMS 的前台模块功能极其强大，通过使用该模块可以大大缩短为客人办理入住的时间，从而提高客人的满意度，同时便捷的操作也大大减轻了前台员工的工作负担，提高了他们的工作效率。

（1）快速为抵店的客人办理入住手续。当客人抵店后，只需通过其预订号、姓名等相关信息，找到他的预订，然后直接点击 Arrivals 界面上的“Check in”按钮，就可以迅速为客人办理入住手续。

（2）通信功能。Opera PMS 提供了全方位、多角度的通信功能。不仅能实现饭店与宾客之间的通信，而且可以实现饭店各部门之间的业务通信，从而降低了饭店的运营成本、提高了对客服务的质量。

（3）无论客人是在自己的房间或饭店的其他场所，电话总机接线员和前台职员可以快速地定位客人所在。

（4）及时准确的信息留言服务提高了客人的满意度。

（5）通过客人信息留言的批处理功能，可以使所有部门的员工收到有关客人的信息，提高效率，迅速满足客人的要求，同时减少饭店的人力费用。

3．客房管理模块（Room Management）

客房管理模块可以保证饭店客房部和前台的员工了解到实时的房态信息，包括已清扫房、未清扫房、在检查房、已分配客房、大修客房和小修客房。这些信息将帮助饭店把房态冲突的可能性降到最低，从而有效地提高出租率和收入，同时还可以有效地安排客房的清洁工作。

4．收银模块（Cashier）

收银模块高效安全，并适用于饭店所有主要的入账操作，包括转账、分账及详细的分转账目的历史记录。前台或相关收益部门的员工只需在十分易懂的系统提示下，即可完成交易的全部过程——快速抛账，从而简化操作流程、减少错误。收银模块的功能在简化了入账方式的同时还保证了交易的安全性，以及有效减少坏账、跑账等情况发生，保障了饭店的经营权益。

5．应收账管理模块（A/R）

应收账管理模块清楚地展示了 Opera PMS 的优点。通过账户集成管理功能，饭店可以得到真实的账期的详细情况，方便其更好地控制各个饭店的运作。同时应收模块为饭店提供了完整的客户信息，使饭店能够详细分析出利润账户来源。应收功能支持多币种、多语言设置，并可在全球范围内跨物业地入账、打印财务报表。

6．夜审模块（End of Day）

使用 Opera PMS 可以不必停止系统的正常运营而进行夜审。事实上，整个夜审工作包括在线备份对员工来说，是完全透明的。

另外，使用该模块，饭店可以取消“夜审”员工每晚审核酒店收入的工作。饭店可以选择在任何时间进行“收入审计”，并随时对某个工作日的营业收入作调整，即便对于夜审的营业收入账目的审计也可如此。当然，一旦完成了某日的收入审计，收入额就被锁定，这就保证了饭店的报表的准确性。因此，使用夜审模块可以在没有财务员工监管的情况下直接进行，从而可以使饭店实现岗位精简、降低营业成本的目的。

7．佣金管理模块（Commission）

按照饭店业的传统方法，佣金是在客人离店后基于其在店期间的房价来计算。这种方法常常会导致佣金计算不准确或存在有疑问的付款等现象发生。佣金管理模块则是通过饭店为客户企业分配的佣金代码和与该企业所签署的运营条款，为饭店提供快速、准确的佣金管理。

8．杂项模块（Miscellaneous）

除了上述主要功能外，Opera PMS 为了支持饭店的信息化管理流程，还提供了杂项模块，协助饭店进行日常管理工作。

（1）报表（Report）。Opera PMS 报表功能由强大的 Oracle Report Writer 提供。Opera PMS 几乎包含了所有的关键管理报表。考虑到每个酒店及酒店管理集团可能需要特殊报表以适应其运营的特别要求，Opera 及 Oracle Report Writer 还为饭店提供了创建新报表的功能，使饭店能够按照自己的特殊需求编写报表。

（2）快捷键（Show Quick Keys）。不用记忆复杂的按键或是公式、没有多屏幕的巡航，Opera PMS 的快捷键使每一个系统操作步骤非常容易。系统将一些常用快捷键集成到一个屏幕中，这就大大简化了系统使用的难度，提高了使用效率。

四、S&C 系统功能简介

1．Customer Management（客户管理）

该功能用来管理与酒店有协议的公司客户。与 PMS 中的 Account 类型的客史相比，S&C 中记录的客户信息更加全面，包括客户的销售区域、业务范围等。

2．Business Management（团队管理）

该功能用来管理与团队预订、入住、接待和账务相关的事宜。与 PMS 中的单一团队管理不同，S&C 中的团队可分为纯宴会、有客房入住要求的宴会和仅有住房要求的宴会 3 种。另外，宴会按照消费的形式不同，还可以分为普通宴会和包价宴会。

五、PMS 与 S&C 系统之间的联系

1．酒店营销的渠道

（1）由销售部的员工联系业务。

（2）客户（散客）上门，或客人直接打电话到酒店，或客人直接到前台办理入住手续。

2．预订流程

同时使用两个模块对酒店业务进行管理时，预订流程如下：

（1）散客：如果是销售员联系的业务，他们会直接交给预订部处理，然后按照 PMS 中散客的预订流程处理即可。

（2）团队：

1）销售员会将团队的订房意向首先输入 S&C 系统。

2）如果饭店的客房能够满足团队的订房需求，酒店会发意向书给客人，意向书中包括房间和会议的意向，此时团队的状态为 Request for Proposal（征求意向书）。

3）客人收到意向书后，核实价格等细节无误后，同意订房，此时酒店会将正式的订房合同发给团队，此时团队的状态为 Tentative（不确定的）。

4）客人再次审核无误后，签署合同，此时团队的额状态为 Definite（明确的）。

5）销售部向预订部和宴会部确认订房要求。

6）预订部会向销售部催要团队的客户名单，而宴会部也会与客人讨论会议的细节。

7）客人到店办理入住手续，在店内消费，最后退房，如果有宴会，客人参与宴会，直至宴会结束。

8）最后，团队付款结账，生成酒店的销售收入（包括 PMS 中的房费收入和 S&C 中的宴会收入）。

一般 S&C 只有销售部有权限操作和使用，而预订部只有 PMS 操作的权限，但是在 PMS 中，他们可以查询并修改销售员在 S&C 中创建的团队。

六、Opera 登录方法

Opera 属于 B/S（Browser/Server，浏览器/服务器）结构，酒店所有数据都集中存储于服务器（Server）中，酒店员工（即 Opera 系统用户）在酒店局域网上只需在浏览器地址栏录入 Opera 服务器的 IP 地址，即可访问服务器中的数据。这种集中式软件及硬件的设计方式，方便了系统支持及升级，因为所有的系统问题只需在服务器端进行解决即可。同时，酒店还可以提高员工的工作效率，因为各部门之间的管理功能包括预订、财务、销售及电话程控交换系统等数据均可以通过服务器进行共享。

具体登录方法如下：

1. 打开浏览器

以下以 IE 浏览器为例，在地址栏输入 Opera 服务器的 IP 地址，进入 Opera 登录界面，如图 6-2 所示。输入登录信息，即可登录 Opera 服务器。

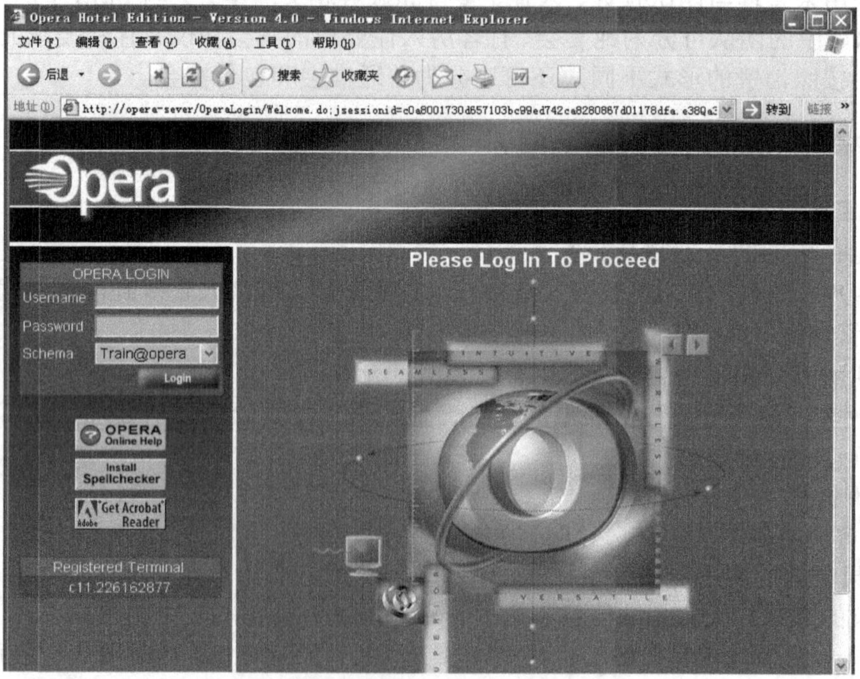

图 6-2 Opera 系统登录界面

2. 登录信息

（1）User：登录 Opera 系统的用户名，酒店一般以员工的英文名字作为登录 Opera 系统的用户名。

（2）Password：登录 Opera 系统的密码。用户可以在登录系统后进行修改。

（3）Schema：Opera 系统的库。酒店有时需要进行新员工培训，故一般酒店的 Opera 系统中会有两个 Schema，一个是用来管理其日常业务的正式运营库，另外一个是用来进行新员工培训的练习库。

输入上述信息后，单击“Login”按钮，登录 Opera 服务器，此时显示 Opera 系统的主要功能模块，如图 6-3 所示。

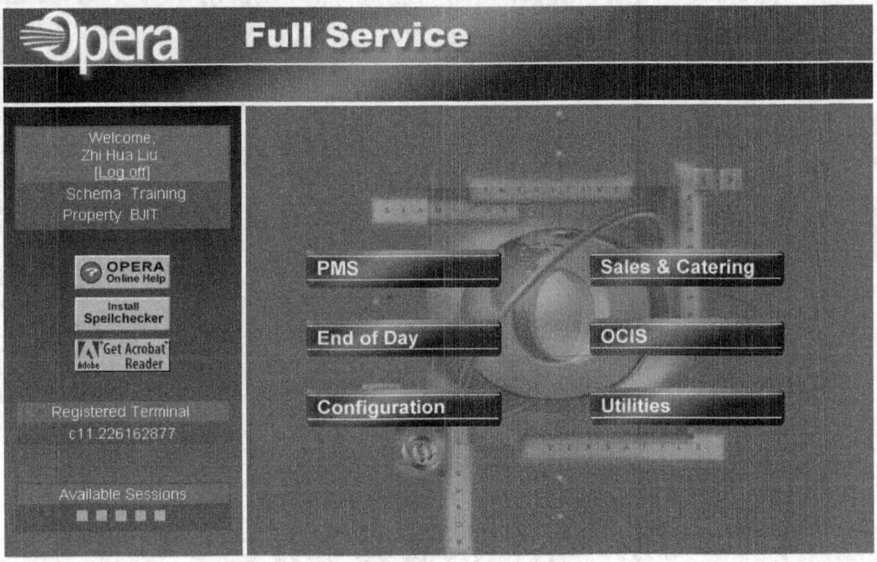

图 6-3 Opera 系统功能模块

3. Opera 系统功能模块

（1）PMS：物业管理系统。PMS 是 Opera 企业解决方案的核心，使用该系统可以完成酒店前台的物业管理，如预订管理、前厅业务管理、客房管理、收银管理等。

（2）Sales & Catering：销售与宴会管理系统。S&C 协助酒店的销售部进行客户、销售员销售计划、团队预订、会议和宴会安排等业务管理。

（3）OCIS：Opera Customer Information System，Opera 客户信息管理系统。

（4）End of Day：夜审模块。

（5）Configuration：Opera 设置模块。Opera 在某一具体酒店正式投入运营前，系统工程师会首先分析酒店的运营数据，在此基础上进行系统设置，即系统的二次开发，如设置酒店的房型、房间、房价等信息，在设置完成的基础之上，系统才能正式投入使用。

（6）Utilities：后台数据维护模块。为了使后台数据库中的数据和 PMS 系统中显示的数据保持一致，系统管理员会定期使用该模块对系统进行同步。

在图 6-3 所示界面单击“PMS”，即可登录 Opera 物业管理系统，如图 6-4 所示。

图 6-4 PMS 界面

第二节 酒店客史管理

一、客史档案查询

PMS 通过“客史档案”的功能来收集每个客户的各方面的资料。这些数据可用来帮助饭店客户关系部改善服务质量、帮助饭店市场部制定具有竞争力的销售策略，帮助饭店高层管理人员分析业务利润来源。

PMS 将客户分为 7 种类型，分别是散客、公司、旅行社、团队、联系人、中央预订系统或订房中心、供应商。下面将分别介绍如何使用 Opera PMS 来管理这 7 种类型的客史档案。

为了保证客史的唯一性，即一个客户在系统中仅有一个客史，一般酒店要求在新建客史档案时要先进行查询，在查询不到所建客史的基础上，再新建相关客户客史档案。因此，在介绍如何新建客史档案之前，我们先来介绍一下客史档案查询的方法。

单击“Reservations→Profile”，弹出客史档案搜索界面——Profile Search（客史档案查询），见图 6-5。在图 6-5 中，黄色的框框起来的部分为系统查询的条件，可以根据以下信息查询相关客户的客史档案。

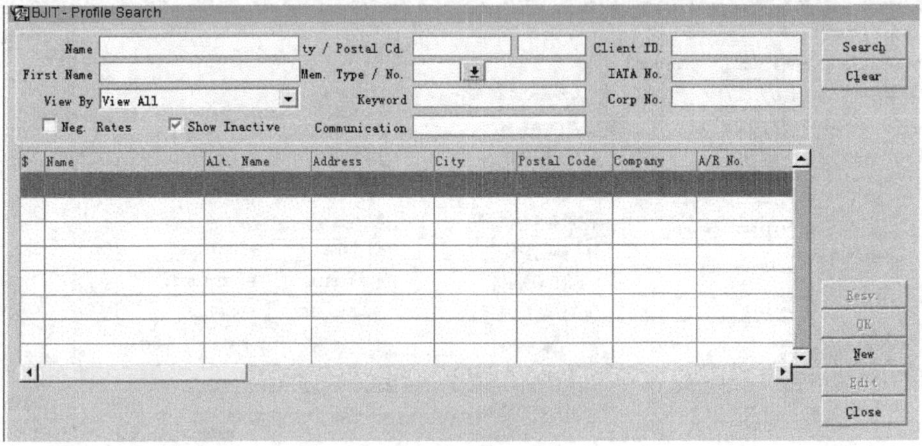

图 6-5　客史档案查询

（1）Name：对于散客和联系人而言是指客户的姓氏，对于其他的公司类型客户是指客户的公司名称。

（2）First Name：对于散客和联系人而言是指客户的名字，对于其他的公司类型客户此字段没有意义。

（3）View By：客史档案的类型。选择所要查询的客史档案的类型可以提高查询的效率。默认为在所有客户的客史中查找。

（4）Postal Cd.：Postal Code，客户地址的邮政编码。

（5）Mem. Type/No.：客户的会员类型/会员号码。

（6）Keyword：关键词。用于公司类型的客史档案查询，一般公司的名称（Name）比较长，不便于查询，所以 Opera 提供了关键词功能，即为公司提供缩写的便于记忆的别名，以便于系统查询。

（7）Communication：客户的联系方式。例如，电话号码、传真号码等。

（8）Client ID.：客户编号。

（9）IATA No.：International Air Transport Association（国际航空运输协会）的会员号码。

（10）Corp No.：Corporation No.，公司或旅行社与酒店协议的合同号。

（11）Neg. Rates：Negotiate Rates。公司类型的客户有些与酒店有订房协议，选中此选项表示在有协议的公司里进行查找。

（12）Show Inactive：酒店中有些客户会永远不在酒店订房，我们将这类客户的状态设置为 Inactive，选中此选项，表示在所有的客户（包括 Inactive 状态的客户）中进行查询。

二、新建散客客史档案（New Individual Profile）

在图 6-5 所示的新建散客客史档案查询界面中，我们首先使用上述方法查询相关客人的客史，如果客人曾经入住过该酒店，那么他在系统中应该留有客史，可以将查询出的客史直接使用即可。否则，表示客人没有入住过该酒店，那么我们就应该给客人新建一个客史档案，记录他的相关信息。单击图 6-5 所示界面中的"New"按钮，新建一个客史档案，如图 6-6 所示。个人档案信息主界面和扩展信息界面的相关字段含义如下：

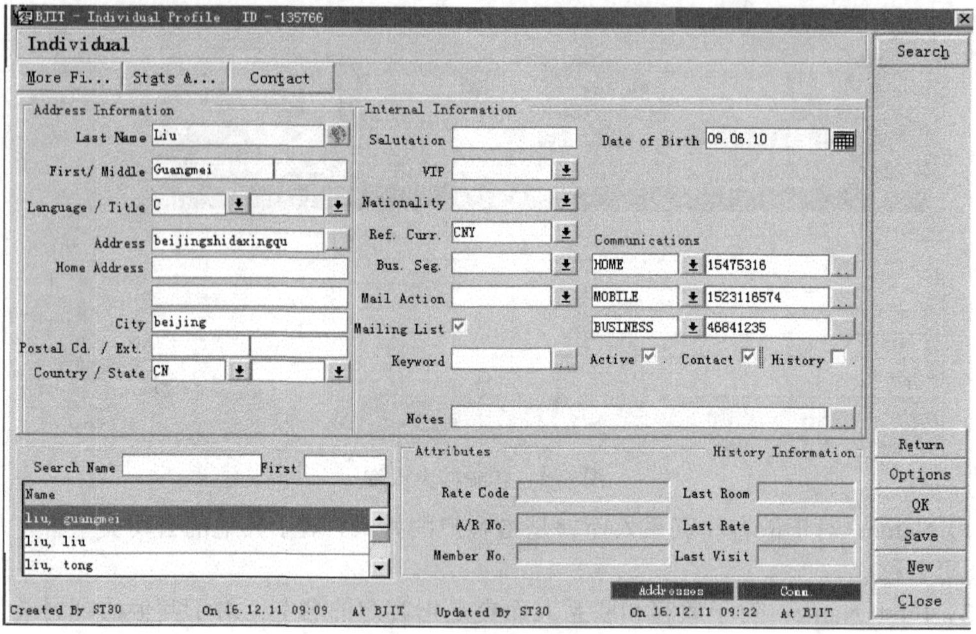

图 6-6 新建散客客史档案

1. 个人档案信息主界面

（1）Last Name：客人的姓氏。在此只能记录客人的英文姓氏。如果要用其他语言记录客人的姓名，则可通过变更姓名功能来实现。点击“Last Name”字段后的“地球”图标，弹出图 6-7 所示“Alternate Name（替换姓名）”对话框，其字段含义如下：

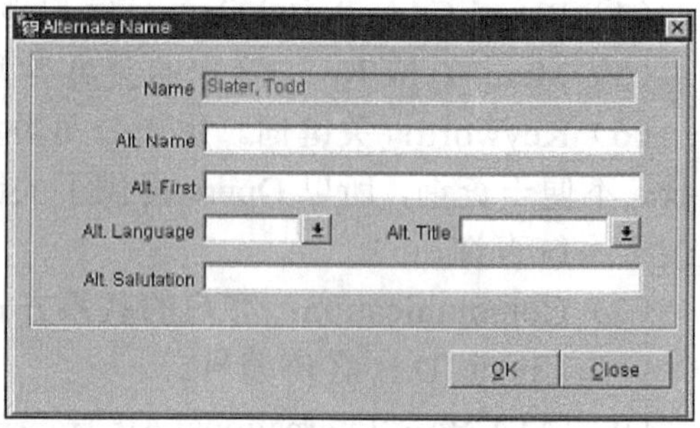

图 6-7 替换姓名

1）Alt. Name：Alternate Name，中文或其他语言客人的姓。如果记录客人的中文姓名，则姓氏和名字都可以写在这里。

2）Alt. First：Alternate First，其他语言客人的名字。

3）Alt. Language：Alternate Language，客人所使用的语言。此选项决定客人入住后账单、客房内的语音留言的语言类型。

4）Alt. Title：Alternate Title，如何使用中文或其他语言称呼客人。

5）Alt. Salutation：Alternate Salutation，如何使用中文或其他语言问候客人。

（2）First：客人的名字。与客人的姓氏相同，此处也只能记录客人的英文名字。如果客人是中国人或华人，可以以姓名的汉语拼音替代英文姓名。

例如，客人姓名为刘蕾，则应在“Last Name”处记录 Liu，在“First”处记录 Lei。然后点开“Last Name”后的“地球”图标，在“Alt Name”处输入中文“刘蕾”。

（3）Middle：客人中间的名字。有些国家的客人的姓名由 3 部分组成，在此写中间部分的名字。

（4）Language/Title：语言/称谓。例如，一位男性客人，来自美国，酒店需使用英语与客人沟通，则在此“Language”应选择“English”，而“Title”则应选择“Mr.”。

（5）Address：地址。单击“Address”后的图标，弹出图 6-8 所示“Address（地址）”对话框。

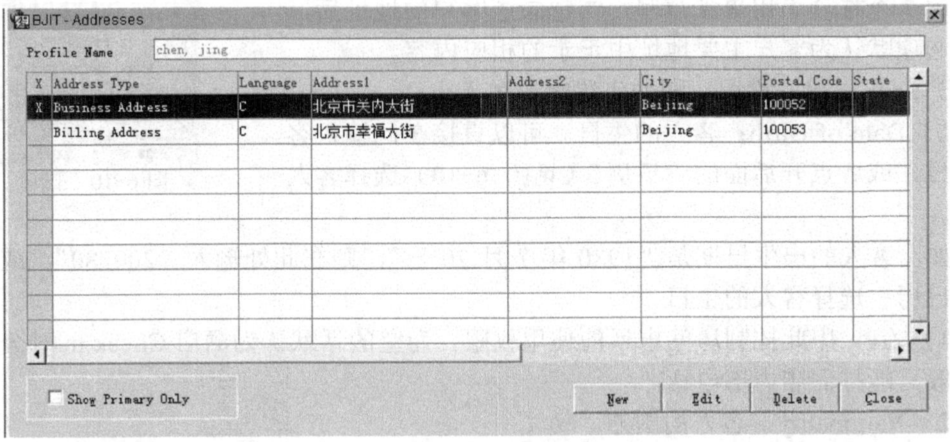

图 6-8 客户地址

1）New：单击“New”按钮，弹出图 6-9 所示 Add/Edit Address（新建/编辑地址）”对话框，新建客人的地址。

① Address Type：地址的类型。Opera 共提供 4 种类型的地址，分别是 Business Address（公司地址）、Billing Address（账单邮寄地址）、Home Address（家庭地址）、Shipping Address（航空地址）。

② Address：客人的通信地址。

③ City：通信地址所在城市。

④ Postal Code：邮政编码。

⑤ Country：通信地址所在国家。

⑥ State：通信地址所在地区。

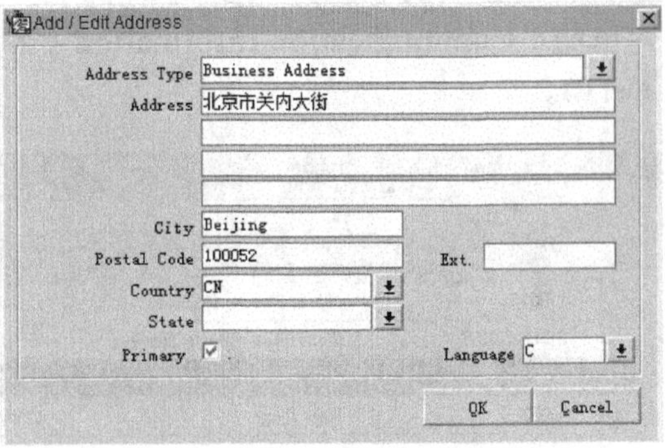

图 6-9 新建/编辑客户地址

⑦ Primary：选中此选项，表示该地址是客人的主要通信地址，将会显示在客人客史档案的主界面上。否则，仅在 Address 中显示该地址。

⑧ Language：客人所使用的语言。

例如，客人工作单位地址为“北京市朝阳区北四环东路 99 号”，邮编为“100101”，则应选择“Address Type”为“Business Address”，“Address”处记录“北京市朝阳区北四环东路 99 号”，“City”处记录“Beijing”，“Postal Code”处记录“100101”，“Country”处选择“CN”。如该地址是客人的主要地址，则应将“Primary”后的复选框选中。

2）Edit：选中其中某个地址，单击“Edit”按钮，弹出如图 6-9 所示对话框，修改客户的地址。

3）Delete：选中某个地址，单击该按钮，删除该地址。

4）Close：关闭地址对话框，回到新建客史档案界面。

（6）City：客户主要地址的所在城市。

（7）Postal Cd./Ext.：客户主要地址的邮政编码。

（8）Country/State：客户主要地址的国家/地区。

上述 3 个选项不用单独填写，当记录了客户的地址后，此 3 个选项默认为客户主要地址中记录的相应内容。

（9）Salutation：称谓，即如何称呼该客人。

（10）Date of Birth：客人的生日。可以直接在此输入客人的生日，或者点开后面的“日历”（见图 6-10）选择客人的生日。

图 6-10 日历

例如，客人的出生日期是“1980 年 7 月 20 日”，则在此处输入“200780”。或点开后面的“日历”选择客人的生日。

（11）VIP：用此控制房间电话的使用权限，为空的话默认为酒店 Check in 时分给的等级，一般只能打酒店内部电话。

（12）Nationality：客人的国籍。

（13）Ref. Curr：客人采用什么货币付房费。

（14）Communications：客人的联系方式。可以直接在主界面上选择客人联系方式的类型，然后在后面的文本框中填写相应的联系方式。但是，主界面仅提供 3 种联系方式的显示，当客人的联系方式多于 3 个时，可以点击“Communications”后面的图标，在弹出的“Communication Information（客人联系方式）”界面中添加新的联系方式（见图 6-11）。

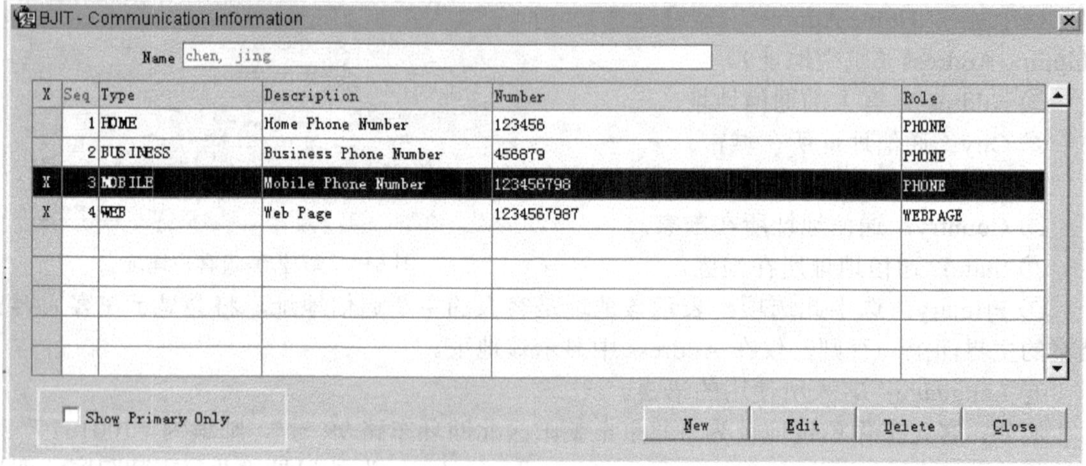

图 6-11 客人的联系方式

1）New：新建联系方式。单击“New”按钮，首先弹出如图 6-12 所示“Communication Types（联系方式类型）”对话框，PMS 共提供 6 种类型的联系方式，依次为家庭电话、公司电话、网址、手机、传真和电子邮件。选中一种联系方式类型，单击“OK”按钮，弹出“Add/Edit Communication Information（添加/编辑联系方式）”对话框，填写客人的联系方式即可，如图 6-13 所示。

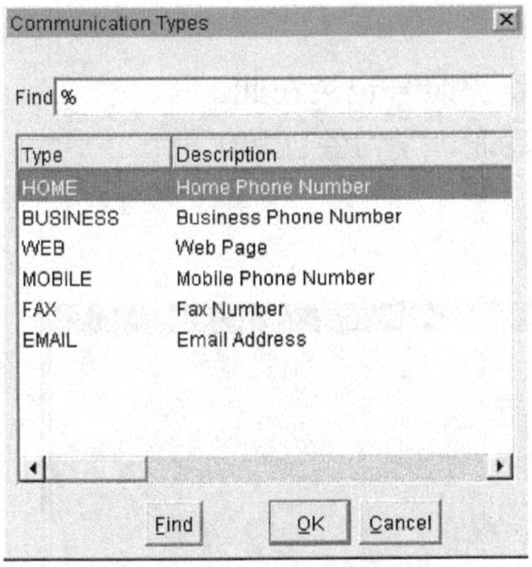

图 6-12　联系方式类型

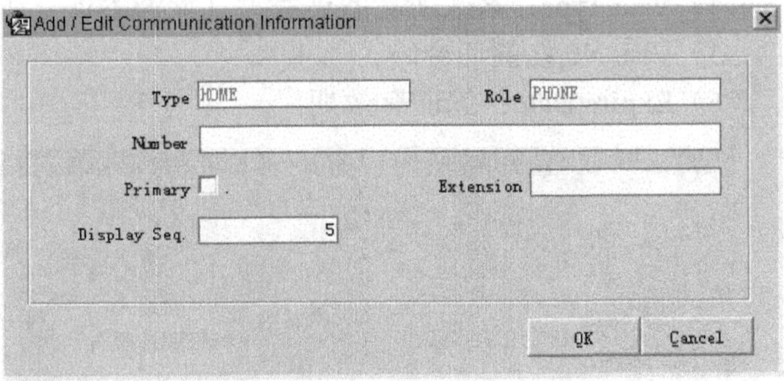

图 6-13　新建/编辑联系方式

① Number：客人的联系方式。

② Primary：由于客史档案的主界面上只能显示 3 个联系方式，因此如果选中该复选框，则表示该联系方式将作为客人的主要联系方式，显示在客人客史档案的主界面上。

③ Extension：分机号。

④ Display Seq.：Display Sequence，显示顺序。当客人有多种联系方式时，在此输入的数字决定该联系方式在图 6-11 所示的客人的联系方式界面中显示的顺序。

例如，客人留下家庭电话作为联系方式，则在图 6-12 所示的联系方式类型对话框中，应选择“Home Phone Number”，单击“OK”按钮后，在弹出对话框的“Number”处输入客人的家庭电话。

2）Edit：选中其中某个联系方式，单击“Edit”按钮，弹出如图 6-13 所示对话框，编辑此联系方式。

3）Delete：选中某个联系方式，单击该按钮，删除该联系方式。

4）Close：关闭联系方式对话框。

（15）Active：酒店中有些客户可能以后将不再在酒店订房，为提高系统查询的效率，可将这类客户的状态设置为 Inactive。若不选中此复选框，则客人的状态被设置为 Inactive。

（16）Contact：是否将该客人作为某公司的联系人，即是否将该客人的 Individual 类型的客史另存为 Contact 类型的客史。如果选中，则另存为 Contact 类型的客史。在本节的后面，将会介绍 Contact 类型客史档案的建立。

（17）History：是否保存该客人的客史档案。如果不选中此复选框，则客人的客史档案在 365 天后自动在系统中被删除；如果选中，则客人的客史将被永久性保存在系统中。

（18）Notes：客史档案备注信息。（详见本节后面介绍的客史档案的选项管理，即“Profiles Options→Notes”）

2．个人档案扩展信息界面

（1）More Fields：客史档案的其他设置，如图 6-14 所示。在此主要设置客人的证件信息。

1）ID Type：客人登记入住所使用的证件类型。

2）ID Number：证件号码。

3）Passport No.：如果客人登记时使用的是护照，应将护照号记录在此。

4）Visa Type：客人所持签证类型（旅游签证、访问签证、学习签证等）。

5）Visa No.：签证号码。

6）Expire Date：签证有效期。

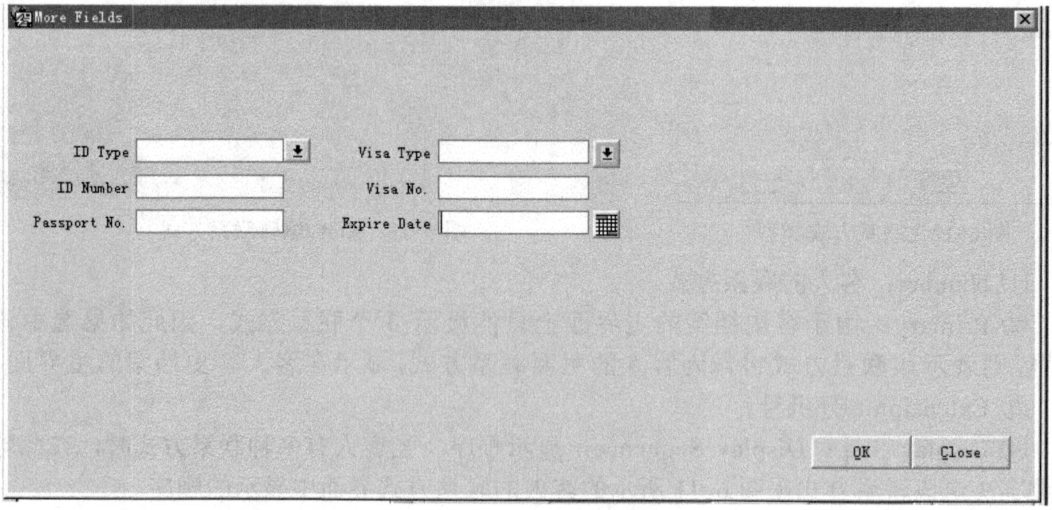

图 6-14　客史档案的其他设置

（2）Stats. & Info.：统计信息（有关该客人入住的历史信息的统计），如图 6-15 所示。

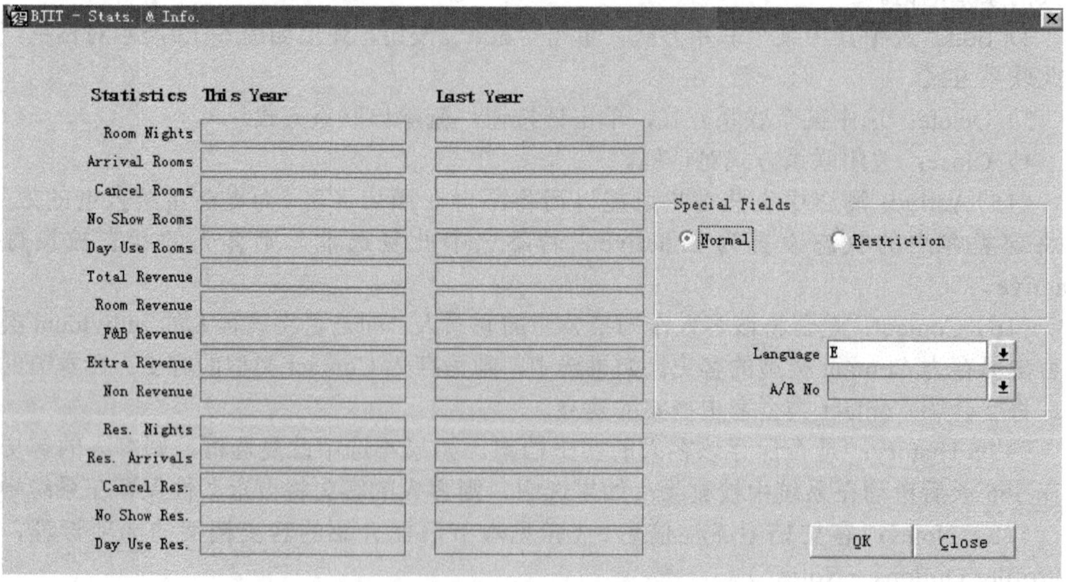

图 6-15　客人入住的统计信息

该页面显示今年（This Year）和去年（Last Year）两年的客人入住的统计信息。（以下字段的数据，均以 1 年为单位进行统计）

1）Room Nights：客人实际入住几个间夜。

2）Arrival Rooms：客人实际入住几次（包括日用房）。

3）Cancel Rooms：取消预订的次数。

4）No Show Rooms：没来，但也没取消预订的次数。

5）Day Use Rooms：日用房入住的次数，即客人在同一天入住并结账离店的次数。

6）Total Revenue：消费总和。

7）Room Revenue：房费消费金额。

8）F&B Revenue：Food & Beverage Revenue，餐饮消费金额。

9）Extra Revenue：其他费用消费金额（如洗衣、Mini Bar 消费）。

10）Non Revenue：代收代缴的费用消费金额（非酒店收入）（如代客人预订飞机票的收入）

11）Res. Nights：Reservation Nights，预订住宿总天数。

12）Res. Arrivals：Reservation Arrivals，客人预订入住几次。

13）Cancel Res.：Cancel Reservation，取消预订的次数（包括客人与他人合住的预订）。

14）No Show Res.：No Show Reservation，没来但也没取消预订的次数（包括客人与他人合住的预订）。

15）Day Use Res.：Day Use Reservation，日用房预订的次数（包括客人与他人合住的预订）。

16）Special Field：客史状态的设置。

① Normal：默认为 Normal，即正常状态。

② Restriction：受限状态。选中此选项，弹出“Status”对话框，如图 6-16 所示，则此人进入酒店的黑名单，在“Rule”中填写进入黑名单的原因。如果客人的客史设置为受限状态，则在以该客人的客史预订客房时，系统会提示该客人处于受限状态及受限的原因。

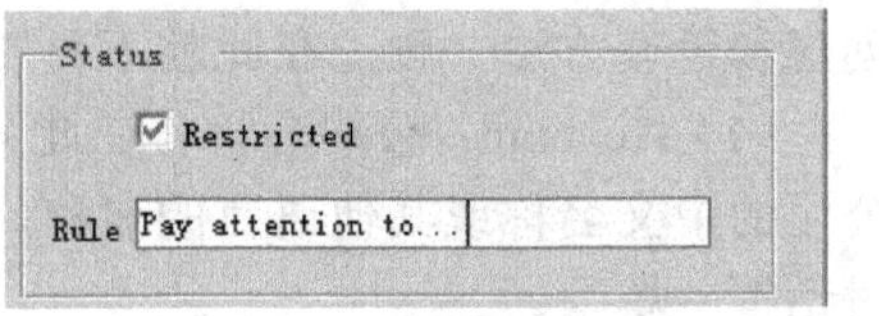

图 6-16　受限的原因

例如，该客人曾经有在酒店消费不付账的不良记录，可以将此人的客史设置为受限状态，然后在“Rule”中记录“该客人曾消费后不付账”。

17）Language：客人所用语言。

18）A/R No.：客户的应收号码。与酒店签署应收协议的公司有此号码，应收号码由酒店财务部门相关人员负责分配。

三、新建公司客户客史档案（New Account Profile）

Opera 中 Account（客户）类型的客史共有 4 种，分别是 Company（公司）、Travel Agent（旅行社）、Source（中央预订系统或定房中心）、Vender（供应商）。在“Account Profile”的主界面上，有一个“Type”字段，以此来区分该客户的类型。

单击图 6-5 所示客史档案查询界面上的“New”按钮，在弹出的对话中选择所要创建的客史档案的类型，即弹出图 6-17 所示的“Account Profile（客户客史）”管理界面。

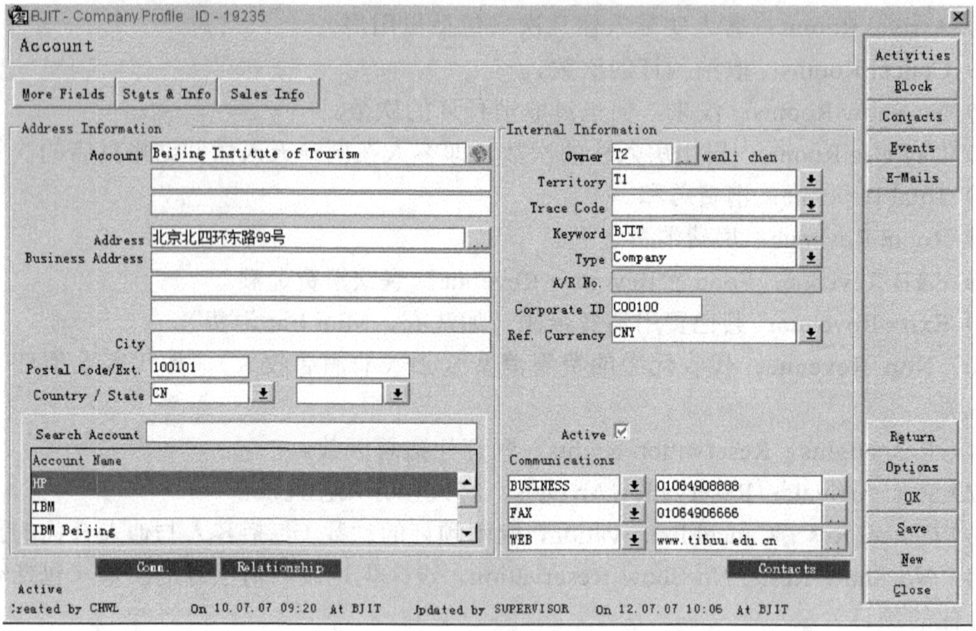

图 6-17　客户客史档案管理

1. 公司客史档案信息主界面

下面以 Company（公司）类型的客史档案为例，介绍如何管理 Account（客户）类型的客史档案。有些字段，如 Address（地址）、Communications（联系方式）等，与散客的创建和管理方法一致，在此就不再赘述。

（1）Account：公司名称。在此只能书写公司的英文名称或汉语拼音名称。如果要书写公司的中文名称或其他语言的名称，单击后面的"地球"图标，在弹出的"Alternate Name"对话框中填写。

（2）Owner：该客户是由酒店的哪位销售人员负责的，如果该公司在酒店订房业绩应归属酒店的哪位销售人员，都应在此设置。Owner 一般为酒店销售部的销售人员。（设置该项内容是为了以后销售员计算业绩时使用）

单击"Owner"后的▭图标，弹出图 6-18 所示"Assign Owner（设置客户维护的销售人员）"对话框，在此选择该公司的 Owner。

该页面共有上下两个窗口，上面的窗口显示的是公司所有的销售人员，下面的窗口显示的是维护该公司的销售人员。

1）Select：选中上面窗口中的某位销售员信息，单击"Select"按钮，将其添加到该公司的销售员窗口。

2）Select All：单击该按钮，将所有销售员信息全部添加到该公司的销售员窗口。

3）Unselect：选中下面窗口中的某位销售员信息，单击"Unselect"按钮，将其移出该公司的销售员窗口。

（3）Territory、Trace Code：宴会与销售管理系统（S&C）使用字段。

（4）Keyword：设置检索的关键词。一般客户的名称都比较复杂，为了提高系统检索的效率，可以将客户名称的缩写设置为关键词，以便于系统查询。

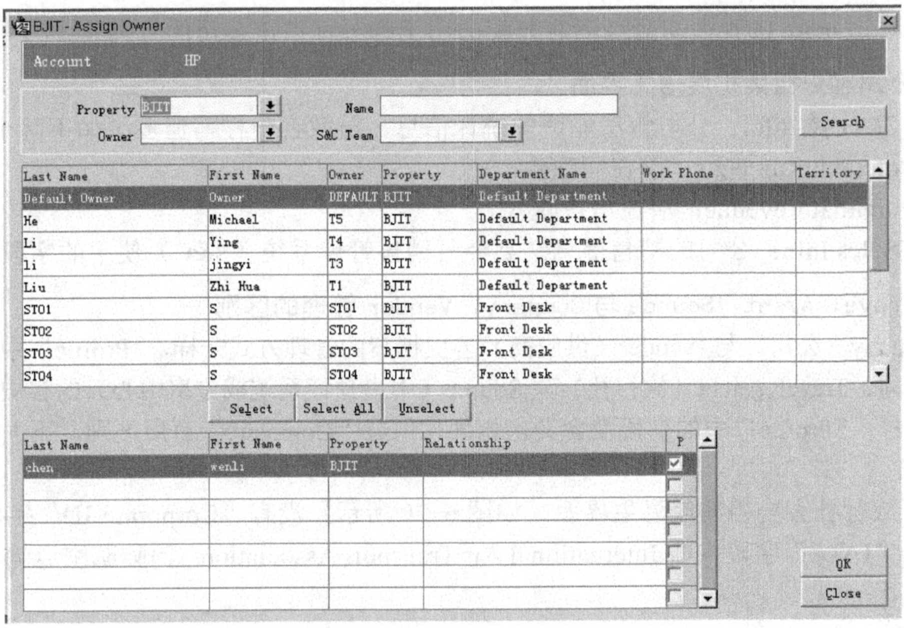

图 6-18 客户维护的销售人员

单击“Keyword（客史档案检索关键词）”后的图标，弹出如图 6-19 所示“Profile Keywords”对话框。单击“New”按钮，弹出“Add Edit Keywords”对话框，为该公司新建一个检索的关键词。

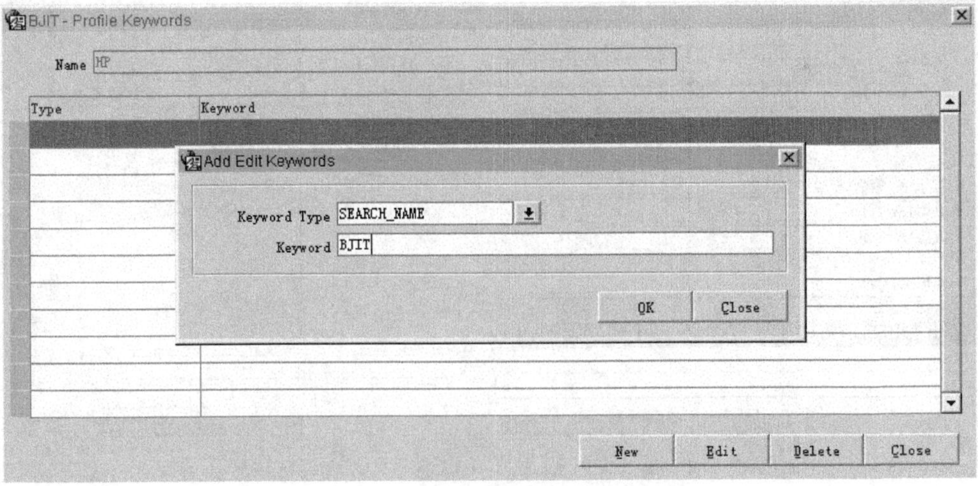

图 6-19 客史档案检索关键词设置

1）Keyword Type：选择关键词的种类为“SEARCH_NAME”（检索名称）。

2）Keyword：设置检索的关键词（一般为英文名称的缩写或汉语拼音的首字母）以便于对公司客史档案的系统查询。

（5）Type：Account 的类型。

（6）A/R No.：公司财务的应收号码。该号码由公司财务部的员工在 A/R 管理中统一分配，在此只能看，不能修改。

（7）Corporate ID：公司号（酒店分配的用于唯一标识该公司的号码）。

2．公司客史档案扩展信息界面

（1）Stats. & Info.：公司售房业绩的统计信息。与散客一样，但多了如下两个字段：

1）Potential Rm. Ngts：潜在间晚数。

2）Potential Revenue：潜在房费收入。

（2）Sales Info：公司的销售信息。宴会与销售管理系统（S&C）使用的字段。

3．Travel Agent、Source 与 Company、Vender 管理的区别

Company（公司）与 Vender（供应商）客史档案的管理方式一样，“Profile”中的字段及含义也相同。Travel Agent（旅行社）与 Source（中央预订系统或定房中心）的客史档案的管理方式一样，“Profile”中的字段及含义也相同，但与“Company”有所区别，下面就介绍二者的区别。

（1）旅行社客史档案信息主界面：如图 6-20 所示，没有“Corporate ID”字段，取而代之的是“IATA”字段，即 International Air Transport Association（国际航空运输协会）的会员号码。

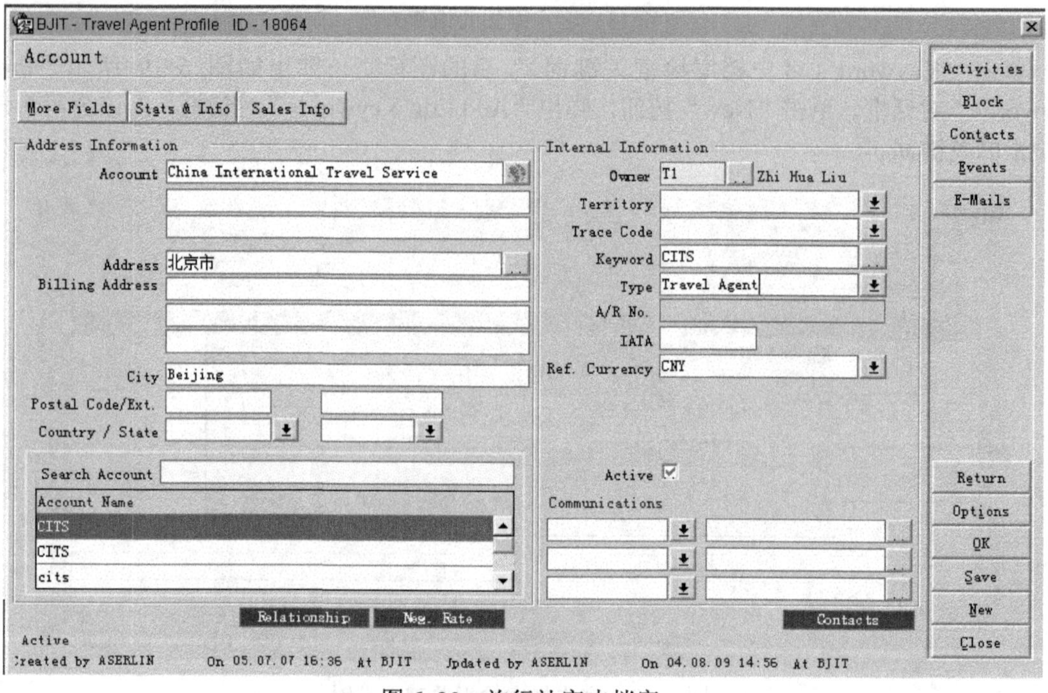

图 6-20 旅行社客史档案

（2）Stats. & Info.界面：如图 6-21 所示，旅行社与公司相比多出了佣金管理的字段，因为公司与酒店之间不存在返佣的关系，而旅行社与订房中介之间存在着返佣的关系。

单击“Bank Account”后的 ... 图标，弹出图 6-21 所示“Profile Commission Details”对话框，在此填写佣金管理的相关信息。

1）Bank Account：客户通过哪个银行返佣。

2）Commission Code：返佣的规则。

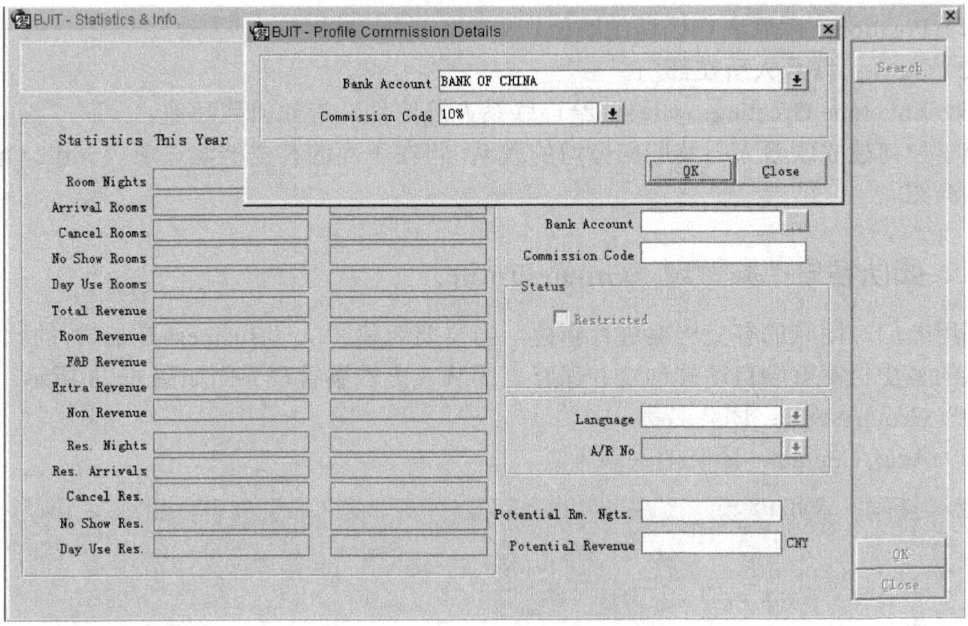

图 6-21 旅行社客史档案的统计信息

四、新建联系人客史档案（New Contact Profile）

Contact（联系人）指酒店与公司客户进行生意往来的公司内的相关人员。联系人也是散客，也可以作为散客在酒店订房、住宿，其与散客的区别就在于联系人一定要与某个 Account 建立联系（即建立 Relationship）。联系人客史档案中的有些字段与 Individual 和 Account 的相同，在此就不再赘述，参考 Individual 和 Account 的介绍即可。联系人客史档案的主界面如图 6-22 所示。

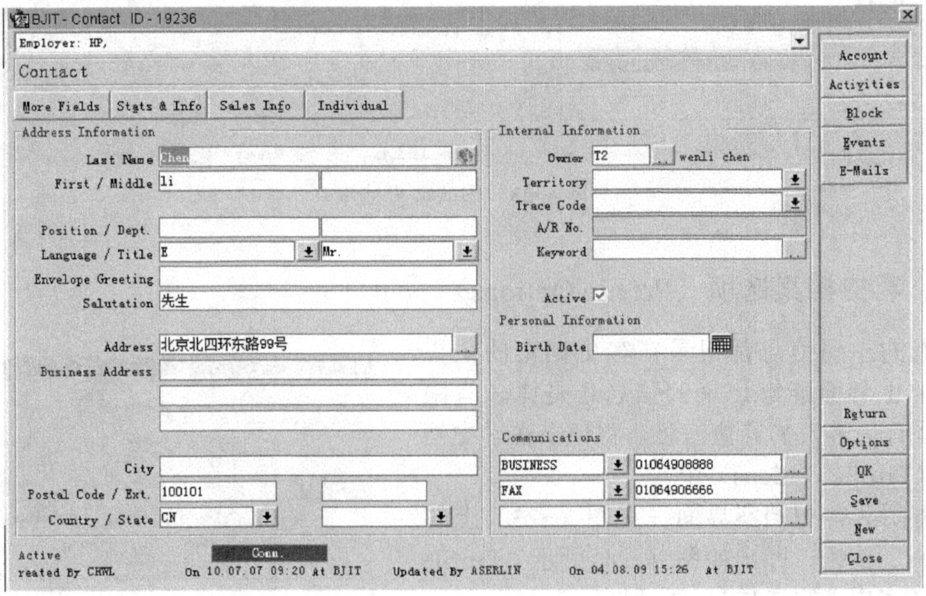

图 6-22 联系人客史档案

（1）Position：联系人在公司的职位。

（2）Dept.：联系人所在部门。

（3）Envelope Greeting：如果要给该联系人发信件，应如何称呼他。

至于如何建立联系人与其所在公司的联系，将在下面的客史档案选项（Profile Options）中详细介绍。

五、团队客史档案管理（Group Profile）

不用专门对团队的客史档案进行新建，当需要新建团队（Business Block）的预订时，该团队的客史档案就会自动被创建并保存。团队客史档案管理界面如图 6-23 所示。

（1）Group Name：团队名称。

（2）Acct. Contact：团队的联系人。

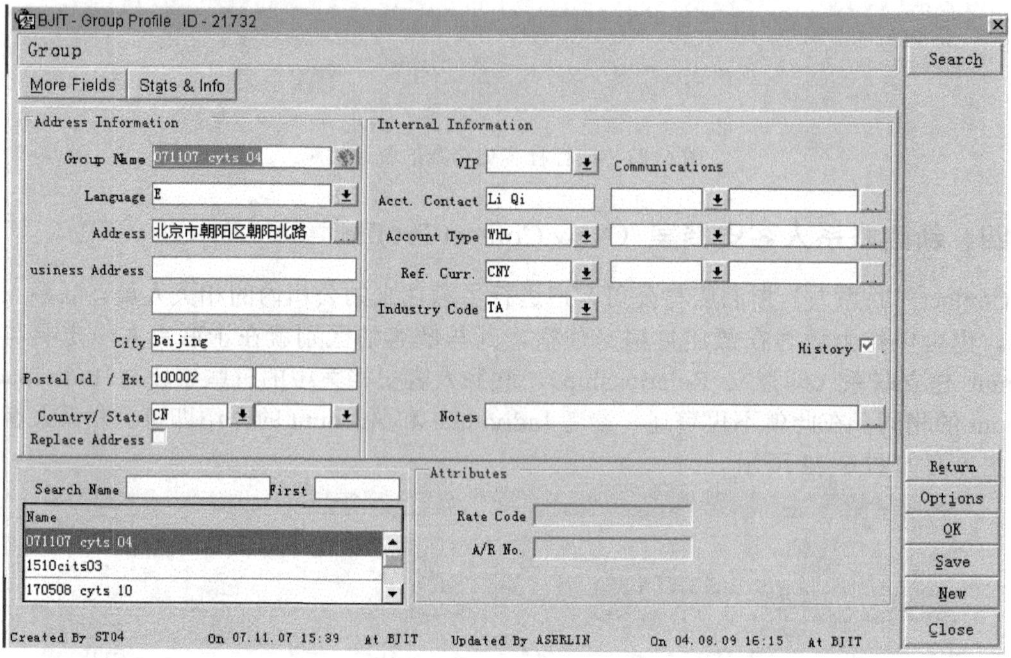

图 6-23 团队客史档案

六、客史档案选项（Profile Options）

客人的主要信息都记录在客史档案的主界面上，但主界面能够记录的信息还是比较有限的，一些有关客人的其他信息，将记录在客史档案选项（Profile Options）中。

单击团队客史档案界面（见图 6-23）上的“Options”按钮，弹出如图 6-24 所示“Profile Options（客史档案选项）”对话框。

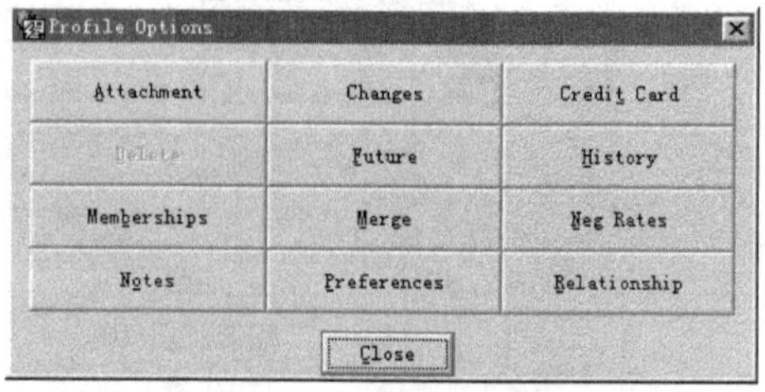

图 6-24 客史档案选项

1. Attachment（附件管理）

用于管理与散客或公司客户有关的文档，如合同、确认信等。单击“New”按钮弹出“File Upload”对话框，在此界面添加附件（见图 6-25）。

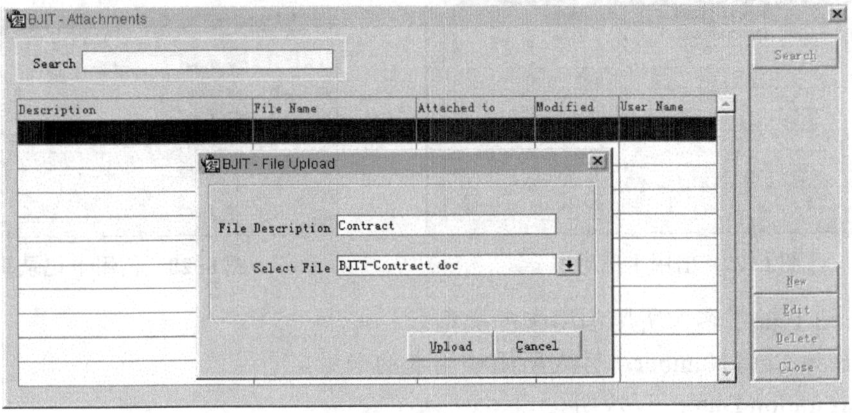

图 6-25　附件管理

（1）File Description：附件名称。

（2）Select File：选择附件。单击向下箭头图标，选择附件的路径。

2. Changes（用户日志）

修改客人 Profile 的历史记录，即用户使用该客史档案的日志，如图 6-26 所示。

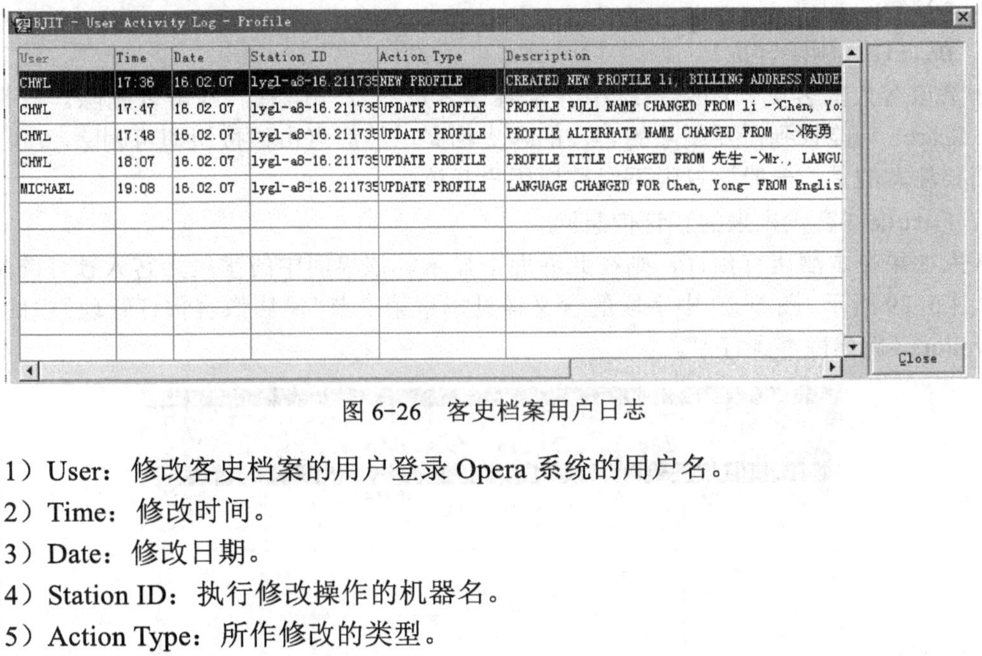

图 6-26　客史档案用户日志

（1）User：修改客史档案的用户登录 Opera 系统的用户名。

（2）Time：修改时间。

（3）Date：修改日期。

（4）Station ID：执行修改操作的机器名。

（5）Action Type：所作修改的类型。

（6）Description：修改内容的详细描述。

3. Credit Card（信用卡）

记录客人信用卡的相关信息，如图 6-27 所示。

如果想要新建一个客人的信用卡记录，则单击图 6-27 界面上的“New”按钮，进入如

图 6-28 所示“Credit Card-New（信用卡记录新建）”界面，在此记录客人信用卡的相关信息。

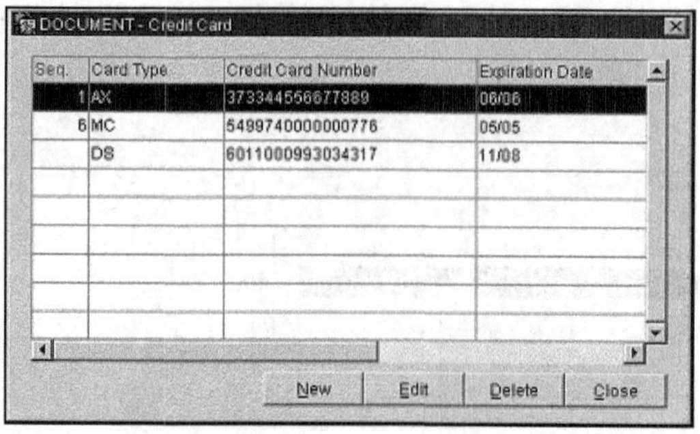

图 6-27 信用卡信息

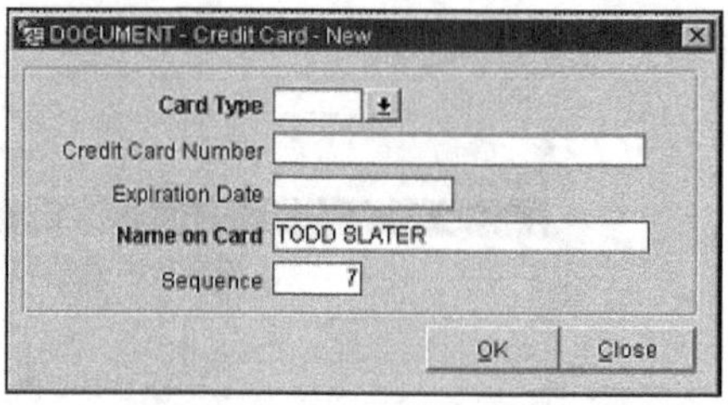

图 6-28 信用卡记录新建

（1）Card Type：客人所用信用卡的类型。

（2）Credit Card Number：客人所用信用卡的卡号。

（3）Expiration Date：有效期。

（4）Name on Card：持卡人签名。

（5）Sequence：序号。当该客人有多张信用卡时，此序号决定该张信用卡在图 6-27 所示信用卡记录界面中的排序。

例如，客人使用 Visa 卡，卡号为 9289893829××××，有效期为 2020 年 7 月，则在“Card Type”处选择“Visa Card”，在“Credit Card Number”处输入信用卡卡号，在“Expiration Date”处输入“07/20”即可。

4. Delete（删除客史）

删除该客人的客史。如果系统中并未有该客户的预订信息，则可以删除。只需通过 Profile Search 功能找到需要删除的客户的客史档案，然后点击该按钮即可删除。

需要注意的是，一般该权限不对普通用户开放。

5. Future（客人未来的预订信息）

客人如果在本酒店有预订，则在此界面中显示。该界面中的字段为客人预订的基本信息，如图 6-29 所示。图 6-29 中字段的含义详见本章第三节“酒店散客预订管理”中的“New Reservation（新建散客预订）”。

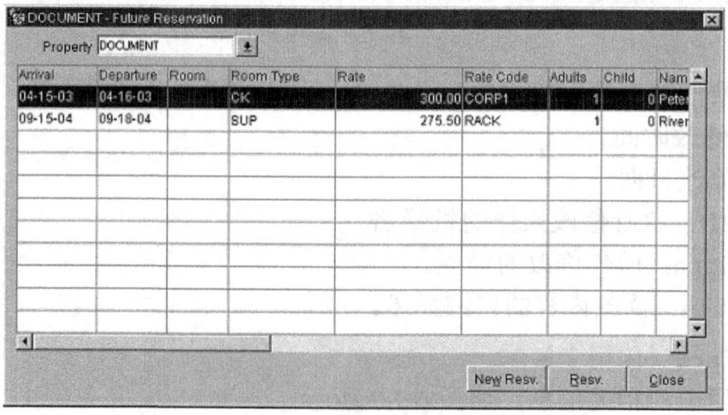

图 6-29 客人未来在酒店的预订信息

6. History（客人入住历史记录）

该客人在本酒店入住的历史信息，如图 6-30 所示。入住的历史信息分为 Stay Info.（入住的历史记录）和 Revenue（消费的历史记录）两类。

（1）Stay Info.：客人入住的历史信息，如图 6-31 所示。

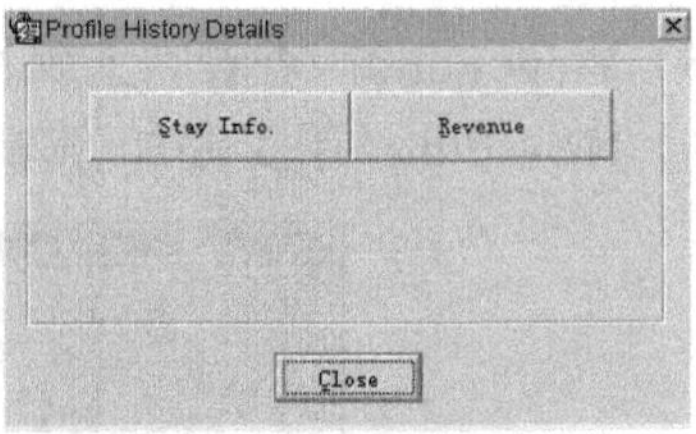

图 6-30 客人入住的历史信息

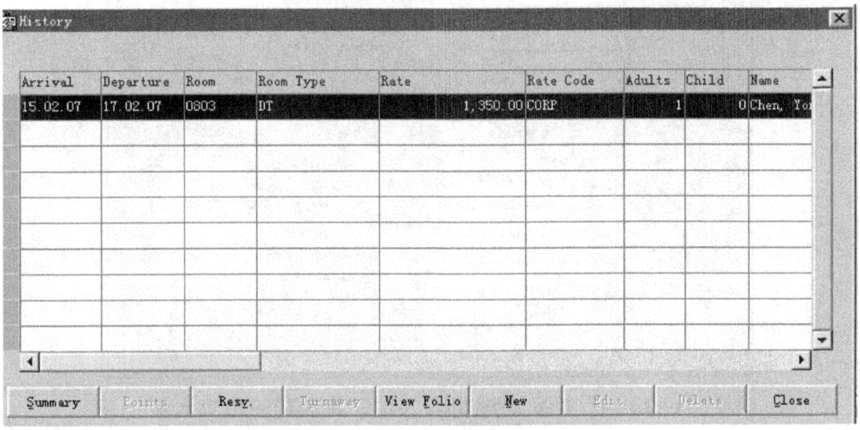

图 6-31 客人入住历史记录

1）Summary：显示每一年客人预订历史信息的汇总，如图 6-32 所示。

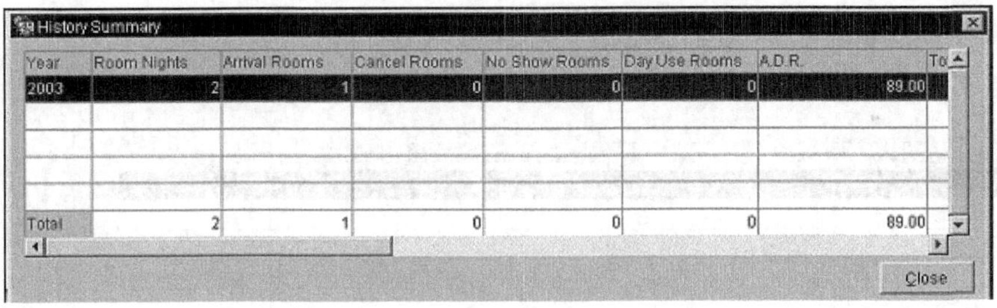

图 6-32 客人入住信息汇总

2）Points：如果该客人有某种被该酒店认证的会员卡，则该按钮可选。单击该按钮显示会员信息，如图 6-33 所示。

3）Resv.：选中图 6-31 界面上客人入住的某条历史记录，单击“Resv.”按钮，弹出该预订的“Reservation（预订信息）”界面。

4）Turnaway：显示客人 Turnaway 的统计信息。Turnaway 是指客人通过某种方式（如电话、网络等）向酒店咨询订房的相关信息（如房型、房价等），但是最后却没有在酒店预订客房的记录。

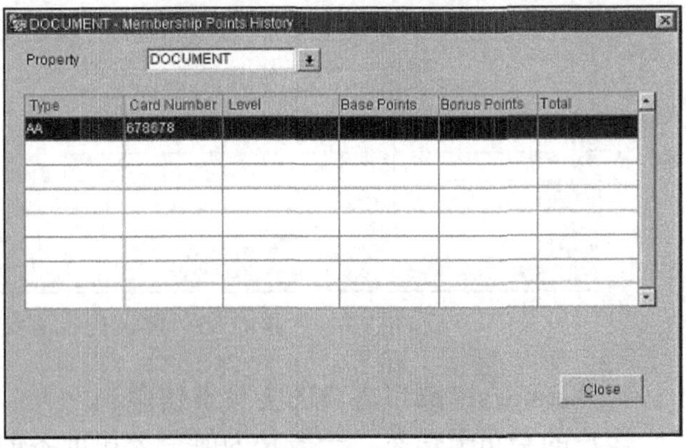

图 6-33 客户会员信息

5）View Folio：查看客人每次入住时 Check out 的历史账单。

6）New/Edit：手工添加/编辑客人预订和消费的历史记录，如图 6-34 所示。

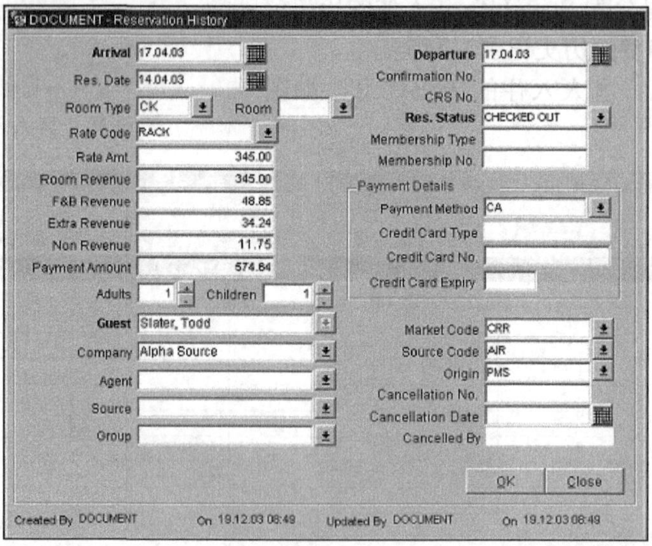

图 6-34 手工添加/编辑客人预订和消费的历史记录

（2）Revenue：客人入住酒店时消费的历史信息。按客人每次入住酒店时，在酒店各收益部门（如商务中心、中餐厅）的消费进行统计汇总，如图 6-35 所示。

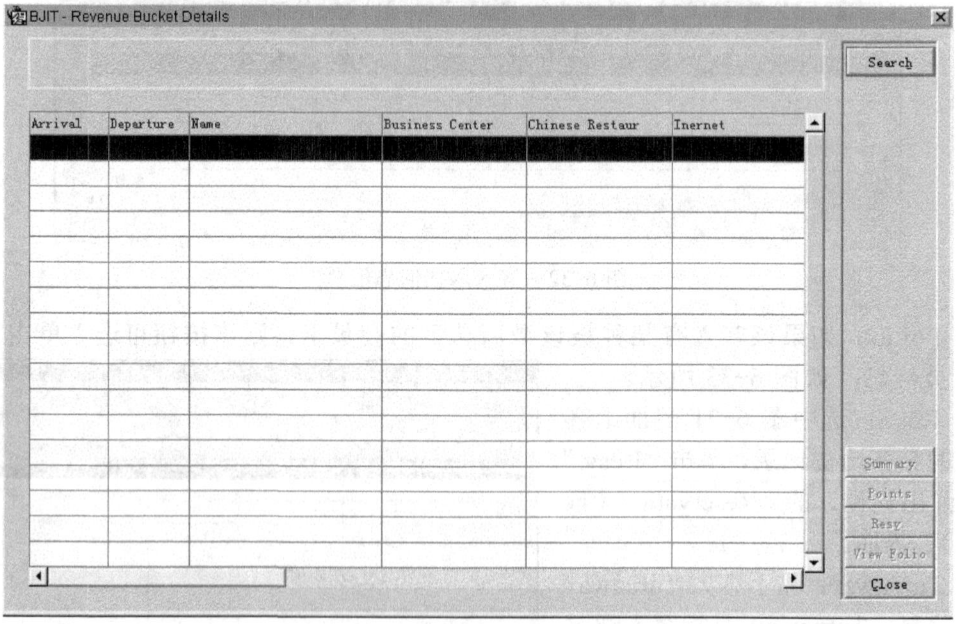

图 6-35 客人在店消费的历史记录

7. Memberships（客户的会员卡信息）

客户的会员卡信息，一般是为航空公司准备的。酒店内部也可能有自己的积分卡，如图 6-36 所示（如酒店与航空公司签有协议，可以累积在酒店的消费来换航空里程）。

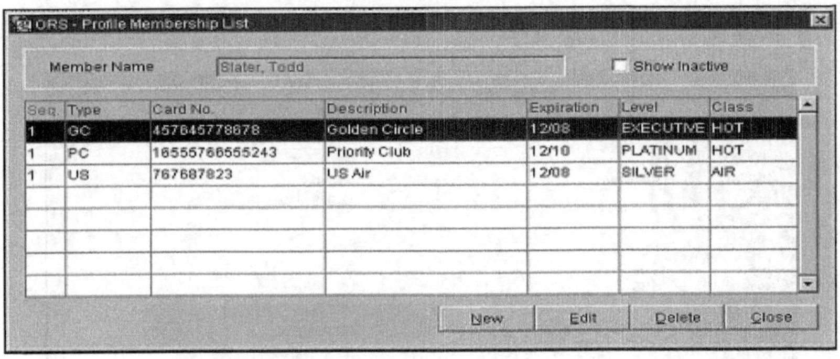

图 6-36　客人的会员卡信息

单击“New”按钮，为该客人新建一个会员信息，如图 6-37 所示。

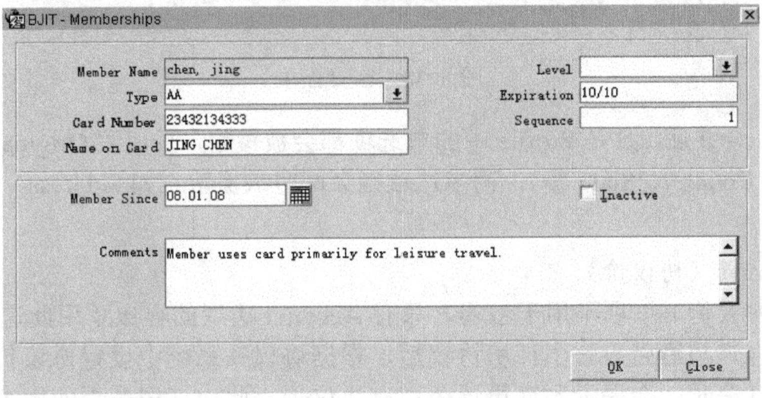

图 6-37　新建会员卡信息

（1）Member Name：会员姓名。

（2）Level：会员级别（普通卡、金卡、银卡……）。

（3）Type：会员类型（使用的是哪个公司的会员卡）。

（4）Expiration：有效期。

（5）Card Number：会员卡号。

（6）Name on Card：持卡人签名。

（7）Member Since：有效期开始日期。

（8）Comments：有关该卡的备注信息。

8. Merge（合并客史）

如果同一位客人在酒店有多于一个的客史，使用该功能将客人的客史进行合并。

（1）一个客人在一个酒店里应该只有一个 Profile，但由于多种原因，对于同一位客人系统内可能会有两个或两个以上的 Profile 存在，这样会影响对该客人的一些统计数据，故应用此功能将多个同一位客人的 Profile 进行合并。

（2）合并方法：首先找到要保留的该客人的 Profile，单击“Option→Merge”，弹出“Profile Search”界面，在此界面中查询要被合并掉的客史后，单击“OK”按钮，弹出如图 6-38 所示界面，在“Profile to Merge”下显示的是要被合并掉的客人的基本信息，“Original Profile”下显示的是要保留的客人的基本信息，核对无误后，单击“Merge”

按钮，则左右两个客史被合并为一个。

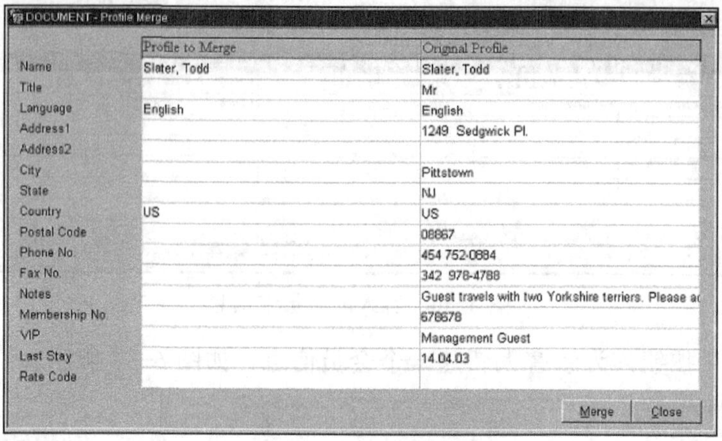

图 6-38 客史合并

（3）注意：合并后，凡是 Profile 中的单选项都会被覆盖，只保留 Original Profile 中的内容（如 Name、Country、State 等），而多选项则会同时被保留（如 Address、Communication 等）。

9. Neg Rates（协议价）

设置公司协议价。该项不用于散客，只有 Account 类型的客史才用此选项，如图 6-39 所示。当公司客户与酒店签署了订房协议后，根据协议在系统中设置协议价格，则当有客人通过该公司订房时，会提示预订员该公司有协议价，此次订房是否使用公司协议价。

（1）New：单击“New”按钮，为该公司添加一个协议价，如图 6-40 所示。

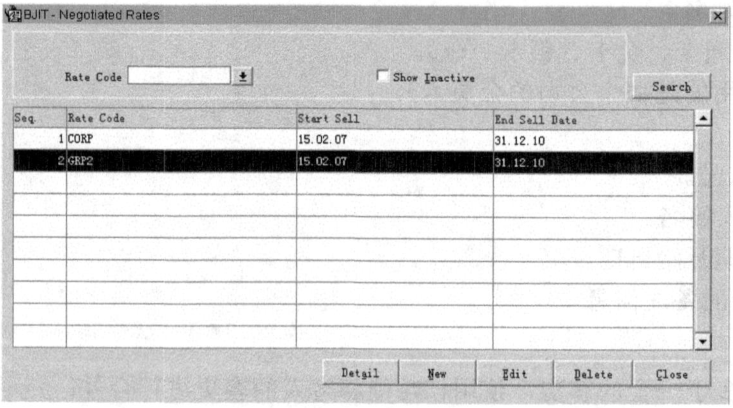

图 6-39 公司协议价

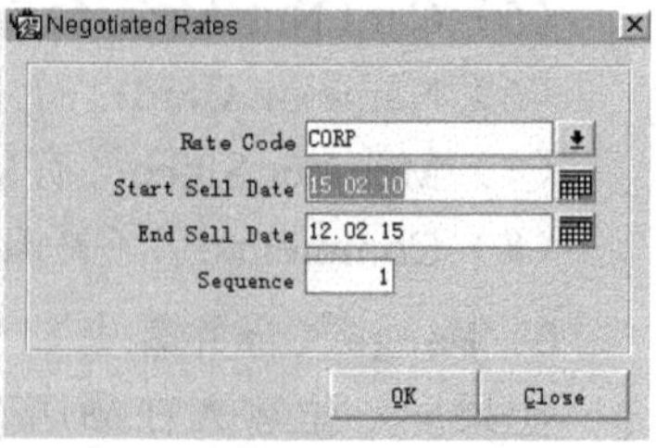

图 6-40 添加公司协议价

1）Sequence：序号。一个公司可以有多个协议价，使用 Sequence 确定协议价的排序。

2）Rate Code：协议价的价格代码。

3）Start Sell Date/End Sell Date：协议价的有效期。

（2）Detail：协议价的详细信息。选中某种协议价，单击此按钮，弹出如图 6-41 所示的该协议价的“Rate Detail（价格代码的详细信息）”界面。

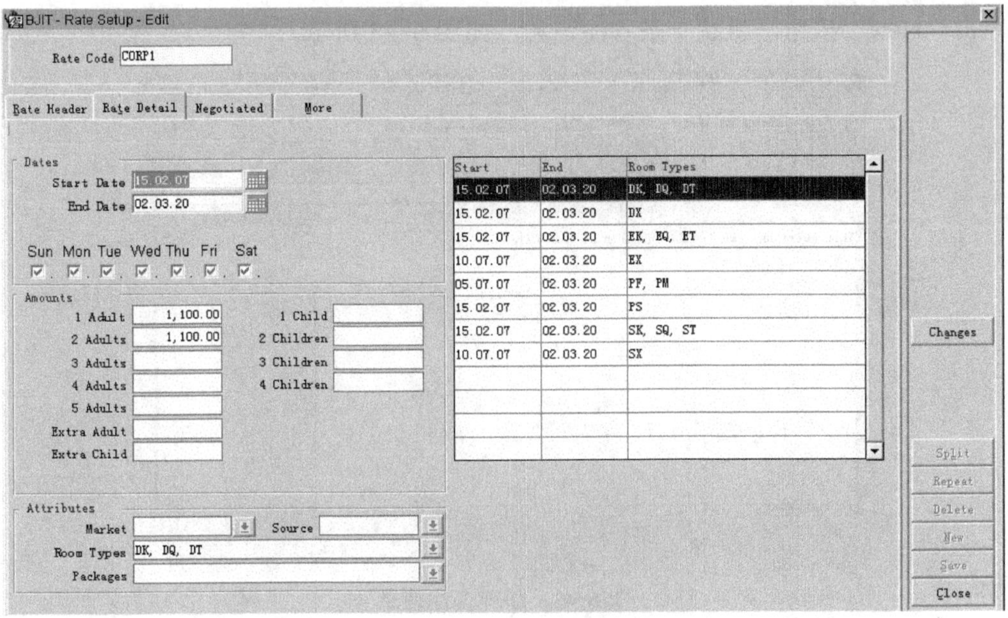

图 6-41　价格代码详细信息

（3）Edit：修改某协议价。选中某种协议价，单击此按钮，弹出图 6-40 所示公司协议价界面，对该协议价的相关信息进行修改。

10. Notes（备注）

用于设置客户的附加信息。尽管客史档案为酒店提供了丰富的客户信息管理的功能，但由于客户的信息差异性很大，所以有时客人的信息难以用 PMS 提供的相关功能来进行管理，因此客史档案提供了备注信息管理的功能，将这些信息设置为备注，协助酒店完善客户关系管理，如图 6-42 所示。

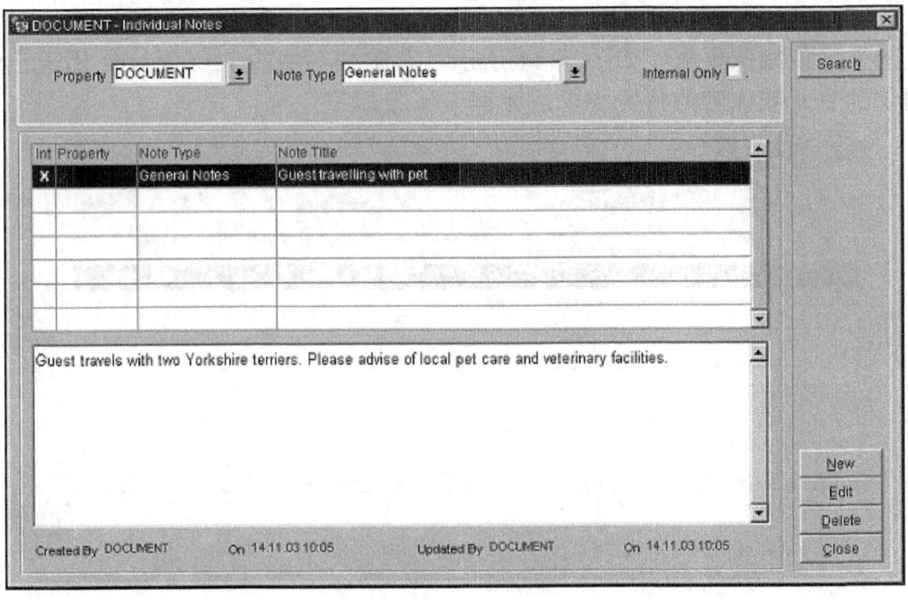

图 6-42　客人备注信息

单击“New”按钮，新建一条备注信息，如图 6-43 所示。

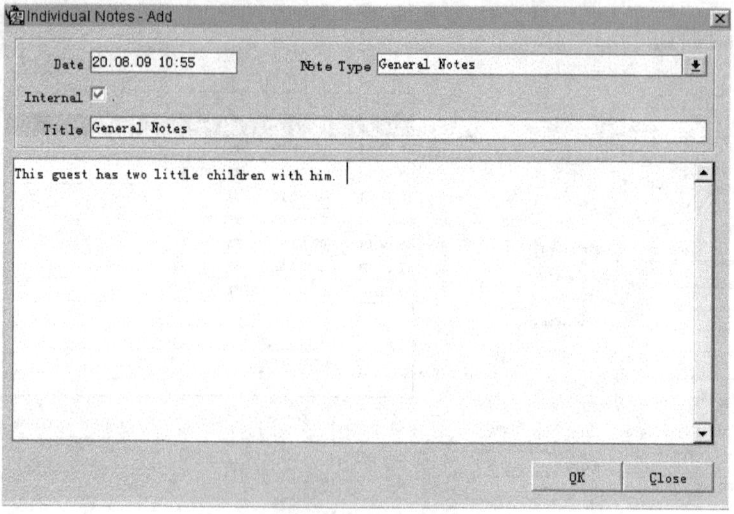

图 6-43　新建备注信息

（1）Date：创建备注的时间。默认为创建该备注时的系统时间。

（2）Note Type：留言的类型。酒店各部门的内部留言、客户的背景信息等。

（3）Internal：内部留言。选中此复选框，则该留言仅在该客人的客史档案中可以查询，而不会出现在任何报表中。

（4）Title：留言的名称。默认为留言的类型，可以修改。

（5）大的文本框中书写留言的详细信息。

例如，有一位客人每次带她的两个孩子来本地探亲时，都会入住本酒店，可以将这条信息设置为该客人客史档案的 Note。

11．Preferences（客人的喜好）

客人的喜好或特殊要求，如图 6-44 所示。客史档案中的 Preferences 用于记录客人相对比较固定的喜好或住店的特殊要求，如客人不吸烟等。

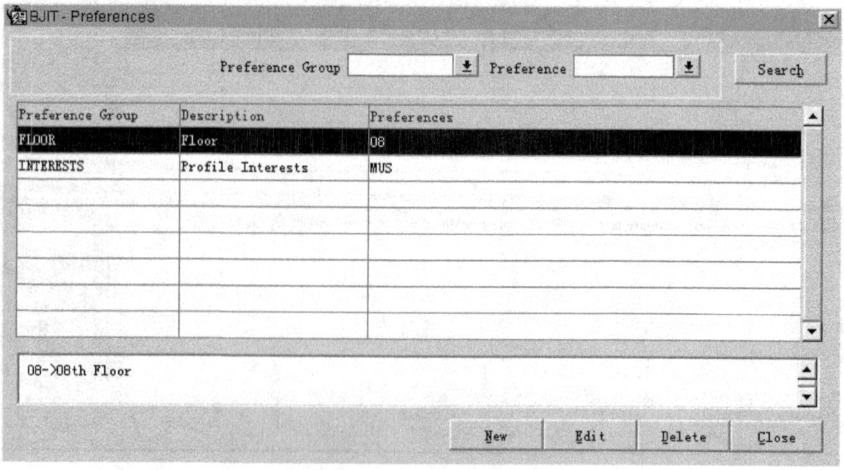

图 6-44　客人的喜好

系统将客人的特殊要求按类型分成一些组。在设置客人的特殊要求时，我们先选择该要求属于哪一个组，然后再选择具体的要求。

（1）New：新建客户喜好。

1）单击“New”按钮，弹出图 6-45 所示的对话框，首先选择要添加的用户喜好属于哪个组（Group）。

2）选择好喜好组后，单击“OK”按钮，弹出该组的所有喜好，如图 6-46 所示。

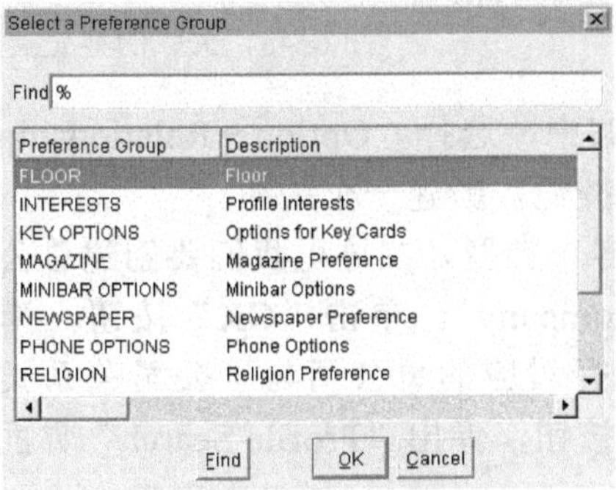

图 6-45 客户喜好组

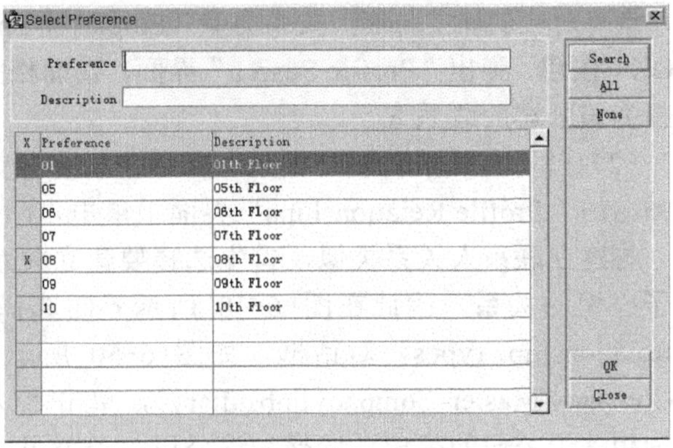

图 6-46 客户喜好

3）在该组中，选择客人的喜好，在前面的×空中单击一下，即选中此喜好。应注意的是，同一组中的喜好可以多选。

（2）Edit：编辑、修改客人喜好。

选中图 6-44 所示的某组客人的喜好，单击“Edit”按钮，弹出如图 6-46 所示的客人喜好界面，可以修改该组客人的喜好。

例如，某位客人不吸烟，则设置喜好组“Smoking（吸烟房）”中的“No Smoking”喜好。

又如，客人是残疾人，则首先应设置“Room Features（房间特征）”组中的“Handicap”喜好。由于一般酒店都只有一间残疾人用房，当酒店同一天有多位残疾人入住时，只能为其他残疾客人选择低楼层的房间，因此还应设置“Floor（楼层）”组中的一些住客的低楼层。

12. Relationship（客户间的关系）

各类客户间的关系。用来设置公司与联系人及总公司与子公司之间的关系，如图 6-47 所示。下面分别介绍如何建立这两种关系。

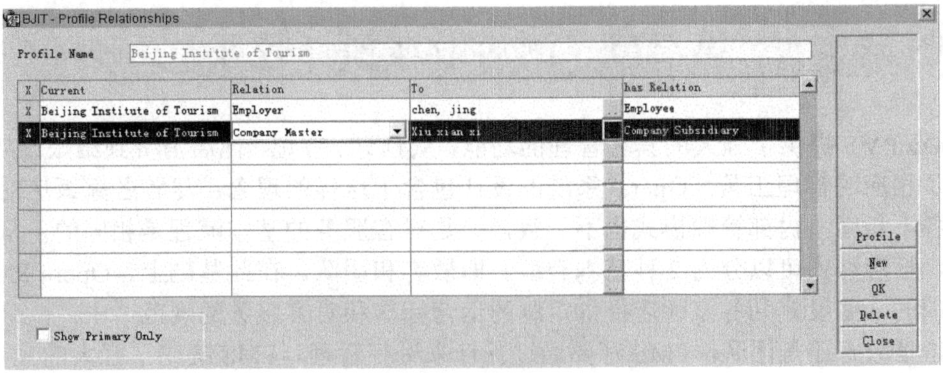

图 6-47 客户间的关系

（1）公司与联系人的关系。在公司的客史档案中，选择“Option→Relationship”，在弹出的“Profile Relationships”界面中单击“New”按钮，新建一个关系。

首先选择要建立关系的客户类型，如图 6-48 所示。在这里我们要创建联系人与公司的关系，因此选择“Individual/Contact”。单击“OK”按钮，弹出“Relationship Types”对话框，如图 6-49 所示，选择对应的雇主与雇员关系类型（Employer-Employee），单击“OK”按钮，弹出“Profile Search”界面，查询相关联系人客史，选择为该公司的联系人。

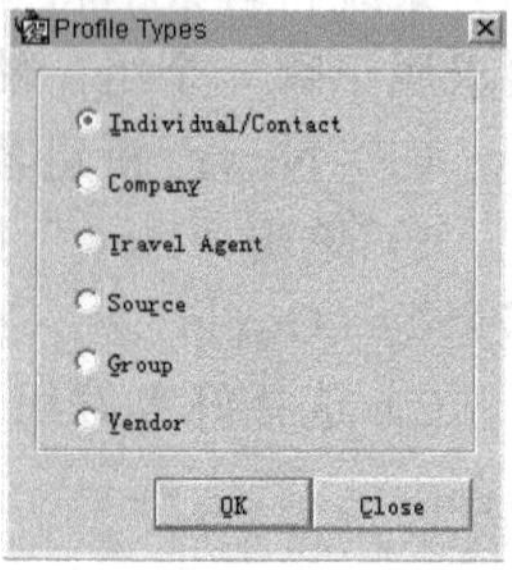

图 6-48　关联的客史类型

（2）公司与其子公司的关系。在总公司的客史档案中，选择“Option→Relationship”，在弹出的“Profile Relationships”界面中单击“New”按钮，新建一个关系。

与建立联系人关系类似，首先选择要建立关系的客户类型。在这里我们要创建总公司与子公司的关系，因此在图 6-48 所示界面选择“Company”。单击“OK”按钮，弹出“Relationship Types”对话框，如图 6-50 所示，选择对应的总公司与子公司关系类型（Company Master-CompanySubsidiary），单击“OK”按钮，弹出“Profile Search”界面，查询相关子公司的客史，选择为该公司的子公司。

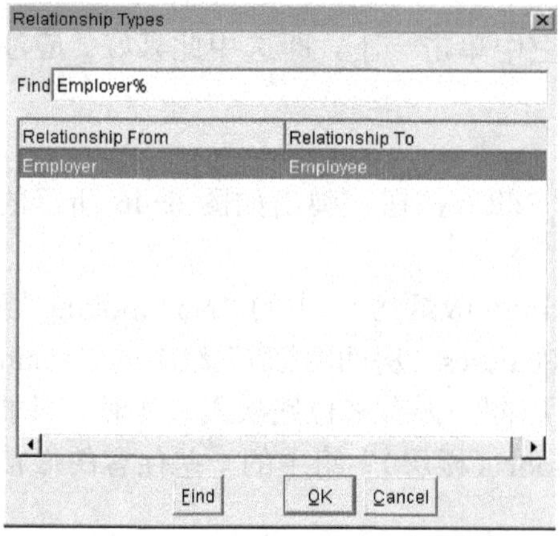

图 6-49　公司与联系人关系类型

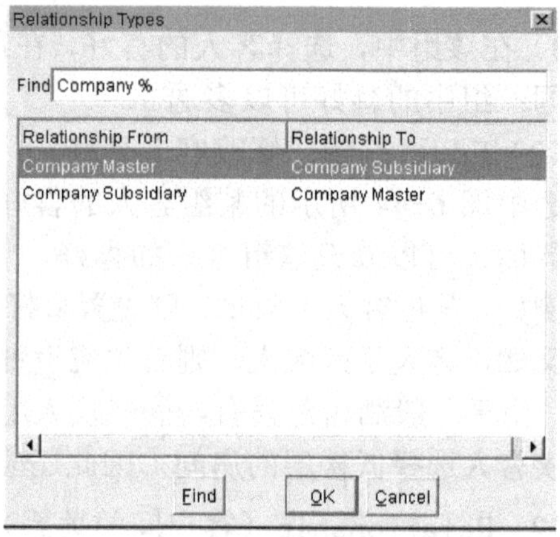

图 6-50　总公司与子公司关系类型

第三节　酒店散客预订管理

Opera PMS 提供了强大的宾客管理的功能，从预订、登记、住店消费到结账离店，PMS 都提供了相应的管理工具。Opera 系统的设计包含了这样的理念：尽管各家饭店对客服务的规范各不相同，内部管理模式也不一致，但是对客服务的基本流程是相同的，从宏观的角度看，抵店客人可以分为 2 种基本类型，即散客和团队。在此基础上，Opera PMS 可以通过前期的一些设置为各家饭店提供定制的运营标准和对客服务的规范。

无论是散客还是团队，PMS 都要通过预订来进行管理。PMS 提供了强大的预订功能，协助饭店进行宾客管理。

通过 PMS，可以使客人完全自我控制预订，包括远期预订。在 PMS 中，只需几秒钟客人就可以跨地域查询到所需客房。即使在饭店出租的旺季，系统也能保证进行可卖房的实时查询，最大限度地保证了客人的预订请求能够得到满足。

一、客房预订渠道

多渠道的营销对于饭店经营具有重要作用，正常情况下，饭店拥有的分销渠道越丰富，则客人了解饭店产品的机会就越多，相应的预订机会也会随之增加。为了满足饭店多渠道营销的需要，PMS 提供了尽可能丰富的功能。PMS 4.0 版本支持如下几种客房推销方式：

（1）饭店直接预订。饭店接受客人直接提出的订房请求。预订部是饭店中接受订房请求的部门。直接向饭店提出订房请求一般有下列几种途径：

1）电话：客人打电话直接向饭店提出预订请求，这是最常见的一种预订方式。

2）传真：常用于国际订房业务，仅占饭店预订业务的一小部分。

3）电子邮件：客人将自己的订房请求通过电子邮件的方式发给饭店，这也是比较常见的一种预订方式。

4）邮件：将订房请求以书面的形式直接邮寄到饭店的预订部，团队通常会采用这种方式。

（2）中央预订系统。中央预订系统是集团饭店自身的订房系统，在集团旗下的所有饭店都要加入中央预订系统来销售自己的客房产品。通过这种方式，集团饭店旗下的饭店可共享所有的预订信息，互相交换或介绍客源，从而起到合理降低营销成本的目的。

由于客户的预订信息可以通过中央预订系统在网络上共享，因此如果一家饭店的客房已满，则中央预订系统会把客人介绍到同一地区集团饭店旗下的另一家饭店。预订系统也可以介绍更符合用户需求的饭店给客户。

（3）全球预订系统。绝大多数中央预订系统与订房中心都与一个全球预订系统相连接。国际知名的全球预订系统有 SABRE、WORLD SPAN 等。全球预订系统提供世界范围内的客房销售。

（4）订房中心。订房中心是由自主经营的、不属于任何连锁集团旗下的饭店自由结合起来形成的预订系统。通过这种方式，一些自主经营的饭店也可以享受到集团饭店的许多好处。与中央预订系统类似，订房中心也承担了销售客房产品的责任。订房中心可以通过免费的服务电话或者网络接受客户的订房请求，为客户提供 24 小时不间断的预订服务。普雷弗（Preferred）、携程、艺龙和商之旅都是国际和国内比较知名的订房中心。

订房中心的主要工作是与多家饭店交换可卖房信息，通过 PMS，可使订房中心直接共享饭店的客房信息，从而更有效地销售客房产品。一旦饭店的客房通过订房中心销售出去，饭店就要向订房中心支付相应的佣金。

（5）互联网预订。目前有很多饭店、旅行社或航空公司在其企业的网站上提供在线的预订服务。PMS 通过接口的设置，可以支持通过互联网提交的客房预订。除此之外，客人还可以通过这类网站订购机票、租车等，即客人可以通过此类网站来安排自己的旅行和住宿。

PMS 提供了根据预订方式所进行的客源统计，生成客源分析报表，可以方便饭店各级管理人员了解任意时间的客源情况，并且可为销售部制定营销策略提供数据来源。

不同的预订方式只是在信息传递方式上有所差异，但是具体的宾客管理的业务流程基本上是相同的。

二、散客预订流程

客人作为个人入住而不是作为团队的一分子，这类客源被称为散客。上面提到了 5 种类型的预订方式，其中通过中央预订系统、订房中心、全球预订系统和互联网的预订，客人都可以使用比较友好的人机对话界面来完成预订，然后通过 Opera 的接口软件将订房信息直接传到 PMS 中。对于酒店直接预订，由于需要酒店预订员的人工干预，所以流程比上述 4 种复杂。下面我们介绍使用 PMS 由酒店直接完成的散客预订的流程。

PMS 的预订模块可以使预订员对顾客的入住要求作出快速准确的响应。该模块可以显著地提高预订服务的效率，使预订员可以将精力集中于如何更有效地获得客户的信息，如何向客户推荐酒店的客房和其他产品。一般来讲，PMS 的预订步骤如图 6-51 所示。

图 6-51　PMS 的预订流程

（1）预订查询。客户可以通过电话、传真、电子邮件、网络等方式，或者通过外部预订系统（如全球预订系统、中央预订系统等）提交订房需求。Opera 提供了功能强大的查询功能，一旦预订请求录入系统，系统就会根据房型和价格显示目前酒店的可卖房数据，供预订员工实时查询，并将查询数据反馈给客户，以供客户选择。当客户的订房请求与系统数据相匹配时，系统将为客户确定房间，并将确定的房间从预订期间的系统可卖房中删除。

（2）预订建立。一旦客户的订房要求得到满足，预订员便会向客人询问相关情况，并将从客户处得到的数据标准化后生成统一的客户档案文件与预订文件。

1）客户档案文件。PMS 通过“客人档案”的功能来收集每个客户的各方面资料。这些数据可用来帮助酒店客户关系部改善服务质量、帮助酒店市场部制定具有竞争力的销售策略、帮助酒店高层管理人员分析业务利润来源。

2）预订文件。当客人档案被保存后，预订员就可以为客人创建本次住店的预订文件了。预订文件用于记录客人本次预订的主要信息，包括客人的抵店时间、住几个晚上、预订的房型和房价、付款方式及一些特殊要求等。预订文件可供酒店各部门共享，方便各部门安排客人接待的相关事宜。

（3）预订确认。当客人的预订被酒店接受并确认后，系统可以自动生成确认信，确认信主要包括上述订房信息。预订确认后客人的本次预订将被酒店认可。

（4）预订取消。如果客人因为某些原因而不能到店，要取消预订，我们可以直接将其预订取消。找到客人的预订，使用系统提供的取消预订的功能，就可将预订直接取消，并且在取消预订的同时，可以记录客人取消预订的原因，以便酒店改善管理和营销的策略。预订取消后，占用的客房被释放为系统可卖房，可以继续卖给其他客人。

下面将详细介绍如何使用 PMS 的预订功能进行散客预订。

三、新建散客预订（New Reservation）

使用“Reservation”模块下的“New Reservation”功能新建散客预订。

1．价格查询

单击“Reservation”菜单下的“New Reservation”后首先进入图 6-52 所示的“Rate Query（询价）”界面，查询酒店的房型和价格。

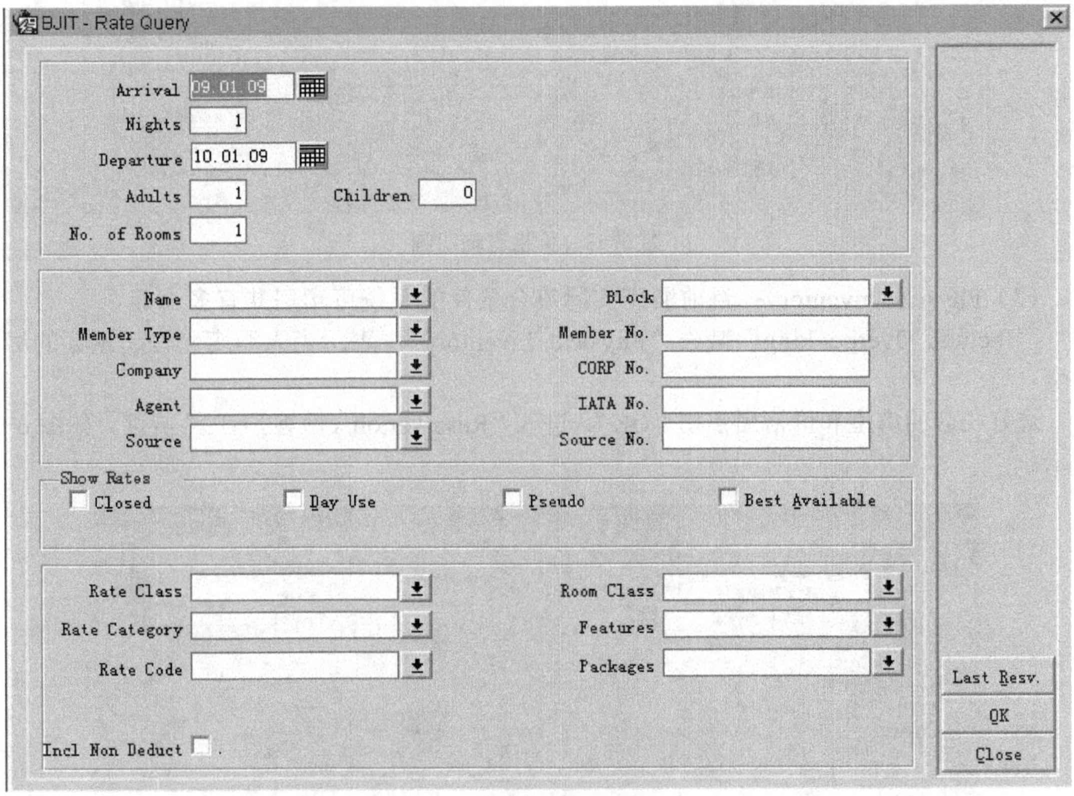

图 6-52 价格查询

该界面上的所有字段都是为系统查询提供条件的，一般而言，预订员在处理宾客的价格查询时，会根据客人的抵店时间（Arrival）和离店时间（Departure）查询客人要求入住的时间内酒店是否有空房及出租的价格。

在图 6-52 所示界面上，输入查询的条件后，单击“OK”按钮，弹出“Rate Query Details（价格查询明细）”界面，详细展示了该酒店所有符合查询条件的房型及房型的各类价格（见图 6-53）。

（1）Room Types：符合条件的房型。

（2）Include Overbooking：包含允许超预订的房间在内，目前酒店符合查询条件的系统可卖房共有多少间。

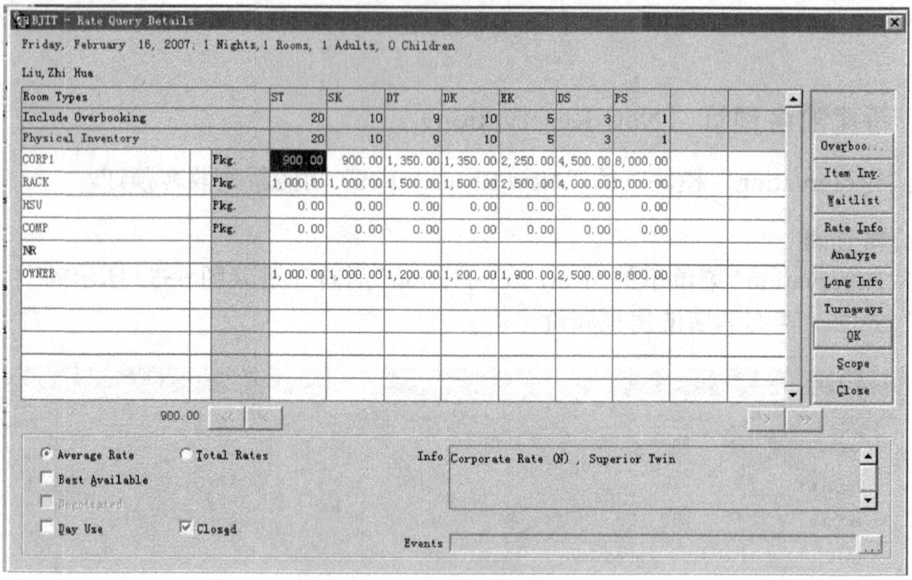

图 6-53 价格查询明细

（3）Physical Inventory：目前酒店实际符合条件的系统可卖房共有多少间。

“Include Overbooking”减去“Physical Inventory”，表示当天酒店允许超预订的房间数量。

选好相应的房型和价格后点击“OK”，进入“Reservation（散客预订）”界面，如图 6-54 所示。

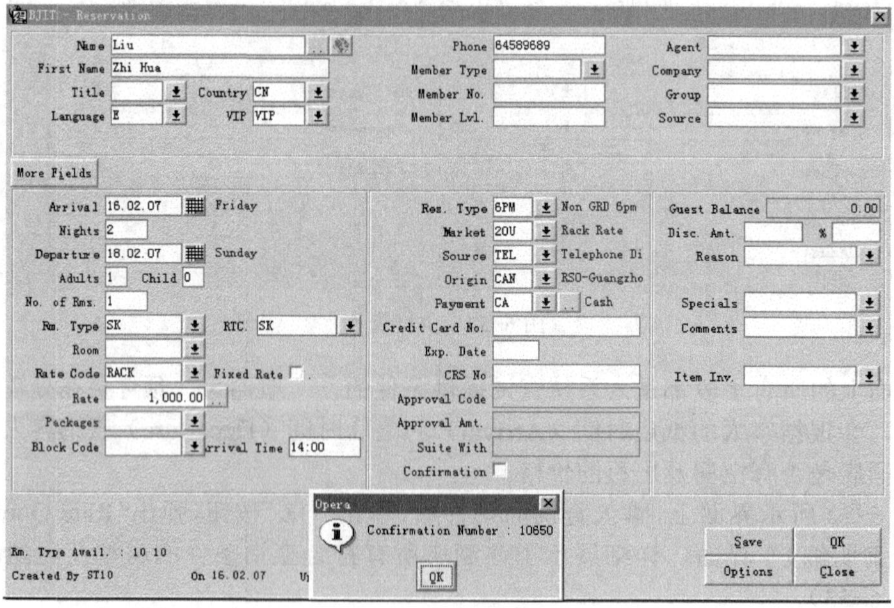

图 6-54 散客预订

2. 建立预订文件

散客的预订文件用来记录客人当次预订的基本信息，如图 6-54 所示。

（1）Name 及第一方框内的各字段：客人的基本信息。在此选择预订客人的客史。

Profile（客史档案）用来记录客户的基本资料，如姓名、住址、联系方式等；而 Reservation（预订文件）则用来记录客户每次在酒店预订客房的基本信息，如入住时间、所住房型等。PMS 要求要先给客人建立客史，然后再预订客房，因此客人必须在系统中已经建立客史档案，如果该客人没有 Profile，应为其新建一个。

单击“Name”后面的图标，弹出“Profile Search”界面，在此界面按照本章第二节介绍的方法查询客人的客史作为预订的客人信息。客史选好后，第一部分方框里的内容自动从该客人的 Profile 里导入进来。

如果一个客人是通过公司客户订房的，则在第一方块的右侧的“Company”、“Agent”选择相应客户的客史。

（2）Arrival：抵店日期。

（3）Night：在酒店住几个晚上。

（4）Departure：离店日期。

（5）Adults：有几位成人入住一般应为 1，若大于 1 则应作合住处理。合住见“Reservation Option”。

（6）Child：入住的儿童的人数。

（7）No. of Rms.：客人预订的房间数。一般应为 1，若大于 1 则应按散客成团（即 Party）处理。散客团见“Reservation Option”。

（8）Rm. Type：客人实际入住的房间类型。

（9）RTC.：Rate to Charge，客人交费的房间类型。该房型用于控制客人入住后的所付的 Rate（房价）。

一般来说 Rm.Type 和 RTC 应该相同。但是也有例外。

例如，客人订房时，订的是标准间，但 Check In 时酒店的标准间已经都售完了，故让客人免费升级入住有空房的豪华间，此时 RTC 仍为标准间（即还是收取标准间的房费），但 Rm. Type 则变为豪华间了（即客人入住的房型变为了豪华间）。这就是免费升级的操作办法。

（10）Room：房号。开始做预订时一般房号为空，Check In 后再由前厅部的员工按照客人对房间的要求为客人分房。在客人的 Profile 中 Preference 中的 Floor、Room Features 和 Smoking/Nosmoking 组的设置会直接影响到此处为客人选房。

（11）Rate Code：价格代码。酒店的房价由销售部负责制定，不同类型的客户在同一时期入住同一房型，所付房价也会不同。因此，酒店为了方便对不同房型的不同价格进行管理，为卖给每一类不同客人的房价设置了一个代码，如酒店的门市价（牌价）的代码为 RACK。

（12）Rate：客人入住一晚的房价。想要查看房价的详细信息，可以单击“Rate”后的图标，弹出客人房价的详细信息界面，见图 6-55。

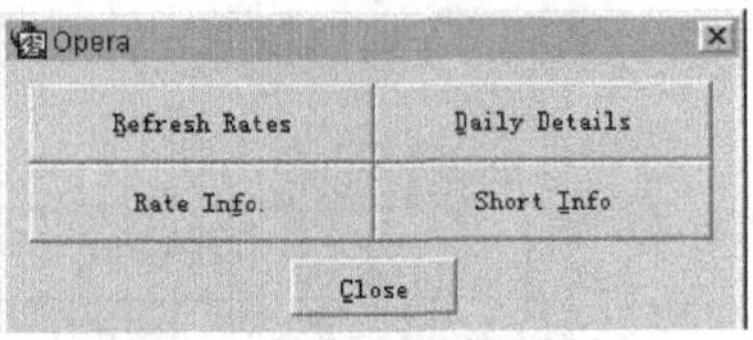

图 6-55 房价详细信息

1）Refresh Rates：对房价进行刷新。当酒店卖给客人的 Rate code（价格代码）发生变化时，单击此按钮则客人的 Rate（房价）将随之变化。

2）Daily Details：客人入住时酒店期间每一天的有关房价的详细信息（见图 6-56）。

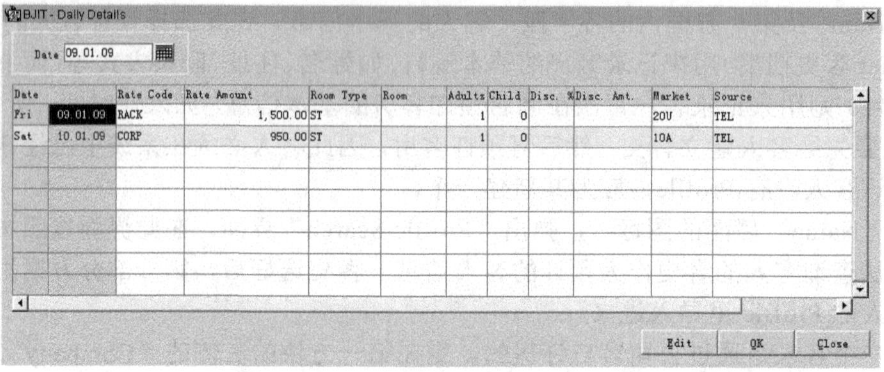

图 6-56 客人每日房价的详细信息

客人入住酒店时，每一天的价格代码（Rate Code）、房价（Rate Amount）、房型（Room Type）等都有可能是不同的。例如，客人因公出差到北京，应使用公司协议价，但是由于客人入住时恰逢酒店的旺季（周五），所以在客人入住的第一天没能以公司协议价（CORP）订到房间，只能以门市价（RACK）订房。而第二日（周六），入住率降低，酒店以公司协议价订房给客人，因此客人入住酒店第二天所使用的价格代码和房价各不相同。修改每一天房价详细信息的方法如下：

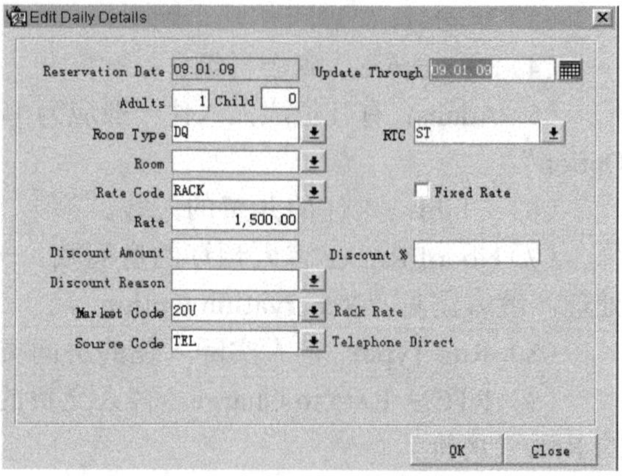

图 6-57 修改每日详细信息

选中要修改的日期的明细，单击“Edit”按钮，弹出图 6-57 所示的“Edit Daily Details（修改每日详细信息）”界面，在此界面中修改相关信息。

3）Rate Info.：Rate Information，房间的价格信息。在此界面显示房间价格的各部分组成，如图 6-58 所示。

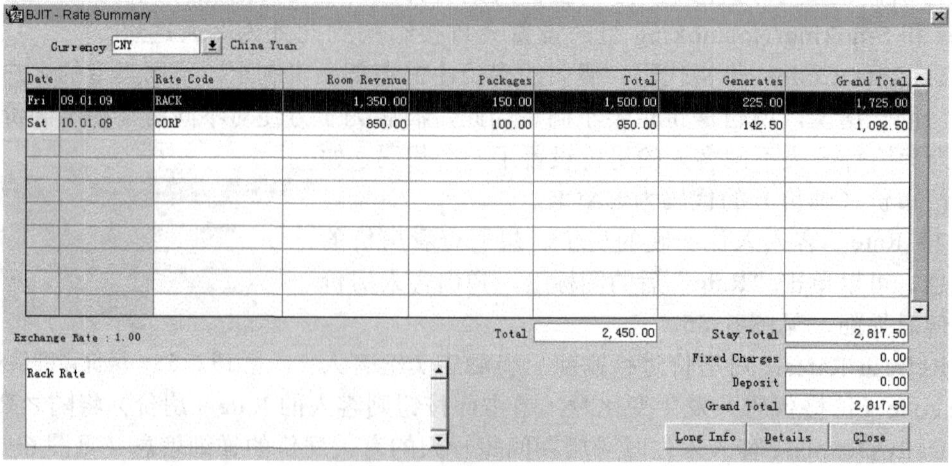

图 6-58 房间的价格信息

① Room Revenue：房价。

② Packages：包价。酒店向客人收取房价中实际上是包含了房价和各种包价在内的。酒店在细分收益的时候要将 Rate 按收益部门不同进行分割。Room Revenues 归房费收益部门，Packages 根据其内容划归相应的收益部门（如餐饮、康乐等）。

③ Generates：服务费。

④ Grand Total：客人所付费用的总和。星级酒店根据客人入住的房价不同，要收取一定比例的服务费。有些价格代码（Rate Code）中是含服务费的，即 Reservation 界面中的 Rate 是由房价（Room Revenue）、包价（Packages）和服务费（Room Surcharge）3 部分组成的，则 Grand Total 即为 Rate。如果 Rate 中不包含服务费，则表示客人需另付服务费，此时 Grand Total 即为客人 Reservation 界面中的 Rate 加 Generates。

4）Short Info.：Rate Code Short Information，价格代码的简单介绍信息。有关客人所使用 Rate Code 的简单介绍，如是否含早餐及是否含其他包价，如图 6-59 所示。

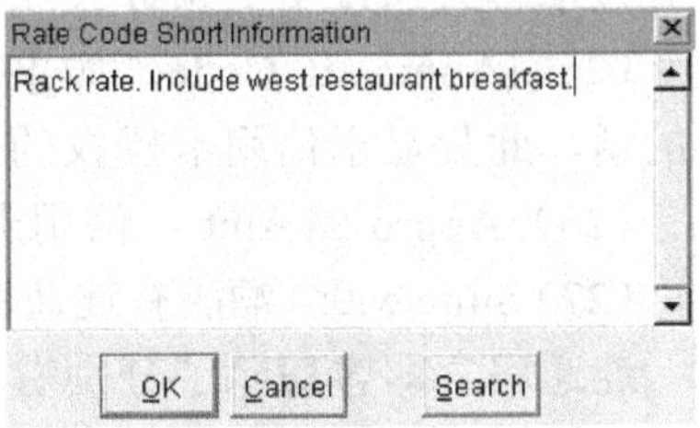

图 6-59 价格代码的简单介绍信息

（13）Fixed Rate：选中此项，价格被锁定，则 Rate 不能被改变。此时不能给客人打折。

（14）Packages：包价。一般酒店卖给客人的房价（Rate）中除了房费收入外，还包含了很多其他的费用。例如，对于一个度假型酒店，房价中还包含了早餐、晚餐、洗衣、滑雪等费用，这些包含在房价中的其他费用，称为 Packages（包价）。对于客人来讲，他们只看到一个房费。对于酒店而言，是要将此房费进行拆分，划给相关收益部门的。因为酒店在统计收益时，是要按不同的收益部门来统计的。如果该客人的房费中含有其他收益部门的费用的话，则 Packages 在此界面上显示蓝色，单击“Package”后的图标，弹出包价明细界面，在此界面中可了解房价中包含的其他收益项目，如图 6-60 所示。

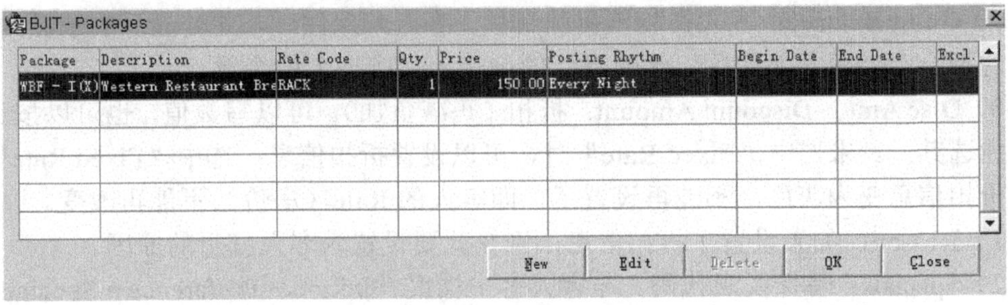

图 6-60 包价管理

（15）Block Code：如果该客人是某个团队的成员，此处会显示其所属团队的团号。如果是散客此处为空。

（16）Arrival Time：客人抵店时间。在为客人做预订时，需要了解客人预计抵店的时间，方便酒店安排相应接待工作。当客人 Check In 后，此时间自动变为客人入住时的系统时间（Opera 中的时间格式为“小时：分钟”）。

（17）Res. Type：Reservation Type，客人预订的类型。此处确定客人的预订有无担保以及担保的类型，如 Non Guaranteed（无担保）、Guaranteed by Company（公司担保）等。

（18）Market：市场代码，反映该客户来自于哪个市场。为方便制定营销策略，酒店会根据消费者的需求不同，将酒店的整体市场分为若干不同类别的子市场，这一过程称为市场细分。在 Opera 系统中将每一个细分的子市场用一个代码进行定义，即 Market Code（市场代码）。一般而言酒店价格体系的制定是与市场细分密切相关的，因此 Rate Code 应该与市场代码存在对应关系。

（19）Source：客人通过什么方式预订酒店的客房。例如，客人可以通过电话、网络、某个全球预订系统等方式预订酒店客房。

（20）Origin：客人来自哪个地区。

（21）Payment：客人的付款方式，如现金、信用卡等。

（22）Credit Card No.：如果客人的付款方式为信用卡，此处会显示信用卡的号码。

（23）Exp. Date：如果客人的付款方式为信用卡，此处会显示信用卡的有效期。

（24）CRS No.：中央预订系统的号码。如果客人是通过中央预订系统预订的客房，此处会显示客人通过中央预订系统预订客房的预订号。

（25）Approval Code：如果客人使用信用卡作为付款方式，并且通过信用卡在酒店消费的话，此处显示信用卡授权的号码。

（26）Approval Amt.：信用卡授权的金额。

（27）Suite with：酒店有连通房时使用。表示客人入住的客房与哪个房间一起构成连通房。

连通房，即客房除了分别有单独房门外，客房之间有门连通。宾客可以不经外走廊到达另一房间。连通房可以作为套房进行出售，另外在酒店经营旺季，酒店可以将中间的门锁上，即可作为两个房间进行出售。例如，0501 与 0502 是连通房，则如果客人入住的房间为 0501（即 Reservation 界面上的“Room Number”选择的是“0501”），此时“Suite with”处显示“0502”。

（28）Confirmation：是否打印确认信。如果选择该复选框，当客人确认了在酒店的预订后，系统自动打印确认信。

（29）Guest Balance：客人在店消费的余额。客人未入住时，此处显示的余额为客人担保预订的押金；当客人入住后，此处显示的是客人住店押金的余额。

（30）Disc Amt.：Discount Amount：折扣（正减负加）。可以写数值，也可以按百分比，二者只能选其一。未选中“Fixed Rate”时，可以设置折扣信息；选中“Fixed Rate”，价格已定，折扣信息变为灰色，不能再设置了，即客人的 Rate（房价）不能再改变。

（31）Reason：如果设置了折扣信息，则在此要设置为客人打折的原因。

（32）Specials：特殊要求代码。与客人客史档案“Option→Preference→Specials”中的代码相同，在此设置客人此次入住的特殊要求。而客史中的 Specials 表示客人相对比较固定的特殊要求。

例如，客人同夫人一起入住酒店，而入住当天恰逢其夫人生日，因此该客人要求入住后酒店在房间放一束花为其夫人庆祝生日，此要求即属于客人本次入住的特殊要求，应该在预订界面进行设置。

又如，客人喜欢睡软床，要求入住时房间能有一张放置软垫的床，此要求属于客人相对比较固定的特殊要求，应该在客史中进行设置。而在客史中设置的特殊要求在每次客人预订客房时都会显示在客人的 Reservation（预订文件）中。

（33）Comments：客人预订的备注信息。单击“Comments”后的图标，弹出“Reservation Comments”界面，在此界面上单击“New”按钮，弹出“Reservation Comments-Add”对话框，新建一条客人的备注信息，见图 6-61。

1）Date：创建该条 Comment 的时间，默认为创建该备注时的系统时间。

2）Comment Type：备注的类型，即该条备注显示的是有关于客人哪方面的信息。

① CASHIER：有关客人账目方面的备注。仅显示在客人的收银（Billing）界面上。

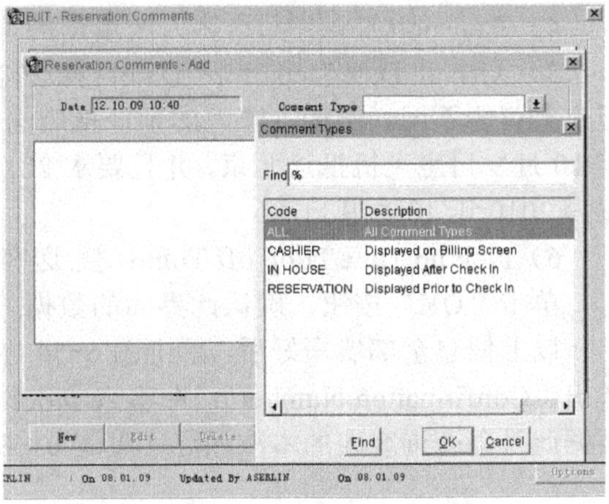

图 6-61 客人预订的备注信息

② IN HOUSE：有关客人入住后接待的备注。仅当客人入住后才能在预订界面上显示。

③ RESERVATION：有关客人预订的备注。进入客人的预订界面即可查询。

3. 散客预订的其他设置（More Fields）

散客预订的其他设置，见图 6-62。

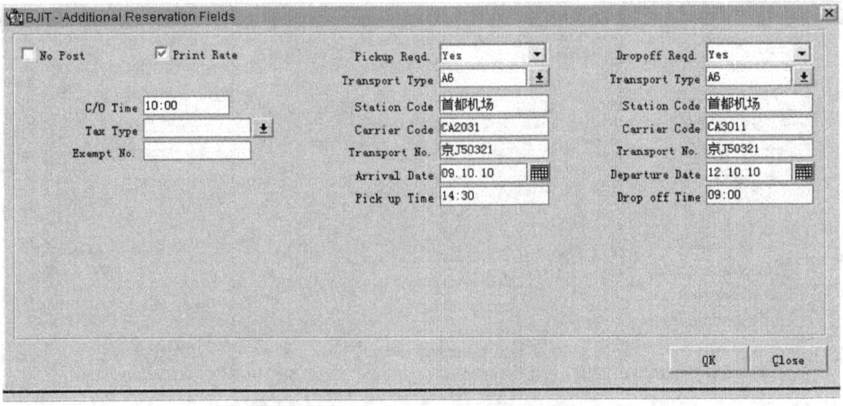

图 6-62 散客预订的其他设置

（1）No Post：控制所有与 Opera 接口的入账系统（如电话计费系统、VOD 系统、餐饮计费系统等）是否允许客人挂账到该客人在酒店入住房间的主账上。如果选中则不允许挂账。例如，有的客人押金不足，则不让挂账。

（2）Print Rate：前厅在给客人办理入住手续时，在给客人打印的登记卡上是否打印客人入住房间的价格。有些客人的入住登记卡上是不应该打印房价的，如通过旅行社订房的散客。

（3）C/O Time：客人预计办理结账离店手续的时间。

（4）Pickup Reqd./Dropoff Reqd.：客人是否需要接/送机、接/送火车等服务。如果需要则选择 Yes。

1）Transport Type：接/送客人的车的品牌及型号。

2）Station Code：到哪里接/送客人，如火车站、机场等。

3）Carrier Code：客人乘坐的班机的班次或火车的车次。

4）Transport No.：接/送客人所用车的车号。

5）Arrival Date/Departure Date：接/送客人的日期。默认为客人预抵/预离店的日期，但也有可能不同。例如，客人的预计抵店的日期为 2010 年 10 月 10 日，但是他将在 2010 年 10 月 9 日坐飞机抵达北京，并且要求 2010 年 10 月 9 日接机，则此处接客人的日期应设置为 2010 年 10 月 9 日。

6）Pick up Time/Drop off Time：接/送客人的时间。

单击“OK”按钮，确认此界面的数据。

以上信息全部填写好后，单击图 6-54 界面上的“Save”按钮，弹出“Confirmation Number”，即客人本次预订的确认号码，可以根据此号码查询客人的本次预订（见图 6-63）。

图 6-63　确认预订

四、散客预订信息的更新（Update Reservation）

客人可能会根据自己需求的变换而频繁地更改预订信息，因此有效的预订查询及维护功能成为衡量系统预订功能是否有效的一个关键因素。可以通过“Reservation→Update Reservation”查找客人的预订记录，并根据客人的要求更新预订，如图 6-64 所示。单击该界面上的“Advanced”按钮，可进行高级检索。

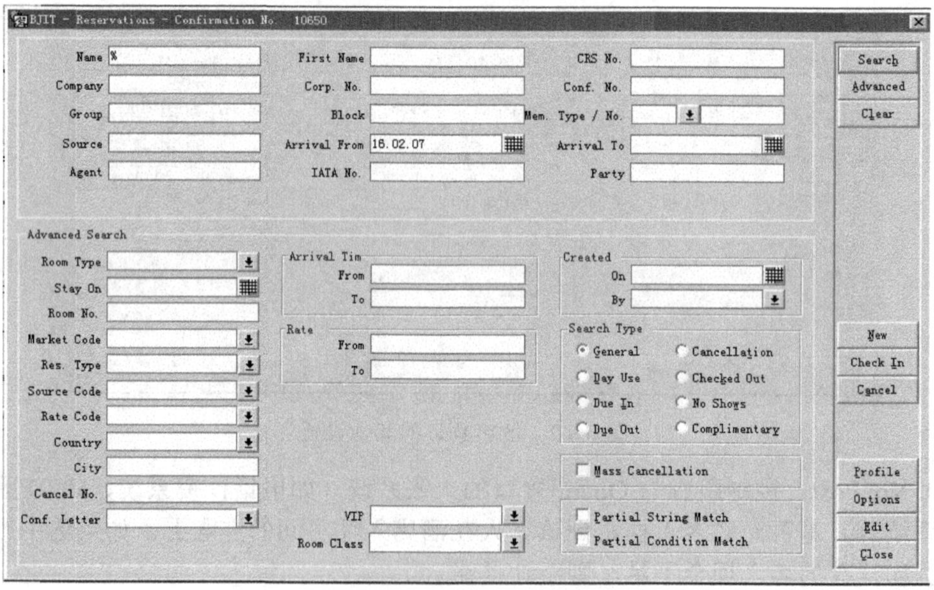

图 6-64　散客预订信息查询

1. 预订查询的基本条件

可以根据姓名、公司、团队、来源、联系人、Corp. No.等信息进行检索。

（1）Name：客人的姓氏。

（2）First Name：客人的名字。

（3）CRS No.：中央预订系统号码。如果客人是通过集团酒店的中央预订系统预订客房，则可根据此号码来查询客人的预订。

（4）Company、Corp.No.：如果该客人是通过某公司预订的客房，则可根据公司的信息查询客人的预订。

（5）Conf. No.：Confirmation Number，客人预订的确认号。

（6）Group：如果要查询的是某团队中客人的预订，则可根据该客人所在团队的名称进行查询。

（7）Block：如果要查询的是某团队中客人的预订，则可根据该客人所在团队的团号进行查询。

（8）Mem. Type/No.：会员的类型及号码。如果该客人是某个公司的会员，而该公司又与酒店签有为其会员积分的协议，则可以根据客人的会员信息查询其预订。

（9）Arrival From、Arrival To：根据客人抵店的时间范围进行查询。

（10）Agent、IATA No.：如果该客人是通过某旅行社预订的客房，则可根据旅行社的信息查询客人的预订。

（11）Party：可以根据客人所在 Party 的号码进行查询。Party，即散客成团，如一个客人在酒店预订超过一间客房，可以使用 Party 对这些客户的预订文件进行管理。有关 Party 的相关概念在 Reservation Option 中介绍。

2．高级检索（Advanced Search）

单击“Advanced”按钮，进行高级查询，还可以根据以下信息查询客人预订。

（1）Room Type：客人所住房型。

（2）Stay On：客人在店的时间。

（3）Room No.：客人入住的房间号码。

（4）Market Code：客人预订的市场代码。

（5）Res. Type：客人的预订类型。

（6）Source Code：客人预订的来源代码。

（7）Rate Code：客人预订的价格代码。

（8）Country：客人来自于哪个国家。

（9）City：客人来自于哪个城市。

（10）Cancel No.：客人取消预订的号码。

（11）Conf. Letter：客人确认信的名称。

（12）Arrival Time：客人的抵店时间。

（13）Rate：客人预订的房间价格。

（14）Vip：客人的贵宾等级。

（15）Created：客人预订的创建信息。

1）By：该预订是由酒店的哪位员工创建的，在此输入创建人的 User ID 进行查询。

2）On：该预订是在哪一天创建的。

（16）Search Type：根据客人预订文件的状态进行查询。

1）General：在所有预订里查找。

2）Cancellation：在取消的预订里查找。

3）Day Use：在日用房预订中查找。

4）Check Out：在已离店的预订里查找。

5）Due In：在预抵的预订里查找。

6）No Shows：在预计今天抵店，但到目前为止没来、也没取消预订的预订里查找。

7）Due Out：在今天预计要离店的预订里查找。

8）Complimentary：在免费房的预订里查找。

（17）Mass Cancellation：选中此项，作批处理，将所有未办理入住的预订文件全部取消。

（18）Partial String Match：在结果中查找。

（19）Partial Condition Match：复合查询所有满足条件的预订。

五、散客预订的选项（Reservation Option）

预订是饭店提供服务的基础性工作，也是饭店收集客户信息的主要途径，因此需要格外重视，处理好每一项具体事务。针对一些需要特别注意的事务，Opera PMS 提供了相应的功能来进行管理，不仅简化了饭店的管理流程，还提高了对客服务的质量。这些功能在“Reservation Option”中进行设置（见图 6-65）。

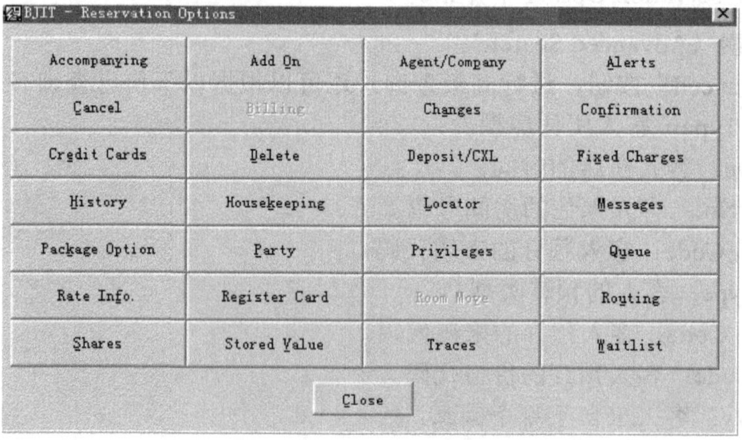

图 6-65　散客预订的选项

1. Accompanying（陪同，别名）

（1）含义。陪同人员和客人的别名都是通过客史档案进行管理的。

1）陪同客人入住的人员。例如，有客人在酒店办公，并住在酒店，他有一名同事，半天也在此办公，但是不在酒店过夜，白天有人打电话找此人，则应用此功能将其加为 Accompanying Guest。

2）客人的别名，方便有人找该客人时使用。

（2）添加陪同人员信息。

单击“Accompanying”按钮，弹出“Accompanying Guest”界面，如图 6-66。在此界面添加陪同人员信息。

1）Profile：单击该按钮，查询陪同人员的客史。

2）Attach：单击该按钮，弹出客史档案查询的界面，为该客人添加一位陪同人员。

3）Detach：选中一位陪同人员，单击此按钮，解除与该客人的陪同关系。

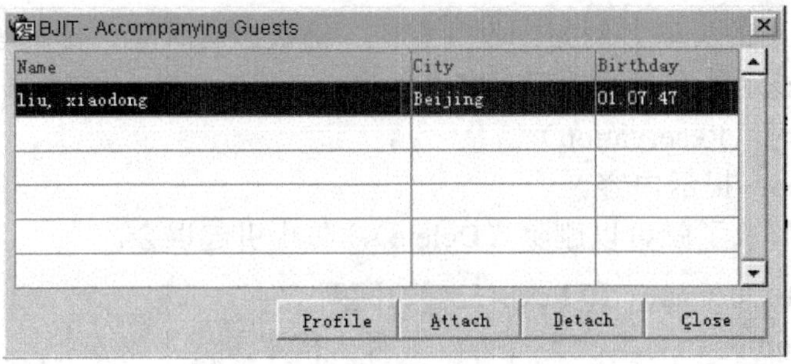

图 6-66　陪同人员信息

2. Add On（复制预订）

如果有一位客人的预订与该客人相似，可以直接复制该客人的预订文件。单击“Add On”按钮，弹出对话框，提示复制预订与该预订文件有哪些相同的信息，如果信息相同，选中即可，如图 6-67 所示。

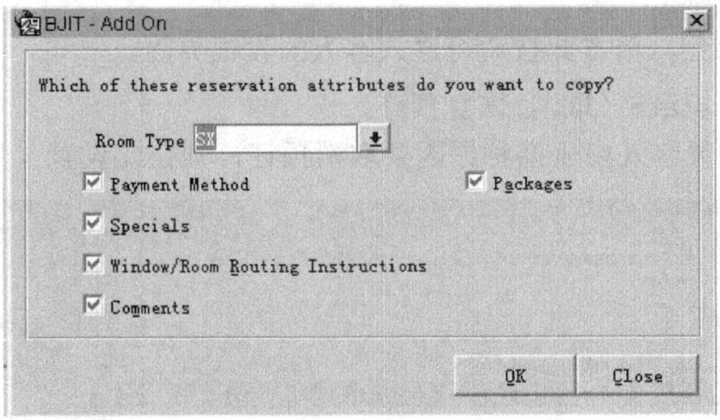

图 6-67　复制预订

3. Agent/Company（公司信息）

如果客人是通过公司或旅行社预订的客房，则在此设置相关信息，如图 6-68 所示。预订的主界面上也可进行此设置。

4. Alerts（警告）

有关客人的提示信息，如图 6-69 所示。

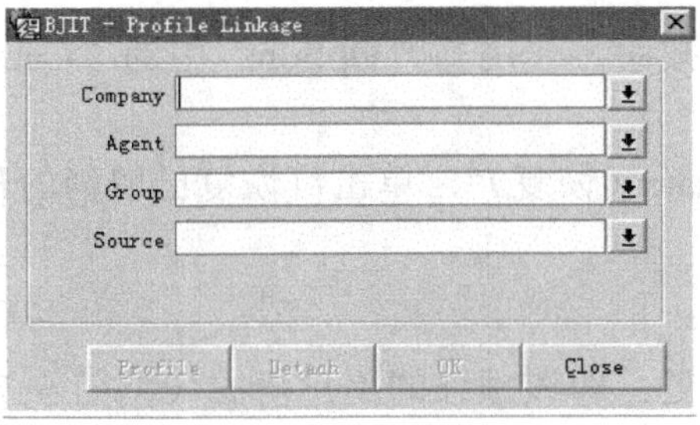

图 6-68　公司信息

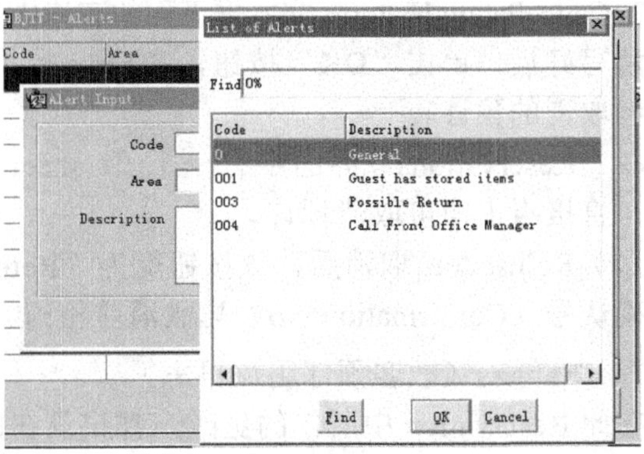

图 6-69　警告信息

（1）Code：提示的类型。例如：收费凭证、确认离店时间、传真等由酒店自行定义。

（2）Area：该提示什么时候出现。客人入住时（Check In）、客人结账后（Check Out）、进入客人预订文件时（Reservation）。

（3）Description：提示内容。

提示内容一旦解决了就可以删除（Delete），防止引起误会。

小提示：Alert、Comment 和 Note 三者的区别

（1）Alert: Alert 是针对本次预订的，如果未按客人的要求安排，会引起客人投诉的。放在 Alert 中，这样每次进入相关功能界面都会弹出 Alert，提醒员工不要忘记。

（2）Comment: Comment 也是针对本次预订的，但是重要程度比 Alert 低。不会在每次进入相关功能界面时都弹出，但是会在相关功能界面的最下方有红色的显示。

（3）Notes: Notes 即 Profile Notes，是有关客史的留言，是有关客人永久性的提示信息，而不是针对某次预订的。

5. Billing（收银）

如果客人已经入住，单击此按钮可进入客人的收银界面。

6. Cancel/Reinstate（取消/恢复预订）

（1）Cancel：如果客人由于某种原因要取消预订，则在此设置（见图 6-70）。

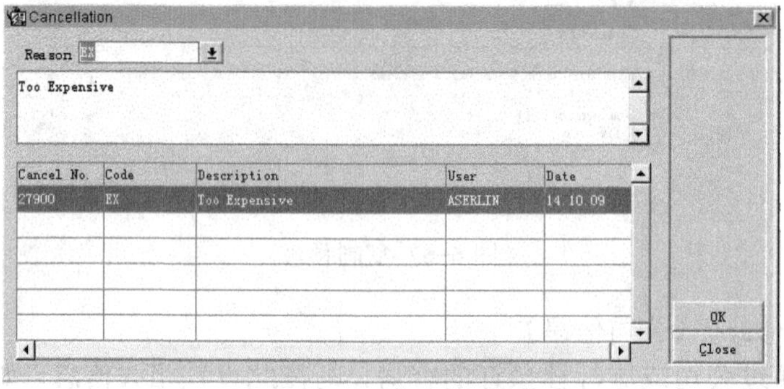

图 6-70　取消预订

1）Reason：取消预订的原因，如重复预订、航班取消等。在下面的文本框中可以记录客人取消预订的详细信息。

2）Cancellation History：文本框下面的表格中显示的为客人曾经取消预订的历史记录信息。

填写好后，单击“OK”按钮，弹出一个“Cancellation Number”。根据此号码可以查询已经取消的预订。

在“Reservations”界面中有一个“Cancel”按钮，作用与“Option”中的“Cancel”一样，直接点击即可取消预订。

（2）Reinstate：取消后，该按钮变为“Reinstate（恢复）”，单击可恢复已取消的预订，预订确认号（Confirmation No）与取消前相同。

7. Changes（散客预订用户日志）

在此 Reservation 中所作的更改，都记录在此处，即该预订的用户日志（见图 6-71），各字段含义与客史档案用户日志相同。

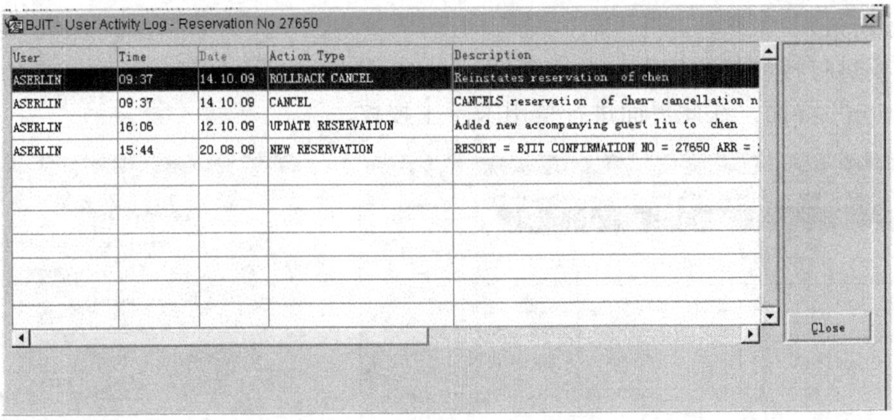

图 6-71　散客预订用户日志

8. Confirmation（确认信）

存储客人的预订确认信，如图 6-72 所示。

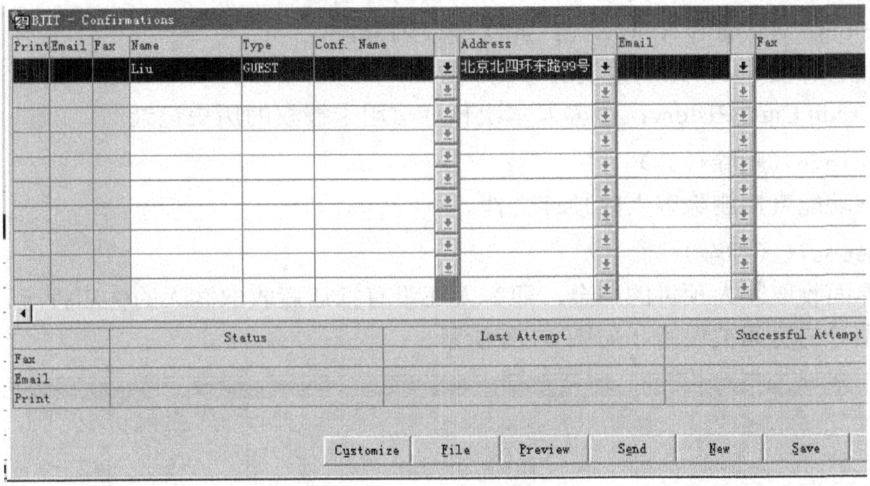

图 6-72　客人的预订确认信

通过 Opera 可以直接向客人传真、电子邮件确认信，也可以根据记录的地址给客人邮寄确认信。

（1）Customize：以.doc 格式打开客人的确认信，可编辑并修改确认信内容。

（2）File：以.pdf 格式保存客人的确认信。

（3）Preview：以.pdf 格式，打开客人的确认信，此时只能浏览确认信内容而不能修改。

（4）Send：将确认信通过电子邮件、传真发给客人。

（5）Save：将该确认信保存在此，便于以后查阅。

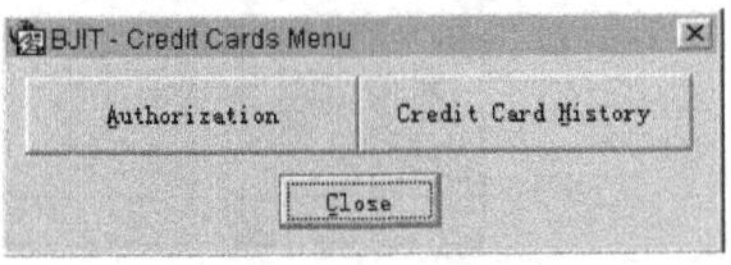

图 6-73　信用卡信息

9. Credit Cards（信用卡）

信用卡设置。在此设置信用卡的授权信息，如图 6-73 所示。

（1）Authorization：进行信用卡授权。此界面上显示客人的所有登记过的信用卡信息，如图 6-74 所示。

选中要进行授权的信用卡，单击“Mannual”按钮，弹出如图 6-75 所示的“Manual Authorization”界面，在此界面进行信用卡手工授权。

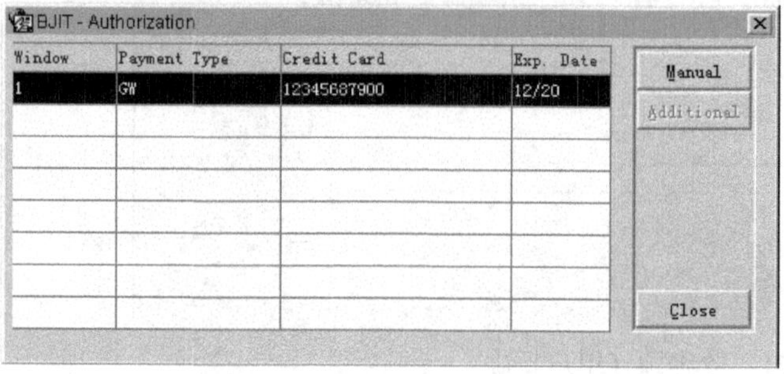

图 6-74　信用卡授权信息

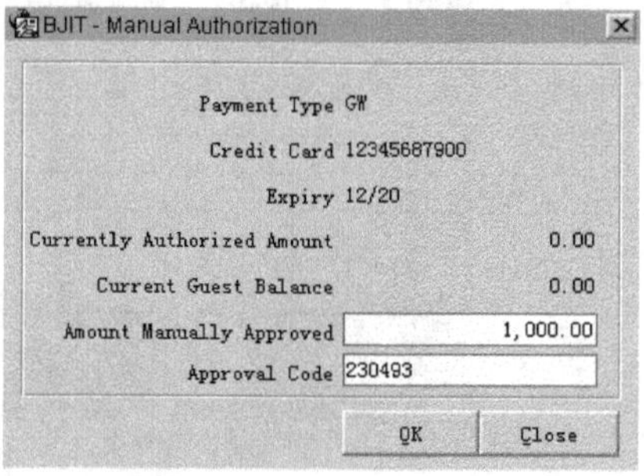

图 6-75　信用卡手工授权

1）Currently Authorized Amount：目前信用卡授权的总金额，即“Reservation”界面上显示的信用卡授权的金额，为全部信用卡授权的总金额。

2）Amount Manually Approved：此次授权的金额。

3）Approval Code：此次授权的号码。

（2）Credit Card History：该客人本次预订信用卡授权的历史记录。

10. Delete（删除预订）

使用该功能直接删除客人的预订文件。

11. Deposit（押金）

在此界面收取客人预付的押金，即客人还没有抵店就收取客人的住店押金。该押金可保证客人预订的房间被保留，如图 6-76 所示。

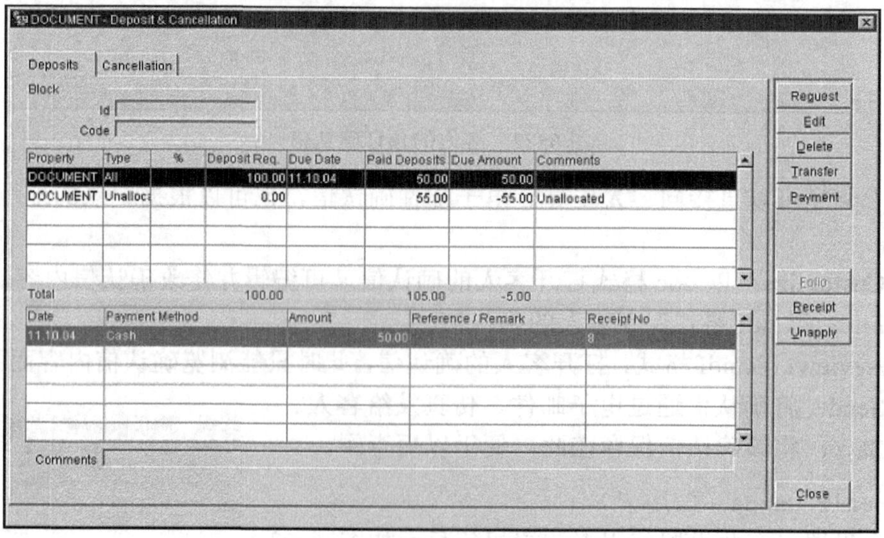

图 6-76　押金

单击“Payment”，输入收银员密码，进入“Reservation Deposit Payments”界面，如图

6-77 所示。在“Payment”处选择“Cash（9000）”，然后在“Amount”后的文本框中输入预付的押金数额，此时客人的“Reservation”界面中的“Guest Balance”为“Amount”。

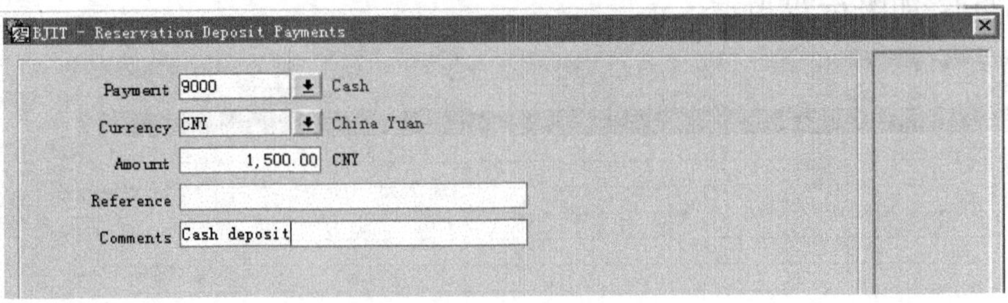

图 6-77 预付现金押金

12. History（预订历史记录）

客人住店的历史记录。与客史档案中的 History 相同。

13. Locator（客人定位）

当客人入住后，使用该功能确认其某一时间段在酒店所处的位置，方便有事时与客人取得联系，如图 6-78 所示。

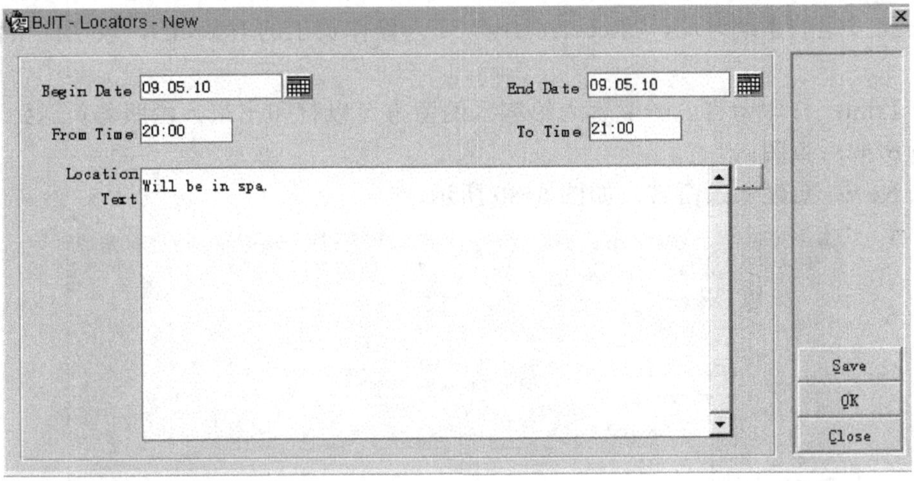

图 6-78 客人定位

（1）Begin Date：定位开始日期。

（2）End Date：定位结束日期。

（3）From Time：定位开始时间。

（4）To Time：定位结束时间。

（5）Location Text：客人在酒店所处的位置。

例如，客人事先通知前厅部的员工，在入住的第一天的晚上 8 点到 9 点会在酒店的 SPA，此时应该设置 Locator。这样，如果有人到酒店或打电话找该客人，可以尽快联系上客人。

14. Messages（对客留言）

对客留言分为 3 种，即客人给客人的留言、员工给客人的留言和电话总机的语音留言（语言信箱），如图 6-79 所示。

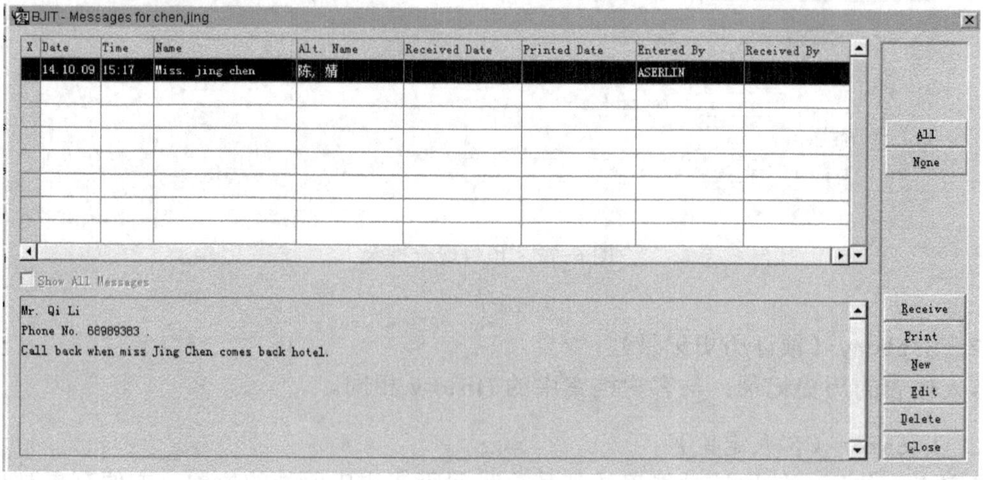

图 6-79　对客留言

（1）Receive：如果留言已经解决，则选中此条留言，单击该按钮，此时“Received Date”变为单击此按钮的系统时间，“Receive By”变为操作员工的 User ID，表明此条留言已通知客人。

（2）Print：打印留言。一般客人给客人的留言可以打印出来，由服务员送到客房里，待客人回房间后查阅。

（3）New：新建一条留言，如图 6-80 所示。

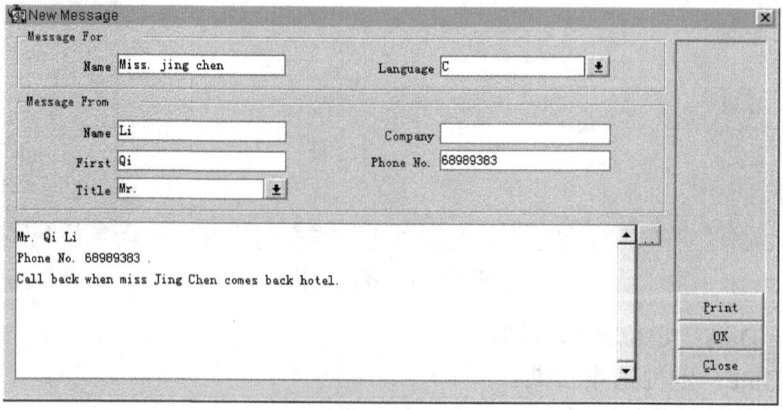

图 6-80　新建留言

1）Message For→Name：留言是留给哪位住店客人的。默认为预订客房的客人姓名。

2）Message From→Name、First：留言者的姓名。

3）Message From→Title：留言者的称谓。

4）Message From→Company：留言者来自哪个公司。

5）Message From→Phone No.：留言者的电话号码。

下方的文本框中书写留言的具体内容。

例如，客人入住后即外出，在其外出期间有位 IBM 公司的李先生找客人，希望其回来后能尽快给他回电话，此时应由前厅部员工使用留言功能记录李先生的要求，并将留言打印出来，交客房部员工送至客人房间。

15. Party（散客成团）

如果一个客人一次预订几间房（为家人或者朋友、同事一起订房），则用此功能。因此，只有当预订的房间数（No. of Rooms）大于 1 间时才能用 Party。此预订得到的预订号即为 Party 号，即该散客团的团号。在 Update Reservation 时可以根据 Party 号查询该散客团所有团员的预订文件。一般来说酒店将一次订房数量少于 10 间的预订，都作为散客团即 Party 处理。

Party 预订的流程：

首先，在预订时，客人要求预订 2 间及以上客房，将该预订客房的客人作为散客团的主要客人。此时预订主界面的"No. of Rooms"数量大于 1，即为客人实际要求的订房数量。例如，一位客人预订 4 间客房，则在进行订房信息查询时，在图 6-52 所示的价格查询界面，"No. of Rooms" 应该选 4 间。当酒店有足够的空房满足客人的订房请求的话，为该客人生成预订文件，此时预订文件中的"No. of rooms" 字段为 4。

当"No. of Rooms" 大于 1 时，"Options" 界面的 "Party" 按钮可选。如上例，选择"Option→Party"，弹出如图 6-81 所示界面，此时"Rooms" 字段显示为 4。

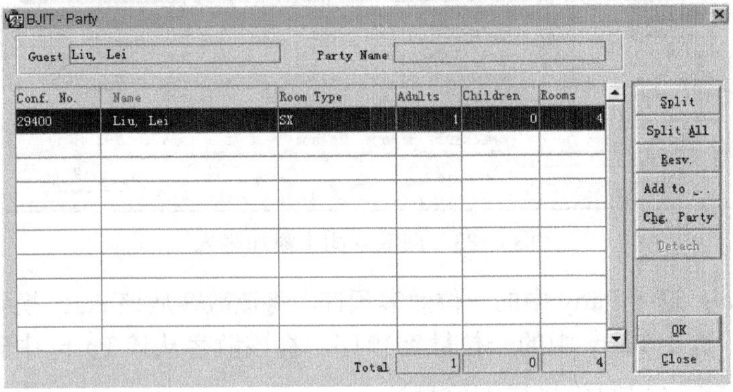

图 6-81 散客成团

在"Party"界面中，设置散客团的团员预订。

（1）Split：单击该按钮，为该 Party 添加一位散客的预订，预订的所有信息（包括姓名）都与该团队主要客人的预订文件相同。单击"Split"按钮后，该预订的"No. of Rooms"减少 1 间。

（2）Split All：单击该按钮，系统按照剩余的"No. of Rooms"，为 Party 添加其他散客的预订，预订的所有信息（包括姓名）都与该预订一样。单击"Split All"按钮后，主要客人的预订文件中的"No. of Rooms"减少至 1 间。此时，"Party"界面所有预订的"Rooms"均为 1，而"Party"中的预订个数与客人预订的房间数量一致。

（3）如上例，可以使用 Split All 功能，一次性生成散客团所有团员的预订文件，如图 6-82 所示。

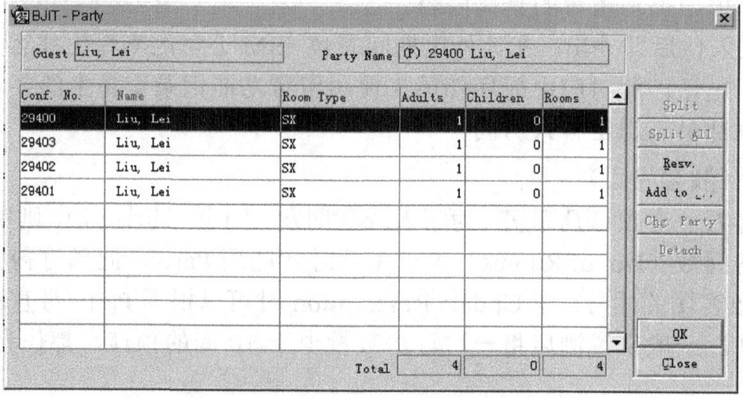

图 6-82 生成散客团所有散客的预订

（4）Resv.：选中 Party 中某位散客的预订，单击此按钮，进入客人的预订界面，修改相关信息，如客人的姓名、抵店的时间、付款方式等。

（5）Add to …：单击此按钮，向 Party 中添加其他散客的预订。根据客人的姓名查找到客人的预订，单击下方的“Select”按钮，将该预订添加到上述“Party”界面，如图 6-83 所示。

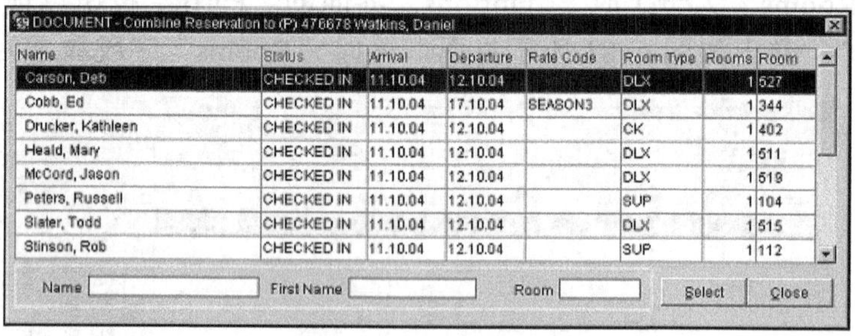

图 6-83 向散客团中添加客人

（6）Chg. Party：选中 Party 中的一位散客预订，将该散客从该 Party 换到另一个 Party 中。

（7）Detach：选中 Party 中的一位散客预订，将该散客从该 Party 中删除。

16. Rate Info.（房间价格详细信息）

详见“Reservation”界面中有关 Rate 的介绍。

17. Register Card（入住登记卡）

客人的入住登记卡。在此可进行打印。

18. Room Move（换房）

客人由于某种原因，要求调换房间，饭店应该在客房条件允许的范围内尽量满足其要求。

如果客人要求调换的房间的价格与其预订的房间的价格相同，则我们可以直接为客人进行房间调换。在“Move to Room”后的文本框中选择要调换的房间的房号，如图 6-84 所示。

如果客人要求调换的房间的价格与其预订的房间的价格不同，首先要将预订界面上的房间号（Room）取消，然后修改房型信息，即将 Rm Type（入住的房型）和 RTC（Room to

Charge，付费的房型）都改为客人要求调换的房型，然后再为客人选择一间新房型的房间，将房间号写在“Room”后的文本框中即可。

图 6-84 换房

19. Routing（分账指令）

有些客人会要求在结账离店时将其在饭店的消费按不同类别分别显示在不同的账单上。例如，有的客人在店消费的房费和电话费是可以由公司报销的，他会要求将房费和电话费单独列在一张账单上。Opera PMS 提供了专门的分账指令，只要在预订时设置分账指令，则客人在店的消费明细就会分类显示到不同的账单上。

PMS 支持两种类型的分账操作：

（1）Room：针对团队使用。一般团队是由公司付房费的，在进行团队入账时，会将团队中每一位团员的公付的费用全部都入到一间 PMS 提供的系统假房中，这样在每位客人的个人账单上就看不到任何公付的账项了。有关此功能，在介绍团队预订时还会详细介绍。

（2）Window：此项功能一般针对散客使用。可以根据客人的要求将不同类型的账项（Transactions）分别入到不同的窗口。这样在客人结账离店时，就可以针对不同的窗口分别打印账单了，如图 6-85 所示。

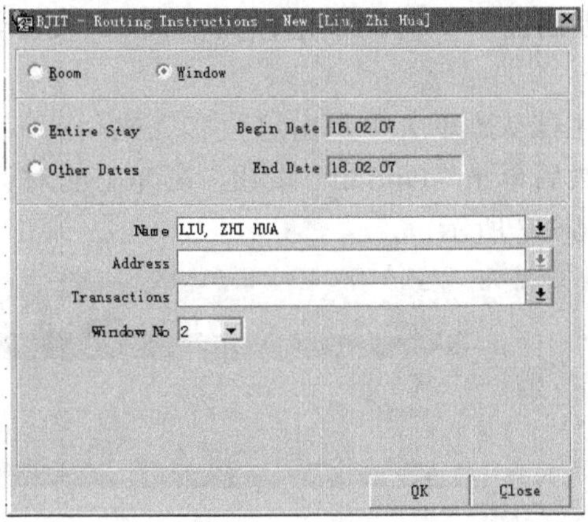

图 6-85 分账指令

1）Name：选择客人分出来的账单上的称谓。默认为客人的姓名，如果该账单中的账全部为公司付的话，此时应填写公司的名称。

2）Address：客人账单邮寄的地址。

3）Transactions：入账科目，即酒店中所有收益部门的产品明细。单击“Transactions”后的 ⬇，弹出“Transaction Codes”界面，在此添加要入到另外一张账单的账项，如图 6-86 所示。

Available 为酒店所有的收益项目，选中需要入到另一张账单的账项，单击“Add”按钮，则该账项被添加到界面下方的“Selected”窗口中。当客人结账离店时，“Selected”窗口中的账项将会单独打印在一张账单中。

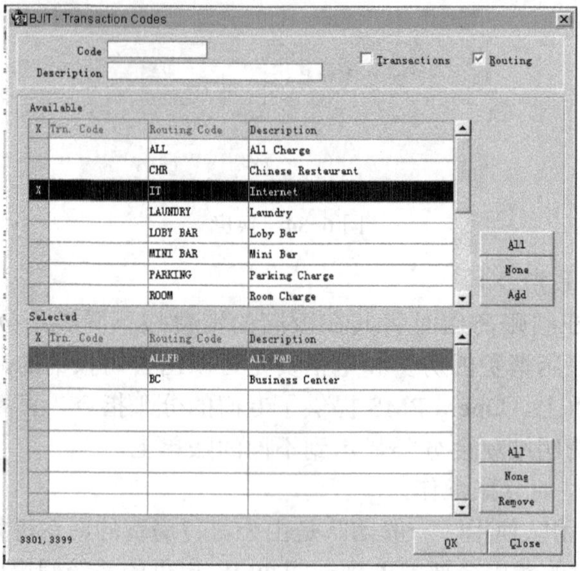

图 6-86 入账科目选择

20. Shares（合住）

在饭店中，两个或两个以上的客人要求合住一间房间的情况是十分常见的。PMS 提供了 Shares 功能，使用此功能可以自动实现多个客人的合住操作。在中国地区，一般是根据房间来计算房费的，所以饭店的一个房间不论住几个人，只要不涉及额外的早餐或者加床，房费是没有差异的。

合住的人中有一位是主账人（即房费是由这位客人来付），使用 PMS 的 Shares 功能时，首先找到主账人的预订，然后单击“Option”按钮，在弹出的对话框中选择“Shares”按钮，进入合住操作界面，如图 6-87 所示。

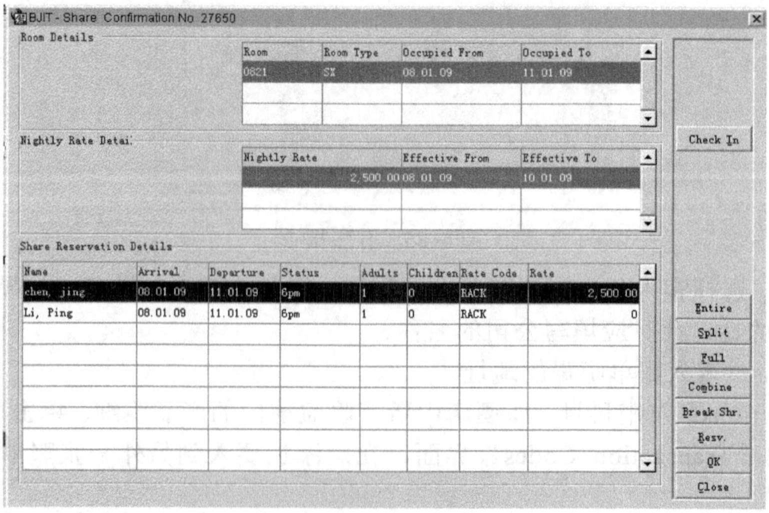

图 6-87 合住设置

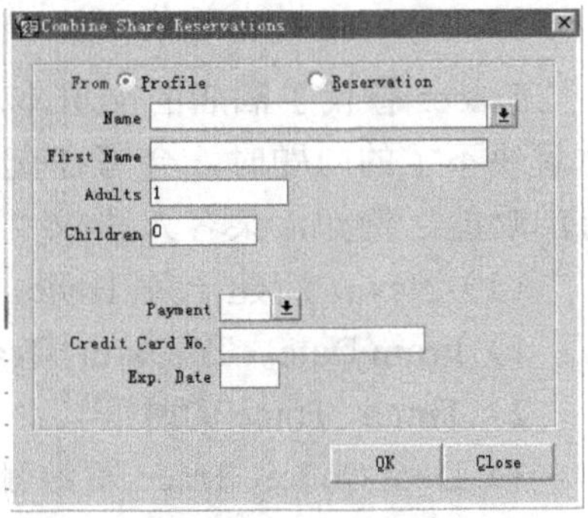

图 6-88　Profile Share

（1）Combine：添加合住人信息。单击“Combine”按钮，进入“Combine Share Reservations”界面，如图 6-88 所示。Opera 有以下两种合住情况。

1）Profile：客人 A 有预订，客人 B 未作预订，客人 A 预订时提出帮客人 B 预订房间，并与之合住。此时应选择“From Profile”，单击“Name”后的 ，弹出“Profile Search”界面，在此查询或新建客人 B 的 Profile。然后，选择客人 B 的付款方式。最后单击“OK”按钮保存添加的合住信息。

2）Reservation：客人 A 有预订，客人 B 也有预订，二者要求合住。此时应选择“From Reservation”，单击“Name”后的 ，弹出“Combine Reservation”界面，如图 6-89 所示。此处显示的是与客人 A 的在店时间、所住房型和价格代码相同的所有客人的预订，在此找到客人 B 的预订，单击“Select”按钮添加客人的合住信息。最后单击“OK”按钮保存添加的合住信息。

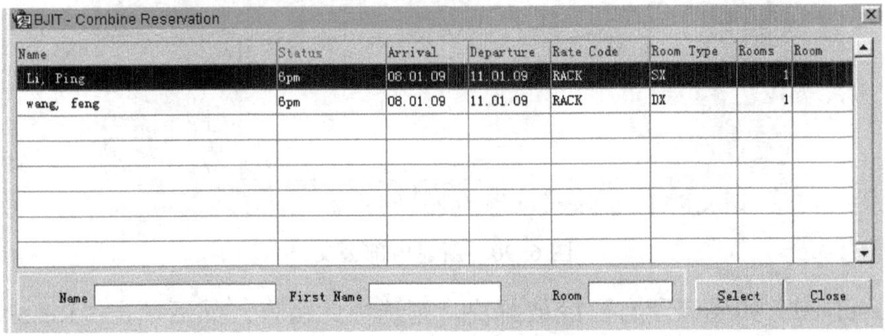

图 6-89　Reservaiton Share

合住信息保存后，在“Share”界面上的“Share Reservation Details”里，即显示合住的详细信息。

（2）合住客人房费的处理：

1）如果两位合住的客人，由其中一位付房费，此时应在“Share Reservation Details”里选中付费客人的预订，然后单击“Entire”按钮，此时付费客人预订中的“Rate”为全部房费，而不付费客人的预订中的“Rate”为 0。

2）如果两位合住的客人，各付房费的一半（多见于会议团），则单击“Split”按钮，此时两位客人预订中的“Rate”均为全部房费的一半。

3）如果两位合住的客人，都要付全部的房费，则单击“Full”按钮，此时两位客人预订中的“Rate”均为全部房费。这种情况在我国是不会使用的，因为我国酒店业客房产品是按房间出售，而不是按床位。

（3）Break Shr.：合住的客人要求分开住，各自住一间客房。此时首先应点击图 6-87 所示界面上的“Entire”按钮，使得每一位客人的房价均为全价，然后任意选中合住的两位客人之一，单击“Break Shr.”按钮，此时两位客人的合住关系被取消。

（4）Resv.：选中某位客人，单击此按钮进入客人的预订界面。

21. Traces（内部公文）

Traces 替代了酒店的交班本。酒店是 24 小时为客人提供服务的，各班次员工在遇到当时解决不了的问题时，会写在交班本上，留待下班员工解决。Traces 即提供了记录这一信息的功能。例如，某客人要求“叫早”服务，则可留 Traces 给总机。

（1）New：新建一条 Trace，如图 6-90 所示。

1）From Date、To Date：Trace 留给哪一天上班的员工。

2）Time：Trace 的时间。

3）Dept Code：Trace 留给哪个部门。

4）Trace Text：Trace 的具体内容。

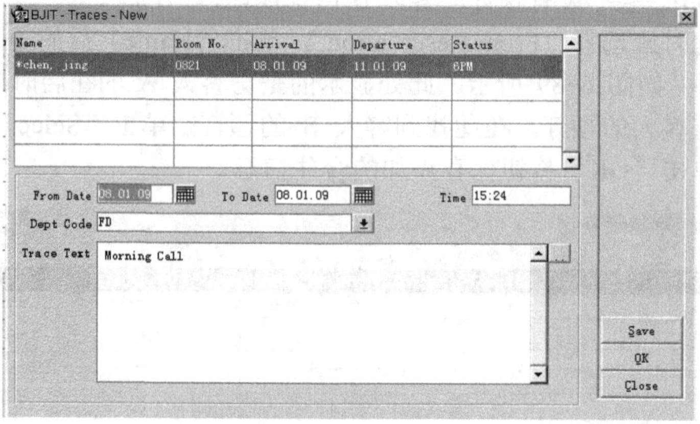

图 6-90 新建内部公文

（2）Resolved：如果该留言已经被解决，则选中此留言，然后单击“Resolved”按钮，则留言变为已解决。此时“Resolved On”为解决该留言的时间，“Resolved By”为解决该留言的员工的 User ID，如图 6-91 所示。

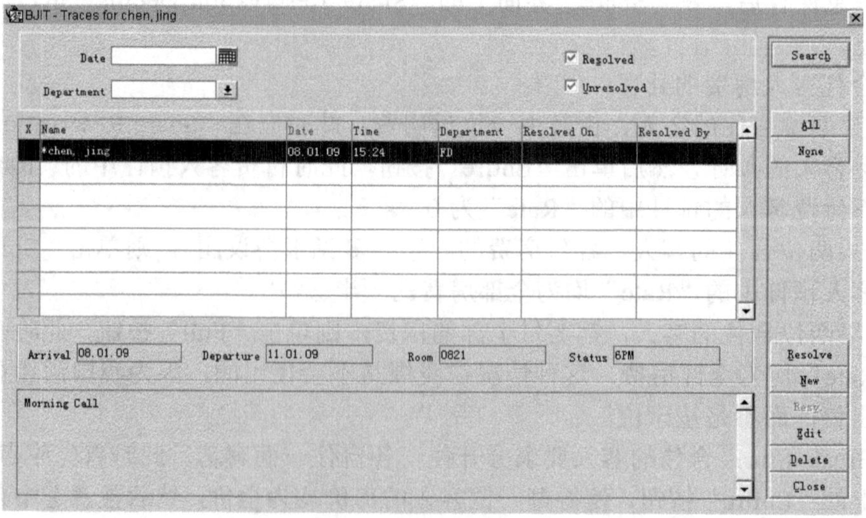

图 6-91 内部公文

22. Waitlist（等待队列）

将预订放入等待队列，如图 6-92 所示。

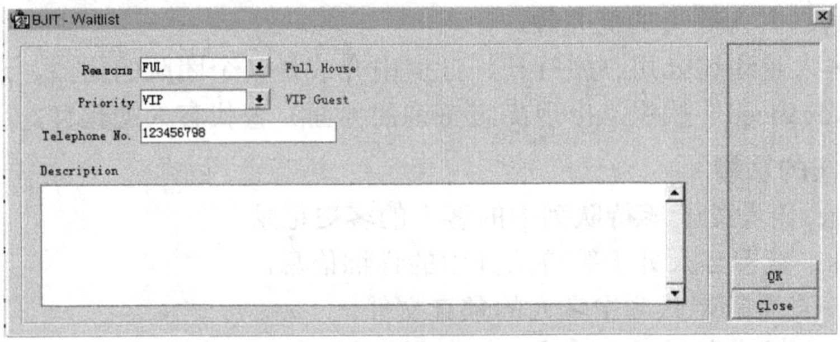

图 6-92　将客人预订放入等待队列

（1）Reasons：原因，即为何将客人预订放入等待队列中如 Full House（房间已住满）。
（2）Priority：等待的优先级，即一旦空出房间来，是否优先考虑租给该客人。
（3）Telephone No.：电话号码。
（4）Description：详细描述有关本次将客人预订置于等待队列的相关信息。

六、Waitlist（等待队列）

处于等待队列中的预订，全部显示在此界面中，如图 6-93 所示。

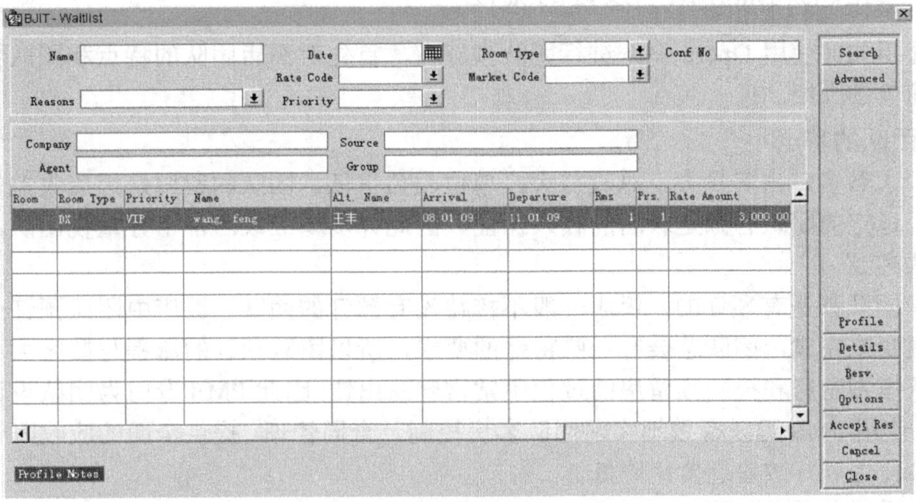

图 6-93　等待队列

1. 查询条件

可根据以下信息查询处于等待队列中的客人预订。

（1）Name：根据客人的姓名进行查询。
（2）Reasons：列入等待队列的原因。
（3）Date：客人预订的抵店日期。
（4）Room Type：客人预订的房型。
（5）Conf No：预订的确认号。

（6）Rate Code：客人预订的价格代码。

（7）Market Code：客人预订的市场代码。

（8）Priority：客人等待的优先级。

（9）如果客人是通过公司、旅行社、订房中介或是某个团队的团员，还可以通过高级查询（单击“Advanced”按钮，出现高级查询的界面）查找客人的预订。

2．其他按钮的功能

（1）Profile：查看处于等待队列中的客人的客史记录。

（2）Details：查看客人处于等待队列中的详细信息。

（3）Resv.：查看等待队列中客人的预订文件。

（4）Options：进入等待队列中客人预订的“Options”功能界面。

（5）Accpt Res：如果酒店空出房间，可以满足客人的预订请求，则选中等待队列中客人的预订，单击此按钮，此时客人的预订被接受。

（6）Cancel：取消等待队列中客人的预订。

第四节 酒店团队预订管理

一、团队的特点和团队预订的流程

在介绍如何使用 Opera 系统进行团队预订前，首先对酒店团队的特点和团队预订的流程进行简单的介绍。

1．团队的特点

（1）人数多，占房量大，总收益大，单位收益率低。团队的费用是饭店收益的重要组成部分，稳定的团队客源是饭店的收入保证，因此许多星级饭店都十分重视团队，力争更多的团队客源。

（2）团队都是有预订的。饭店一般不接待没有预订的团队。饭店中团队预订一般都会通过代理商来完成，团队总会有一些特殊的要求，所以团队预订的流程与散客大不相同。在为团队作预留房和控制预留房的过程中常常容易出错，因此 PMS 专门为团队设计了预订的流程，使用 PMS 可以有效地实现团队客房控制及合同管理，提供全面的应收账管理和佣金管理，使饭店行政管理费用降低。

（3）通过代理获取预订。通常，团队的代理都会同饭店签订协议，以获取比较低的房价。一个团队选定了一家饭店后，会通过其代理向饭店的销售部提出占房请求。销售部接到占房请求后，会核对饭店的可卖房信息，如果在团队预抵的当天可以提供足够的客房，则双方通过协商定下某一段时间内的占房数量，饭店就会保留这一批客房供团队使用，这一批客房叫作预留房。团队可以在预抵时间之前为自己预订客房。预订部在收到团队的订房请求后，会在预留房中减去所占数量的房间。一般饭店都会规定一个期限，如果超过了这个期限，则饭店会取消团队所占用的客房。

2．团队预订的流程

团队预订的一般流程如图 6-94 所示。

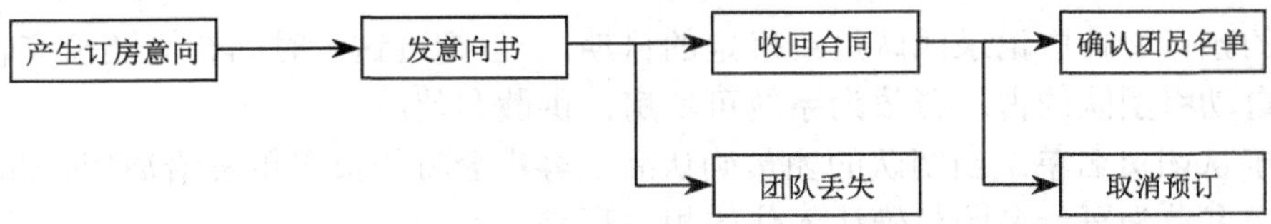

图 6-94　团队预订流程

（1）产生订房意向。当团队要组建的时候，他们会先通过其代理（公司或旅行社）向酒店提出订房意向。在此阶段，酒店应该首先核对团队抵店当天系统可卖房的数量，如果可以满足团队的需求，则向团队发意向书。意向书中应注明团队的基本情况，包括代理公司、在店时间、房间信息（代理与酒店的协议价、房费中有无包价、所定房间数是否具有伸缩性）等。

（2）发意向书。当酒店核对团队抵店当日系统可卖房的数据后，如果能够满足团队的订房要求，就会向客户发意向书，确认团队的订房要求。在意向书中，写明需要的房间数量及其价格，要强调大部分成员的抵店和离店的时间，以及一些需要注意的事宜，如套间数、免费房数、预订方式、团队和个人的结账方式等。另外，对提前抵店和延期离店的客人的安排在意向书中也应予以说明。然后根据团队的订房意向，在系统中占房。一旦占房成功，这些房间就会从酒店当日的系统可卖房中扣除。注意，此时只是在系统中为团队预留所占房型和数量的客房，并未确认每间客房由哪位团员入住，当酒店收回与团队的代理公司签订的订房合同，并且团队的代理公司将该团队的团员名单递交给旅行社后，再由预订部的员工根据团员名单为每一位团员分房。

（3）团队丢失。当团队收到意向书后，如果对房型、房价或其他内容不满意，可能会放弃本酒店，选择其他酒店；或者由于团队自身的原因（如行程改变等）而取消团队，这些都会造成所谓团队的丢失。系统能够记录并统计、分析团队丢失的原因。分析团队丢失原因的目的在于一是方便其他部门的员工通过系统查询即可了解团队丢失的相关情况，二是通过对丢失的团队的统计分析，可以找出团队丢失的深层原因，以便调整对不同类型团队的营销策略。

（4）收回合同。客户在收到合同后，如果对房型、房价等信息无异议，就会签署并向酒店返还合同。此时，酒店会收团队的押金，然后再为其分房。

掌握团队的预订状态对酒店来说是非常重要的，Opera 系统规定只有当团队签署了订房合同后，团队在酒店的占房才能得到确认，即此时 Opera 系统才会将团队占房从系统可卖房中扣除，才能开始为团队中每一个团员作预分房。

酒店的房间既可以出租给团队也可以出租给个人。一般当酒店的房间大于 300 间的时候，酒店会进行散客和团队的控房操作，即控制每天卖给散客的和卖给团队的房间的比例，预留给团队的房间一般是不能在系统中卖给散客的。确定这个比例是十分重要的，因为卖给散客的房价通常会高于团队，如果每天预留给散客的房间过少，有可能会造成散客的订房要求得不到满足，从而造成熟客的流失；而团队可以带给酒店稳定的收入，稳定的团队客源是酒店收入的保证。

为了保证酒店的出租率，以及保证散客对客房的需求，酒店一般会严格控制团队的最后确定时间（即与酒店签署合同的最后确认时间）。如果超过这个确定时间，团队还没有确定的话，系统会自动将团队的占房释放为系统可卖房，预订部和前厅部可以将这些房间出租给散客，以提高酒店的出租率和收益率。Opera 系统提供了有效的控房功能，预订员只需在团队的预订文件中记录团队最终确定的日期，一旦超过这一时间合同还没有收回的话，系统就会自动将团队的占房释放为系统可卖房，供散客使用。

（5）确认团员名单。当团队的团员确认后，客户会将团员名单发给酒店，此时，酒店会根据分房名单为每一名团员确认入住的相关事宜。

（6）取消预订。团队确认后，如果由于某些原因而要求取消，如果是因为客人的原因，酒店会根据合同规定，从团队预交的押金中扣除相应的费用。然后先取消团队中每一个团员的预订，再将团队的状态变为“Cancel”，此时系统会提示输入取消预订的原因。同团队丢失原因的统计相似，通过对 Cancel 的团队的统计，可以方便酒店的销售部和高层领导了解酒店团队取消预订的原因，以便调整对不同类型团队的营销策略。

二、使用 Opera 系统进行团队管理的具体方法

（一）产生订房意向

1．填写团队的基本信息

当团队要组建的时候，他们会先通过其代理公司向饭店提出订房意向。饭店核对团队抵店当天系统可卖房的数量，如果可以满足团队的需求，则向团队发意向书。因此，团队的默认状态是 RFP，即（Request for Proposal）。当团队产生订房意向时，首先会在 PMS 中填写 Business Block Header（俗称团脸）的相关内容。在团脸中记录团队的基本信息，如图 6-95 所示。

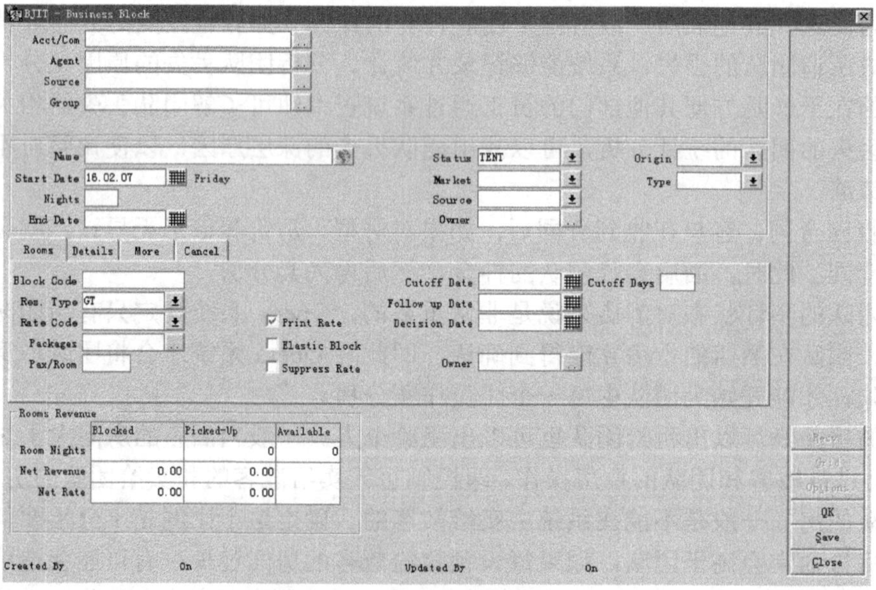

图 6-95 团队的基本信息（团脸）

团队代理公司相关信息如下：

（1）确认团队代理公司的性质，是 Company（公司）、Agent（旅行社），还是 Source（订房中心），然后点开相应代理后面的 ⬇，弹出客史档案查询的界面，在此查找并添加代理公司的 Profile。

（2）以同样的方法添加 Contact（联系人）的 Profile。

（3）当团脸中所有的信息全部填写好并保存后，系统将会自动生成团队客史档案，即 Group 类型的客史档案，用来记录团队的信息。

（4）Name：团队的名称。由团队的代理公司提供，方便代理公司查询团队的相关事宜。

（5）Start Date：团队的开始时间，为团队第一批团员抵店的时间（Arrival Date）。

（6）End Date：团队的结束时间，为团队最后一个团员离店的时间（Departure Date）。

团队的客人有可能不在同一天抵达酒店，也有可能不在同一天离开酒店，所以设置团队的开始时间和结束时间来管理团队所有团员的预订时间。

（7）Status：团队的状态。上述团队管理的流程由“Status”字段来进行控制。团队共有 6 种状态：

1）RFP（Request for Proposal）：产生订房意向。

2）Tentative：发意向书。

3）Lost：团队丢失。

4）Definite：收回合同，确认团员名单。

5）Cancel：取消团队。

6）Actual：当团队的团员 Check In 后，团队的状态变为 Actual。

（8）Market、Source、Origin：与散客预订中相关字段含义相同。

（9）Owner：酒店中负责该团队的销售员。与 Account 类型客史档案中 Owner 的含义及设置方法一致。此处的 Owner 也应与团队代理公司客史档案中的 Owner 为同一个人，即负责公司的销售人员，也会负责安排公司所有团队的预订及接待工作。

2. Rooms 选项卡

记录与订房相关的团队的基本信息。

（1）Block Code：以上信息填写正确后，系统自动分配一个 Block Code，在确认并保存团队的基本信息前，Block Code 可以手工修改，但是必须要保证该号码的唯一性，否则如果出现重复的 Block Code，系统会作出相关提示，并拒绝保存该团队信息。

（2）Res. Type：团队中所有团员预订界面中预订的类型。在此设置好后，在确认团队中所有团员预订的时候，系统会自动根据此处提供信息设置所有团员预订界面中的预订类型（即“Reservation Type”字段）。

（3）Rate Code：设置团队的价格代码。一般团队的代理公司都有协议价，在此一般应选择相应的协议价格。

（4）Print Rate：当为团队的团员办理入住手续时，为其打印入住登记卡时，是否在其上打印房费。

（5）Elastic Block：该团队是否有伸缩性。若选中此项，表示该团具有伸缩性，则团队可以自由增加或者减少其在酒店的订房；若不选中，则此团不具有伸缩性，订房数量一旦被确认，不可以更改。

（6）Cutoff Date、Cutoff Days：设置团队最后截止确认时间。

为了保证酒店的出租率，以及保证散客对客房的需求，酒店一般会严格控制团队的最后确定时间（即团队发送团员分房名单的最后截止时间）。如果超过这个确定时间团队还没有确认团员名单，系统会自动将团队的占房释放为系统可卖房，则预订部和前厅部可以将这些房间租给散客，以提高酒店的出租率和收益率。Cutoff Date 与 Cutoff Days 都是用来进行团队控房的字段，对于同一个团队，二者只能设置一个，下面举例说明二者的区别。

例如，有一个团队，在 4 月 1 日到 4 月 4 日入住酒店，即预订了 3 晚，每晚预订 8 个房间。

1）如果设置 Cutoff Date 为 3 月 30 日，则 3 月 29 日团队的代理公司还未确认团队分房名单的话，在 3 月 29 日夜审后，系统自动将 3 晚、每晚 8 间房全部释放为系统可卖房，供酒店再次销售。

2）如果设置 Cutoff Days 为 3 天，则 3 月 29 日团队的代理公司还未确认团队分房名单，在 3 月 29 日夜审后，系统首先将 4 月 1 日所占 8 间房还给系统可卖房；3 月 30 日未确认团队分房名单，系统将 4 月 2 日所占 8 间房还给系统可卖房；3 月 31 日未确认团队分房名单，系统将 4 月 3 日所占 8 间房还给系统可卖房。

（7）Owner：团队协调员。团队的团员入住后与该团队相关的事宜由 Owner 来处理，此处不算业绩。一般来讲，团脸上有 Acct/Com、Agent、Source、Group 4 个 Owner，这 4 个 Owner 一般应保持一致。

以上信息填写正确后，系统自动分配一个 Block ID，作为团队的确认号。

（8）Follow up Date：团队的跟进时间，即最晚收回意向书的时间。

（9）Decision Date：团队的确认时间，即最晚收回合同的时间。这两个选项一般在有 S&C（宴会与销售管理）模块时才会使用。

（二）发意向书

当酒店核对团队抵店当日系统可卖房的数据后，如果能够满足团队的订房要求，就会向客户发意向书，确认团队的订房要求。此时团队的状态变为 Tentative，在此状态下，可以根据团队的订房意向，在系统中占房。一旦占房成功，这些房间就会从酒店当日的系统可卖房中扣除。

单击图 6-95 界面上的“Grid”按钮，弹出系统占房界面，如图 6-96 所示。

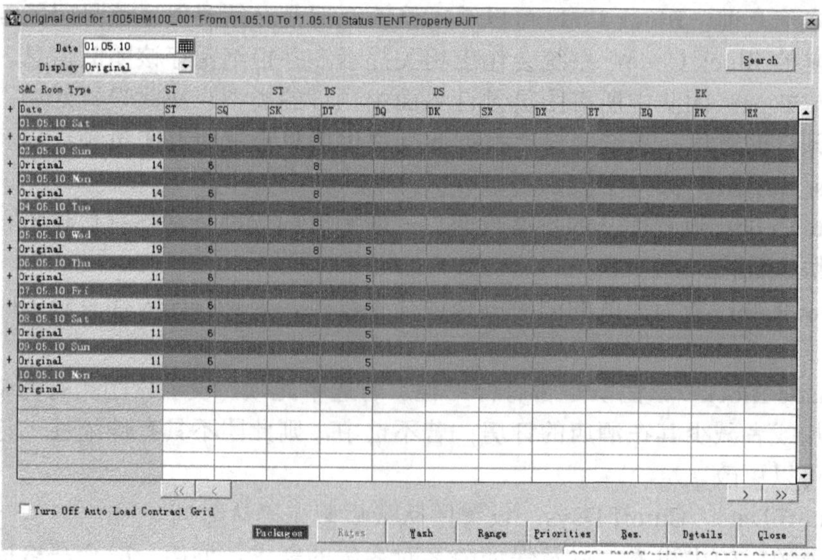

图 6-96　团队占房

此界面中，横向显示为酒店所有房型；纵向显示为团队在店的时间，在此界面设置团队在入住期间每一天所占的房型及其数量。

1. Priorities

设置酒店房型在占房界面上显示的顺序。大多数酒店的房型数量都很多，在占房界面中，可能不能在一个界面上同时显示所有房型的信息。而同一团队所占房型一般不会太多，此时可以使用 Priorities 功能，让团队所占房型优先显示在占房界面上，如图 6-97 所示。

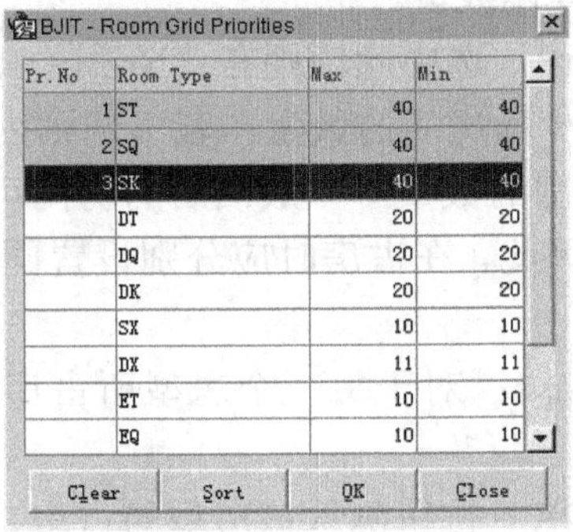

图 6-97　房型显示顺序

（1）Clear：清除当前排序。

（2）Sort：分别用鼠标顺序点击团队所要占用房型前面的“Pr. No”，则此列会依次出现序号，然后单击“Sort”按钮，系统将按“Pr. No”所设置的序号将房型在占房界面上重新排序。

（3）OK：排序完成后，单击“OK”按钮，则在“Range（占房）”界面中将会按“Pr. No”中规定的顺序进行显示。

2. Range

设置团队所占房型和数量。当选好了团队所占房型，就可以开始在系统中占房了。单击“Range”按钮，进入占房界面，如图 6-98 所示。

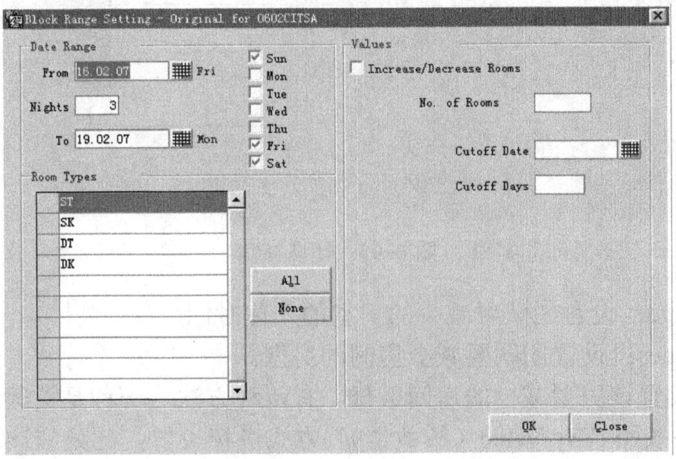

图 6-98　设置团队占房

（1）Date Range：设置所占房型客人入住的时间。团队中的客人可能不是同一天抵店，也可能不是同一天离店，在此设置的占房时间应与入住团员在店的时间一致，可以不与团队的开始时间和结束时间一致，但应包含在团队的开始时间与结束时间之间。

（2）Room Types：设置客人所住房型。在要占的房型前打“×”，然后在“Values”中设置此类房型所占房间数量。

需要注意的是，此处可以同时选择几个房型，前提是选中房型的占房数量要一致。

（3）Values：设置占房的具体数量。

1）Increase/Decrease Rooms：选中此项则在“No. of Rooms”中输入正整数，为增加的房间数量，输入负整数为减少的房间的数量。若不选则为实际占用的房间数量。

2）No. of Rooms：填写占房的数量。一般酒店的房间可以一个人住也可以两个人住，取决于房间最多容纳的人数。因此，在占房时应分别设置同一房型，所占单人间、双人间、三人间等的个数。

3）Cutoff Date、Cutoff Days：对于每一个房型所占房间，可以分别设置最终截止确认时间。

填写好以上信息，单击“OK”按钮确认该房型的占房。按照上述方法，设置其他房型的占房数量。

3. Wash

团队的代理公司会根据自身的实际情况，调整团队在酒店的占房。如果是增加房间数量，则在 Range 里按上述方法增加占房数量即可。如果是减少占房数量的话，除了可以按上述方法外，还可以在 Wash 界面下进行，如图 6-99 所示。

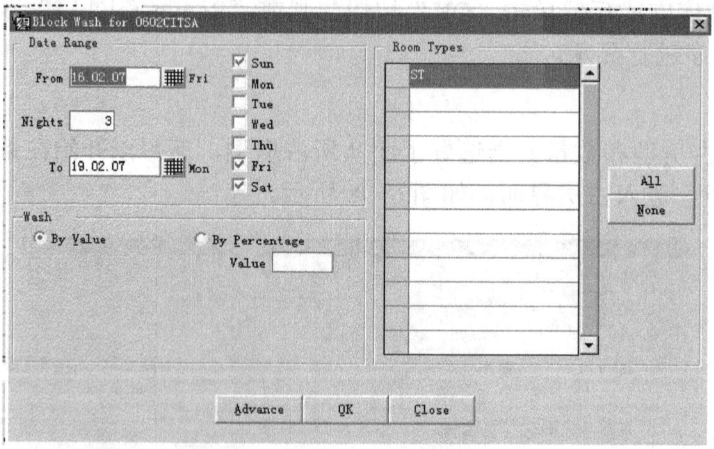

图 6-99 团队减房

（1）Date Range：设置团队要减少的房型的入住时间。

（2）Room Types：设置团队要减少房间的房型。

（3）Wash：设置该房型减少的房间数量。有两种方法，一种是按数量设置，一种是按百分比设置。如果按照“By Value（按数量）”方式进行设置，此处应该填写需要减少的数量，如 3 间；如果按照“By Percentage Value（按百分比）”方式进行设置，此处应该填写要减掉的房间数量占原始占房数量的百分比，如原始占房为 10 间，此时要减去 3 间，此处应填写 30。

4．Details

在“Grid（占房）”界面中显示占房数量是一个总数，要想查询占房的详细信息，选中该界面的某个数字，单击“Details”按钮即可，如图 6-100 所示。

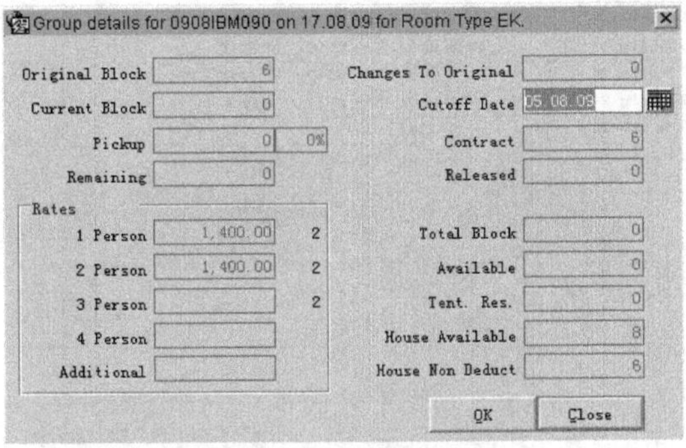

图 6-100　占房详细信息

（1）Original Block：所选房型的原始占房数量。

（2）Current Block：所选房型目前的占房数量。如果该房型的占房数量从未发生改变，则 Original 与 Current 应该相等。

5．Res

当酒店已经与团队确认了团员名单，并且将团员的个人预订录入到系统中，选中某个房型，可查看该房型客人的预订信息。

（三）收回合同

客户在收到合同后，如果对房型、房价等信息无异议，就会签署并向酒店返还合同。此时，酒店会收团队的押金，然后再为其分房。

将团脸界面上的 Status 改为 Definite，确认团队的预订及其在酒店的占房。此时团脸界面上的“Reservation”按钮由灰色（不可选）变为黑色（可选）。单击此按钮进入“Reservation List”界面，为团队中的每个客人预分房。

1．生成团队记账用假房

当团队的状态变为 Definite 后，单击团脸上的“Reservation”按钮，系统会提示将要生成记账用假房，如图 6-101 所示。单击“Yes”，生成系统记账用假房，如图 6-102 所示。

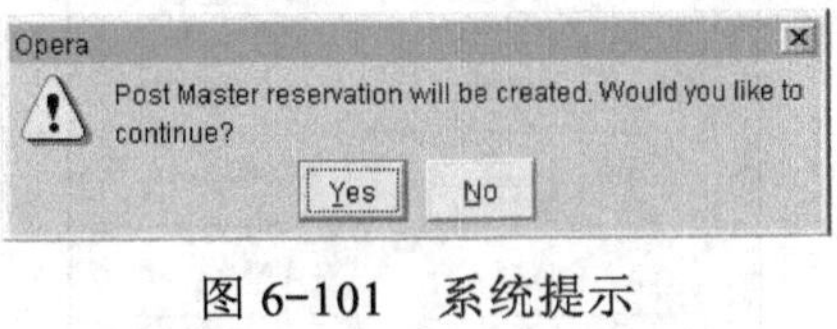

图 6-101　系统提示

由于每个团队都会有一些费用是由团队的代理公司来负担的，而这些费用是不应该出现在客人个人的账单中的，因此在每个团队的“Reservations List（团队团员预订）”界面中都会有一间记账用系统假房，用来记录团队中所有由团队的代理公司负担的费用（如房费、餐费等）。

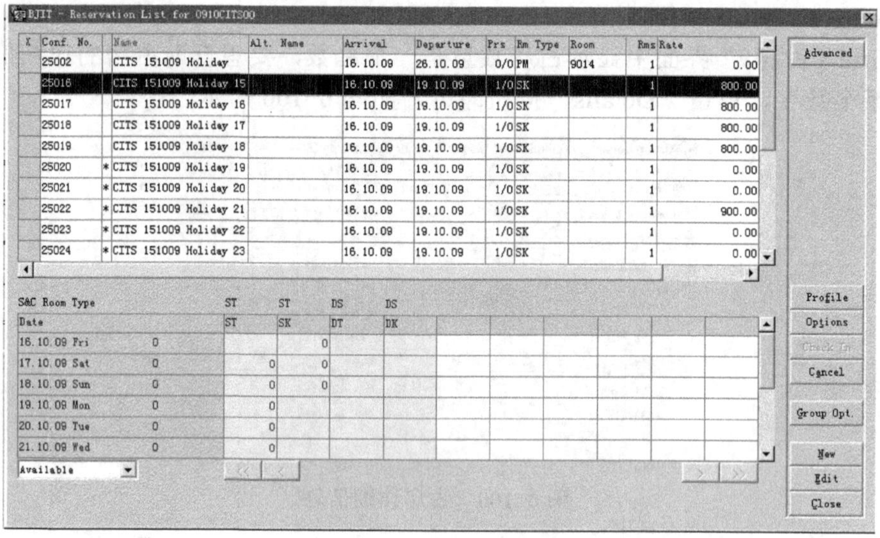

图 6-102　团队团员预订

生成团队记账用假房后，首先要进入该假房的预订文件，修改假房预订文件中的信息。

首先双击图 6-102 所示界面中的假房信息，进入假房的预订文件（Reservation），为该假房分配一个房号（Room No.），以便于记账。由于团队中所有团员的预订都是根据假房的预订复制而来，因此要设置假房的付款方式（Payment）为团队大多数团员的付款方式——现金（Cash）。

2．为团队中每一位团员预分房

当团队的代理公司向酒店提供了该团队团员的名单以及房间的分配情况后，此时要为团队中每位团员作预分房，即将每位团员的预订信息写入系统中。

团队的团员的个人预订，一般都是基于假房的预订复制而来的，具体操作方法如下。

（1）将光标停留在假房的预订上面，然后单击图 6-102 所示界面上的“Group Opt.”按钮，弹出如图 6-103 所示的“Group Options（团队选项）”界面，在此界面中选择“Rooming List”，单击此按钮进入该团队的“Group rooming list”界面，如图 6-104 所示，在此界面中为团员预分房。

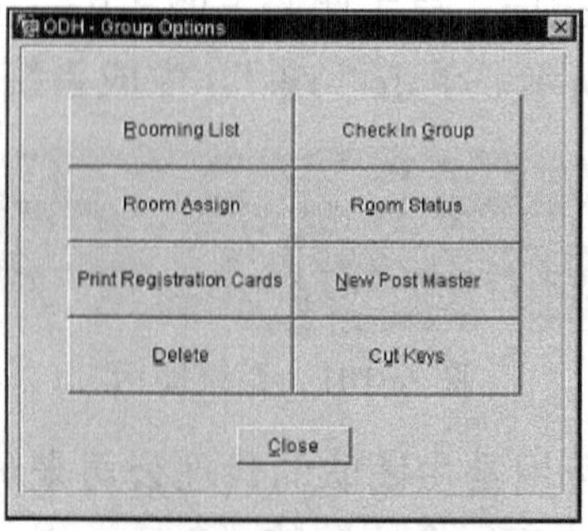

图 6-103　团队选项

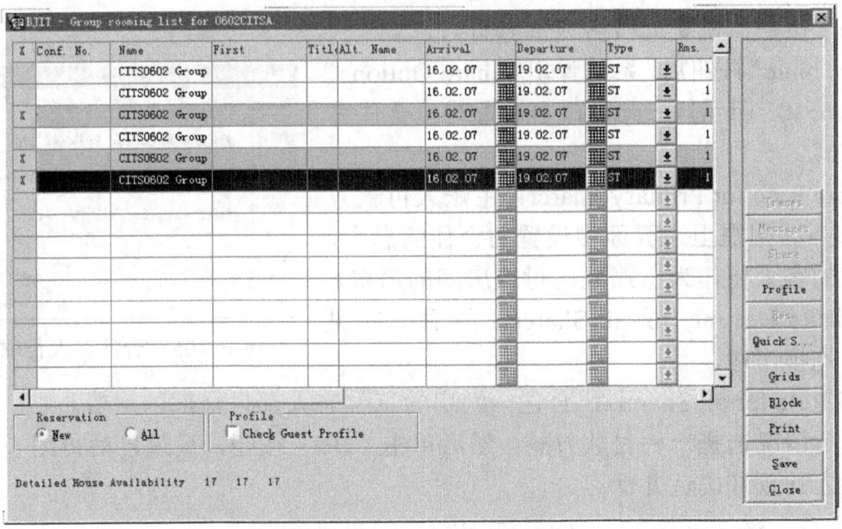

图 6-104 团员预订列表

（2）分房时，根据客人的抵店时间和所住房型不同，一批批为客人作预分房。应注意的是，此处的分房应与在“Grid”界面中所设置的占房信息一致。

例如，在“Grid”界面中，占了 2 月 16 日至 2 月 19 日的 3 间 ST（标间双床）房，分别是一个单人间、一个双人间和一个三人间，则在为这 3 间房入住的客人预分房时，操作步骤如下：首先设置此批所分客人的抵店时间（Arrival）、离店时间（Departure）和房型（Type）。在图 6-104 所示界面中，首先将“Arrival”字段改为 2 月 16 日，将“Departure”字段改为 2 月 19 日，将“Type”字段设置为 ST。

（3）生成此批客人的预订文件。由于酒店是使用预订文件（Reservations）对客人进行管理的，因此每一位入住的客人都应有一个预订文件在系统中。具体操作如下：按键盘上的下箭头（↓），系统按照假房中的信息和在（1）中修改的信息生成一个团员的预订，团队中有几位客人就先在此生成几位客人的预订。

上述例子中，共占 3 间客房，其中一间房 1 个人住，一间房 2 个人住，另一间房 3 个人住，因此在此界面上应生成 6 位客人的预订文件。

（4）设置合住信息。如果此批客人有合住的情况出现，还要为客人做 Share。在为团员分配预订文件时，一般我们会首先分配入住单人间的客人的预订文件，然后再分配双人间的，最后分配三人间的。

（5）两位客人 Share 一间房。在“Group rooming list”界面中，首先使用下箭头生成要合住的两位客人的预订文件，然后在这两位客人的预订中选取位置处于该界面下方的那位客人的预订，在该预订前面打上“×”，在点击“Save”按钮保存此批客人的预订信息后，系统将会自动为这两位客人设置合住信息。

（6）三位客人 Share 一间房。在“Group Rooming list”界面中，首先使用下箭头生成要合住的三位客人的预订文件，然后在要 Share 的三位客人的预订中选取位置处于该界面下方的两位客人的预订，在这两个预订前面打上“×”，在点击“Save”按钮保存此批客人的预订信息后，系统将会自动为这三位客人设置合住信息。

（7）确认此批客人的预订。将此批客人的预订分配完，并将客人的合住信息设置好后，单击“Save”按钮，确认此批客人的预订。

在单击“Save”按钮后，系统弹出“Share Options”窗口，如图 6-105 所示，在此窗口中设置对于合住客人的付款方式。

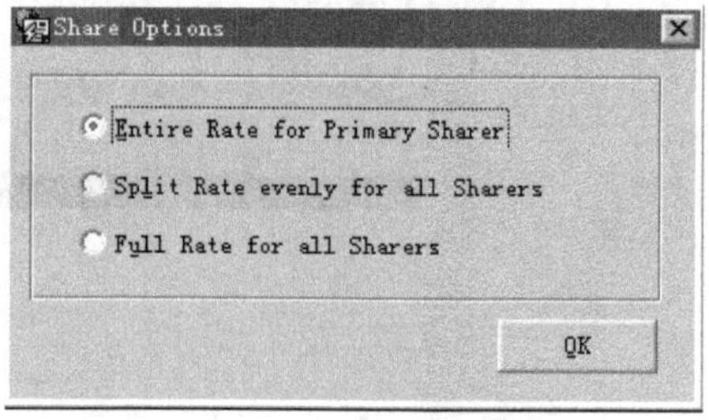

图 6-105 合住客人付款方式设置

1）Entire Rate for Primary Sharer：主账人付款方式。选择此方式，则在上述界面中设置的合住信息中，未打“×”的客人将作为主账人，付该房间的房费。

2）Split Rate evenly for all Sharers：合住一间房的每位客人均担房费。

3）Full Rate for all Sharers：合住一间房的每位客人都付全部的房费。

根据实际情况选择一种付款方式，然后单击“OK”按钮，系统自动将图 6-104 界面所示的 6 位客人的预订确认并保存。

3．设置团队的账目管理

一般来讲，团队的团员在酒店入住期间所产生的费用，有一部分费用是由团队的代理公司来承担的（以下简称公付）。那么这些费用就不应该出现在团员个人的客账上。为此在为每位团员分完房后，还应该为每位团员设置分账信息。

Opera 为管理团队中的团员预订提供了信息统一设置的功能，即对于同类客人，可以只修改一人的预订，即可做到一改全改。

例如，团队中有一些客人由公司承担的费用相同，我们可以为其中一位客人设置分账信息，然后使用系统提供的功能，即可将对这位客人所作的分账操作，应用于所有同类客人的 Reservations 上。具体做法是在“Reservations List”界面中，在同类客人的预订中任选一名客人，单击右侧的“Edit”按钮，进入该客人的预订窗口，为该客人设置分账信息。

对于团队中的团员而言，公付的账项不应该出现在客人的账单中，而应该出现在代理公司的主账上，因此应该将这些费用使用系统提供的 Room Routing 的功能转到上面为该团队分配的系统假房上。具体做法如下：

（1）在该团员“Reservation”界面中，单击右下角的“Option”按钮，在弹出的对话框中选择“Routing”，进入“Routing Instructions”界面，在此设置分账信息，如图 6-106 所示。

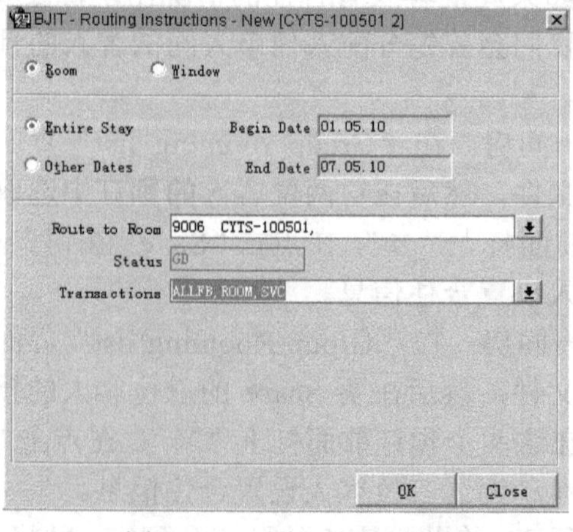

图 6-106 团队分账操作

（2）团队中团员的公付账是由假房付的，因此要做 Room Routing。

1）选择“Room”选项，与“Window”选项的区别在于“Room”选项上出现的是“Route to Room”文本框，在此设置要分账的假房的房号。单击右侧的 ，在弹出的对话框中查询团队假房的信息，如图 6-107 所示。

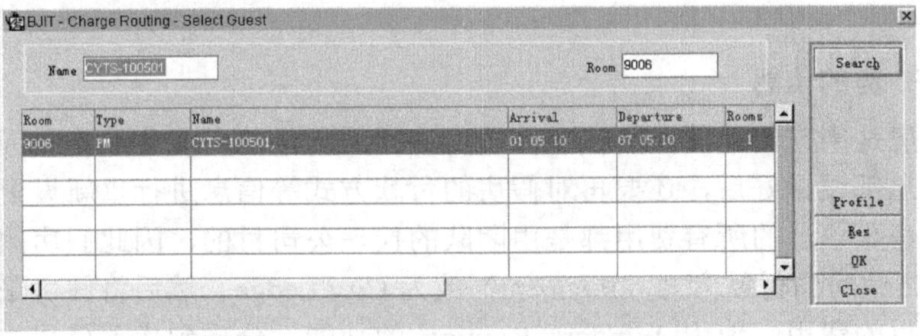

图 6-107　选择团队分账用系统那个假房

2）分账的有效期和“Transactions”的选择与本章第二节介绍的，散客的分账管理方法相同。

（3）设置好分账信息后返回预订的主界面，单击右下角的“OK”按钮，在弹出的“Apply These Changes To”窗口中，根据团队分账要求的具体情况作选择，如图 6-108 所示。

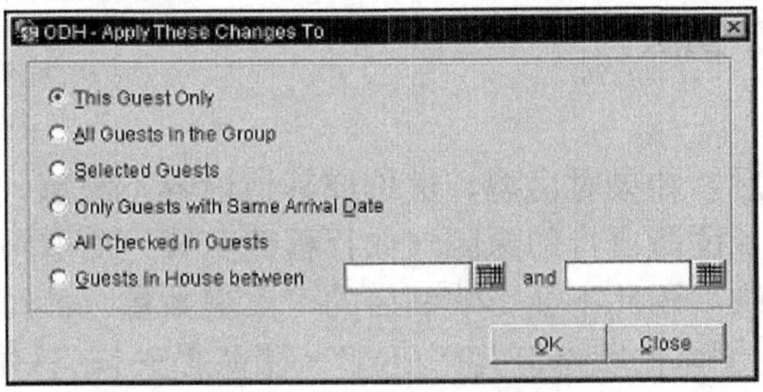

图 6-108　修改信息应用选择

1）This Guest Only：刚才所做的操作，仅应用于该客人的预订。

2）All Guests in the Group：将刚才所做的更改应用于团队所有客人的预订。

3）Selected Guests：将刚才所做的更改应用于团队中指定的客人。选择此项后，单击下面的“OK”按钮，弹出“Reservation List”界面，如图 6-109 所示。在此界面中选中相应的客人后，单击“OK”按钮，将相关操作应用于选中客人。

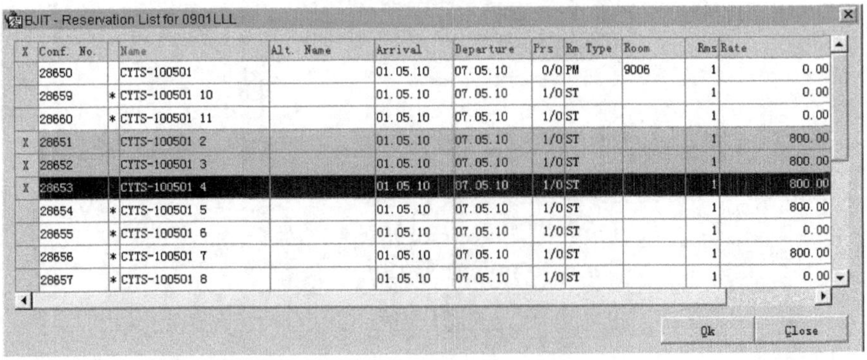

图 6-109　客人选择

4）Only Guests with Same Arrival Date：将刚才所做的更改应用于团队中与上述客人抵店时间（Arrival Date）相同的客人的预订。

5）All Checked In Guests：将刚才所做的更改应用于所有已经办理了入住手续的客人。

6）Guests In House between…and…：将刚才所做的更改应用于在某段时间在店的客人。

4. 修改 PM 房的信息

团队的假房是用来记录团队的代理公司为该团队所付的所有费用的。因此，在团队中所有团员的信息都设置好后，还要再对假房的付款方式等信息进行重新设置。

首先，假房账单上的所有费用都是由团队的代理公司付的，因此假房的付款方式应为City Ledger，将假房的付款方式（Payment）改为City Ledge。然后将假房账单上的所有由团队代理公司付的费用，使用 Window Routing 的功能，分账到代理公司的主账上，即在“Routing Instruction”界面上的“Name”选择代理公司的名称。

（四）团队入住

当团队中第一批抵店的客人到前台办理入住手续后，系统会自动将团队的状态置为Actual。

（五）取消（丢失）团队

1. 团队丢失

当团队收到意向书后，如果对房型、房价或其他内容不满意，可能会放弃本酒店，选择其他的酒店；或者由于团队自身的原因（如行程改变等）而取消团队预订，此时由于还没有对团队做预留房控制，因此不会影响酒店的可卖房数量，此时应设置团队的状态（团脸上的“Status”字段为团队的状态）为“Lost”（团队丢失）。具体做法如下：

（1）将团队团脸上的“Status”字段，即团队状态置为Lost后，单击团脸界面上的“Save”按钮，更改团队的状态。

（2）由于系统要求记录团队丢失的原因，以便于对此数据进行分析，因此在更改团队的状态为Lost后，系统提示输入团队丢失的原因，如图6-110所示。

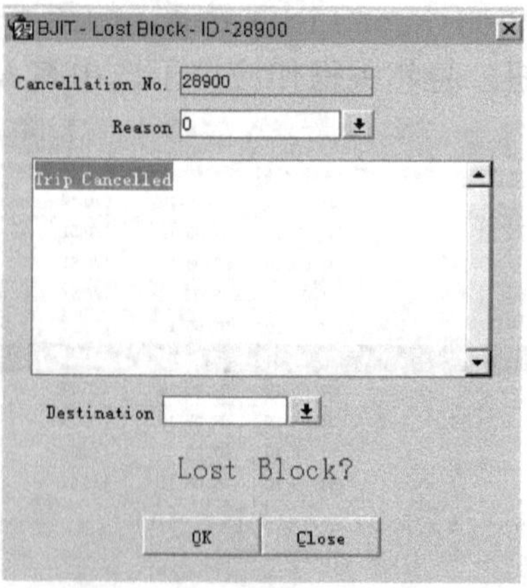

图 6-110 团队取消原因

1）Reason：在此选择团队丢失的原因。

2）Reason 下的文本框：在此记录团队丢失的详细原因，以便于酒店分析团队丢失的具体原因，以此为依据改善酒店的经营管理策略。

3）Destination：如果团队丢失的原因是因为去了别的与本酒店竞争的酒店，那么还应在此记录竞争酒店的名称。

分析团队丢失原因的目的在于：一是方便其他部门的员工通过系统查询即可了解团队丢失的相关情况；二是通过对丢失的团队的统计分析，可以找出团队丢失的深层原因，以便调整对不同类型团队的营销策略。

2．取消团队

当团队的状态（Status）为 Definite 时，即团队已与酒店签署了订房协议，此时由于某些原因而要求取消团队预订，如果是因为客人的原因，酒店会根据合同规定，从团队预交的押金中扣除相应的费用。具体操作方法如下：

（1）取消每位团员的预订。如果此时团队的预订中，已经为每一位团员做了预分房，那么应该先取消团队中每一个团员的预订，再去取消整个团队预订。具体做法如下：

1）单击团脸界面上的“Reservation”按钮，进入“Reservation List”界面。

2）选中假房的预订，单击右侧的“Cancel”按钮，弹出散客取消预订的界面，在此记录取消预订的原因，具体操作同散客取消预订方法相同。

3）单击“OK”按钮保存取消预订的原因后，系统弹出提示对话框，提示“是否要取消整个团队所有团员的预订”，单击“Yes”按钮，则团队中所有团员的预订同时被取消，如图 6-111 所示。

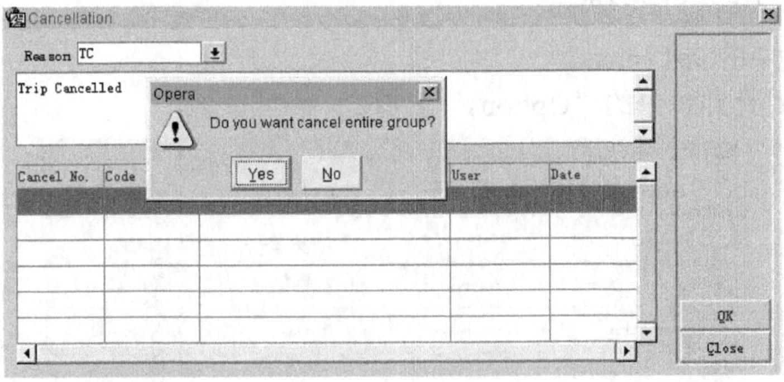

图　6-111

（2）取消团队预订。取消了团队中所有团员的预订后，再将团队的状态（即团脸上的 Status）变为 Cancel，此时系统会提示输入取消预订的原因，与团队丢失的操作方法相同。

同 Lost 原因的统计相似，通过对 Cancel 的团队的统计，可以方便酒店的销售部和高层领导了解酒店团队取消预订的原因，以便调整对不同类型团队的营销策略。

当团队的状态为 Lost 或 Cancel，此时主界面上的“Cancel”选项卡中将记录团队取消预订的相关信息，如图 6-112 所示。

1）No.：取消预订时，系统会分配团队一个取消预订的号码，当团队状态变为取消时，可凭此号码查询预订。

2）Reason：记录团队取消的原因。

3）Comments：有关团队取消预订的补充说明。

4）Destination：如果该团队取消是因为要在别的酒店预订客房，此处设置团队所去的目标酒店的名称。

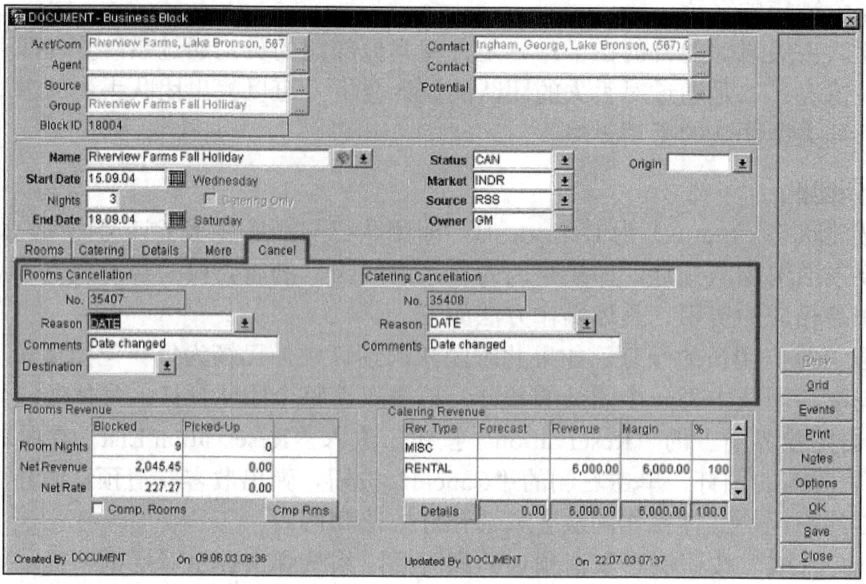

图 6-112　取消预订选项卡

（六）Block 中的其他功能

1. 团脸界面中的 Options

图 6-113 为团脸界面中的“Options”窗口。

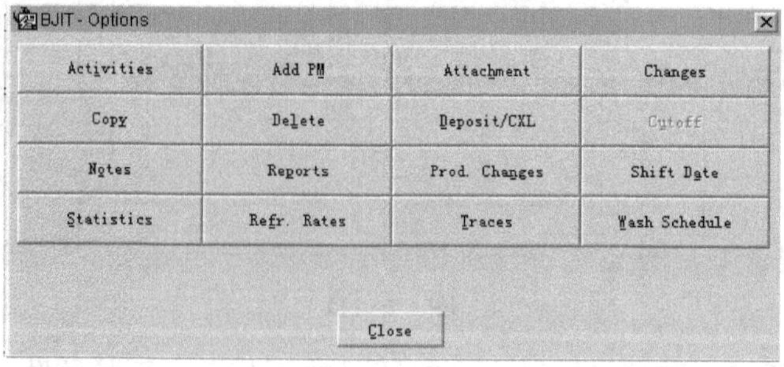

图 6-113　团队预订的选项

（1）Activities：单击此按钮进入 S&C 系统的活动界面，显示或新建有关该团队所做的活动。

（2）Add PM：为该团队再添加一间假房。

（3）Attachment：附件。与团队预订相关的意向书、合同等可以作为附件添加在此，方便查询。

（4）Changes：关于该团队所作更改的历史记录，即该团队的用户日志。

（5）Copy：复制一个团队。只能复制团脸和占房的信息，而不能复制其中的预订，并且新团队的 Status 为 Tentative，如图 6-114 所示。

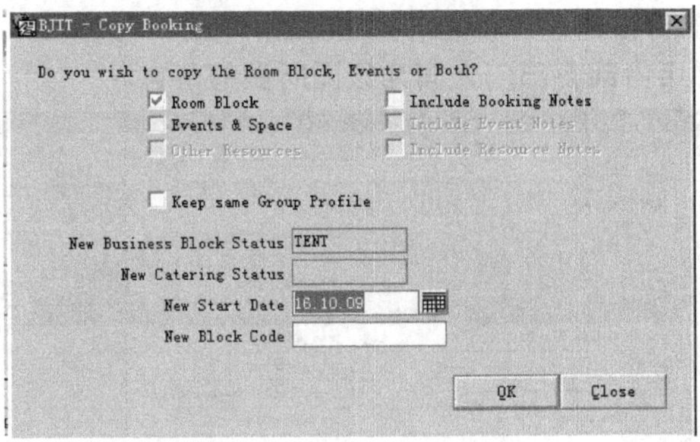

图 6-114 复制团队预订

1）Room Block：是否要复制该团队的占房。

2）Include Booking Notes：是否复制该团队预订的备注信息。

3）Events & Space：是否复制该团队的宴会安排。只有在此选项选中的情况下第四、第五、第六项才能够选择，因为第四、第五、第六项都是与团队的宴会安排相关的内容。

4）Include Event Notes：是否复制该团队宴会安排的备注信息。

5）Other Resources：是否复制团队所使用的酒店的设备、设施（资源）。

6）Include Resource Notes：是否复制团队所用酒店的资源的备注信息。

7）Keep same Group Profile：新团队与该团队使用同一个团队的客史。

8）New Business Block Status：新团队的状态只能为 Tentative。

9）New Catering Status：如果该团队在酒店举行宴会，则此处为新团队的宴会的状态，也只能为 Tentative。

10）New Start Date：新团队的开始时间。

11）New Block Code：新团队的团队编号。

（6）Delete：删除该团队。

（7）Deposit/CXL：收取的团队押金。

（8）Cutoff：点击该按钮，将当前团队中没有 Pick up（确认预订）的房间数量，即 Available（剩余）的房间减为 0。

所谓没有确认预订的房间数量，即团队在“Grid”中占了相应的房间，但是却没有团员入住，即占房的数量与实际需求房间数量之差。

（9）Notes：该团队的备注信息。

（10）Reports：进入团队的“Reports”界面。可以查看有关该团队的报表信息，如图 6-115 所示。

（11）Prod. Changes：Production Changes。仅显示有关该团队的 Revenue 和 Status 改变的历史记录。

（12）Shift Date：改变团队的 Start Date。仅当该团队没有团员预订且没有占房时才能更改团队的开始时间。

（13）Statistics：有关该团队在酒店消费的统计信息。

（14）Refr. Rates：如果销售部修改了该团队的“Rate Code”中包含的价格信息，单击此按钮则刷新系统中的价格信息，使之与后台数据库保持一致。

（15）Traces：酒店内部各部门之间为该团所做的留言。

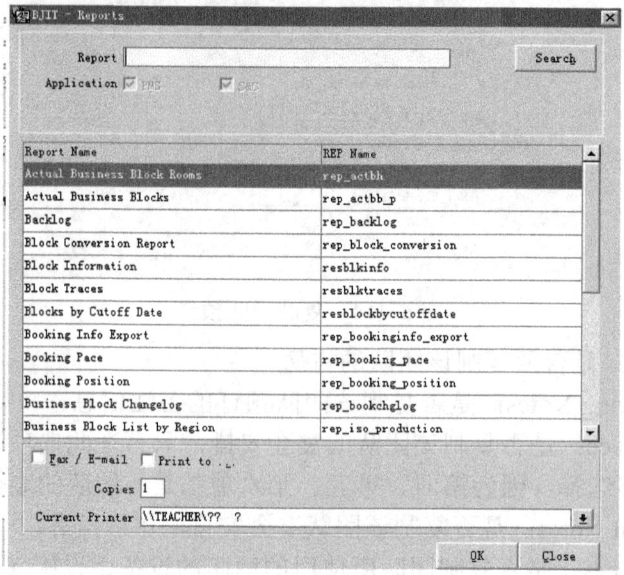

图 6-115　团队报表

2. Reservation List 中的其他功能

Reservation List 见图 6-102 所示界面。

（1）Profile：选中某个团员的预订，单击“Profile”，查询该团员的客史。

（2）Options：选中某个团员的预订，单击“Options”，进入该团员预订选项的设置界面。

（3）Check In：到了该团员抵店的时候，直接为客人办理入住手续。

（4）Cancel：取消该团员的预订。

（5）New：为该团队新建一个团员的散客预订。

（6）Edit：选中某个团员的预订，单击“Edit”，进入该团员的预订界面。

（7）Group Opt.：在该界面除了可以使用“Rooming List”为团员预分房，还有以下一些功能，如图 6-116 所示。

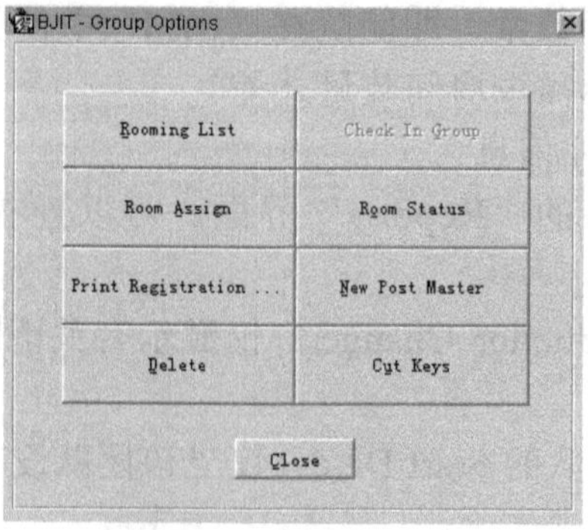

图 6-116　团队选项

1）Check In Group：为当天抵店的所有团员集体办理入住手续。

2）Room Assign：预分房。由于团队的团员和占房的数量都很多，而且团员抵店的时间比较集中。为了帮助前台在客人抵店时，快速为客人办理入住手续，前台一般在客人抵店的前一天，使用“Room Assign”的功能，为该团队中的每位团员预分房间，如图6-117所示。这样到客人抵店时，前台的员工就可以省去为每位客人选房的时间，提高为团队办理入住手续的效率。

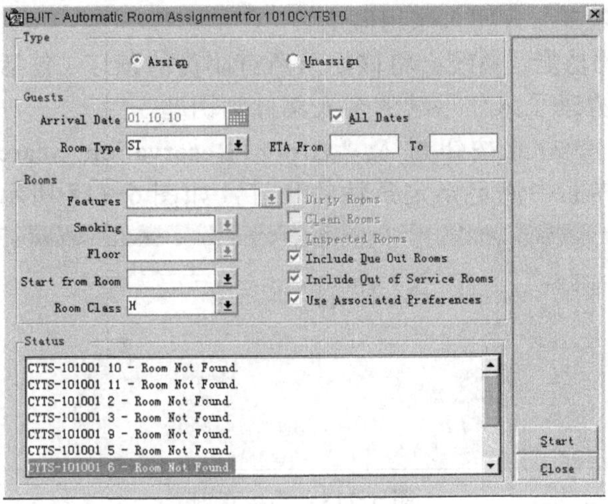

图6-117 团队预分房

① Assign：为团队客人预分房。

② Arrival Date：在此设置所要预分客房的客人的抵店时间。

③ All Dates：如果选中此选项，则为该团队所有的团员（不论哪天抵店）预分房。

④ Room Type：选择为该团队中的哪个房型预分房。

⑤ ETA From…To…：为某段时间抵店的客人预分房。

⑥ Features、Smoking、Floor：设置所分房间的房间特征及楼层等信息。

⑦ Start from Room：设置所分房间的房号范围。一般而言，酒店会将同一团队的团员尽量安排在同一楼层相邻的房间，方便酒店为客人提供服务。

⑧ Dirty/Clean/Inspected Rooms：设置所分房间的房态。由于是在客人抵店之前为客人预分房，所以前3个选项为不可选。如果是客人抵店的当天为客人分房的话，此3个选项为可选。

⑨ Include Due Out Rooms：包括团员抵店当天预离店的客人所住的房间。

⑩ Use Associated Preferences：如果团员的Profile中有设置该客人的喜好（Preferences），选中此选项，则为客人分房时要考虑这些喜好。

点选好上述分房条件后，单击“Start”按钮，为客人预分房。

⑪ Unassign：分好房后，如果需要对所分房间进行修改，选择“Unassign”，系统将所有指定条件的房间的房号取消。

3）Room Status：查看该团队团员所住房间的房态。只能看到系统时间当天的房态情况。

4）Print Registration Cards：为入住的团员打入住登记卡。

5）New Post Master：为团队添加一间假房。一般一个团队只有一间假房，但是也有例外的情况，例如：

酒店对团队有优惠活动，订房 100 间及以上房价可以打折扣。两个旅行社合作拼够 100 间房，各占 50 间。但是结账时要将房费分别入到自己公司的主账上，此时就要再分出一间 PM 房。

对于会议团，要求单独分出一间 PM 房给某些账项（如宴会、餐饮等）入账。此时需要使用该功能，为团队多加一间入账用假房。

6）Delete：使用此功能，系统会将该团队所有团员的预订（包括假房预订）全部删除。

7）Cut Keys：为办理了入住手续的客人集体制钥匙。

（8）Advanced：单击此按钮进入“Group Reservation Search”界面。可以查找“Reservation List”界面中满足指定条件的预订，如图 6-118 所示。

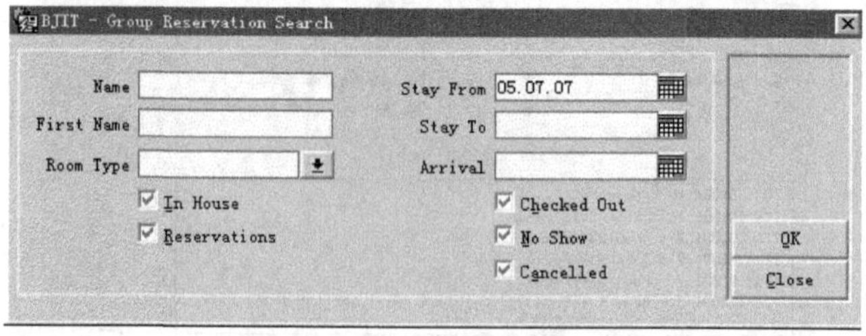

图 6-118 高级查询

1）Name、First Name：根据团员的姓名查询。

2）Room Type：根据团员所住房型查询。

3）Stay From/To：根据客人的在店时间查询。

4）Arrival：Arrival Date，根据团员的抵店时间查询。

5）还可设置查询范围：

① In House：在店客人中查找。

② Reservation：在有预订的客人中查找。

③ Checked Out：在已结账离店的客人中查找。

④ No Show：在 No Show 的客人中查找。

⑤ Cancelled：在取消预订的客人中查找。

第五节 客房管理

客房部的主要职责在于为客人提供舒适、干净的居住环境。从信息处理的角度来看，客房部的主要工作就是正确地维护客房状态，及时向前台等部门反映实际的客房状态，并接收来自前厅的客人入住信息。

客房部的工作与前厅部和预订部相比较简单，但其结果会直接影响酒店客房的销售情况。例如，客人入住后，要每天打扫客房；客人结账离店时，要及时检查房间的设备、设施和客房内小酒吧（酒水、饮料）的使用情况，并将结果迅速通知前厅接待员，方便接待员为客人办理离店事宜等。客房部的工作效率，将直接影响前厅对客服务的速度，并且有可能会影响前厅卖房的效率。因此，有效的客房管理软件对于酒店提高对客服务的效率和质量尤为重要。管理信息系统提供的客房管理功能，可以保证酒店实时掌握房态信息，如已清扫房、未清扫房、在检查房、已分配房、需大修房、小修房等房态信息。这些信息将帮助酒店把房态冲突的可能性降到最低，有效地提高出租率和收入，并且可以协助客房部的管理人员有效安排客房的清洁工作。

一、房态维护

1. 客房房态维护流程

前厅接待员在为客人办理入住事宜时，必须要了解酒店当前所有客房的准确房态信息。管理信息系统的客房管理模块提供了实时房态维护和查询功能，方便随时了解房态的准确信息。

一般管理信息系统将房态分为 2 大类：一类是客房管理房态；一类是前厅入住管理房态。用于客房管理的房态共 4 种，分别是已清扫房（Clean，简称 C）、未清扫房（Dirty，简称 D）、小修房（Out of Service，OOS）、大修房（Out of Order，OOO）。用于前厅入住管理的房态有 2 种，分别是空房（Vacant，简称 V）和已住人的房间（Occupied，简称 O）。

下面将客房和前厅房态管理结合起来，介绍房态维护的流程。我们用 VC 表示空的干净房（Vacant and Clean），其中第一个字母表示前厅的房态，第二个字母表示客房管理的房态。以此为基础，介绍酒店客房房态维护的流程。客房维护流程如图 6-119 所示。

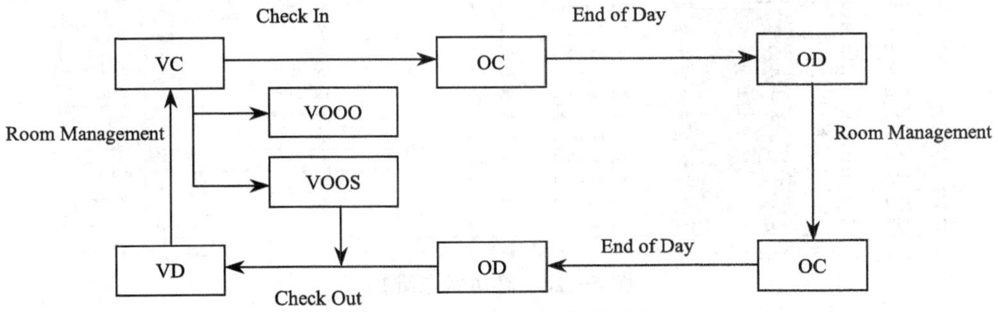

图 6-119 客房房态维护流程

（1）VC（Vacant and Clean）。客房最初的状态为空的干净房，当有客人入住（Check In）后，系统中房间的状态变为 OC。

（2）OC（Occupied and Clean）。客人入住后，房间即被从前厅屏蔽，防止 Double Check In 的情况出现。由于客人刚刚入住，此时客房部的房态还是干净房，不需要打扫。但此状态也提示客房部，该房间已经住了客人，在第二天要安排清洁员对该房间进行清洁工作。

（3）OD（Occupied and Clean）。系统过完夜审后，时间到达第二天，房间的状态变为已占用的脏房。

（4）OC（Occupied and Clean）。脏房经过客房部的清洁员打扫后，变为干净的房间，此时房间的状态变为已占用的干净房。此后，流程在 OC 和 OD 间流转，直到客人结账离店后，客房状态才进入下一个流程。

（5）VD（Vacant and Dirty）。客人结账离店后，从前厅看来房间已变成空的，但由于还没有经过客房清洁员的打扫，因此此时房间还是脏房。经过客房部员工打扫后，房间又变为空的干净房，可以在前厅出售给其他客人了。

（6）VOOO\VOOS（Vacant and Out of order\service）。酒店里的房间如果由于某些设施故障需要一段时间去修理，则此间房间称为 Out of Order 房。如果酒店里的房间只是有一些很小的故障，只需要简单整理就可以再卖给客人，则此房间称为 Out of Service 房。这两类房间一定要从前台屏蔽掉，否则前台的员工一旦卖给客人，会引起客人的投诉。当房间经过工程部修理后，状态又恢复为空的脏房，经过客房部员工打扫后即变为空的干净房，可以在前厅出售给其他客人了。

2. Opera PMS 中的房态维护

Opera PMS 中的“Room Management”子模块是用来对客房的房态进行维护的。选择“Room Management”菜单下的“Housekeeping”，在弹出的窗口中选择“Housekeeping Management”，进入房态维护界面，如图 6-120 所示。

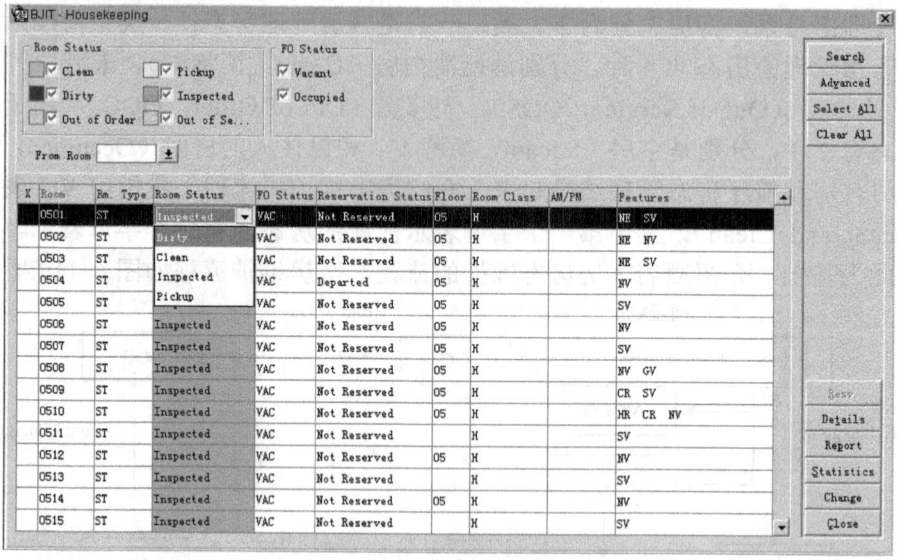

图 6-120 客房状态维护

图 6-120 中用上面黄色框框起来的部分是系统查询的条件，满足条件的房间将会显示在下面的界面里。

在系统中维护房态的方法很简单，当客房部的清洁员打扫完房间后，通知客房部的秘书，客房秘书只需在“Housekeeping”界面中直接将相应房间的“Room Status”改为“Clean”状态，然后等客房领班或主管检查完所有 Clean 的房间，确认已经可以在前厅出售了，此时再通知客房秘书，将“Room Status”改为“Inspected”即可。

房态修改界面其他功能键的作用：

（1）Resv.：选中一个已入住的房间，单击此按钮可以查看住在该房间的客人的预订。

（2）Details：选中一个已入住的房间，点击此按钮可以查看该房间的详细信息。

（3）Report：点击此按钮打房态报表。

（4）Statistics：房态和预订状态的统计信息。

（5）Change：单击后显示“Quick Change Room Status”，如图 6-121 所示，可快速修改房间状态。

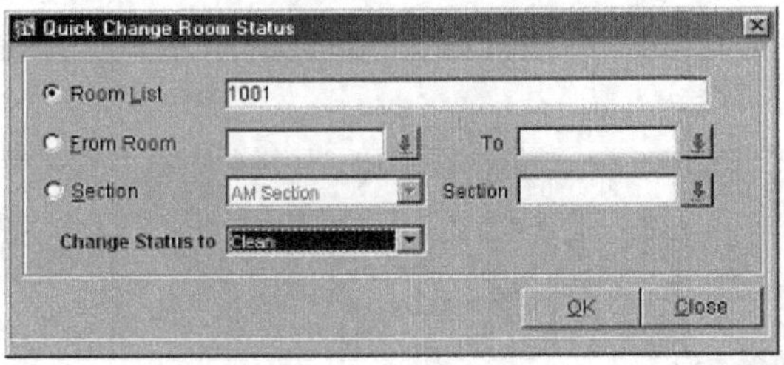

图 6-121　修改房态

1）Room list：房间列表。在此写上要改变房态的房间号，中间用逗号隔开。

2）From Room…To…：房号连续区间。

3）Section：房间所在区域。

4）Change Status to：修改房态。

二、差异房管理流程

1．差异房的含义

从客房管理的角度而言，酒店中的每个房间都有两个房态，一个是 Opera 系统里看到的，另一个是客房服务员看到的。如果这两种房态不同，就称这个房间叫作差异房。

2．差异房的种类

（1）Skip：Opera 系统中看到的房态为 OCC（Occupy），而客房服务员看到的为 VAN（Vacant）。

（2）Sleep：Opera 系统中看到的房态为 VAN，而客房服务员看到的为 OCC（如房间中有行李等情况出现）。

（3）Person Discrepancy：本来只住了一个人，但是客房服务员查房时发现住了两个人。一般酒店不会处理这种情况。

3．差异房管理流程

出现了差异房，要及时解决，否则会影响酒店的夜审工作。差异房管理流程如图 6-122 所示。

图 6-122　差异房管理流程

（1）发现差异房。每天客房部员工在客房打扫的时候，会关注系统房态和实际房态是否相同。如果发现不同，则应及时处理。

（2）查明出现差异房的原因。发现差异房后，要及时找到原因，因为差异房会影响酒店客房的正常出租，会导致 Double Check In 或影响酒店出租率的情况出现。导致出现差异房的原因很多，如客人要求换房，在系统中我们已经为客人做了换房操作，客人原来所住房间显示为 VAN，但是客人的行李还没有送到新的客房，此时 Sleep 的差异房产生。

（3）解决差异房。查明了差异房的原因后就要及时解决，如果是行李未能及时转移的话，则应及时将客人行李送到新的房间。如果是系统中房态出错的话，则应在系统中修改房态。

系统中查询差异房的方法，单击“Housekeeping”，在弹出的对话空中选择“Room

Discrepancy”，弹出差异房管理对话框，如图 6-123 所示。如果是系统中房态出错了，只需在此修改即可。

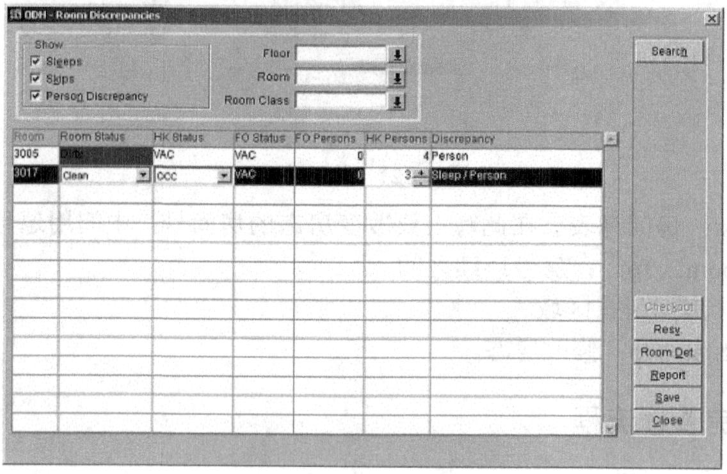

图 6-123 差异房管理

三、大/小修房管理（Out of Order/Service）

1．大/小修房的含义

（1）大修房（Out of Order）：饭店里的房间如果由于某些设施、设备出现故障需要一段时间去修理的话，则此间房间要封为大修房。大修房在 PMS 中是不能出售给客人的，因此大修房在统计酒店出租率时，是不计算在酒店的实际销售客房总数中的。

（2）小修房 Out of Service：如果饭店里的房间只是有一些很小的故障，只需要简单整理就可以再卖给客人的话，则此房间称为小修房。

2．大/小修房的管理

单击“Room Management”菜单下的“Out of Order/Service”，进入如图 6-124 所示界面。

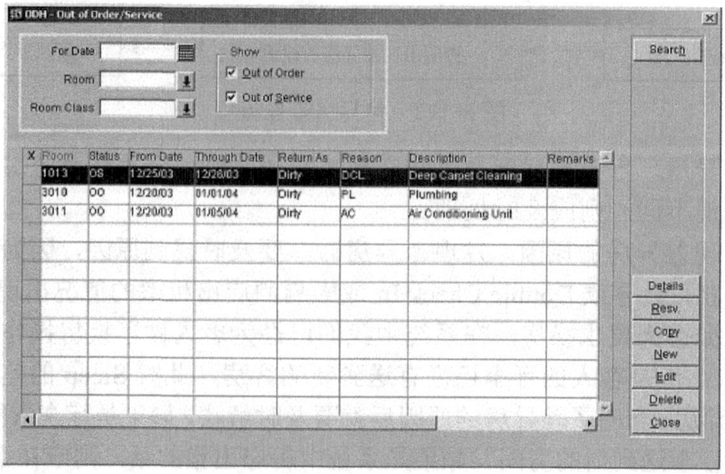

图 6-124 大/小修房管理

（1）New：新建一个 OOO。封 OOO 房时，房间必须是空的。单击“New”，进入“Out of Order/Service”界面，如图 6-125 所示。

1）Room：房号。

2）From Date、Through Date：在哪个时间段内封该房间为 OOO 房。

3）Status：该房间是 OOO 还是 OOS。

4）Return Status：修好后的房态，一般都为 Dirty。

5）Reason：原因。

6）Remarks：备注信息。

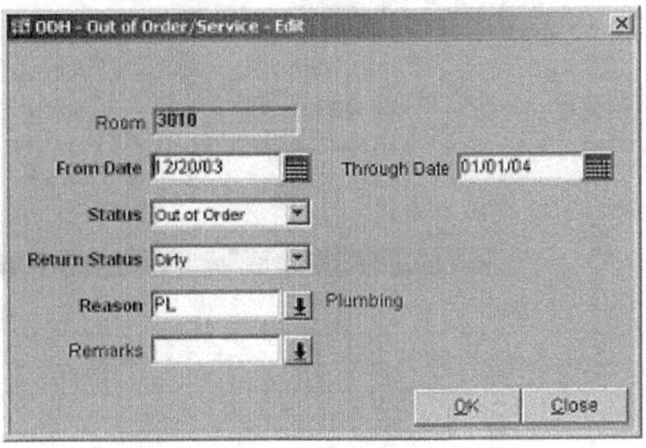

图 6-125　封大修房/小修房

（2）Copy：复制一个 OOS/OOO 房。

（3）Delete：删除一个 OOS/OOO 房。如果房间提前修好，按“Delete”重新回到可卖房。

客房部的工作看似简单，但是却会直接影响到对客服务的质量，影响客人对饭店的总体印象。

第六节　前厅管理

前台是饭店的核心部门。对于客人而言，前台就是饭店。客人的需求、意见以及投诉都会通过前台向饭店反映。前台的工作是否高效，将会直接影响宾客的满意度。

Opera PMS 的前台模块功能极其强大，通过使用该模块，可以大大缩短为客人办理入住的时间，从而提高客人的满意度，同时便捷的操作也大大减轻了前台员工的工作负担，提高了他们的工作效率。

一、宾客入住管理

入住接待是整个饭店运作的焦点。客人在饭店直接接触的是饭店的前台，因此前台会给客人留下他对饭店的最初及最终的印象。这个印象往往是客人决定“永不再回来住”或“建立长久关系”的因素之一。

当客人抵店后，我们只需通过其预订号、姓名等相关信息，找到他的预订，然后直接点击“Arrivals”界面上的“Check In”按钮，就可以迅速为客人办理入住手续。

使用前台模块对入住客人进行接待的流程如下：

（1）确认客人是否有预订。当客人到前台要求住店时，前台人员要先确认其是否有预订。Front Desk 模块提供了预抵客人的预订查询功能。点击“Front Desk”菜单下的“Arrivals”，进入预抵客人查询界面（如图 6-126 所示），可以根据客人的姓名、预订号等信息进行查询。（此界面的查询功能与“Reservation→Update Reservation”界面的查询功能完全相同）

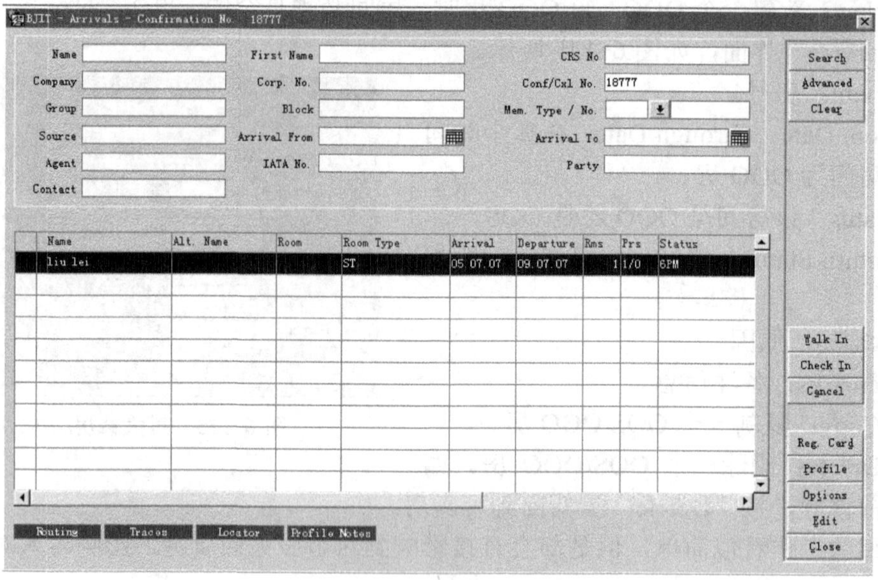

图 6-126 预抵客人查询

通过查找，如果该客人没有预订，我们可以点击图 6-126 界面上的“Walk In”按钮，为其新建一个预订，具体流程与前面所讲的预订流程相同。然后再为其办理入住手续。如果客人有预订的话，就可以直接为其办理入住手续了。

（2）为客人在 PMS 中办理入住手续。PMS 提供了方便前台员工为客人办理入住手续的功能。我们仅需收取客人的证件，核对并确认入住时间、房价、房型、房间和付款方式等信息无误，向客人收取押金，为其制钥匙，然后单击图 6-126 界面上的 Check In 按钮，即完成客人入住的全部流程。所以我们说 PMS 提供了一键式的入住办理手续。

一旦成功地为客人办理了入住手续，系统会自动通知相关部门，该客人已经入住，方便做好相关的接待事宜：

1）系统会自动打开与 PMS 有接口的电话、宽带、VOD、商务中心、餐饮等计费系统，在客人押金充足的情况下，他在店内的所有消费都可以通过与 PMS 的接口软件，挂账到 PMS 客人的账单中。

2）客房部的员工也会通过 PMS 获得客人的入住信息，为客人准备房间，并打开门锁接口。

3）为客人开设住店期间的消费账号，方便客人在店内消费时进行挂账。

二、为未到店的客人预分房

为了提高前台为客人办理入住手续的效率，系统提供了为未到店的客人提前预分房的功能。前台的员工，一般会在客人抵店的前一天为客人按照预订的房型分配房间，这样等到第二天客人到店时，只需收取客人的押金和证件，然后使用上面介绍的“Check In”功能，就可为客人办理好入住手续了。

为客人预分房原则上应该先分 VIP 房间，再分有特殊要求的客人，最后再分团队的（一般团队应该分在同一楼层，如果没有同一层应该要尽量分得靠近一些）。

选择“Front Desk→Room Assignment”，在弹出的界面中为客人预分房，如图 6-127 所示。

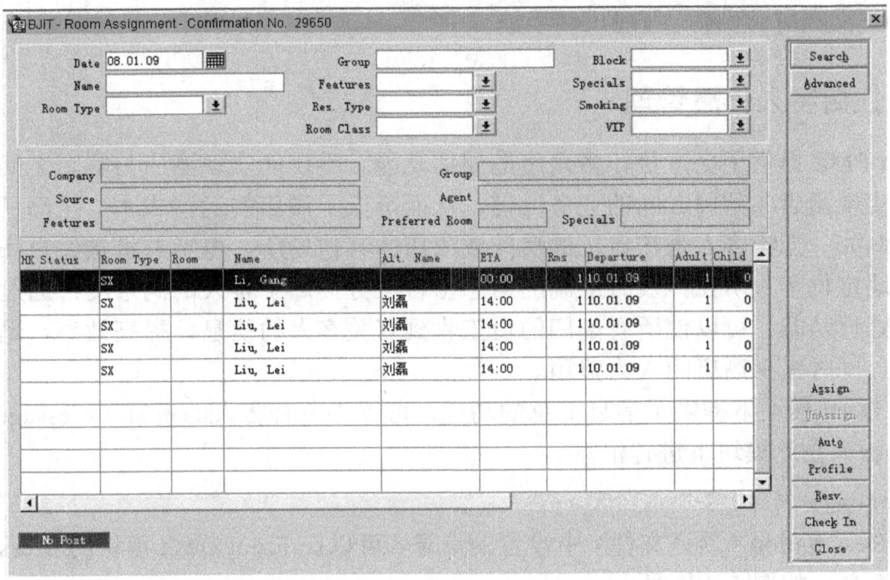

图 6-127 预分房

（1）Assign：为“Room Assignment”界面上选中的客人预分房。选中某位客人的预订，单击“Assign”按钮，弹出“Room Assignment”界面，如图 6-128 所示，根据客人的订房要求，选择一间合适的房间分配给客人。

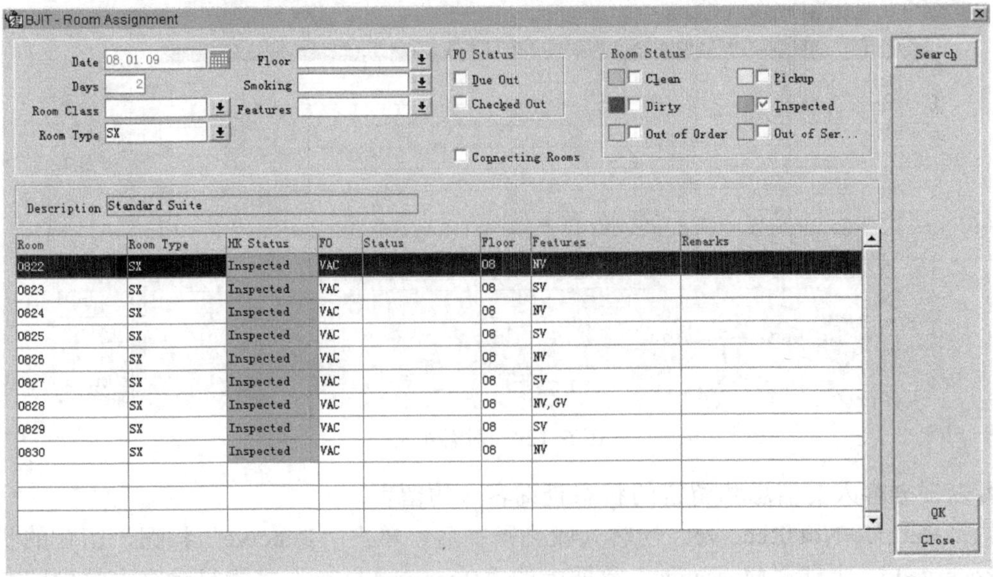

图 6-128 房间选择

（2）Auto：由系统自动为指定客人预分房。单击“Auto”按钮，弹出“Automatic Room Assignment”界面，与图 6-117 所示的为团队客人预分房的界面相同，分房的方法也相同，详见第四节“酒店团队预订管理”中有关 Reservation List 中的其他功能介绍。

（3）Profile：查看客人的客史文件。

（4）Reservation：查看客人的预订文件。

（5）Check In：为客人办理入住手续。

三、住店客人信息管理

Opera PMS 提供了全方位、多角度的通信功能。不仅能实现酒店与宾客之间的通信，而且可以实现酒店各部门之间的业务通信，从而降低了酒店的运营成本、提高了对客服务的质量。例如：无论客人是在自己的房间或酒店的其他场所，电话总机接线员和前台职员可以快速地定位客人所在；及时准确的信息留言服务提高了客人的满意度；通过客人信息留言的批处理功能，可以使所有部门的员工收到有关客人的信息，提高效率，迅速满足客人的要求，同时减少酒店的人力费用。

Front Desk 模块下提供了信息汇总的功能，可以将所有客人的留言（Message）和内部公文（Trace）在此模块下进行汇总。

1．Message

客人 Reservation（预订文件）中设置的信息，可以在 Front Desk 模块的 Messages 功能下中进行汇总，如图 6-129 所示。

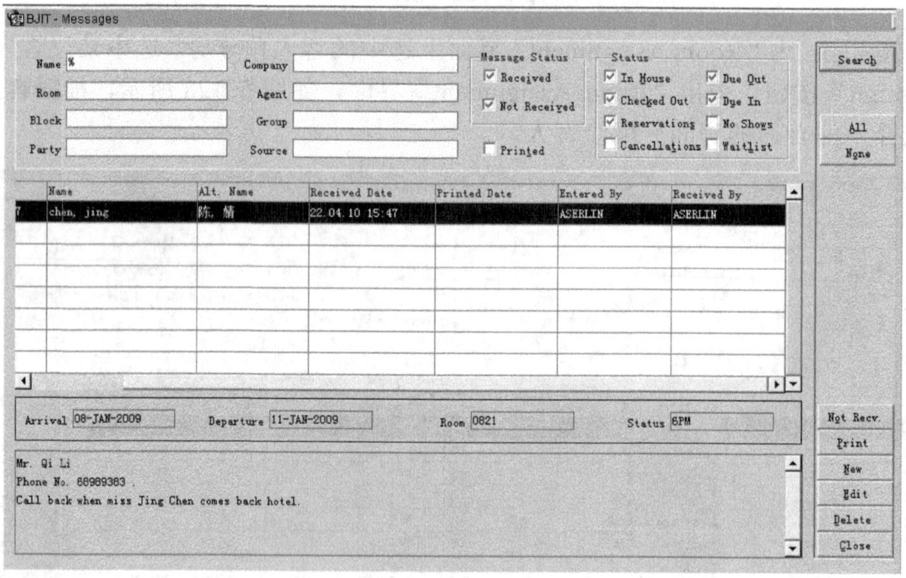

图 6-129　对客留言

可以根据客人的信息和留言的状态查询客人的留言。

（1）Receive/Not Receive：当客人收到留言后，单击“Receive”按钮，留言的状态变为“Received”，上述“Messages”界面上的“Received Date”字段显示客人收到留言的时间，“Received By”字段显示是酒店的哪位员工将留言通知给客人。此时右侧的按钮变为“Not Receive”，再单击此按钮，留言又回到没有收到的状态。

（2）Print：如果是客人给客人的留言，可以使用 Print 功能打印出来，然后交由行李员送至客人房间即可。

（3）New：新建一条留言。

（4）Edit：对选中的留言进行编辑修改。

2. Trace

客人预订文件中设置的内部留言，也可在 Front Desk 模块的 Trace 功能下进行汇总，如图 6-130 所示。

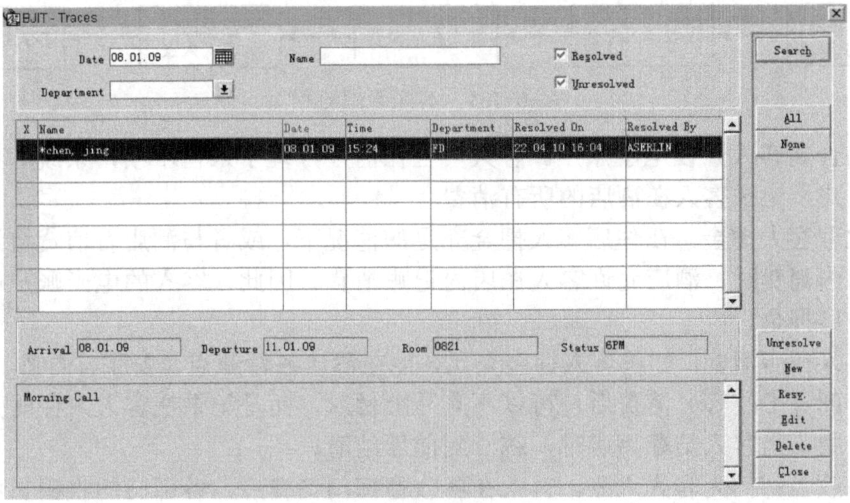

图 6-130　内部留言

可以根据客人信息和留言的状态查询内部留言。

（1）Resolve/Unresolve：当内部留言被解决后，单击“Resolve”按钮，留言的状态变为“Resolved”，上述“Traces”界面上的“Resolved On”字段显示留言解决的时间，“Resolved By”字段显示是酒店的哪位员工解决的留言。此时右侧的按钮变为“Unresolve”，再单击此按钮，留言又回到没有解决的状态。

（2）New：新建一条留言。

（3）Resv.：查询客人的预订。

（4）Edit：对选中的留言进行编辑。

第七节　酒店收银管理

饭店收益需要借助严格的客账管理来实现，所以要对客人在店消费和离店结账进行严格把关。在饭店中，一般客人费用活动的中心和各种费用单据的存储中心是前厅，因此前厅必须严格、准确地为客人建立费用账目，这样才能保证饭店的收益。PMS 提供了专门的收银管理模块 Cashiering，实现饭店对客账的管理。

一、住店客人客账管理

酒店根据经营项目和规模的不同设立营业收银点，主要分为前厅收银（房费结算、客房酒吧结算、洗衣挂账结算、客房电话结算、商务中心结算、赔损结算）、餐饮收银（餐厅结算、咖啡厅结算、酒吧结算）、其他营业点收银（康乐项目结算、美容美发结算、商场结算等）3大部分。对于收银点的POS机操作，在系统正常情况下，各营业点收银员应使用计算机收银系统进行收款结算，严禁手工操作。

1．酒店客账管理流程（见图6-131）

图6-131　客账管理流程

（1）为住店客人开设电子账户。客人一旦在前厅办理了入住手续，系统即为客人开设一个电子账户，记录客人在酒店的所有消费。

（2）收取客人押金。在住店客人押金充足的情况下，或者与酒店有信贷协议的单位的客人在酒店内消费时，酒店允许客人在店内记账消费。因此，客人的电子账户中入的第一笔账应为住店押金。

（3）客人在店消费。如果客人押金充足，他在酒店各营业点（餐厅、酒吧、康乐项目、美容美发、商务中心等）消费后，可以不必马上付款，而是记录在客人入住时为客人建立的消费账号中，当客人结账离店时，统一到前厅结清。

（4）各收益部门为客人入账。客人在各收益部门消费后，各部门的收银员将客人本次消费的账项通过POS机入到客人在系统中的电子账户中。各收益部门的POS系统与酒店的Opera系统都有接口，可以直接记录和管理通过接口传过来的客账。入账的方式有两种：

1）接口入账。通过POS机入账到PMS中。例如，餐厅、商务中心、酒吧、康乐项目、美容美发等营业点，可通过PMS与POS机的接口直接入账到客人的消费账户中。

① 通过与PMS接口的电话计费系统将客人的电话费入到客人的消费账户中。

② 通过与PMS接口的宽带计费系统将客人的宽带费入到客人的消费账户中。

③ 通过与PMS接口的VOD计费系统将客人的VOD点播的费用入到客人的消费账户中。

④ 房费在PMS系统夜审后直接进入客人账单中。

2）手工入账。（见下文）

（5）客人结账离店。客人离店前，首先要结清其在酒店里的所有消费。Opera系统是通过电子账户对客账进行管理的，客人消费的账项都是随时消费、随时记录的，所以可以有效避免错账和漏账等情况发生。客人到酒店的前厅要求办理离店（Check out）手续，前厅员工为客人打印账单，客人核对无误后，即可为客人结账，然后将其Check Out。至此，客人完成在酒店的整个旅程。

2．客账管理

接口入账是由系统自动完成的，不用人工干预。下面将详细介绍手工入账的方法。

PMS提供了Cashier（收银）模块来管理住店客人的客账。收银模块高效安全，并适用于所有主要的入账操作，包括转账、分账及详细的分转账目的历史记录。这些功能在简化了入账方式的同时还保证了交易的安全性和准确性。

饭店为每一个有收银权限的用户设置了一个Cashier No.（收银员号码），每次单击进入Cashier的任何与账目相关的功能界面，都会弹出“Cashier Login”界面（见图6-132），在此界面输入“Cashier No.”和“Password”，进入相应的功能界面。

图 6-132　收银员登录

（1）客人账单查询。单击“Cashier”菜单下的“Billing”，首先弹出“In House Guest Search”界面，如图 6-133 所示，在此界面输入要入账的客人的姓名或房间号，单击“Search”按钮，找到客人的消费账户，选中后单击“Select”按钮，进入“Billing”界面（见图 6-134），为该客人入账。

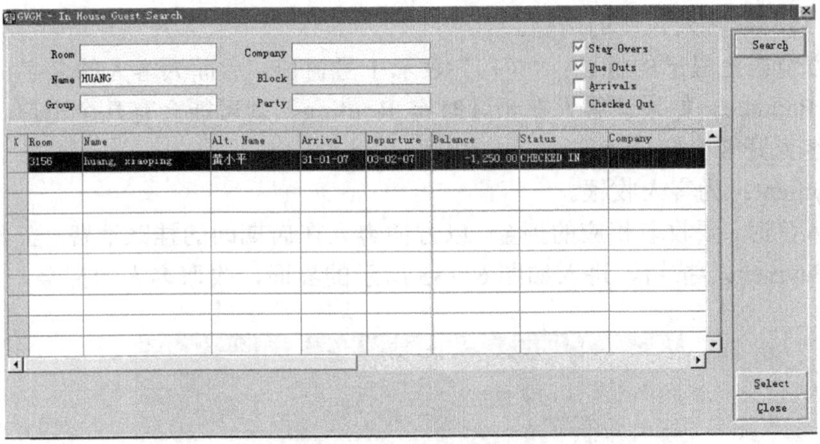

图 6-133　住店客人账单查询

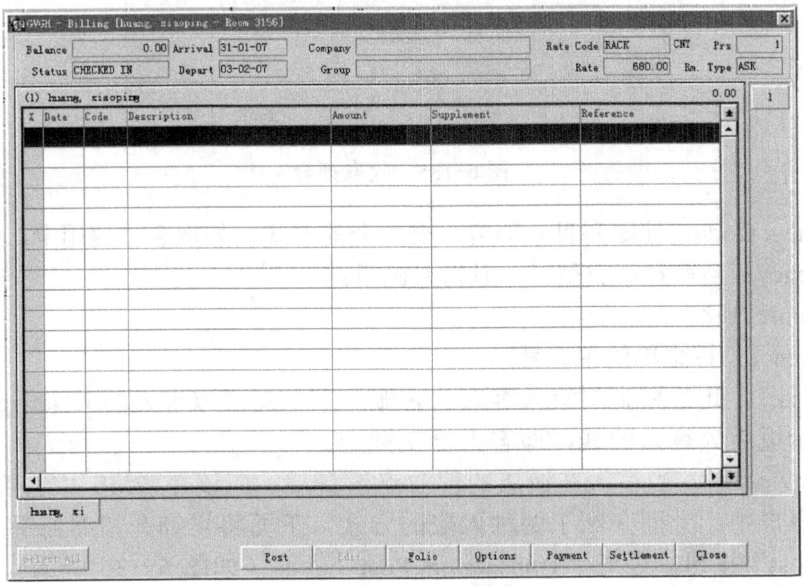

图 6-134　客账管理

（2）客人 Billing 上的基本信息。在客人的“Billing”窗口的上方，会显示一些客人的信息：

1）Balance：该客人的 Balance。如果为正，则客人欠饭店的钱；如果为负饭店欠客人的钱。另外，每一个窗口都有一个 Balance，为本窗口里各项消费的总账。

2）Status：客人的状态（住店客人的状态应为 Checked In）。

3）Arrival/Depart：抵/离店日期。

4）Company：通过公司挂账消费的客人所挂账的公司名称。

5）Group：如果该客人为团队中的成员，则此处会显示他所属的团队的信息。

6）Rate Code：客人入住的价格代码。

7）Rate：客人入住的房价。

8）Prs：客人的总数。

9）Rm. Type：客人入住的房型。

10）下方窗口上显示的标题：“（1）”表示 1 号窗口，后面为客人的名字，右侧的数字为该窗口的 Balance。如果该客人在预订时有 Routing，则可能会有几个窗口。Opera 最多允许为每个客人开 8 个窗口入账。

（3）Payment：为客人收银。

当客人入住时，要收取相应的押金，以方便客人在店期间的挂账消费。当客人 Check In 后，点击“Payment”按钮，进入如图 6-135 所示的界面，收取客人的押金。

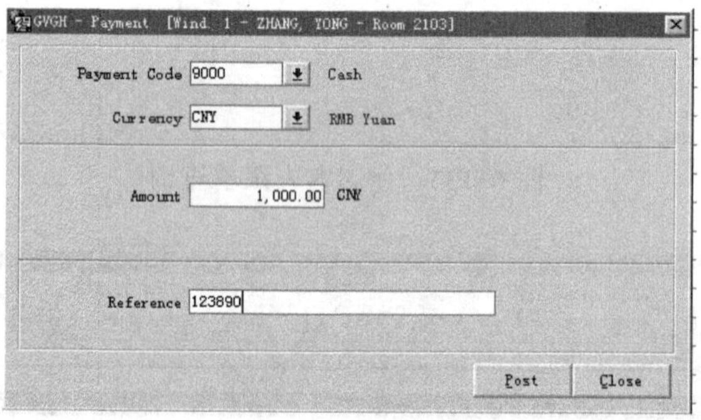

图 6-135 收取押金

1）Payment Code：挂账科目，即客人交押金的方式，如现金、信用卡、支票等。

2）Currency：当前货币类型。一般为人民币。

3）Amount：所交押金的金额。

4）Reference：押金单的单据号。

单击“Post”，此笔押金就滚入客人的客账中了，此时该客人的 Balance 为所交押金的负值，表示饭店欠客人的钱，即客人已交押金。

（4）Post：入账。当客人在饭店的营业点消费后，应该在 PMS 中将客人的账项入到他的消费账户中。上面介绍了两种入账的方式，下面将详细介绍如何手工入账。

单击“Post”按钮，进入“Transaction Post”界面（如图 6-136 所示），手工为客人入账。

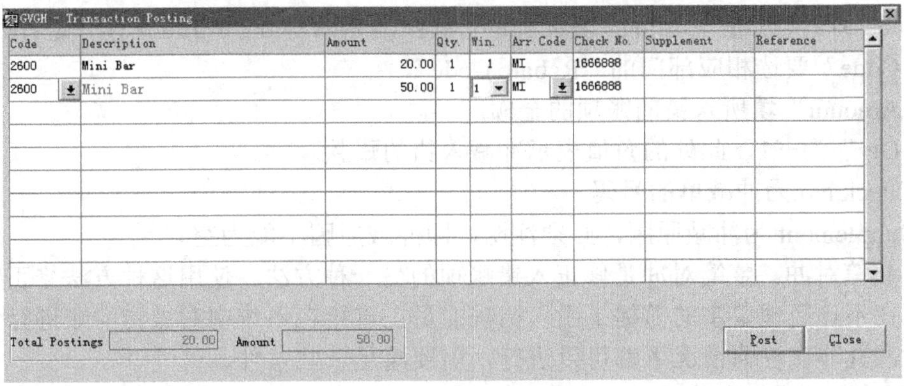

图 6-136　客人消费入账

1）Code：Transaction Code，入账代码。PMS 中有一组为手工入账而设置的入账代码。

2）Account：单价。

3）Qty.：数量。

4）Win.：该账项入到几号窗口。

5）Arr. Code：安排码，即在账单上显示的入账代码所代表的账项。当为客人打印账单时，有一种方式是按照安排码进行打印的。

6）Check No.：单据号码。

7）Supplement：补充说明。

8）Reference：确认后，自动变为 Check No.。

（5）冲减（Rebate）。入错了账，不能直接入负值，而要冲减掉。饭店中有一种冲减单，做冲减时，要写明冲减的原因，并要求操作的员工、客人和部门经理签字才能生效。

每一组收益部门都有相应的冲减，即 Rebate Code，如图 6-137 所示。

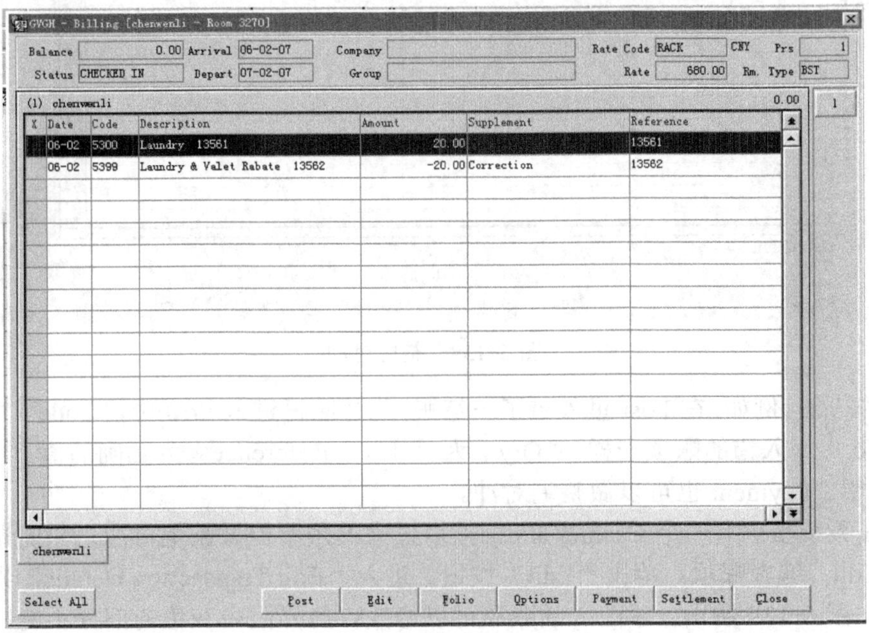

图 6-137　客账冲减

做 Rebate 时，点击“Billing”界面上的“Post”按钮，如图 6-136 所示，进行如下设置：

1）“Code”要选相应部门的“Rebate Code”。

2）“Amount”填所入错的账项的金额。

3）“Qty”为－1，此处的负值表示冲减入错的账款。

4）Check No.为冲减单的号码。

5）Supplement 为冲减原因，必须注明，即冲减原因不能为空。

（6）整笔对冲。整笔对冲是修正入错账项的另一种方法。使用这种方法修正错误的账项，可以在不让经理签字的前提下由入错账的员工直接在系统中对做错的账进行修正。但是整笔对冲并非在任何情况下都可以进行，需要满足一些条件。

1）做整笔对冲要满足以下 4 个条件：

① 同一天或同一个班次（一般开关一次 Cashiering 为一个班次）的账。

② 相同的 Transaction Code。

③ 相同的 Cashier No.（即自己处理自己的账）。

④ 同一笔金额的相反数。

符合以上条件，可以不做 Rebate，做整笔对冲（见图 6-138），此时可以不让经理签字。

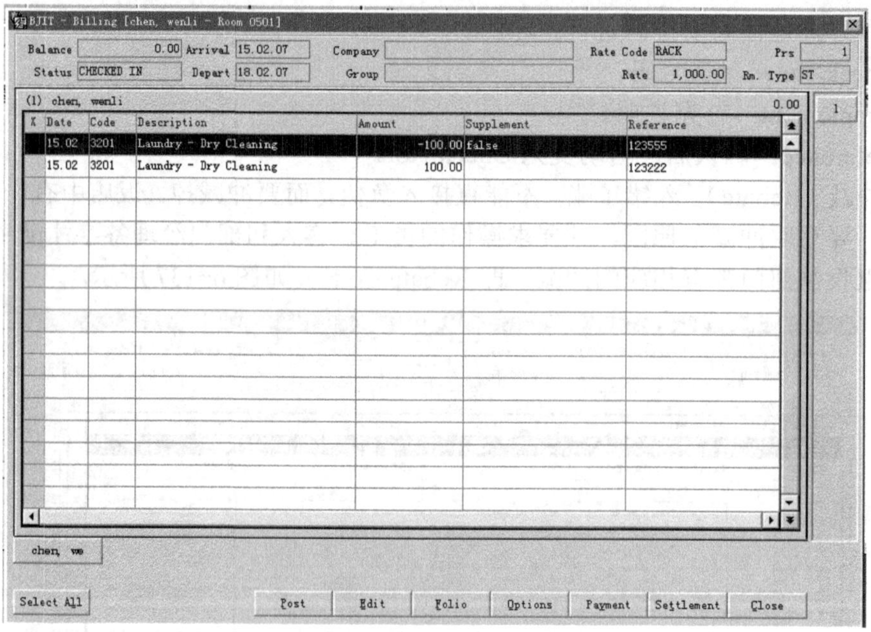

图 6-138 整比对冲

2)操作方法。例如，在 Post 里入错了一笔账，此时应再进入 Post 中，“Code”、“Amount”、“Check No.”跟入错的账项一样，“Qty”为“-1”，“Reference”为正确的值。

3）说明。Payment 也可以做整笔对冲。

接口在系统里也有一个 Cashier No.，接口过来的账不能做整笔对冲，只能做 Rebate。

（7）Edit：编辑账项。单击“Edit”按钮，进入“Edit Transaction Details”界面，即编辑账项，如图 6-139 所示。手工入的账项可以修改。此界面中灰色的部分不能修改，而白色的部分为可编辑修改的内容。

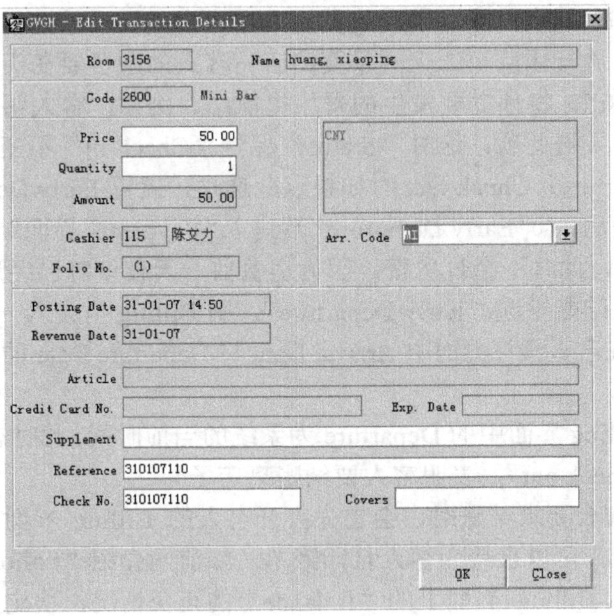

图 6-139 编辑客账

（8）Folio：为客人生成账单，如图 6-140 所示。

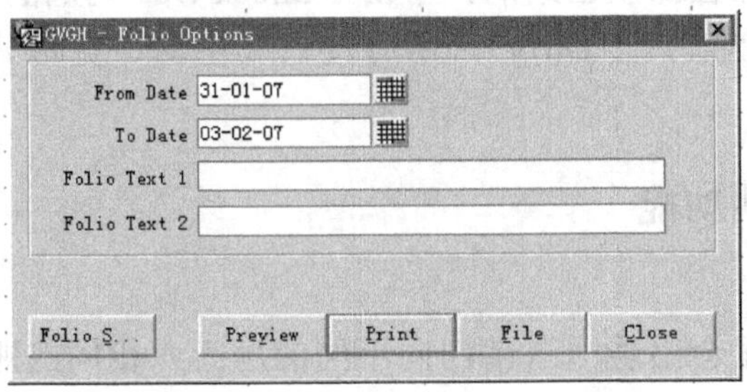

图 6-140 账单生成

1）Preview：预览账单。

2）Print：打印账单。

3）File：保存账单，保存为.pdf 格式的账单。

4）Folio Style：账单的输出格式，Opera 一共提供了 20 种账单输出格式，方便饭店根据客人的需要进行选择。

（9）Settlement/Check Out。在 Billing 界面中，如果是住店客人（即非当天离店的客人）会显示出“Settlement”按钮，如果是预离店的客人（即当天要离店的客人）此处则显示“Check out”按钮。

1）Settlement：提供客人需要在 Departure Date（预计结账离店时间）日前之前，对入住期间所产生的费用进行结算的功能。

单击“Settlement”按钮，弹出“Folio Type”对话框，如图 6-141 所示，有 3 种状态：

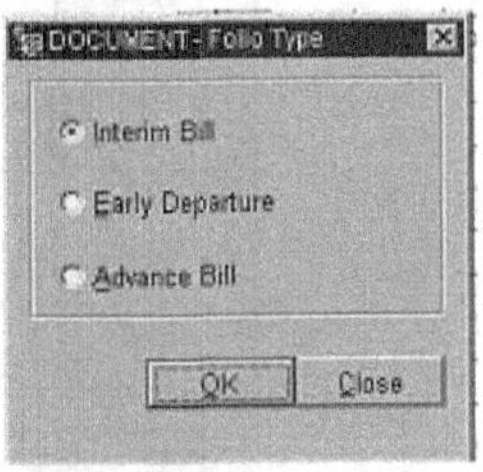

图 6-141 提前结账

① Interim Bill：结当前窗口的所有费用。在店客人要求结当前的账，但他今天不走，用此选项。例如，旅行团队第二天一早要离店，客人的杂费要在头天晚上结清。

② Advance Bill：将预期要发生的费用提前结。例如，客人明天走，今天要结所有的费用，包括房费，要选此项。这时“Status”保持“Check In”不变。

③ Early Departure：Check Out 时如果点此选项，就算 Early Departure。

客人要提前退房。点“Early Departure”后进入“Payment”界面结账，结完账后，“Status”变为“Check Out”，此时不会过房费，因为房费前一天夜审时已经过了。

日用房的客人结账时选“Early Departure”，则 Billing 里会入一笔房费。

Opera 规定，在客人预订界面中 Arrival Date 与 Departure Date 的情况下，一定要过房费。

2）Check out。

① 当客人 Billing 界面中的 Departure 为系统的当前时间，此时客人的 Billing 界面上的按钮会显示为“Check out”，表明客人要结账离店了。

② 当客人到前台要求结账时，会首先打开客人的 Billing 界面，然后为其打印账单。单击“Folio”按钮，可以直接为客人打印账单，如前面介绍“Folio”按钮所示。客人核对账单无误后，根据 Billing 界面上的“Balance”的正负情况，决定是退款给客人还是要客人补齐欠款。当“Balance”为正，表明客人还有欠款未付，此时应要求客人补齐账款；反之，当“Balance”为负，表明客人的押金还有剩余，此时应退款给客人。

账单核对无误，并且款项已结清，单击“Check Out”按钮，就已为客人办理好离店手续了。此时，客房的状态为“Dirty”，所有接口（电话、宽带、餐厅等）全部关闭，不允许客人再挂账了。

二、收银的其他功能

1. Fast Posting

快速入账。饭店里会出现一个部门向不同的房间入相同的账项的情况（如商务中心如果没有 POS 机，则要手工向消费客人的账户中入账），Opera 允许使用 Fast Posting，在一个界面入账到不同的房间。

在饭店中，有些部门没有 Check Out 和 Cashiering/Billing 的权限（如商务中心、健身房、游泳馆等），在此界面入账，如图 6-142 所示。此界面下也可以做整笔对冲。

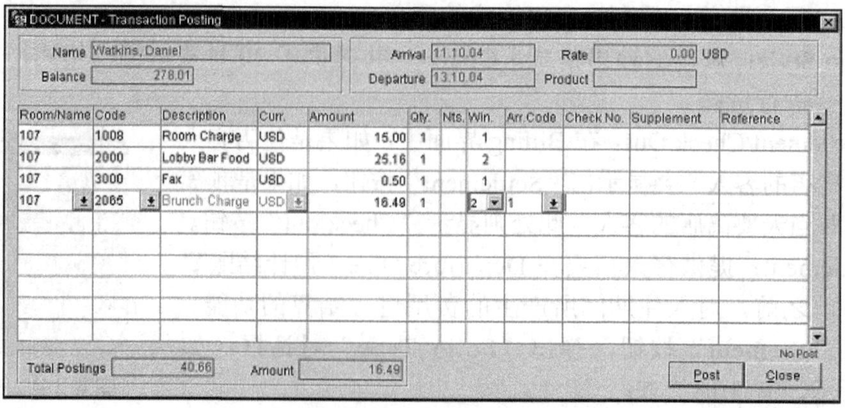

图 6-142 快速入账

2. Cashier Function

（1）Batch Folios：批处理打印对账单，如图 6-143 所示。

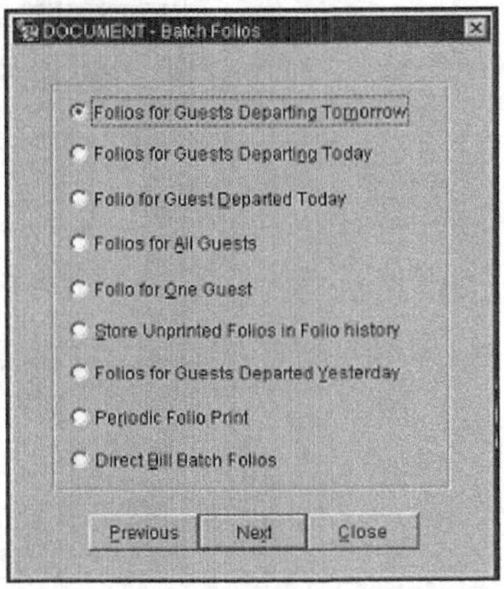

图 6-143 批处理打印对账单

以下情况可能会用到此功能：

1）停电。

2）Opera 系统升级。

3）长时间不能使用 Opera 系统的情况。

当可能出现以上情况时需要提前打印所有客人的账单。

（2）Cashier Status：未关闭 Cashier 的人。过夜审时要求所有的 Cashier 全部关闭，故过夜审前要先检查一下所有的 Cashier 是否关闭。单击此按钮，进入如图 6-144 所示界面，显示所有未关闭 Cashier 的用户信息。

（3）Currency Exchange：做外币兑换。单击此按钮，进入如图 6-145 所示界面。

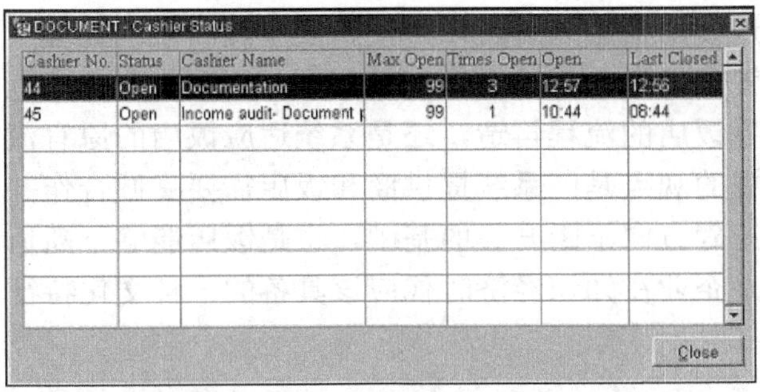

图 6-144 收银员账户状态

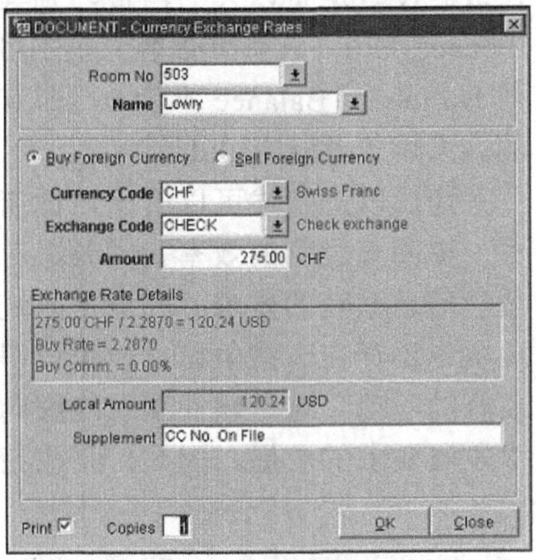

图 6-145 外币兑换

1）做外币兑换的前提：要求该客人必须是住店客人。

2）外币兑换率由银行每天发给饭店，饭店再手工修改。

3）Supplement：水单号。在饭店做外币兑换都有水单号。水单分为两种，即 Opera 打印的和从银行买回来的（手工做外币兑换）。银行只认这两种水单。很多饭店不使用 Opera 的此功能做外币兑换，而是手工去做。

如果客人用美元换了 790 元人民币，花了 500 元，那么剩下的在离店时可凭水单再换回美元。

4）外币兑换的种类：

① 现金：Buy Foreign Currency（汇率较低）。

② 旅行支票：Sell Foreign Currency（汇率较高）。

3. Quick Check out

快速结账。点击“Cashier”菜单下的“Quick Check Out”，进入如图 6-146 所示界面。

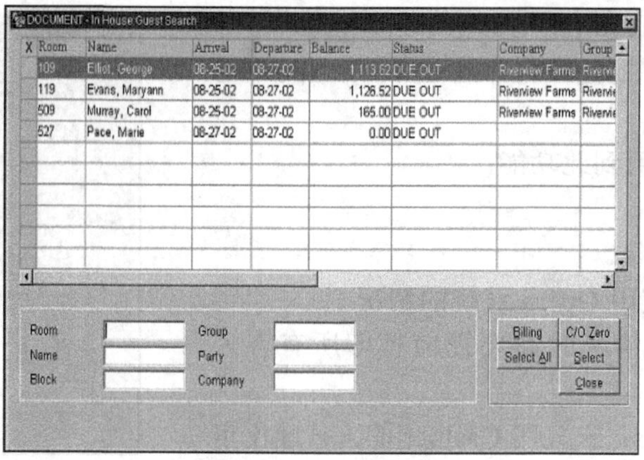

图 6-146 快速结账

C/O Zero：Check Out Zero，Check out 所有零余额的客人。

此功能多用于团队。因为团队中的客人房费一般是由公司或旅行社支付的。如果客人在饭店没有房费以外的消费，则其 Billing Balance 为 0。所以大部分团队中客人的 Billing Balance 为 0，只有少数客人的 Billing 上有费用。因此，在团队 Check Out 时，可以先给少数 Billing 上 Balance 不为 0，即有费用产生的客人结账，然后再使用此功能将所有 0 余额的客人统一 Check Out。

通过以上所述可以看出，饭店通过使用信息系统可以方便、安全和高效地处理一些业务，提高其经营的效率。同时，应用管理信息系统的饭店也需要重新再造其业务流程，以适应信息系统的要求。究竟是系统引导饭店的流程再造，还是系统适应饭店的原有流程？现实中还存在一些争论。一个值得重视的观点是：系统提供商和饭店需要真诚合作并形成良好的互动，这是软件系统能够向着正确方向不断升级的基础，也是饭店能够不断适应技术发展要求的前提。因此，开放精神是企业在知识经济时代应该具备的一种文化特征。

第八节 财务应收管理

一、公司应收的种类

（1）City Ledge：付款方式为城市挂账。

（2）公司或旅行社的消费，直接签单挂账。

（3）信用卡。所有信用卡消费，酒店不是在客人刷卡签单后就直接将费用从银行转到自己的账户中，而是由酒店的应收，定期拿着客人签字的卡单，去银行核对无误后，银行收取手续费，剩下的划到酒店的账户中。

二、新建应收账户

点击“A/R→Account Maintenance”，进入“AR Account Search（应收账户查询）”界

面，如图 6-147 所示，单击“New”，进入新建应收账户界面，在此界面为各客户新建财务应收账号。

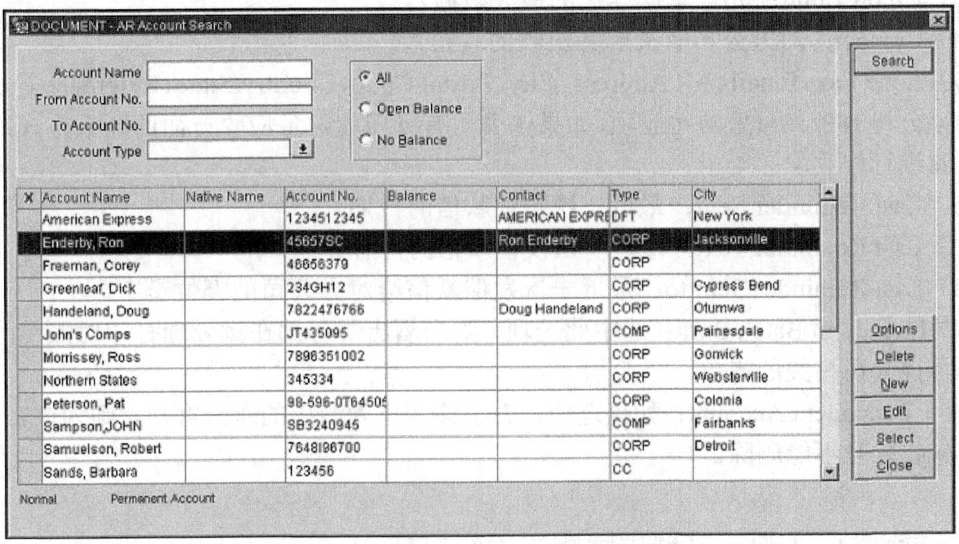

图 6-147 客户应收账款查询

单击“New”按钮，首先弹出“Profile Search（客史查询）”界面。新的财务应收的账号必须和某个 Profile 挂钩，使用客史查询的功能找到已经存在的某个客户的客史，如果必要，则为客户新建客史。

找到客户的客史后，单击“Edit”按钮进入该客户的客史界面，单击“Statistics and Information”界面中的“A/R No”，进入“Setup Account”界面，为客户新建财务应收账号，如图 6-148 所示。

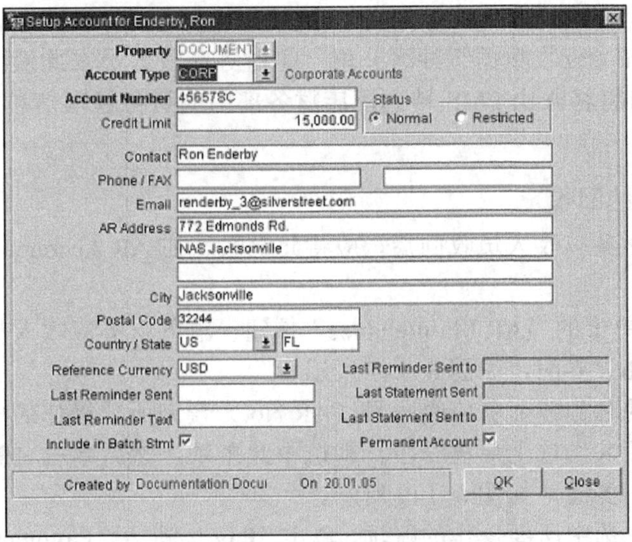

图 6-148 新建财务应收账户

（1）Account Type：客户的类型。

（2）Account Number：该客户的财务应收的账号，由财务部的应收负责分配。

（3）Credit Limit：允许单次挂账的最大限额。

（4）Contact：对方公司有关财务应收的联系人。

（5）Phone/Fax、Email、AR Address、City、Postal Code、Country/State、Reference Currency，默认为该公司的Profile里的对应项。如果该公司有专门的财务应收方面的联系方式或地址，可以在此进行修改。

（6）Last Reminder Sent：最近一次发催款信的日期。

（7）Last Reminder Text：最近一次发催款信的内容。

（8）Last Reminder Sent to：最近一次发催款信给对方公司的哪位员工。

（9）Include in Batch Stmt：选中此选项，则当酒店财务部在批处理打印对账单的时候，会打印与该公司相关的账单。

（10）Permanent Account：如果选中，表示该客户为酒店的永久客户，则为该客户建立的财务应收账号不能删除。

三、对City Ledge（城市挂账）进行管理

1. 酒店允许客账挂City Ledge（城市挂账）的条件

所有以 City Ledge 方式结的客账，一定要做 Routing（分账操作），Routing 到相应公司或旅行社的客账上，并且该公司或旅行社必须有 AR Number 才能行。

2. City Ledge（城市挂账）的产生

当在 PMS 的 Cashier（收银）模块中，有客人以 City Ledge 方式结账后，在 PMS 中看到的客账就平了。但是此时由于酒店的财务应收人员还没有对应收客账进行核实，所以客人消费的客账并没有真正过到酒店的财务应收账户里，而是先预存在该客户财务应收账户的 Transfer F/O Data（应收数据缓冲区）里，等财务应收人员在此缓冲区中将客账核实无误后，才能通过接口将客账由 PMS 转到酒店财务部门的财务管理信息系统中，进入酒店的财务应收账。

3. 财务应收账的回收

当客账已经由财务应收人员收回后，应将此笔账款在 AR Account（客户应收账款）界面中平掉。

单击“AR”菜单下的“AR Maintenance”按钮，输入财务应收人员的登录密码，进入“AR Account Search”界面，如图 6-147 所示。

首先根据客户的名称或财务应收账号（AR No.）查询所要操作的账项。找到后，在此应收回的账款前的“×”项上单击一下，即选中此账款，然后单击右侧的“Select”按钮，进入“AR Account”界面，如图 6-149 所示。

（1）Pay：平账。选中所要操作的账项，单击“Pay”，进入“Payment”界面，如图 6-150 所示。

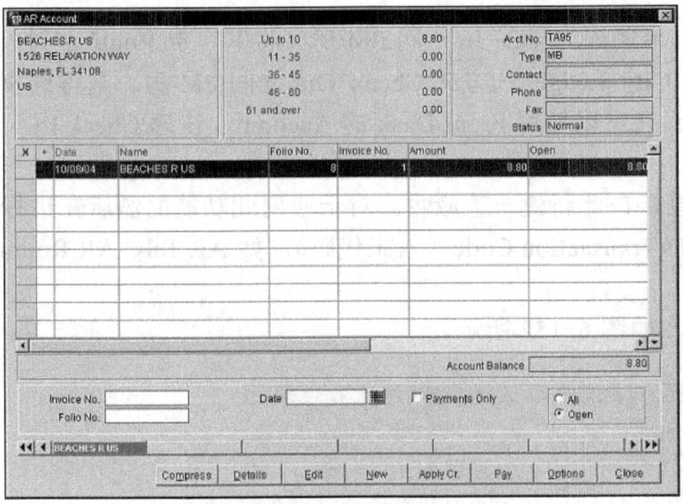

图 6-149　客户应收账户

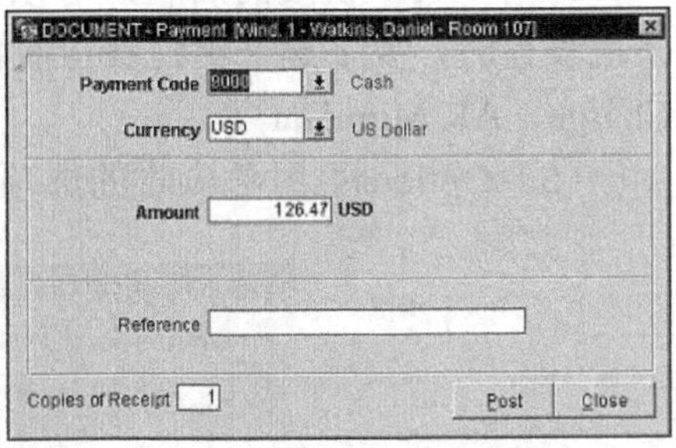

图 6-150　应收账回收

1）Payment Code：选择客户是使用哪种方式平账，如现金、支票或银行转账等。

2）Currency：付款所用币种。

3）Amount：所付金额。

单击“Post”按钮，支付此笔应收账。

（2）Details：查看客户的应收账户的详细情况。

（3）Edit：Edit Postings，编辑应收账项。一般对已经产生的财务应收账没有更改的权限，编辑时只能加“Supplement（补充说明）”和“Reference（备注信息）”，如图 6-151 所示。

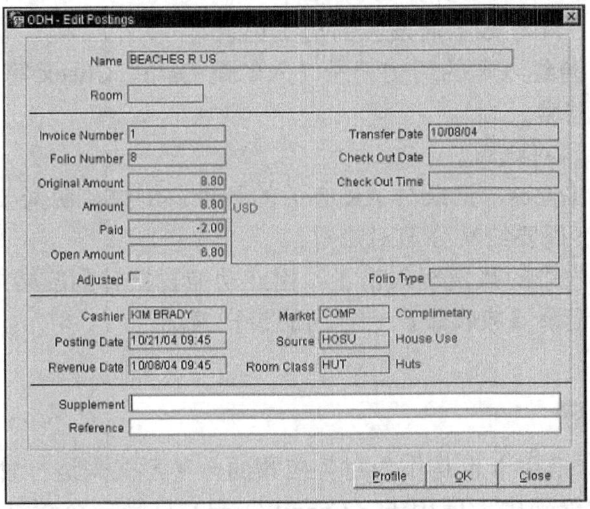

图 6-151　编辑修改应收账项

（4）New：新建一笔应收。多数酒店不用此功能，因为一般在酒店中钱和账要分开进行管理。少数情况会使用此功能。例如，某旅行社的一个团队已经离店，财务在入账时发现少了一晚房费，则：

1）没有开 New 权限的酒店，前台的人 Check In 一间 PM 房（将其房费 Routing 到该旅行社），手工入一晚房费，然后用 City Ledger 的方式 Check Out 此间 PM 房。则再过夜审后，这笔账进入 Transfer F/O Data。（可以使用 Front Desk 的 Account，快速 Check In 一间 PM 房）

2）有 New 权限的酒店，可以直接在此新建一笔应收。对于应用此功能的酒店在进行系统设置时，要多建一组财务应收的 Transaction Code（入账代码），如 AR Tel、AR Room Charge、AR Mini Bar 等。

（5）Options：财务应收的选项，如图 6-152 所示。

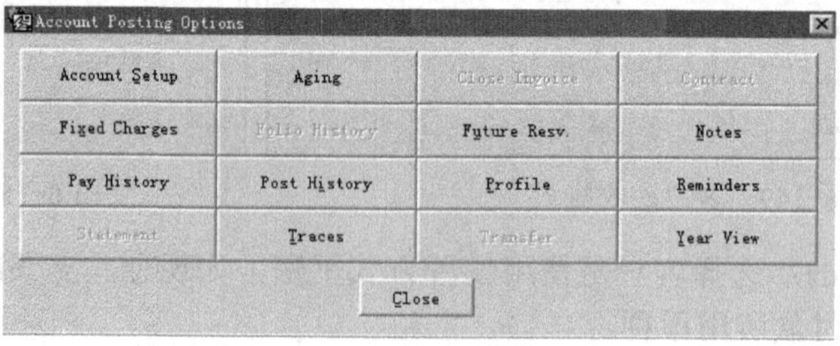

图 6-152　财务应收的选项

1）Account Setup：新建账户时的一些信息。

2）Aging：账龄。

3）Folio History：历史账单记录。

4）Future Resv.：该公司未来有无预订。

5）Notes：一般记录该公司有什么要求。

6）Pay History：在此笔账上所发生的历史记录。

7）Post History：曾经入账的历史记录（入的是 Cash、Check 等）。

8）Profile：公司档案。

9）Statement：打印对账单。

10）Traces：AR Traces，记录与 AR 有关的留言。例如，明天要去某公司要账，后天要给某公司开发票，下周要给某公司对账等。

11）Transfer：应收中的账发现入错了，用此功能直接转到应转账户的应收账中。

12）Year View：记录该应收账户一年内的借贷情况。

四、Credit Card

在 Opera 系统中，信用卡也是作为财务应收的一种形式来进行管理的。

PMS 的财务应收管理中，信用卡（Credit Card）只是一个缓冲区，用于记录并存储客人在酒店中使用信用卡消费的记录。信用卡属于财务应收的一种，为便于对信用卡进行管理，酒店为每一种 Credit Card 建立一个公司类型的 Profile，并设置财务应收号码进行管理。

1. 信用卡缓冲区中的基本信息（见图 6-153）

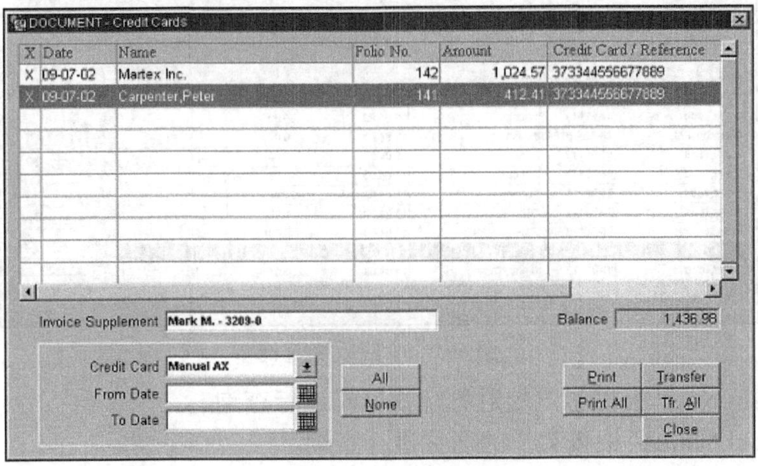

图 6-153　信用卡缓冲区

（1）All：全选。如果想将信用卡缓冲区中所有的账项都选中并进行打印，点此按钮，则缓冲区中所有的消费前全部都会打上“×”，表示选中的意思。

（2）None：与 All 的作用正好相反，表示全不选。

（3）Transfer：当缓冲区中的账核对无误后，选中此笔账，单击该按钮，此账项转到相应的信用卡所对应的财务应收账户中。

（4）Tfr. All：将缓冲区中所有的账全部转到相应的信用卡所对应的财务应收账户中。

（5）Print：打印选中账项的对账单。

（6）Print All：打印缓冲区中所有账项的对账单。

2. 将信用卡的账转到财务应收后的处理方法

例如，有一笔 2 710 元的信用卡消费，银行收取 2%的佣金，即 54.2 元，最后酒店应收回 2 655.8 元，回款方式为银行回款（Bank Transfer）。

（1）在“AR Account Search”界面中，找到该账项，单击“Pay”按钮，进入“Payment”界面，“Payment Code”选“AR Bank Transfer”，“Amount”为“2 655.8”，结清应收回的金额。

（2）再选中此账项，此时还有 54.2 元的佣金未结清，单击“Pay”按钮，进入“Payment”界面，此时“Payment Code”选“AR Bank Commission”，“Amount”为“54.2”，结清佣金。

五、Research

单击“AR→Research”，进入“Transaction Search”界面，如图 6-154 所示，搜索应收的账项在哪一位客户的财务应收账户里。

（1）Invoice No.：根据发票号码进行查询。在此应输入完整的发票号码。

（2）Folio No.：根据账单号进行查询。在此也应输入完整的账单号码。

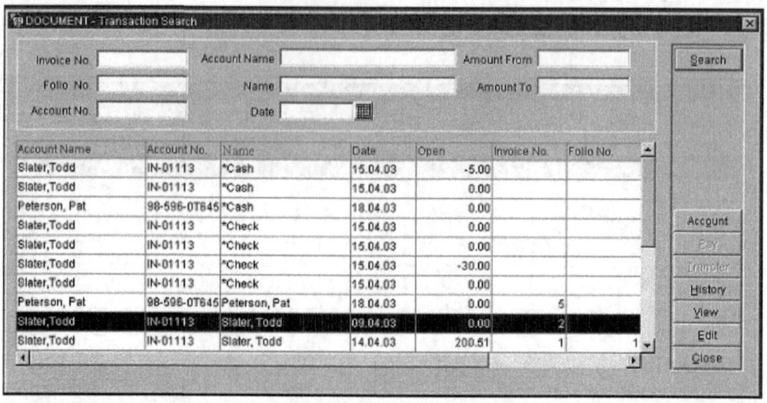

图 6-154　应收账查询

（3）Account No.：根据客户的财务应收号码进行查询。

（4）Account Name：根据客户的名称进行查询。

（5）Name：根据住店客人的姓名进行查询。

（6）Date：根据应收账项产生的日期进行查询。

（7）Amount From/To：根据应收账的金额进行查询。

第九节　夜审系统

一、夜审系统流程

酒店的夜审工作是十分复杂和繁琐的，并且由于夜审是酒店对一天运营工作的总结，因此很多酒店管理系统要求在夜审期间，停止系统的使用，这样会影响酒店的正常对客工作。在使用 Opera 系统后，酒店可以不必停止系统的正常运行而进行夜审。事实上，整个夜审工作包括在线备份，对员工来说是完全透明的。

另外，使用 Opera 系统后，酒店可以取消“夜审”员工每晚审核酒店收入的工作。酒店可以选择在任何时间进行“收入审计”，并随时对某个工作日的营业收入做调整，即便对于夜审的营业收入账目的审计也可如此。当然，一旦完成了某日的收入审计，收入额就被锁定，这就保证了酒店的报表的准确性。因此，使用 Opera 系统后，可以在没有财务员工监管的情况下直接进行夜审工作，从而可以使酒店实现岗位精简、降低营业成本的目的。

酒店夜审流程如图 6-155 所示。

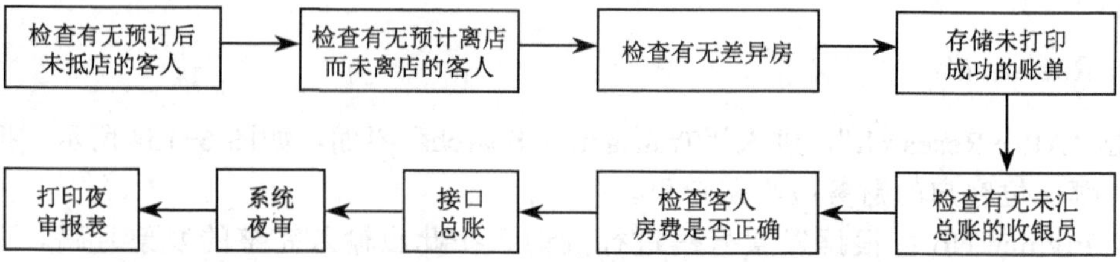

图 6-155　酒店夜审流程

（1）检查有无预订后未抵店的客人。夜审的第一步即要处理预计今天抵店，但是到夜审即将开始时还没有抵店的客人。对于这类客人，我们将按照其有无担保来分别处理。

1）对于没有担保的客人，有的酒店直接将其预订取消掉，也有的酒店不处理。

2）对于有担保的客人，由于其在酒店有现金或信用卡或公司的担保，该客人要是不来的话，按订房协议可以收取客人一晚的房费作为酒店的补偿，因此对于这类客人，酒店直接在系统中让其入住，以便收取一晚房费。

（2）检查有无预计离店而未离店的客人。酒店前台一般每天中午 12 点和下午 2 点，会有两次检查所有预订离店但还未离店的客人。对于 Vip 用户，最多可以准许其在下午 4 点之前结账，否则要多收一晚房费。

（3）检查有无差异房。在夜审前要检查有无差异房，否则不能过夜审。差异房的检查和处理流程见第五节“客房管理”。

（4）存储未打印成功的账单。存储由于打印机或其他原因没有打印成功的账单。

（5）检查有无未汇总账的收银员。所有收银员在过夜审之前必须将其一天的收银工作做一个汇总，并且打印收银员报表提交酒店的财务部门。系统在过夜审前要检查每个收银员的账是否已经汇总，如果没有汇总的话会要求收银员汇到酒店总账，否则会影响酒店当天的收益统计。

（6）检查客人房费是否正确。夜审前要检查客人的房费是否正确。酒店房费检查的流程如图 6-156 所示。

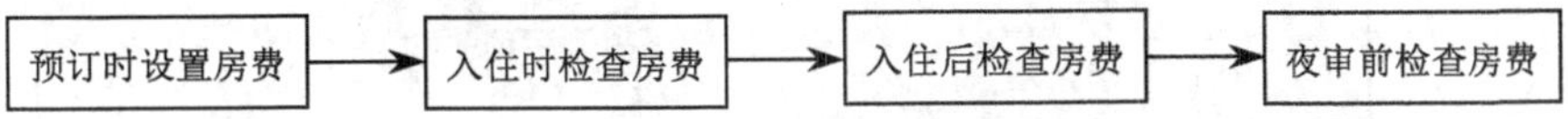

图 6-156　房费检查流程

1）客人在预订时，由预订员根据其身份为其选择合适的房价。

2）当客人到达酒店前厅办理入住手续时，前厅员工会再次核实卖给客人的房价是否正确。

3）前厅的领班在每天日审时，都会仔细核对所有住店客人当天的房价是否正确，如果不正确则及时更正。领班检查房价是所有流程节点中最为细致的一个环节。

4）夜审员工只是很粗略地检查客人的房价，不会像领班一样逐个客人非常详细地检查，主要对高价房、低价房和零房费房的预订进行核对。如果由于价格的原因而导致房费错误，夜审不负责任。

（7）接口总账。在 Opera 夜审前，要将各接口系统的账目先作一个总结，然后再进行系统夜审。与 Opera 接口的系统有电话、餐饮、宽带、视频点播、POS 等计费系统。

（8）系统夜审。做好了上述准备工作后，即可开始 Opera 系统的夜审工作了。夜审是由系统自动运行的，夜审结束后，住店客人的房费自动进入客人的电子账户，系统时间变为新的一天。

（9）打印夜审报表。夜审结束后，会打印出很多系统报表，如财务收入报表、入住统计报表等。所有夜审报表的数据都是以夜审开始前的统计为准的。

二、Opera 系统夜审

进行完夜审前的准备工作后，就可以开始系统夜审了。单击 PMS 中的“End of Day（夜审）”，首先弹出夜审员工系统登录界面，在此界面录入夜审员工的用户名和密码后，单击

“Login（登录）”按钮，即可进入夜审系统，开始“Business Date”所示当天的系统夜审，如图 6-157 所示。

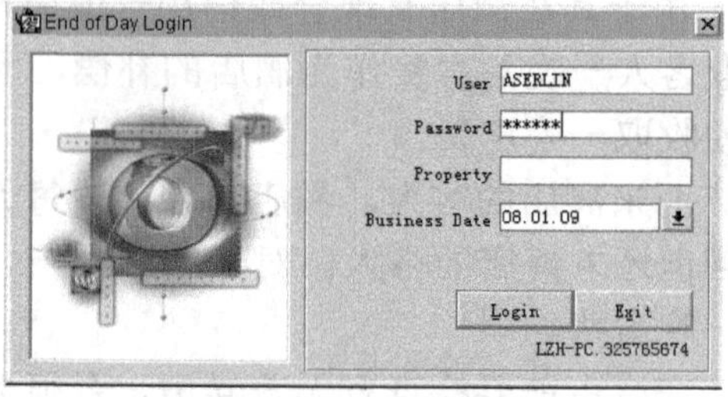

图 6-157 夜审系统登录

单击“Start”，开始系统夜审，如图 6-158 所示。

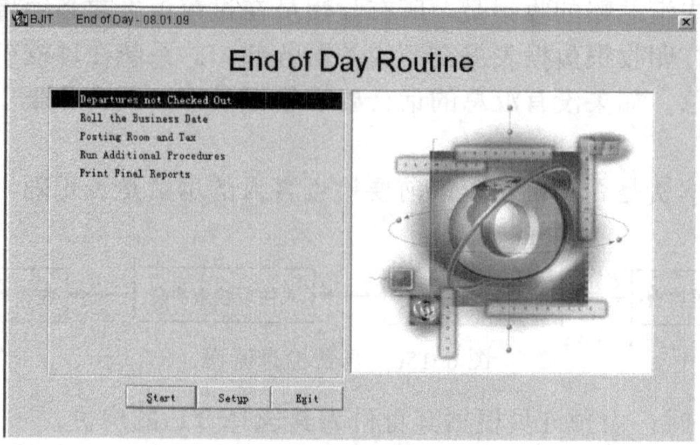

图 6-158 系统夜审

系统过夜审时的流程是：

（1）Departures not Checked Out：检查是否有预离店的客人，如果有的话必须解决，否则系统夜审将会被停止。

（2）Roll the Business Date：系统日期过到新的一天。

（3）Posting Room and Tax：将客人的房费入到客人的账户中。

（4）Run Additional Procedures：处理夜审需要完成的其他一些功能，如上面夜审流程中所述。

（5）Print Final Reports：打印夜审报表。

第十节 Opera PMS 的其他功能

一、快捷键

不用记忆复杂的按键或是公式，没有多屏幕的巡航，Opera PMS 的快捷键使每一个系统操作步骤非常容易。系统将一些常用快捷键集成到一个屏幕中，这就大大简化了系统使用的难度，提高了使用效率，如图 6-159 所示。

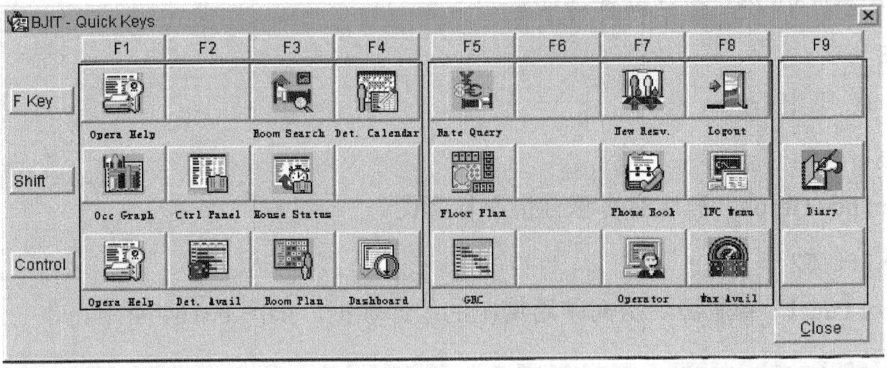

图 6-159 快捷键

1．F1

Opera Help，帮助。在任意 PMS 的界面上，单击键盘上的 F1 键，则显示有关该界面的帮助信息。

2．F3

Room Search，找房。单击键盘上的 F3 键，弹出“Available Rooms Search”，如图 6-160 所示，显示酒店中所有房间的状态。前台和预订部在给客人分房间时使用此功能。

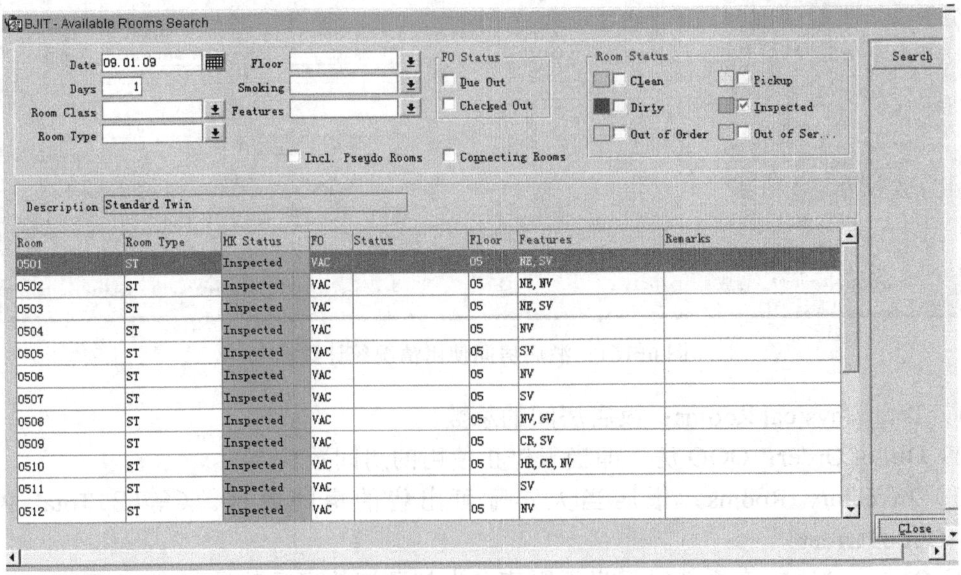

图 6-160 找房

3．F5

Rate Plan Query，价格信息查询。与点击“Reservation”菜单下的“New Reservation”弹出的界面相同，功能也相同。详见第三节中新建散客预订的部分。

4. F7

New Reservations，新建散客预订。

5. F8

Logout，退出 Opera 系统。

6. Shift+F1

Occupancy Graph，酒店客房预订情况柱形图。

7. Shift+F2

Control Panel，查看酒店房间使用情况的统计数据，如图 6-161 所示。

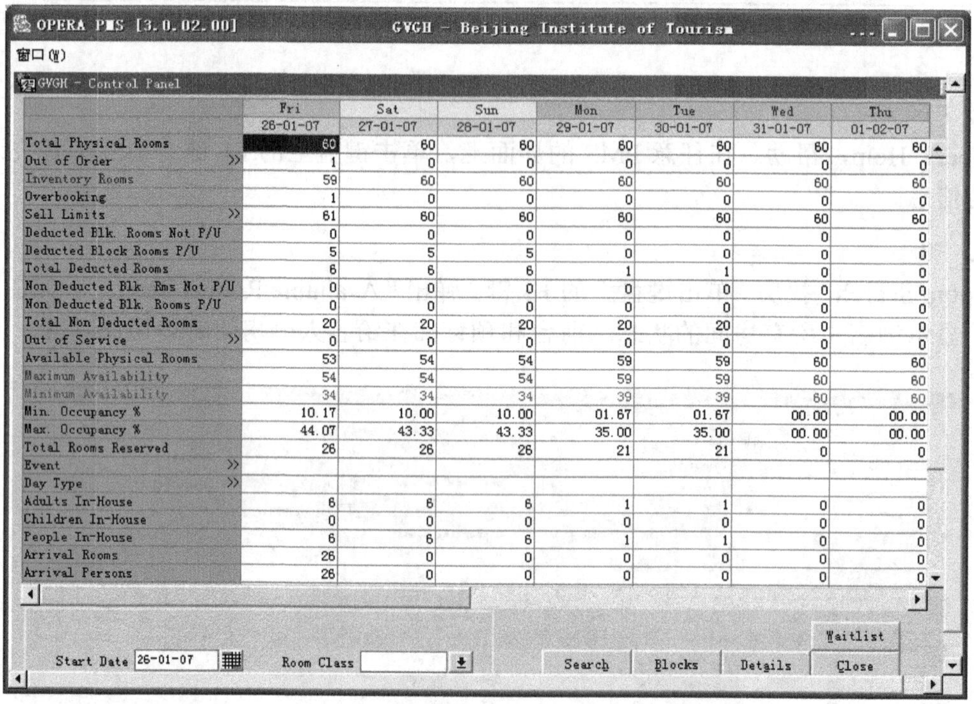

	Fri 26-01-07	Sat 27-01-07	Sun 28-01-07	Mon 29-01-07	Tue 30-01-07	Wed 31-01-07	Thu 01-02-07
Total Physical Rooms	60	60	60	60	60	60	60
Out of Order >>	1	0	0	0	0	0	0
Inventory Rooms	59	60	60	60	60	60	60
Overbooking	1	0	0	0	0	0	0
Sell Limits >>	61	60	60	60	60	60	60
Deducted Blk. Rooms Not P/U	0	0	0	0	0	0	0
Deducted Block Rooms P/U	5	5	5	0	0	0	0
Total Deducted Rooms	6	6	6	1	1	0	0
Non Deducted Blk. Rms Not P/U	0	0	0	0	0	0	0
Non Deducted Blk. Rooms P/U	0	0	0	0	0	0	0
Total Non Deducted Rooms	20	20	20	20	20	0	0
Out of Service >>	0	0	0	0	0	0	0
Available Physical Rooms	53	54	54	59	59	60	60
Maximum Availability	54	54	54	59	59	60	60
Minimum Availability	34	34	34	39	39	60	60
Min. Occupancy %	10.17	10.00	10.00	01.67	01.67	00.00	00.00
Max. Occupancy %	44.07	43.33	43.33	35.00	35.00	00.00	00.00
Total Rooms Reserved	26	26	26	21	21	0	0
Event >>							
Day Type >>							
Adults In-House	6	6	6	1	1	0	0
Children In-House	0	0	0	0	0	0	0
People In-House	6	6	6	1	1	0	0
Arrival Rooms	26	0	0	0	0	0	0
Arrival Persons	26	0	0	0	0	0	0

图 6-161　酒店房间使用情况统计数据

（1）Total Physical Rooms：饭店房间的总数。

（2）Out of Order：OOO 房，即当天停止使用的房间数目。

（3）Inventory Rooms：饭店当天实际可出售的房间数目。（等于 Total Physical Rooms–Out of Order）

（4）Overbooking：在系统时间当天饭店允许超预订的房间数量。（取决于 Overbooking 的设置，应在“Room Management→Sell Limits”里进行设置）

（5）Sell Limits：可售房最高上限。（等于 Total Physical Rooms+Overbooking）

（6）Deducted Block Rooms Not Picked Up：确认的团队，但房间还未确认由哪位团员入住的房间数量，即团队未 Pick Up 的房间数。当天过夜审前该数字必须为 0。

（7）Deducted Block Rooms Picked Up：确认的团队，且房间已经确认的，即当前已经

Pick Up 的房间数。

（8）Total Deducted Rooms：全部已经确认的预订，包括在店的客人及已经确认的当天的预订（即确定的团队和确定的散客）。

（9）Non Deducted Block Rooms Not Picked Up：未确认的团队，且未分预订的。

（10）Non Deducted Block Rooms Picked Up：未确认的团队，但已分预订的。（应为 0，否则说明有团队做错了）

（11）Total Non Deducted Rooms：全部不确认的预订，包括团队和散客。（只会发生在系统当前时间的第二天或以后，系统当前时间应该为 0）

（12）Out of Service：OOS 房，即暂停服务的房间数。

（13）Available Physical Rooms：当前可卖房数。（等于 Inventory Rooms－Total Deducted Rooms）

（14）Maximum Availability：当天最多可卖房数。（等于 Available physical rooms+overbooking）。

（15）Minimum Availability：当天最少可卖房数。（假设当天 Deducted 和 Non Deducted 全部都到后，剩下的可卖房。酒店的员工看此值就知道当前的可卖房。等于 Available Physical Rooms+Overbooking–Total Non Deducted Rooms）

（16）Min. Occupancy %：当天最小出租率。（等于 Total Deducted Rooms/Inventory Rooms）

（17）Max. Occupancy %：当天最大出租率。[等于（Total Deducted Rooms＋Total Non Deducted Rooms）/Inventory Rooms]

（18）Total Rooms Reserved：当日实际的预订数。（Total Deducted Rooms–Deducted Block Rooms Not P/U）。

（19）Events：当天事件或活动数。S&C 相关内容。

（20）Adults In-House：在店的成人总数。

（21）Children In-House：在店的孩子总数。

（22）People In-House：在店客人总数。（Adults In-House＋Children In-House）

（23）Arrival Rooms：预抵房间数。（Arrivals Expected and Arrivals Actual）

（24）Arrival Persons：预抵店的人数。

（25）Departure Rooms：预离房，即今天要走的房间数。（Departures Expected and Departures Actual）。

（26）Departure Persons：预离店的人数。

（27）Room Type Overbooking：某种房间类型是否允许 Overbooking。

（28）Day Rooms/Persons：日用房间数/人数。

（29）Waitlist Rooms/Persons：等待队列中的房间数/客人数。

8. Shift+F3

House Status，查看酒店房间状态的统计数据，如图 6-162 所示。

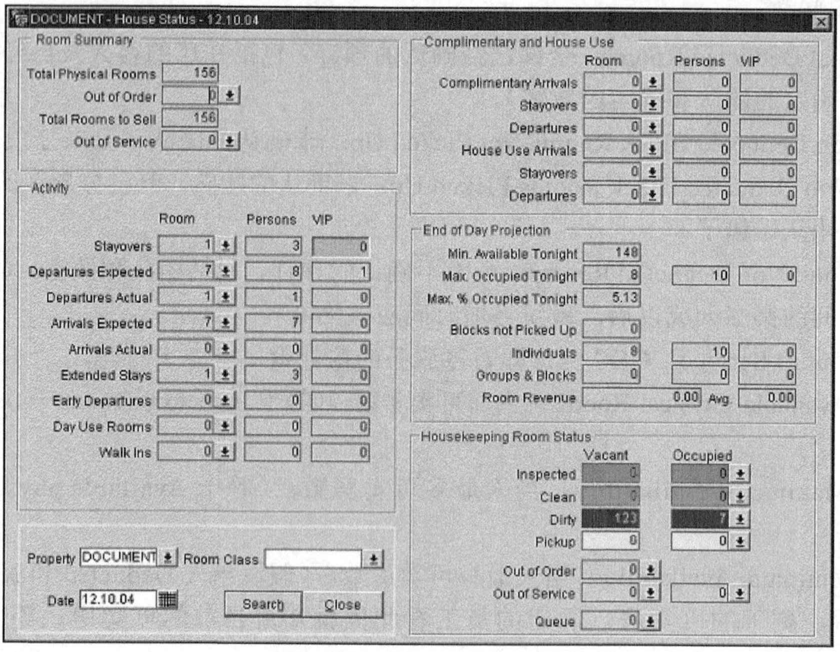

图 6-162 客房使用情况查询

（1）Room Summary：房间总体情况统计。

1）Total Physical Rooms：饭店房间的总数。

2）Out of Order：停止使用房的数量。

3）Total Rooms to Sell：全部可供出租的房间数量。

4）Out of Service：暂停使用房的数量。

（2）Activity：当天客房使用情况介绍。

1）Stayovers：不是今天来的，但是住过今天的，且今天要过夜的客人。

2）Departures Expected：今天要退房但是还未退房的。（Due Out）

3）Departures Actual：已经离店的客人。

4）Arrivals Expected：今天预抵房。（Due In）

5）Arrivals Actual：今天已经 Check In 了的客人。

6）Extended Stays：预计今天要走，但又延房的客人。

7）Early Departures：在店客人中，本来预订今天不退房，但今天要退房的客人。

8）Day Use Rooms：日用房。[对于 Opera 来讲，不通过房价来判断是否是日用房，而是当客人的预订界面中“Arrival Date（抵店时间）”与“Departure Date（离店时间）”相同，即当作日用房来处理。]

9）Walk Ins：未作预订而直接到店的客人。

（3）Complimentary and House Use：免费房和自用房。

（4）End of Day Projection：与夜审相关的统计数据。

1）Min Available Tonight：今天最少还剩多少房。

2）Max Occupied Tonight：最大可出租房数，包括 Non－Deducted。

3）Max % Occupied Tonight：最大出租率。

4）Block not Picked Up：今天看应该为 0。

5）Individuals：散客。

6）Groups & Blocks：团队。

7）Room Revenue：净房价。（除去 Package 后的房价）

8）Avg：平均房费。[Room Revenue/（Individuals+Groups）]

（5）Housekeeping Room Status：房态。

9．Shift+F5

Floors Plan，楼层平面图。

10．Shift+F7

Telephone Book，电话本。支持模糊查询。

11．Shift+F8

Interface Submenu，接口，制钥匙。一般不用。

12．Ctrl+F1

Opera Help，系统帮助。

13．Ctrl+F2

Detailed Availability，房间使用情况统计。

14．Ctrl+F3

Room Plan，每间房的目前使用情况。

15．Ctrl+F4

Dashboard，万能键。它之所以叫万能键，是因为使用该功能弹出的界面中，可以查询并修改包括客人的 Profile、Reservation、账单等项目。

16．Ctrl+F7

Telephone Operator，方便电话房等没有预订查询权限的部门用来查询客人的预订文件。

17．Ctrl+F8

Maximum Availability，最多可用房情况。

二、系统报表

Opera PMS 报表功能由强大的 Oracle Report Writer 提供。Opera PMS 几乎包含了所有的关键管理报表。考虑到每个酒店及酒店管理集团可能需要特殊报表以适应其运营的特别要求，Opera 及 Oracle Report Writer 还为酒店提供了创建新报表的功能，使酒店能够按照自己的特殊需求编写报表。

在 Miscellaneous（杂项）模块下的 Report 为系统报表，在此查询、预览和打印所需报表。

三、其他功能

Miscellaneous（杂项）模块还提供了一些其他功能，用于系统维护和查询使用。

1. Change Password

更改登录用户的密码，如图 6-163 所示。

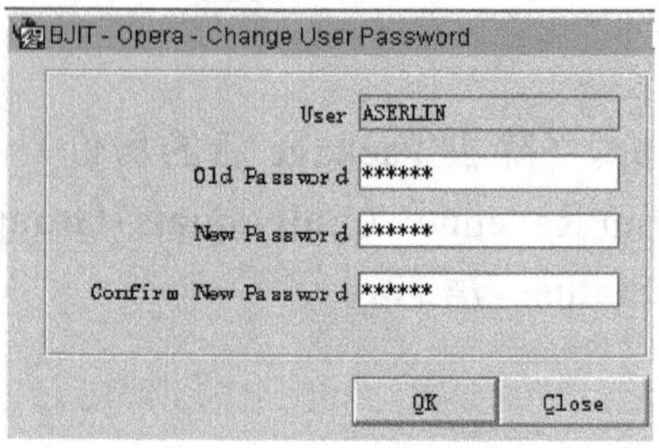

图 6-163 修改密码

2. User Activity Log

用户日志查询，如图 6-164 所示。

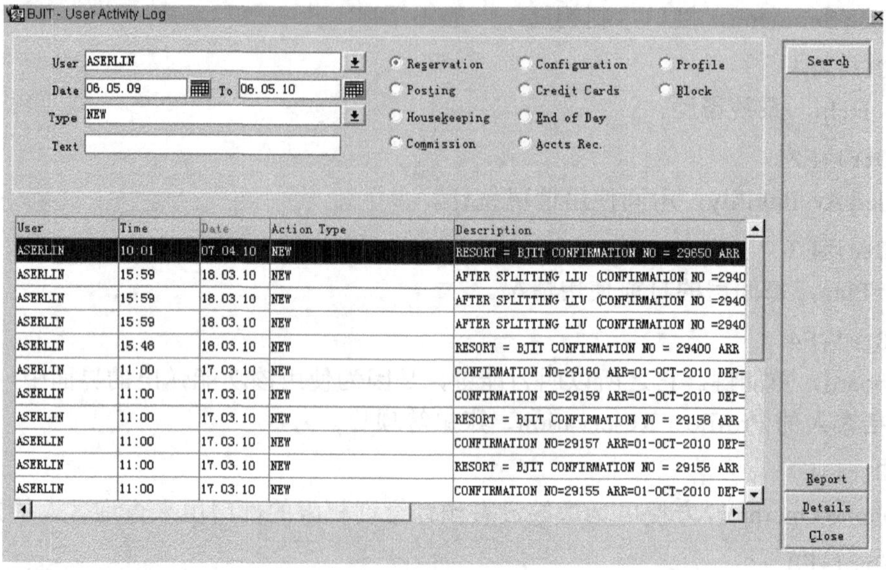

图 6-164 用户日志查询

（1）上方黄色框框起来的查询条件：

1）User：查询哪位用户的日志。

2）Date：查询哪段时间的日志。

3）各单选按钮：查询哪个功能的日志。

4）Type：查询操作的类型。

（2）结果显示部分：

1）User：操作的用户名。

2）Time：操作的时间。

3）Date：操作的日期。

4）Action Type：操作的类型。

5）Description：操作的详细内容。

小资料

Opera PMS 系统是美国 Micros 公司酒店整体系统解决方案的核心系统。它的设计理念是向不同星级、不同规模的酒店和酒店管理集团提供高效、便捷的系统服务，以满足不同酒店的管理需求，实现软件系统和酒店管理的完美结合。

目前 Opera 在中国地区高星级（四、五星级）酒店市场占有超过 1/3 的市场份额，其中在五星级酒店市场占有超过 70%的市场份额，在高星级酒店市场占有显著的市场优势。一些国际知名的酒店管理集团也使用 Opera 系统，如雅高酒店集团、卡尔森酒店集团、希尔顿酒店集团等都使用 Opera 系统管理其旗下的酒店物业。

上机操作题

一、创建客史档案

（1）创建散客客史档案。用自己姓名的汉语拼音建立一个个人档案，要求至少包含以下信息：

1）家庭地址和账单地址。

2）一个单位电话、一个手机号码和一个电子邮箱地址。

3）生日是 2 月 6 日，年龄 21 岁。

4）有恐高症，喜欢住五层以下面向花园的房间。

5）是 IBM 公司的公关部主任，并担任该公司的联系人。

6）有长城信用卡和牡丹信用卡各一张。

（2）创建客户客史档案。建立一个公司档案，至少要包括以下信息：

1）公司地址和账单地址，其中公司地址的优先级高。

2）公司电话、联系人的手机电话和邮箱地址。

3）为该公司建立一个关键字来唯一代表该公司。

4）为该公司建立两个以上的协议价。

5）为该公司建立一个应收账款的代码。

二、创建散客预订文件

在 Opera 系统中制作两个人的合住预订，第一位客人（档案用自己的姓名建立）做某年某月 12 日至 16 日为期 4 天的预定，该客人代表 HP 公司来开会（公司档案自建，要求要有协议价和 AR 号），前 2 天属于公派，房费和洗衣费由公司支付（以挂账的形式支付），房费享受协议价；后 2 天客人属于私人游玩，房费用自己的长城卡支付，房费恢复为门市价。第二位客人（自己建立一个客人档案）于某年某月 15 日起入住，与第一位客人合住一天。房费由第一位客人支付，第二位客人用现金支付网费和电话费。在第一位客人办理入住时，设置系统提示“请客人出示名片”。

三、创建团队预订文件

做一个团队预订，具体要求如下：

（1）建立一个 CTS 旅行社、香港来的团队的预订，价格选择与该旅行社签订的团队协议价。

（2）这个团队订房的具体要求如表 6-1 所示。

表 6-1　团队订房的具体要求

住店时间	房　型	房间入住 1 人	房间入住 2 人	房间入住 3 人	住店消费
9/××-12/××	SQ	2	2	1	房费由旅行社支付
	SK	1	1	2	
11/××-15/××	ST	3	2	2	房费和网费由旅行社支付
10/××-18/××	DT	1	1	2	
13/××-19/××	DK	1	2	1	个人支付

（3）要求为每间房的每个客人提供一份早餐，每间房最多提供两份免费早餐，多出的要收费。

（4）如果房间里入住 3 人，要求给这个房间加一张床。

（5）输入团队名单（人名自选），每个团员的个人信息包括姓名和身份证。

（6）领队单独一间，时间为团队入住到团队离店，预订房型为 ST，领队的个人信息包括姓名、身份证、联系地址、邮编和联系电话。

（7）为领队的住房免费升级到 DT。

四、前厅业务管理

做一个散客预订，具体要求如下：

（1）档案用建立的自己姓名的档案，预订住 4 天，房型任选。

（2）房间价格代码选 Online/Internet（网络预订折扣价）。

（3）客人要求结账时打印两个账单，一个账单付房费和电话费，另一个账单付其他所有的消费。

（4）客人用信用卡付账，并用信用卡预交押金 1 500 元。

（5）在客人入住时通知客人给前台经理打一个电话。

（6）客人要求入住当天早上 7 点接机。

（7）客人要求来酒店入住时，先将行李存放在前台，等客房收拾好后再将行李放入客房内。

（8）客人入住当天上午 9 点至 11 点在大堂酒吧，如有事请到酒吧找他。

（9）为该客人办理入住手续。.

五、收银管理

对第四题的入住客人进行收银操作，具体操作如下：

（1）加收住房押金 4 500 元。

（2）收小酒吧饮料费 30 元。

（3）先收一笔洗衣费 40 元，再收一笔洗衣费 70 元，要求这两笔费用能够合账。

（4）收国际长途电话费 130 元，之后发现是错账，要求做整笔对冲。

（5）收大堂酒吧消费 560 元，之后发现多收了 90 元，要求做账目冲减。

（6）客人因有急事要求提前离店，为客人退押金并办理离店结账手续。